基金資助：
山東省一流學科中國語言文學建設經費資助
教育部人文社科基金項目"先秦兩漢量詞發展史研究"
（12YJC740045）

先秦两汉量词研究

李建平 ◎ 著

中国社会科学出版社

圖書在版編目(CIP)數據

先秦兩漢量詞研究/李建平著.—北京：中國社會科學出版社，2017.11
ISBN 978-7-5203-0961-5

Ⅰ.①先…　Ⅱ.①李…　Ⅲ.①古漢語-數量詞-研究-先秦時代　Ⅳ.①H141

中國版本圖書館 CIP 數據核字 (2017) 第 220230 號

出 版 人	趙劍英
責任編輯	任　明
責任校對	朱妍潔
責任印製	李寡寡

出　　版	中國社會科學出版社
社　　址	北京鼓樓西大街甲 158 號
郵　　編	100720
網　　址	http://www.csspw.cn
發 行 部	010-84083685
門 市 部	010-84029450
經　　銷	新華書店及其他書店

印刷裝訂	北京君昇印刷有限公司
版　　次	2017 年 11 月第 1 版
印　　次	2017 年 11 月第 1 次印刷

開　　本	710×1000　1/16
印　　張	31
插　　頁	2
字　　數	508 千字
定　　價	125.00 圓

凡購買中國社會科學出版社圖書，如有質量問題請與本社營銷中心聯繫調換
電話：010-84083683
版權所有　侵權必究

序

  一種語言所具有的特點是最值得研究的，也是首先需要研究的。我們都知道，漢語有三大特點，一是靠詞序和虛詞來表示語法關係，二是有聲調，三是有豐富的量詞①。前兩者的研究都比較清楚了，僅有先秦兩漢的聲調情況還不太清楚；而後者的研究就顯得太薄弱了，哪一歷時階段有哪些量詞，每一個量詞的語源是什麽，其語法化動因與路徑如何，等等這些，我們都還知之甚少。學界公認的真正的量詞斷代史成果目前只有劉世儒先生的《魏晉南北朝量詞研究》②，更不要說有一部《漢語量詞通史》類的著作了。

  縱觀整個量詞史的研究，最爲薄弱的是先秦兩漢量詞研究。其重要原因是這個時段的研究資料缺乏，傳世先秦兩漢文獻不僅很有限，而且又受到語料的真實度問題的制約。地不愛寶，儘管近現代的中華民族往往多災多難，而上帝在古文獻的賜予方面是偏愛我們的，百年來考古出土了大量的地下文獻，並且有很多是當事人記當時事的"同時資料"，爲我們研究包括量詞在內的語言文字提供了豐富的、可靠的第一手資料。正如國學大師王國維所言："吾輩生於今日，幸於紙上之材料外，更得地下之新材料。由此種材料，我輩固得據以補正紙上之材料，亦得證明古書之某部分全爲實錄，即百家不雅馴之言，亦不無表示一面之事實。此二重證據法惟在今日始得爲之。"

  余從上個世紀80年代末開始接觸簡帛文獻，就發現內中有大量的量詞，特別是其中的遣策簿籍類文獻，量詞尤其豐富，而此類文獻又恰恰是傳世先秦兩漢文獻所未見的，自然其中有不少量詞不見於同期傳世文獻。

---

① 漢藏語系和南亞語系中的有些語言也具有不少量詞。
② 劉世儒：《魏晉南北朝量詞研究》，中華書局1965年版。

這爲我們研究先秦兩漢時期的量詞甚至構建這段時期的量詞史，提供了極好的條件。只要先秦兩漢量詞史弄清楚了，漢語量詞通史就好構建了，因爲之後各個時段的語料都比較豐富，只需我們去認真梳理辨析了。由此我便萌生了從簡帛量詞研究着手，吸收甲骨文金文等有關成果，先研究先秦兩漢量詞，繼而向下探賾，最後寫一部《漢語量詞發展史》的想法。但是，一個人的學術生命是有限的，上帝賜予你的做學問的時間是有限的，很多美好的科研設想往往都因爲時不我予而無法實現，於是，我便將此量詞研究的項目交給適合的學生來做。① 建平於 2001 年從余攻讀碩士學位，屬於我招收的第四屆碩士生，一進校我就給他確定了古代漢語量詞研究的學術目標，學位論文題目就確定爲《先秦簡牘量詞研究》，主要以楚簡和秦簡作爲研究的資料來進行研究。論文於 2003 年寫成並順利通過答辯，得到專家一致好評，獲得碩士學位。2005 年，我申請了國家社科基金項目《簡帛量詞研究》，建平作爲主要研究者之一參加了該項工作，并和我共同順利完成了項目，目前同名結項成果已由中華書局於今年 6 月正式出版。建平 2007 年又從余攻讀博士學位，我們共同確定《先秦兩漢量詞研究》作爲其博士論文題目，在已有成果基礎上擴大研究範圍。先秦兩漢時期文獻數量眾多，性質複雜，工作量大，建平在讀博期間夜以繼日，於 2010 年順利圓滿完成了論文，并被評爲重慶市優秀博士學位論文。現在，建平對其博士論文進行加工修改潤色，即將正式出版，付梓前向我索《序》，因爲有關量詞的問題長期以來我多多少少有些思考，故願在此談談與該書有關的問題。

　　斷代史研究是漢語量詞發展史研究的基礎，要構建漢語量詞通史，必須首先研究好各個歷時階段的量詞史。但由於古代文獻汗牛充棟，任何一個歷時階段的文獻都極其龐雜，要寫任何一個時段的量詞斷代史都是頗爲困難的。如得到學界一致好評的量詞斷代史專著劉世儒先生的《魏晉南

---

① 由於受到我碩士導師四川大學經本植教授的薰陶，深知"同時資料"具有重大的研究價值，故原來還曾設想既要做簡帛研究，還要做碑刻研究。後來（1998 年），從四川省阿壩師範專科學校調至我西南師大（現西南大學）文獻所工作的從事《左傳》研究的毛遠明先生，正苦於找不到理想的研究領域，向我求教，我便建議他改做碑刻研究，於是把我的有關碑刻的資料也給了他。毛先生三年後便開始出碑刻成果，十年便成了碑刻專家。現在看來，我把自己原想研究的領域"轉交"給毛先生是正確的，因爲一個人的精力是十分有限的，一輩子做不了多少事，把自己認爲有價值的研究領域或課題"給"別人來做，是一個學者應有的義舉。

北朝量詞研究》，內中也有不少瑕疵，我們在進行出土文獻時就發現了該書這方面的不少問題，汪維輝先生在對《齊民要術》詞彙的研究中也指出了該書不少相關問題，可見量詞斷代史研究之難，所以，建平的這部《先秦兩漢量詞研究》的完成是不易的。

　　語料蒐集與整理是漢語史研究的第一步，也是決定性的環節。先秦兩漢的語料多而複雜，甲骨文、金文、簡帛、碑刻等出土文獻的釋讀不易，有些語料的斷代不易；傳世文獻的真僞和斷代也不易。比如《墨子》中《備城門》以下諸篇與此前諸篇的成書相比顯然要晚得多，不能視爲同一歷時階段的語料；雖然入土時代即爲出土文獻的書寫時代的下限，但對於書籍來說，其成書時代仍要分析，如馬王堆帛書《五十二病方》雖然墓葬時代爲西漢初年（漢文帝前元十二年），但其成書時代我們推測當在戰國晚期。建平在研究過程中，對所用語料都進行了細緻分析，對文本進行全面整理與研究，并廣泛搜集不同的版本，進行比較與考訂，首先確定語料的真實性，這爲其研究的科學性奠定了堅實的基礎。

　　對出土文獻研究來說，不僅要藉助整理者的釋文，還要廣泛吸收整理報告發表後學界的有關釋讀成果，並且必須認真核對圖版，以確定最可靠的釋文。建平在此方面下了很多功夫，如稱量車的個體量詞"輛"先秦兩漢文獻均作"兩"，但睡虎地秦簡《秦律十八種·司空》簡130原整理者釋文"功閒大車一輛"，出現了"輛"，頗爲可疑。建平細審圖版，發現"輛"爲整理者之誤釋。此類成果書中有很多，建平在量詞研究過程中先後在《考古與文物》《中原文物》和《簡帛語言文字研究》等刊物上發表了數篇與量詞有關的簡帛、碑刻文獻釋文考訂的論文，可見其對語料考察之精。

　　該書貫徹二重證據法，綜合考察了先秦兩漢出土文獻和傳世文獻總計200多種（批），釐清了該時期量詞的基本面貌，對所得的339個量詞的語源及其在先秦兩漢的發展情況進行了系統考察。通過研究發現，其中多達106個量詞修正了此前研究的結論，或訂補了有些量詞原來的釋義、或增補了原來未知的本時期量詞的新成員、或補充了一些量詞用例的缺無、或提前了一些量詞的初始用例，等等這些①，讓我們對這一時期的量詞狀況有了全新的認識，同時也爲大型語文辭書的編纂和修訂提供了寶貴的資

---

① 可參該書之《附錄一》。

料。先秦兩漢時期是漢語量詞的源頭，該書不僅是漢語量詞發展史的寶貴成果，也是漢語歷史詞彙的重要成果。

該書屬量詞斷代史研究，但該書並不僅局限於斷代研究，對不少量詞也展開了歷時研究，例如對泛指量詞"枚"和"個"興替的考察，對稱量車的量詞"兩"和"乘"的研究等等，均做了仔細的歷時研究。還值得稱道的是，書中往往不光考察這些量詞的演變興替，還進一步考察分析了其興替演變的動因等問題，這顯然是難能可貴的。

漢語有豐富的量詞，而漢藏語系的其他一些語言，以及南亞語系的不少語言，也具有量詞（或稱"單位詞"），過去研究漢語量詞的論著，往往將研究材料的範圍局限於漢語本身，未能將視野擴大到世界各語言的大範圍來研究漢語量詞。我們認爲，具有量詞的語言在爲何有量詞和如何使用量詞上一定有其共性，在研究漢語量詞時則很有必要聯繫有關語言的情況來進行考察，這一定對漢語量詞的研究有利。該書在研究中，能在綜合運用出土文獻和傳世文獻語料的基礎上，將視野進一步拓寬，既善於借鑒民族語言研究的成果，又善於考察漢藏語系、南亞語系量詞語言中量詞的發展情況，從而發現並論證了雙音化趨勢在量詞語法化過程中的重要作用。這一研究方法和所得結論，顯然是十分可喜而寶貴的。

如上所述，先秦兩漢文獻資料非常複雜，特別是有些出土文獻的釋讀難度極大，有些詞語是否是量詞還存在很大爭議，該書本着實事求是的治學態度，將此類量詞作爲"疑似量詞"附錄於書後，并逐一考察與分析，體現了作者踏實、嚴謹的學風。

建平長期致力於漢語量詞發展史的研究，取得了豐碩的成果，先後主持了有關量詞的國家社科基金項目和教育部人文社科基金項目、中國博士後科學基金項目多項，在《中國語文》《古漢語研究》《語言研究》等刊物發表論文40餘篇，并多次被人大複印資料《語言文字學》《經濟史》和《高等學校文科學術文摘》等全文轉載，本書即將付梓，而其量詞研究的另一部專著《隋唐五代量詞研究》也已出版，真是可喜可賀！希望建平在現有的研究基礎上，向着既定的目標，勇往直前，先完成各時段的量詞斷代史研究，然後完成漢語量詞通史的研究，最終寫出一部《漢語量詞發展史》，填補漢語史研究無量詞通史這一空白，爲弘揚中華民族的傳統文化作出更大的貢獻。目標是遠大的，道路是崎嶇的，前行是艱難的，在當今物化浮躁的社會，真要能靜下來做學問不易，願建平"既學便當窮遠大", 勿事小行盡短視, 相信建平是可以達到目標, 完成預期的研究計劃的。

是爲序。

張顯成

2017 年 9 月 3 日於西南大學竭駑齋

目　录

第一章　先秦兩漢量詞研究現狀與語料 ……………………………（1）
　　第一節　量詞的界定與分類 ………………………………………（2）
　　第二節　先秦兩漢量詞研究現狀與展望 …………………………（11）
　　第三節　先秦兩漢語料述略 ………………………………………（24）
第二章　個體量詞研究 ………………………………………………（48）
　　第一節　泛指型個體量詞 …………………………………………（48）
　　第二節　外形特徵型個體量詞 ……………………………………（63）
　　第三節　非外形特徵型個體量詞 …………………………………（104）
　　第四節　拷貝型個體量詞 …………………………………………（172）
　　第五節　小結 ………………………………………………………（175）
第三章　集體量詞研究 ………………………………………………（179）
　　第一節　外形特徵型集體量詞 ……………………………………（179）
　　第二節　非外形特徵型集體量詞 …………………………………（199）
　　第三節　小結 ………………………………………………………（232）
第四章　借用量詞研究 ………………………………………………（235）
　　第一節　泛指型借用量詞 …………………………………………（236）
　　第二節　容器型借用量詞 …………………………………………（238）
　　第三節　載體型借用量詞 …………………………………………（278）
　　第四節　小結 ………………………………………………………（280）
第五章　制度量詞研究 ………………………………………………（283）
　　第一節　度量衡制度量詞 …………………………………………（283）
　　第二節　面積制度量詞 ……………………………………………（307）
　　第三節　貨幣制度量詞 ……………………………………………（315）
　　第四節　布帛制度量詞及其他 ……………………………………（317）

第五節　小結 …………………………………………………（321）
第六章　動量詞研究 ……………………………………………（323）
　　第一節　專用型動量詞 ………………………………………（326）
　　第二節　借用型動量詞 ………………………………………（339）
　　第三節　小結 …………………………………………………（343）
第七章　先秦兩漢量詞的特徵及其歷時發展研究 ……………（345）
　　第一節　先秦兩漢量詞特徵研究 ……………………………（345）
　　第二節　先秦兩漢量詞歷時發展研究 ………………………（356）
　　附：先秦兩漢量詞總表 ………………………………………（367）
第八章　先秦兩漢數詞與數量表示法研究 ……………………（371）
　　第一節　先秦兩漢數詞研究 …………………………………（371）
　　第二節　先秦兩漢數量表示法研究 …………………………（389）
　　第三節　小結 …………………………………………………（408）
第九章　漢語量詞語法化的歷程及其動因研究 ………………（414）
　　第一節　漢語雙音化趨勢與量詞的發展 ……………………（417）
　　第二節　漢藏和南亞語系量詞的產生與雙音化 ……………（431）
　　第三節　從拷貝量詞和泛指量詞興替看量詞語法化動因 …（434）
　　第四節　小結 …………………………………………………（438）
附錄一　先秦兩漢量詞的詞彙史價值研究 ……………………（440）
附錄二　先秦兩漢待考量詞研究 ………………………………（468）
參考文獻 …………………………………………………………（480）
後記 ………………………………………………………………（486）

第一章

先秦兩漢量詞研究現狀與語料

　　量詞豐富是漢語乃至漢藏語系諸多語言語法的重要特點之一，因此量詞研究也一直是語言學界所關注的重點；漢語量詞系統的產生、發展和成熟經歷了一個長期而複雜的語法化歷程，其語法化的動因與機制也一直是漢語發展史研究的重點與熱點問題。殷商至西周時期是漢語量詞的萌芽階段，春秋戰國至秦是漢語量詞的初步發展階段，兩漢時期則是漢語量詞的茁長階段，因此系統地整理與研究先秦兩漢文獻中的量詞，不僅對先秦兩漢量詞斷代史的研究具有決定性作用，而且對於進一步探討漢語量詞系統，乃至漢藏語系、南亞語系等量詞語言中量詞系統的產生、發展及其語法化動因與機制等問題都具有重要價值和意義。

　　如劉世儒先生所言："對於漢語量詞史的研究，是完全有必要的。但漢語量詞，歷史悠久，材料浩繁，全面地進行研究，這顯然不是一人一時所能辦到的事。因此，我們應該盡先來作斷代史的研究。我以爲，衹有把量詞的各個歷史橫斷面兒都研究好了，漢語的整套的系統的量詞史纔有可能建立起來，否則沒有材料，'遊談無根'，要建立科學的漢語量詞發展史那是永遠也不會辦到的。"[①] 劉先生首先對魏晉南北朝時期的量詞系統進行了全面考察，完成了我國第一部漢語量詞斷代研究的專著《魏晉南北朝量詞研究》，並由中華書局於1965年出版，爲漢語量詞研究、特別是量詞斷代史的研究奠定了基礎並提供了範本，此後漢語量詞研究發展迅速，大量學術論文涌現出來，但全面系統的量詞斷代史研究仍然罕見，進一步的漢語量詞通史的書寫更是道長路遠。因此，本書試圖借鑒前人及時賢的研究成果、理論和方法，對先秦兩漢時期文獻中的量詞進行全面系統的整理與研究，進而對先秦兩漢量詞系統作一斷代史研究，從而力圖使上

[①] 劉世儒：《魏晉南北朝量詞研究》，中華書局1965年版，第3頁。

古漢語量詞發展史的研究擺脱目前可謂"遊談無根"的現狀。

第一節　量詞的界定與分類

自《馬氏文通》（1898）以來的早期漢語語法學，是在西方語言學框架的影響下建立起來的，由於印歐語系語言的詞類中没有量詞，因此初創時期的漢語詞類系統中也没有單獨的"量詞"這一詞類；但這並不表示語言學家們没有認識到漢語中量詞的重要性，其實量詞的特殊性從一開始就引起了漢語研究者的關注。如作爲第一部用現代語言學理論研究古代漢語的語法專著，《馬氏文通》雖然没有在詞類系統中將量詞獨立出來，而是歸入名詞之中，但馬建忠卻已經認識到了量詞及其語法位置的特殊性："故凡物之公名有别稱以計數者，如車乘、馬匹之類，必先之。"[①] 何傑認爲："馬建忠先生稱量詞爲記數的别稱，已難能可貴。從此開量詞研究的先河。"[②] 此後至今一百多年來的漢語研究中，量詞及其相關結構等問題的研究一直爲學界所關注。

一　漢語量詞的定名

由於缺乏形式標記和形態變化以及詞的多功能性等諸多方面的原因，"量詞"這一名稱的確立和界定成爲量詞研究史中的第一個難點。按何傑的統計[③]，自《馬氏文通》至上世紀五十年代量詞的最終定名，學界先後提出了 16 種名稱之多，可見漢語量詞定名之艱難。參照何傑和李建平的論述[④]，我們將在漢語語法研究史中產生過重要影響的主要觀點歸納如下表。

表 1-1　　　　　　　　　　量詞定名發展簡表

時間	學者	著作或文章	名稱	歸類	説明
1898	馬建忠	《馬氏文通》	凡物之公名有别稱以計數者	名詞	開量詞研究之先河。

[①] 馬建忠：《馬氏文通》，商務印書館 1983 年版，第 122—123 頁。
[②] 何傑：《現代漢語量詞研究》，北京語言大學出版社 2008 年版，第 3 頁。
[③] 同上書，第 7 頁。
[④] 李建平：《百年來古漢語量詞研究述評》，《天水師範學院學報》2005 年第 3 期。

續表

時間	學者	著作或文章	名稱	歸類	說明
1922	陳承澤	《國文法草創》	表數之單位	名詞	
1922	金兆梓	《國文法之研究》	量詞	—	實指數詞和形容詞，非量詞。
1924	黎錦熙	《新著國語文法》	量詞	名詞	界定：量詞就是表數量的名詞。並提出：量詞的種類＝國語的特點。
1930	楊樹達	《高等國文法》	數量形容詞	—	實指數詞，非量詞。
1943	王力	《中國現代語法》	單位名詞	名詞	
1942	呂叔湘	《中國文法要略》	單位詞	指稱詞	第一次區分了"名量"和"動量"。
1948	高名凱	《漢語語法論》	數位詞 次數詞	獨立	指出："數位詞是漢藏語系的特點。"但歸入虛詞大類之中。
1951	陸志韋	《北京話單音詞詞彙》	助名詞	指代詞	
1953	呂叔湘	《漢語學習》	副名詞	名詞	但又可稱爲"單位詞"或"量詞"。
1952—1953	丁聲樹等	《現代漢語語法講話》	量詞	獨立	界定：量詞通常用在指示代詞或數詞的後面，名詞的前面。
1954—1956	丁聲樹等	《"暫擬漢語教學語法系統"簡述》	量詞	獨立	界定：表示事物或動作的數量單位的詞是量詞。……量詞有兩種：計算實體事物的是名量詞，計算動作行爲的是動量詞。

續表

時間	學者	著作或文章	名稱	歸類	説明
1958	王力	《漢語史稿》	單位詞	名詞	提出："（天然單位）是東方語言所特有的，特別是漢藏系語言所特有的。"分事物單位和行爲單位兩種。
1961	朱德熙	北大授課《語法講義》（1982）	量詞	獨立	界定：量詞是能夠放在數詞後面的粘著詞。

可見，自1898年《馬氏文通》語法學初創以來，馬建忠就認識到了漢語量詞的特殊性，但受印歐語法詞類體系的影響而未能將其獨立作爲一大類，此後諸多語言學家在其專著中都涉及了量詞的語法特點，逐步展開了深入地分析與探討，强調了漢語量詞的特殊性，但受印歐語系語法詞類體系劃分的束縛而長期没有將其從名詞中劃分出來獨立爲一類，其語法研究的地位也就難以彰顯。直到1952—1953年丁聲樹等《語法講話》在《中國語文》連載纔將其真正獨立爲一個詞類，但名稱仍未完全確定；1954—1956年擬定的《"暫擬漢語教學語法系統》纔正式定名爲"量詞"並予以定義。然而由於西方語法體系中没有量詞的名稱，稱爲單位詞（measure word）或單位名詞（partitives），因此在漢語語法研究中採用"量詞"還是"單位詞"的名稱一直存有爭議，如1981年王力先生在《詞類》一文中仍然認爲數詞應當同英語的傳統語法一樣歸入形容詞，"量詞也是名詞的一種，所以我把它叫做單位名詞"，但又説："數詞和量詞獨立成類，我也並不十分反對，還可以再商榷。原因之一是，量詞在西洋語言裏是没有的，可見它比較特殊。"[①] 郭紹虞《漢語語法修辭新探》則提出："'量詞'可以概括'單位詞'，而'單位詞'則不能概括'量詞'，這是明顯的事實。"[②] 從附屬到獨立，從名稱不一到定名爲量詞，反映了語言學界對量詞語法特點認識的逐漸深入和對其研究價值的確認。

20世紀80年代以後，隨著量詞本體研究的拓展與深入，量詞的名稱

---

① 王力：《詞類》，載《王力文集》第三卷，山東教育出版社1985年版，第332頁。
② 郭紹虞：《漢語語法修辭新探》，商務印書館1979年版，第48頁。

及其獨立作爲漢語詞類系統的一員逐漸爲語言學界所共同接受，作爲漢語重要特點的量詞的研究價值也日益凸顯出來，逐漸成爲漢語語法研究的重點和熱點，對漢語量詞的研究也纔逐漸全面深入地展開。

二 漢語量詞的界定

由於缺乏形式標記和形態變化以及詞的多功能性等諸多方面的原因，漢語詞類的劃分一直是個老大難的問題，主要由名詞、動詞等其他詞類語法化而來的量詞更是如此。在量詞的兩大類系中，名量詞早在殷商甲骨文中就產生了，經過長期發展到春秋戰國時期已經獲得了較爲廣泛的使用，到兩漢時期使用頻率進一步提高；而典型的動量詞在先秦還沒有產生，直到秦簡中纔開始出現萌芽，到兩漢時期動量詞獲得了一定程度的發展，成爲一個獨立的範疇。先秦兩漢時期，名量詞數量衆多，語法功能比動量詞也更爲複雜，因此其界定難度也更大。茲分類介紹如下。

（一） 名量詞的界定

漢語語法學初創時期，往往按照意義標準來劃分詞類，雖然做到了"詞有定類"，卻導致了"類無定職"。後來借鑒結構主義語法理論，學界多採用形態標準來劃分詞類，則又容易導致了"詞無定類"。趙元任在《國語入門》（1948）中首次系統利用語法功能標準劃分詞類，在《漢語口語語法》（1968）中更爲全面採用了這一標準。朱德熙（1982）也多次強調漢語詞類劃分的本質標準是"詞的分佈"，此後佔主導地位的漢語語法體系在劃分詞類時採用語法功能（即詞的分佈）標準，或者認爲必須排斥意義標準，或者認爲可以把意義僅僅作爲一種參考。但是漢語詞類和語法功能之間的關係並不是一一對應的，而是一種非常複雜的對應關係，正如沈家煊所言"漢語詞類和句法成分的關係是錯綜複雜的"，而且"實際上我們在選擇什麼樣的分佈標準時已經憑藉意義"[1]。可見，所謂分佈標準的選擇實際上還是藉助意義作爲根據的，因此本書在詞類劃分時讚同沈家煊提出的"可以藉助於從意義出發選擇的分佈標準"[2]。

漢語的量詞系統不是先在的，而是由名詞、動詞等其他詞類語法化而來的，因此量詞與其源詞類之間的界限往往是連續的，而不是離散的。特

---

[1] 沈家煊：《不對稱與標記論》，江西教育出版社 1999 年版，第 244 頁。

[2] 同上書，第 250 頁。

別是在漢語量詞萌芽的先秦兩漢時期，諸多量詞的語法化歷程剛剛開始，其語法功能和其源詞類往往糾結在一起，很難截然分開，因此對量詞語法化程度的判斷是量詞語法化研究的難點。目前，學界較爲通行的對量詞的界定方法，如朱德熙《語法講義》提出："量詞是能夠放在數詞後頭的粘著詞。"① 但是，這一標準適合於量詞發展的成熟期，在先秦兩漢漢語中數詞和名詞或形容詞直接結合不用量詞的情況佔據絕對優勢，如此則無法把名詞、形容詞和量詞分開。郭錫良則認爲："到了魏晉以後，名詞變得不能直接同數詞結合了，中間必須加上一個單位詞；而單位詞卻總是直接同數詞結合成數量結構，用作句子中的一個成分。這時單位詞和一般名詞的語法功能、語法作用有了明顯的區別，纔能説單位詞已經從名詞中分化出來，成了獨立的一類詞——量詞。"② 正如郭先生所説，量詞成爲稱數結構中的必要成分是量詞系統成熟的標誌，在量詞系統的萌芽期量詞並不一定會都出現在"Num+CL+NP"結構中。

根據先秦兩漢時期量詞系統的特殊情況，本書在界定名量詞時採用以下標準：

1. 從形式上來看，是否處於"NP+Num+X"或"Num+X+NP"結構中 X 的位置；

2. 從語義上來看，處於"NP+Num+X"或"Num+X+NP"結構中的"Num+X"是否表示其中 NP 的量；

3. 當"NP+Num+X"或"Num+X+NP"結構中的 NP 省略時，如果可以根據文意補出 NP，則視爲"NP+Num+X"或"Num+X+NP"結構；

4. 當"Num+X"中 Num 爲"一"而省略時，如果根據文意可以補足，則視爲"一+X"結構。

根據標準 1，我們可以將數量表示法和其他的語法結構區分開來；參照標準 2，我們把數量表示法中數詞同名詞、形容詞等結合而與其他名詞連用的情況區分開來；藉助標準 3 則避免遺漏數詞和量詞結合時省略名詞的情況；藉助標準 4 則避免遺漏量詞單獨使用的情況。

量詞的語法化是一個長期的、漸變的歷時過程，從名詞、動詞、形容詞等其他詞類到量詞語法化的程度由低到高構成一個"斜坡"（cline），

---

① 朱德熙：《語法講義》，商務印書館 1982 年版，第 48 頁。
② 郭錫良：《從單位名詞到量詞》，載《漢語史論集》，商務印書館 1997 年版，第 36 頁。

體現出逐漸演變的特點，在這一斜坡上兩個範疇之間的界限是模糊的，即"A＞A/B＞B"。沈家煊也指出："詞類和詞類之間不是離散的而是連續的"，"詞類的典型理論認爲一類詞的內部具有不對稱性，有些成員是這類詞的典型成員，有些則是非典型成員。"① 吳福祥在對魏晉南北朝名量詞的研究中，提出了對量詞範疇歷時演變中語法化程度判斷的三個參數：A. 文本頻率，即"量詞/單位詞"在數量結構中的使用頻率；B. 句法行爲，即"Num+Cl+N"與"N+Num+Cl"的比率；C. 語義語法化的程度，即個體量詞語義泛化的程度。②

對於先秦兩漢時期來說，多數量詞剛剛開始其語法化歷程，其文本使用頻率較低，由於文本性質等原因數量結構往往置於名詞之後，即"NP+Num+CL"結構，其語義泛化程度往往不高，能夠與之相適應的中心詞的範圍也比較窄。而且在量詞的萌芽期，其源詞的意義往往大量滯留在量詞之中，並在很大程度上限制了其使用，導致量詞及其源詞的界限難以區分，無法成爲量詞範疇的典型成員，但其中很多非典型的量詞在此後的發展中往往可以發展成爲典型量詞，因此要深入探討漢語量詞語法化開始的時代及其動因與機制，探討每一個量詞的語源，對萌芽期非典型量詞的研究自然是必不可少的。

（二）動量詞的界定

動量詞大多由動詞語法化而來，同名量詞一樣是一個漸變的過程，在動量詞語法化的斜坡（cline）上範疇之間的界限是模糊的，因此萌芽期動量詞往往遺存了一定的動詞性。由於漢語缺乏形態標記，對動量詞的界定同樣成爲一個難點，對其產生時代的不同認識往往也與此密切相關。由於先秦兩漢時期動量詞的發展非常緩慢，動量詞系統成熟以後的各種變式在這一時期基本沒有出現，因此對上古時期動量詞的界定應當綜合語法功能和語義兩個方面的標準：

1. 從形式上來看，是否處於"VP+Num+X"或"Num+X+VP"結構中 X 的位置；

2. 從語義上來看，處於"VP+Num+X"或"Num+X+VP"結構中的"Num+X"是否表示其中 VP 的量；

---

① 沈家煊：《不對稱與標記論》，江西教育出版社 1999 年版，第 251 頁。
② 吳福祥：《魏晉南北朝時期漢語名量詞範疇的語法化程度》，載《語法化與語法研究》（三），商務印書館 2003 年版，第 246 頁。

3. 動量詞源詞義的弱化，其適應對象更爲廣泛。

根據標準 1 我們可以將動量表示法和其他語法結構區分開來；參照標準 2 我們把這一結構中非表量的其他結構排除出去；標準 3 則可以幫助我們判斷動量詞語法化的程度。

三　先秦兩漢量詞的分類

漢語量詞的分類也是量詞研究中的一大難題，從黎錦熙、高名凱、王力、趙元任、劉世儒、吕叔湘、朱德熙、何傑諸先生的語法研究專著，到通行的黄伯榮與廖序東、胡裕樹、邵敬敏等主編的現代漢語教材，各家均有自己的分類方法，如高名凱《漢語語法論》（1948）最早進行了詳細分類，將量詞首先分爲"度量衡之單位""部分詞之運用""範詞"三大類，然後再分爲十五小類，但並没有包括動量詞；王力《有關人物和行爲的虚詞》（1955）首先把量詞（王氏稱之爲"單位名稱"）分爲"人物的單位"和"行爲的單位"兩大類，前者分爲"度量衡單位""拿容器或盛具來計算的單位""習慣上劃分的單位""天然單位"和"集體單位"五大類，後者則分爲"天然單位"和"集體單位"兩大類；劉世儒《魏晉南北朝量詞研究》（1965）首先明確將量詞分爲名量詞和動量詞兩大類，名量詞分爲"陪伴詞""陪伴・稱量詞"和"稱量詞"三大類，動量詞則分爲專用動量詞和借用動量詞兩大類；趙元任《中國話的文法》（1968）没有首先區分名量詞和動量詞，而是直接分爲九大類；吕叔湘《現代漢語八百詞》（1980）同樣將量詞直接分爲九大類；朱德熙《語法講義》（1982）分爲七大類；胡裕樹《現代漢語》（1978）則祇是將量詞分爲三組；黄伯榮、廖序東《現代漢語》（2002）則首先分爲名量詞和動量詞兩大類，然後各自再分爲"專用"和"借用"兩大類。邵敬敏《量詞的語義分析及其與名詞的雙向選擇》（1993）採用動態的觀點，從量詞與名詞語義雙向選擇的角度將名量詞分爲外形特徵類、非外形特徵類、附容處所類三大類。可見，對於量詞的分類，學界目前一直没有一個統一的、公認的分類方式。①

本書所研究的先秦兩漢時期是漢語量詞系統萌芽和初步發展時期，量詞體系尚未發展成熟，因此在前人及時賢分類的基礎上根據先秦兩漢量詞

---

①　何傑對語法學初創至今漢語量詞及其次範疇的分類情況作了詳盡地梳理和闡述，可詳參何先生文，因此本書不再贅述，參何傑《現代漢語量詞研究》，北京語言大學出版社 2008 年版，第 11—52 頁。

的發展情況和特點對量詞的分類略作調整，以便於研究的展開。按照量詞所計量的事物的特徵，傳統上可以分爲名量詞和動量詞兩大類。名量詞用來表示事物的數量，動量詞則表示動作行爲的數量。

名量詞數量衆多，其產生與來源、語法功能等也更爲複雜，尤其是語法化程度最高的個體量詞是量詞系統最核心的成員，也是量詞研究的重點所在。漢語的名量詞系統早在殷商甲骨文中就已經產生，發展到春秋戰國系統已經基本完備；兩漢時期名量詞系統發展迅速，數量衆多，分工日趨細密，使用頻率日趨提高，甚至在部分簿籍類文獻中開始變得必不可少起來；可以說漢語名量詞系統在先秦兩漢時期已經建立起來，此後只是在此基礎上的逐漸發展完善。因此，本書根據先秦兩漢文獻中所出現的名量詞的具體情況，參照傳統分類方式大致可以分爲個體量詞、集體量詞、借用量詞和制度量詞四大類。

在名量詞四大類系中，借用量詞、制度量詞是世界諸多語言在稱量系統中所必備的，爲世界多數語言所共有，集體量詞在很多語言中也較爲常見，而祇有個體量詞是漢語及漢藏語系及其他量詞語言所特有的，也是漢語量詞系統中最重要、最具特色的組成部分。個體量詞是漢語量詞系統中語法化程度最高的一個小類，其產生和成熟標志著漢語量詞系統的真正建立和完善。因此，對於漢語量詞研究的重點應當放在個體量詞的研究上，探討漢語量詞系統的產生、發展與成熟的歷程，探討漢語量詞系統產生的動因，最重要的就是探討個體量詞的發展歷程及其語法化動因。對量詞產生和初步發展階段的先秦兩漢時期量詞系統的綜合全面考察，無疑是解決這一問題的最爲關鍵的一環。根據其與名詞的雙向選擇關係，按邵敬敏說可以分爲外形特徵型和非外形特徵型兩大類，但泛指型量詞和拷貝型量詞在量詞系統中極爲特殊，因此本書均將其獨立爲一類，以便討論。外形特徵型量詞根據其特徵可以分爲點狀、綫狀、面狀、塊狀、動狀五個子類；非外形特徵型量詞則又可以分爲替代型、憑藉型、專指型三個子類。

同個體量詞一樣，集體量詞首先也可以分爲外形特徵類和非外形特徵類，但先秦兩漢時期的外形特徵型集體量詞只有動狀和線狀集體量詞，非外形特徵類則有特約型和專指型兩大類；其中動狀集體量詞又可以分爲手動、飲服、包束及其他類；特約型集體量詞包括特定數量和專用兩大類；專指型集體量詞則又包括套組、家庭、群體三個小類。

借用量詞是借用容器或承載工具等其他名詞來稱量事物的，或稱爲容載量詞，其本質上還是名詞，祇是同樣處在"Num+Cl+N"或"N+Num+Cl"結構中，在特定的語境中具備了量詞的語法功能；因此本書根據其借用的來源與語義分爲泛指型、容器型、載體型三大類，其中容器型集體量詞最爲豐富，包括竹器類、陶器類、酒器類、食器類、醫用類五個子類。

制度量詞，是指人工制定的單位，根據其來源與用法可以分爲度量衡量詞、面積量詞、貨幣量詞、布帛及其他量詞四大類；而度量衡量詞則又可以分爲度制、量制、衡制三個子類。

動量詞在先秦兩漢時期發展還不成熟，但到西漢中葉以後已經獲得了一定發展。按照動量詞的性質，可以分爲專用動量詞和借用動量詞兩大類。專用動量詞根據其與動詞的選擇關係及其語義，可以分爲計數類、伴隨類、短時類、中醫類四大類；借用動量詞，根據其來源又可以分爲借自動詞的同源類動量詞的和借自名詞的工具類動量詞兩大類。

兹將本書對先秦兩漢量詞的分類情況列表如下。

表 1-2　　　　　　　　　先秦兩漢量詞類系表

名量詞	個體量詞	泛指型	
		外形特徵型	點狀
			綫狀
			面狀
			塊狀
			動狀
		非外形特徵型	替代型
			憑藉型
			專指型
		拷貝型	
	集體量詞	外形特徵型	動狀類
			線狀類
		非外形特徵型	特約型
			專指型
	借用量詞	泛指型	泛指類
		容器型	專用類
			泛用類
		載體型	
制度量詞		度量衡	度制
			量制
			衡制
		面積	
		貨幣	
		布帛及其他	

續表

			計數類
動量詞	專用量詞		伴隨類
			短時類
			中醫類
	借用量詞		同源類
			工具類

第二節　先秦兩漢量詞研究現狀與展望

嚴修在對古代漢語語法研究史述評時指出："在上半世紀（筆者按，20 世紀），古漢語語法研究的主流是泛時的'文言語法'，而下半世紀古漢語語法研究轉向以漢語語法史爲主，這個轉變是古漢語語法研究的一個重大飛躍。"[①] 漢語量詞的研究尤其如此，20 世紀 50 年代以前的漢語量詞研究沒有區分語料的時代，甚至沒有區分古代漢語和現代漢語，衹是部分語法學專著涉及了對量詞本身的認識與描述。正如前文所述，在此類研究中甚至量詞在詞類系統中的地位都長期沒有得到確認。真正意義上的古代漢語量詞研究是從上世紀 50 年代纔開始的，特別是從劉世儒先生對魏晉南北朝量詞的系列專題研究與斷代史研究開始的，但是可惜這一研究由於衆所周知的原因此後並沒有得到持續。直到上世紀 70 年代末 80 年代初，漢語量詞研究纔重新獲得了長足發展，先後發表了大量高質量的學術論文，並出版了系列相關專著。

我們對中國知網所收錄量詞爲篇題的論文進行全面考察，1979 年到 1999 年 20 年間發表的關於量詞的學術論文已有 390 多篇；2000 年以來量詞研究的論文更是數量激增，到 2016 年爲止 16 年間論文達到了 1600 餘篇，反映了進入新世紀以來語言學界對量詞研究的重視。[②] 以下本節按照目前研究的幾個重點、熱點問題，對建國以來的量詞研究做一概要介紹，以利於在學界已有研究成果的基礎上繼續展開深入研究。

[①] 嚴修：《二十世紀的古漢語研究》，書海出版社 2001 年版，第 3 頁。

[②] 我們對所檢索到的所有論文進行了梳理，所統計數據已經剔除了無關論文，如與數學相關的全稱量詞的研究，同時也排除了非本體研究的部分對外漢語教學的論文等。

一 古漢語量詞研究綜述

20世紀50年代末，劉世儒先生最早展開了對魏晉南北朝時期量詞的系列研究，劉先生在系列專題研究的基礎上完成了其斷代史研究，但斷代史的研究涉及語料繁多，所以此後學界研究更多集中于專書與專題研究，特別是相關定量定性的量詞系統的描寫；隨著語法化研究的興起，量詞個案的歷時研究和語法化機制與動因的研究得到了廣泛關注，進一步的漢語乃至漢藏語系的量詞語法化動因的研究也得到了關注，基於類型學視野的量詞語法化研究也得到了迅速發展。

（一）量詞斷代史的研究

最早對一個歷史階段的量詞系統展開全面研究的是劉世儒先生，1959—1962年間劉先生在《中國語文》上先後發表了關於魏晉南北朝量詞研究的系列論文，包括《漢語動量詞的起源》(《中國語文》1959年6期)、《論魏晉南北朝的量詞》(《中國語文》1959年11期)、《魏晉南北朝個體量詞研究》(《中國語文》1961年10、11期合刊)、《魏晉南北朝稱量詞研究》(《中國語文》1962年3期)、《魏晉南北朝動量詞研究》(《中國語文》1961年8期)，並在1965年完成了其專著《魏晉南北朝量詞研究》(中華書局出版)，對魏晉南北朝時期的量詞系統全面描寫，對每一個量詞的來源、功能都展開了深入地探討，並進一步考察了其歷史演變、語法功能等諸多方面。該書可謂漢語量詞斷代史研究的開山之作，也是典範之作，爲後來的量詞研究提供了範本。嚴修在評價該書時認爲："雖是斷代研究，但常窮源竟委，推究始末，廣泛聯繫前後各個時代。材料豐富，邏輯嚴謹，論證有力，是一部學術價值很高的專著。"[①] 蔣冀騁則更爲高度評價該書："研究漢語量詞的，誰也無法繞過劉先生的著作而能另闢蹊徑。劉先生有此一書，可以不朽。謂之大家，當亦無愧。"[②] 但限於時代、研究方法以及語言材料本身的複雜性等諸多原因，作爲第一部量詞研究的專著，該書在全面性、系統性上也還存在一些或可補足之處，如對於魏晉南北朝量詞的描寫仍不夠全面，多有遺漏，如汪維輝統計僅《齊民要術》一書中就有12個名量詞，2個动量詞失收[③]；而且對量詞及

---

① 嚴修：《二十世紀的古漢語研究》，書海出版社2001年版，第34頁。
② 蔣冀騁：《葉桂郴〈明代量詞研究〉序》，嶽麓書社2008年版，第1頁。
③ 汪維輝：《〈齊民要術〉詞彙語法研究》，上海教育出版社2007年版，第124頁。

相關稱數構式沒有進一步的數據統計，從而導致對該時期量詞發展程度的探討或有可商榷之處。

此後，限於語料的龐雜量詞斷代史較爲少見，斷代研究的論文多集中于語料範圍相對較小的殷代量詞研究。殷代甲骨文是漢語量詞的萌芽期，雖然這一時期量詞數量罕見，很多所謂量詞的性質也仍介於源詞類和量詞之間，但作爲量詞語法化的初始期對探討量詞語法化的動因具有重要研究價值，受到了語言學界廣泛關注，如管燮初《殷虛甲骨刻辭的語法研究》（1953）將量詞單獨列爲一類，探討了其中的 6 個量詞；李若暉在對甲骨文量詞全面分類考察的基礎上，探討了該時期量詞的特徵與發展，並提出量詞起源的根本原因是量詞的"修飾"作用，認爲"漢語量詞的產生是語言表達中修飾與表意要求綜合作用的結果，這導致量詞內涵的虛實雙重性，決定了量詞每一概念外化爲詞語及每一詞語承載概念的變化。"[①] 其他如陳夢家《殷虛卜辭綜述》（1988）、張玉金《甲骨文語法學》（2001）等甲骨文研究專著也多有涉及。

黃盛璋對兩漢時期漢語特有的"性狀量詞"（即自然量詞）展開考察，認爲兩漢時期是量詞的"茁長階段"，但漢代文獻眾多，黃文所涉及的僅是其中很小的一部分。[②]

其他的斷代史研究還有葉桂郴《明代漢語量詞研究》（2008），該書以《六十種曲》爲主要語料，探討了明代的量詞系統及其發展情況。李建平《隋唐五代量詞研究》（2016）則基於傳世文獻《全唐文》《全唐詩》和出土敦煌文獻、吐魯番文書、碑刻文獻對隋唐五代時期的量詞系統做全面系統考察，並進一步分析了隋唐五代量詞的特點和語法化程度等問題。

斷代語法史、詞彙史研究的專著中往往也將量詞的發展作爲獨立的一章，如姚振武《上古漢語語法史》第三章"數詞、稱數法與量詞的發展"全面考察了上古漢語中的個體量詞、集體量詞、臨時量詞、動量詞的發

[①] 李若暉：《殷代量詞初探》，《古漢語研究》2002 年第 2 期。

[②] 黃盛璋：《兩漢時代的量詞》，《中國語文》1961 年第 8 期。該文作爲第一篇對兩漢量詞展開斷代研究的論文，影響深遠，被語言學者廣爲轉引，但值得注意的是限於當時出土文獻整理問題等原因，該文所引出土文獻用例錯訛較多，部分量詞其實並不存在，説詳李建平《〈兩漢時代的量詞〉補正》，載張顯成主編《簡帛語言文字研究》第四輯，巴蜀書社 2010 年版，第 346—353 頁。

展，並進一步探討了"Num+Cl+N"結構的來源等問題。王雲路《中古漢語詞彙史》（2010）第九章第三節"中古量詞的發展"也對中古漢語量詞的概況、特點、來源和分類做了系統考察與探討。

但總體來看，古籍文獻浩如煙海，即使一個較短的歷史階段語料也極爲浩繁，要全面系統整理研究其量詞總貌工作量非常龐大，需要一個長期持續的研究過程，如劉世儒從 1959 年在《中國語文》發表相關論文到魏晉南北朝斷代史完成出版前後持續了 7 年多，因此後世相關研究論文雖多，但真正系統的斷代史研究成果罕見，特別是專著較少，從而影響了進一步的量詞發展史研究和語法化研究。

（二）專書的量詞研究

何樂士言："專書語法研究的興起和發展是語言學史中具有里程碑意義的大事。它把語法研究由主觀取例的方法轉移到充分重視第一手資料的科學軌道上來。"① 隨著專書語法研究的興起，專書量詞研究成果也數量衆多，此類研究由於語料範圍容易把握，對語料的分析也更深入，在定量分析的基礎上做出的定性分析也更爲令人信服。

何樂士先生致力於《左傳》專書語法研究多年，其論文《〈左傳〉的數量詞》（2000）是專書量詞研究的典範之作，對其數詞、量詞逐一分析、描寫，窮盡性統計了每個量詞的出現頻率與功能，客觀、真實地描寫了該書數量詞的使用情況，並進一步聯繫其他相關語料深入考察了一些量詞的語源等問題。② 李佐豐《〈左傳〉量詞的分類》（1984）則以《左傳》爲語料來源，按照形式邏輯對劃分的規定，堅持每次使用一個標準對量詞進行分類，爲此後學界量詞分類的研究提供了借鑒。③

隨著專書研究的蓬勃興起，很多典籍中的量詞都得到了深入研究，目前已經得到研究關注的文獻主要有黃高憲（1982）、達正岳（2009）、龔陽（2011）、婁博（2012）、趙利杰（2015）對《詩經》量詞的研究，官長馳（1988/1989）、于濤（2004）、貝羅貝、林徵玲（2010）、趙建華（1985）、黃任忠（2005）、魏麗梅（2005）、過國嬌（2005）、謝新暎（2005）、陳躍（2006）對《紅樓夢》量詞的研究，高育花（2012）、馬

---

① 何樂士：《專書語法研究的幾點體會》，載《古漢語語法研究論文集》，商務印書館 2000 年版，第 360 頁。
② 同上。
③ 李佐豐：《〈左傳〉量詞的分類》，《內蒙古大學學報》1984 年第 3 期。

菁卉（2013）、劉婷婷（2013）、趙梓涵（2014）、劉念慈（2016）對《老乞大諺解》和《樸通事諺解》量詞的研究，周建民（1989）對《金瓶梅》量詞的研究，馬芳（2002）對《淮南子》量詞的研究，崔爾勝（2003）、惠紅軍（2006）對《水滸傳》量詞的研究，〔韓〕李宗澈（2004）、方琴（2005）對《史記》量詞的研究，賀芳芳（2005）、李小平（2006）對《齊民要術》量詞的研究，王定康、明茂修（2006）、鄭嬋嬋（2014）對《洛陽伽藍記》量詞的研究，于冬梅（2006）對《呂氏春秋》量詞的研究，劉文正（2006）對《朱子語類》量詞的研究，葉松華（2006）對《祖堂集》量詞的研究，孫艷（2006）對《入唐求法巡禮行記》量詞的研究，徐晶晶（2008）對《三言》量詞的研究，夏宇（2008）對《華陽國志》量詞的研究，胡波（2008）對《九章算術》《周髀算經》和張家山漢簡《算數書》三種上古數學文獻量詞的研究，周素貞（2009）對《周氏冥通記》量詞的研究，劉玉朝（2009）對《元刊全相平話五種》量詞的研究，余劍（2009）對《春秋公羊傳》量詞的研究，程超（2009）對《廬山遠公話》的量詞研究，馬秀蘭（2009）對《聊齋俚曲》量詞的研究，邵會平（2010）對《歧路燈》量詞的研究，王大瑩（2010）對《後漢書》量詞的研究，陳緶（2010）對《顏氏家訓》量詞的研究，栗君華（2010）對《兒女英雄傳》量詞的研究，王曉瑋（2010）對《聊齋俚曲》量詞的研究，余劍（2010）對《諸病源候論》《黃帝內經太素》量詞的研究，王曉姝（2010）對《三國志裴注》量詞的研究，顧亞芹（2011）對《本草綱目》量詞的研究，楊帆（2011）對《禮記》量詞的研究，李亞茹（2012）對《鼻奈耶》量詞的研究，劉文芬（2012）對《北史》量詞的研究，丁敏（2012）對《醒世姻緣傳》量詞的研究，王喬（2012）對《漢書》量詞的研究，陸燕婷（2012）對《幽明錄》量詞的研究，魏洪（2012）對《關漢卿戲劇集》量詞的研究，葉桂郴（2013）對《肘後備急方》量詞的研究，郭乃鑫（2013）對《觀世音應驗記三種》量詞的研究，郭立建（2013）對漢譯《元朝秘史》量詞的研究，杜靖華對《全宋詞》量詞的研究，王陽（2014）對《二十年目睹之怪現狀》量詞的研究，羅丹（2014）對《傷寒雜病論》量詞的研究，方義祥（2014）對《老殘遊記》量詞的研究，朱曉紅（2014）對《劉禹錫集》量詞的研究，張雅雯（2015）、杜環環（2015）對《鏡花緣》量詞的研究，李洪琳（2015）對《型世言》量詞的研究，高月瑩（2015）對

《十二樓》量詞的研究，吳春燕（2015）對《孟子》量詞的研究，朱嫣紅（2016）對《顏氏家訓》量詞的研究，杜啟朕（2016）對《遊仙窟》量詞的研究，張萌萌（2016）對《鹽鐵論》量詞的研究，等等。

由此可見專書量詞研究的繁榮，系列成果釐清了諸多文獻中的量詞狀況，爲進一步的量詞研究奠定了扎實的資料基礎，多數研究也能夠將專書研究置於量詞發展史中進行歷時考察，甚至進一步探討其中部分量詞的語源等問題。但也仍存在一些有待改進之處：一是多數研究仍止於共時描寫，而未能將其與歷時考察結合起來；二是對量詞判定標準的不同、對稱數構式認識的不同，諸多研究對量詞、稱數構式的統計方法也不盡相同，甚至對同一部專書的統計結果往往也並不一致，影響了後續研究對相關研究成果的利用；三是個別典籍獲得了較多學者的關注，如《詩經》《左傳》《紅樓夢》等典籍或《金瓶梅》《老乞大》《樸通事》等口語性較強的文獻，但很多重要文獻仍未有研究。

（三）專題的量詞研究

與專書研究相對而言，所謂專題的量詞研究指的是對量詞中某個專題的系統考察，如對名量詞、動量詞等大類，或對拷貝型量詞、同形動量詞等小類的研究，既有對這些專題的歷時考察，也有對專書中一個特定專題的研究。

對專書中特定小類的研究在專題研究中最爲凸顯，如關於動量詞的研究有朱彥（2004）對《水滸全傳》動量詞的研究，同時考察了近代漢語動量詞的發展；袁仁智（2004）對《元曲選》中動量詞的研究，陳穎（2007）對《儒林外史》動量詞的研究等；其中又有對動量詞中特定小類的研究，如黃任忠（2005）對《紅樓夢》專用動量詞的研究，李存周（2006）對《拍案驚奇》中同形動量詞的研究，華春燕（2010）對《三俠五義》中同形動量詞的研究。

對名量詞的研究有劉興均（2000）對《周禮》物量詞的研究，于濤（2004）對《老乞大》和《樸通事》中名量詞的研究，李莎莉（2005）對《洛陽伽藍記》中名量詞的研究，許仰民對《金瓶梅詞話》中物量詞的研究，陸喜英（2009）對《拾遺記》中名量詞的研究，郭萬青（2009）對《國語》名量詞的研究等；其中對名量詞中特定小類的研究又有高佳（2006）對《元曲選》個體量詞的研究，夏宇（2008）對《華陽國志》的個體量詞研究，貝羅貝、林正玲（2010）對《老乞大》個體量詞和語言循環現象的研究，周靜怡（2014）對《金瓶梅》集合量詞的研究，徐慧文（2006）對《醒世姻緣傳》方言量詞的研究等。①

麻愛民的《漢語個體量詞的產生和發展》（2015）則對漢語個體量詞的歷時發展做了宏觀梳理，並對"隻""條""頭""張"四個量詞做個案考察，對數量結構的發展、量詞重疊式的歷時發展、大型辭書量詞編纂中的問題等都有研究，成果斐然。②

總體來看，專書專題的量詞研究一直也是語言學界的研究重點和熱點之一，成果豐富，但目前存在的主要問題在於眾多研究對量詞內部不同小類的劃分還存在不同的意見，如部分量詞既可以用作名量詞又可以用作動量詞，研究中如何界定其性質；個體量詞與集體量詞的界定，方言量詞的界定，準量詞是否納入研究範疇等都還存在爭議。

（四）出土文獻的量詞研究

從 1899 年甲骨文發現至今，甲骨、金石、簡帛、碑刻等出土文獻資料大量問世，特別是近年來戰國至魏晉簡牘帛書文獻的大量出土並整理公佈，對出土文獻中量詞和稱數構式的研究也逐漸引起了語言學界的重視。在語言研究中，出土文獻作爲"同時資料"，與作爲"後時資料"的傳世文獻相比，具有更強的文獻真實性。在漢語史研究中如果僅僅有傳世文獻用例的時候，"例不十，法不立；例外不十，法不破"，但是如果有部分出土文獻中的用例，祗要文例清楚明白，就可以得出確定的結論。

1925 年，國學大師王國維提出了將出土文獻與傳世文獻研究相結合的"二重證據法"，成爲 20 世紀學術界的重大革新，除了歷史考古領域外在漢語史研究中也日趨得到重視。楊曉敏（1990）結合甲骨文、金文和傳世先秦文獻語料，考察了先秦文獻中的 150 多個量詞，進行了初步的斷代研究，並進一步考察其歷時演變，從漢語量詞發展史的角度提出先秦處於量詞發生滋長的時期；（法）貝羅貝《上古、中古漢語量詞的歷史發展》（1998）也綜合運用了甲金文、簡帛文獻和傳世文獻，提出漢語的單位詞（measure word）產生於前上古漢語，在上古後期變得普遍；而真正意義上的量詞（classifier）出現在漢代，並在中古早期獲得普遍使用，而大部分量詞的語法化則晚至中古後期纔最終完成。

---

① 對出土文獻的量詞研究和量詞起源動因與語法化機制的研究也是重要的專題研究成果，但其性質較爲特殊，成果眾多，我們獨立作爲一類介紹。

② 麻愛民：《漢語個體量詞的產生和發展》，中國社會科學出版社 2015 年版。

甲骨文是殷代量詞研究的主要語料，前文已述；金文作爲早期出土語料，也得到了學界廣泛重視，管燮初《西周金文語法研究》（1981）較早對西周金文中的量詞系統進行考察，全面統計了量詞的使用頻率、稱數構式的頻率等，對進一步的量詞發展史研究和語法化研究具有重要參考價值；潘玉坤《西周金文語序研究》（2005）在"量詞與語序"一章中進一步對西周金文量詞使用情況作分類考察，並對與量詞相關的稱數構式及其語序情況進行了簡要歷時考察與分析；趙鵬（2006）進一步考察了西周金文量詞情況，並對稱數構式進行了窮盡性統計整理，探討了量詞的語法功能和語義特徵。趙鵬（2004）考察了春秋戰國時期金文中量詞的使用情況；徐正考（1999）則考察了兩漢銅器銘文中數詞、量詞及相關稱數構式的使用情況；經過諸多學者的系列研究，西周、春秋、戰國直至漢代金文中量詞情況都有了系統認識。

簡帛文獻時代跨度較大，從戰國早期直到三國吳和晉代；出土材料更是極爲豐富，受到了研究者的日益重視。例如曾仲珊（1981）、吉仕梅（1996）、徐莉莉（1997）、王建民（2001）等分別對《睡虎地秦墓竹簡》中的量詞、稱數方式等進行了較爲全面的考察；魏德勝（2000）則對《敦煌漢簡》中的量詞進行了系統研究；張俊之、張顯成師（2002）對帛書《五十二病方》中的數詞、量詞進行了全面描寫和研究；遣策類文獻中的量詞使用最爲典型，因此對遣策類文獻中量詞的研究也得到了特別重視，如王貴元《楚簡遣策中的物量稱數法和量詞》（2002）和《漢代簡牘遣策的物量表示法和量詞》（2002）、張顯成師《馬王堆三號漢墓遣策中的量詞》（2006）等。其他如張顯成師、武曉麗《漢簡三種量詞研究初探》（2007）、《張家山漢簡中的量詞》（2006）、張顯成師《上博簡（四）中的固定稱數結構》（2008）、李建平《從先秦簡牘看〈漢語大詞典〉量詞釋義的闕失》（2005）、《從先秦簡牘看〈漢語大字典〉量詞釋義的闕失》（2005）、《漢代"卷"之制度補正》（2010）、《從簡帛文獻看先秦漢語數量詞的地域特徵》（2010）、《戰國楚簡中的量詞及其語法化》（2008）、李建平、張顯成師《先秦兩漢魏晉簡帛量詞析論》（2009）；等等。張顯成師、李建平在系列論文的基礎上，完成了《簡帛量詞研究》一書，2016 年由中華書局正式出版，可以作爲目前簡帛量詞研究的階段性成果。

（五）量詞的個案與興替研究

量詞系統是一個個量詞組成的，因此對漢語量詞發展史的研究必然建立在每一個量詞歷時發展研究的基礎上，因此量詞的個案研究一直是量詞發展史研究的重點和熱點之一，而很多量詞產生或萌芽于先秦兩漢，或者雖然上古時期還沒有產生量詞義，但其源詞的使用情況也是研究所不可或缺的。

最早進入學界研究視野的是泛指量詞（或稱爲"通用量詞""共性量詞"），遊汝傑（1985）考察了泛指量詞"個"語源，王紹新（1989）對泛指量詞"個"在唐代前後的發展進行探討，張萬起（1998）則從歷時的角度考察了量詞"枚"的產生及其歷史演變。

對其他量詞研究的成果也很豐富，如孟繁杰等先後對一系列量詞的語法化歷程和歷史演變做了考察，如量詞"條"（孟繁杰2009a）、"面"（孟繁杰2009b）、"張"（孟繁杰2010a）、"幅"（孟繁杰2010b）、"根"（孟繁杰2011a）、"片"（孟繁杰2011b）、"塊"（孟繁杰2014）、"道"（孟繁杰2015）、"通"（魏兆惠、華學誠2008）等，又如葉桂郴（2004）考察了量詞"頭"的歷史發展及其他稱量動物的量詞，等等。

對具體某一量詞源流發展的歷時研究一直是量詞研究的重點與熱點，此類研究往往與量詞的興替緊密結合在一起，如陳紱（2002）首先對泛指量詞"枚"和"個"的興替進行了考察，李建平、張顯成（2009）借鑒前人及時賢研究成果，綜合利用傳世文獻與出土文獻材料，考察了泛指量詞"枚"的語源與發展，認爲量詞"枚"源自其"算籌"義；考察了量詞"個"的三種不同書寫形式"个""箇""個"的不同來源及其發展與合流；並對作爲泛指量詞的"枚"和"個"的興替及其動因進行了探討。其他研究者如郭秀梅（2000）探討了中醫文獻中最常見的稱量藥物的量詞從"物"到"味"的興替，根據出土文獻指出兩漢南北朝時期醫方中的量詞一以貫之是"物"，唐代開始用"味"作爲中藥量詞，其興替的原因是語音的變化。牛太清（2001）則探討了層次義量詞"重"和"層"的興替過程，認爲這一嬗變發生在魏晉南北朝時期。葉桂郴（2008）探討了三對量詞："枚"與"個"，"條"與"根"，"隻"與"頭"的興替，提出興替的原因在於表形需要催生了個體量詞的產生，表形的特質又制約了某些量詞的進一步發展。王秀玲（2009）則在探討量詞"領"歷史發展的同時，考察了量詞"領"與"件"的替換，認爲這一興替發生於明代，其興替的原因在於量詞"件"的泛化。

對專書中特定量詞的研究易於定量定性分析，有助於研究的細化和深入，如李薛妃（2009）對《朱子語類》中量詞"等"的研究，李小平（2011a）《齊民要術》指稱植物的"科"及其演變的研究，李小平（2011b）對《齊民要術》中"升、斗"類量詞稱量對象和成因的研究等。

對每一個量詞的歷時研究，是漢語量詞發展史研究的重要組成部分，祇有對每一個量詞的源流和興替有了全面了解，科學的量詞發展史纔能建立起來。目前雖然成績斐然，但對於量詞發展史的建立來說還是遠遠不夠的，諸多量詞的個案研究需要進一步全面考察。

（六）量詞語法化動因與歷程的研究

漢語量詞由其他詞類語法化而來，對量詞語法化的歷時發展的描寫，對誘發量詞語法化動因的解釋，對量詞語法化機制的研究一直是量詞研究的重要課題，黃載君（1964）、金福芬、陳國華（2002）、戴浩一（2002）、李若暉（2000）、李訥、石毓智（1998）、戴慶廈（1997）等諸多學者都提出了自己的推測和假設，並皆有精彩論證，但對漢語量詞起源動因的解釋也存在諸多無法解釋的難點；但總體來看學界對該問題的關注大大推進了量詞研究的深度和廣度，特別是基于類型學的視野的考察爲漢語量詞研究開闢了新途徑。①

在量詞語法化的歷程中，"Num+Cl+N"結構的產生和在數量表示法中逐步佔據優勢地位具有重要意義，因此學者也往往從這一結構歷時演變的角度來探討量詞語法化的歷程，如郭攀（2001）、張延俊（2002）、吳福祥等（2006）、（新加坡）吳雅云（2014）等從不同的角度考察了漢語"Num+Cl+N"結構的來源，提出了"移位説""取代説""類推説"等諸多不同視角的解釋。

對於某一歷時階段量詞語法化的程度的研究，雖然在諸多斷代史研究或者專書研究中多有涉及，但其研究並不系統，特別是早期的諸多研究由於缺乏數理統計而難以作定性研究，也影響了研究成果的進一步利用。吳福祥（2007）首先對魏晉南北朝時期漢語名量詞范疇的語法化程度進行考察，提出了判別量詞語法化程度的三條原則，通過大規模的文本統計和定量分析，指出魏晉南北朝量詞的語法化並非如劉世儒所説"開始邁入完全成熟的時期"，而是恰恰相反，"整體上還顯示較低的語法化程度"，

---

① 關於漢語量詞語法化動因的研究綜述詳參第九章。

提出"量詞範疇的完全成熟應該是在唐代以後",其研究顯然修正了以前缺乏定量定性研究導致的誤區,進一步加深了我們對該期量詞系統發達程度的認識。

一般認爲量詞由名詞、動詞等語法化而來,語法化是一個由實而虛的演變,具有單向性。李宗江(2004)則指出了漢語量詞語法化中的特殊情況"逆語法化",即"件""個"等部分個體量詞的實義化,並分析其條件,當然作者也指出這種情況是否屬於嚴格意義上的量詞語法化單向性的反例也還存在爭議,而且即使是部分反例的存在也不能否定語法化的基本規律是單向性的。

近年來,類型學視野下的量詞研究成果迭出,爲漢語量詞的研究提供了全新的視角,如李宇明(2000)考察了漢藏語系中的拷貝型量詞(或稱爲"反響型量詞""反身量詞"),並進一步構擬了漢藏語系個體量詞發展的歷程。蔣穎(2007)從類型學的角度探討了漢藏語名量詞起源的動因,包括語言類型的動因、韻律的動因、語言接觸的動因。

無論量詞的語法化研究,還是基於類型學視野的量詞起源動因的分析,一般都是以名量詞爲主的,一般缺乏對動量詞起源動因的關注,正如邵敬敏(1996)所說:"其實,動量詞自成一個系統,内部形成幾個不同的層面,並顯示出各自不同的個性,它與動詞的選擇組合涉及各種因素,很值得深入地進行研究。"對動量詞系統的研究一直主要集中在其產生時代、來源等問題上,劉世儒(1959)、洪誠(1964)、傅銘第(1965)、潘允中(1982)、王力(1989)、吳伯芳(1990)、楊伯峻、何樂士(1992)、葉桂郴、羅智豐(2007)諸先生提出動量詞早在先秦已見,而楊劍橋(2009)、魏兆惠、冷月(2012)則對先秦時期等諸多用例提出質疑,認爲真正意義上的動量詞秦代以前並未產生,用大量文獻用例證明動量詞產生的時代是在西漢時期。鄭樺《動量詞的來源》(2005a)《動量詞的流變》(2005b)兩文則對諸多動量詞的語源和發展進行探討。動量詞的語源及其產生的時代是動量詞研究中的重要課題,如果沒有弄清楚動量詞產生於什麼時代、來源於何處,那麼對動量詞產生的機制與動因的探討就很難落到實處。

二 古漢語量詞研究的局限、展望與研究目的

百餘年來,古漢語的量詞研究取得了豐碩的成果,特別是進入 21 世

紀以來，對漢語量詞的研究在各個方面都全面展開，研究視野進一步拓展。但是相對於其他詞類的研究來看，漢語量詞的研究仍然較爲薄弱，仍存在諸多方面的局限，進一步的研究亟待全面展開。

（一）量詞研究的局限

無論從宏觀還是微觀的角度來看，目前的古漢語量詞研究仍存在以下幾個方面的問題：

1. 選題視角的局限。一是系統的斷代史研究成果的缺乏。目前漢語量詞研究所取得的成果多爲專書、專題研究，缺乏系統的、窮盡性的斷代研究，對各個歷史階段上量詞的數量、語法功能等問題都仍未明確，對其歷時發展、起源動因的研究缺乏研究基礎。二是量詞個案研究成果的缺乏。量詞的個案研究雖然已經取得了豐碩成果，但相對於漢語量詞系統來說僅僅是很小的一部分，諸多量詞的歷史考察有待展開。三是語法化研究不夠。多數研究往往限於對某一種或某一類文獻中量詞使用情況的描寫，未能基於文本頻率、句法行爲、語義泛化程度等深入考察其語法化程度。四是量詞起源動因研究還遠遠不夠。部分學者已經對量詞起源動因進行了探討，但由於缺乏系統發展史研究的資料基礎，仍很難得出令人信服的結論。

2. 語料使用的局限。一是對語料真僞與時代的分析不夠細緻，不僅要考察文獻整體的真僞與時代，其内部篇目的真僞與時代也要細緻考察，如《墨子》中"備城門"篇前後的時代問題。二是語料範圍局限於出土文獻或傳世文獻，未能將二者有機結合起來進行互證，更未與漢藏語系其他量詞語言相關材料進行比較研究。三是很多珍貴語料，如漢儒經注、醫學文獻等傳世文獻，散見漢簡、兩漢碑刻、買地券、造像題記等出土文獻的量詞研究仍未引起研究界的足夠關注，可見漢語量詞史的研究仍然存在大量空白以待填補。

3. 量詞判定標準不明確。漢語詞類的判定一直是語言研究中老大難的問題，量詞也不例外。對於量詞判定標準的不一致，導致不同學者對同一文獻中量詞數量與頻率的統計不一，甚至部分研究摻雜了很多名詞、形容詞等其他詞類，影響了研究成果的科學性和價值。

從目前研究的現狀來看，對於現存先秦至宋元衆多文獻的量詞研究，目前所涉及的祇是其中很小一部分，無論從資料儲備還是研究現狀來看，對漢語量詞發展史都有系統、深入展開全面研究的必要性和緊迫性。

（二）量詞研究的展望

從甲骨文中量詞的萌芽，到現代漢語量詞使用的紛繁複雜，量詞的發展有三千年以上的歷史，在這漫長的歷史發展過程中量詞與名詞的雙向選擇關係、量詞的語法功能等都是不斷地發展變化的，因此在研究中必須貫徹歷時發展的原則，將共時研究與歷時研究結合起來；對每一種文獻、每一歷時階段量詞的描寫是量詞史研究的基礎，而對誘發量詞語法化的動因、機制的解釋研究也應當全面展開。

1. 加強量詞的斷代史研究。正如劉世儒所言："祇有把量詞的各個歷史橫斷面貌都研究好了，漢語的整套的系統的量詞史纔有可能建立起來。"[①] 對每一歷史階段量詞的斷代史研究是系統的發展史研究的基礎，但古代文獻浩繁，對每一個歷史階段量詞的斷代史研究工作量非常巨大，需要長期、系統的考察。

2. 加強量詞個案歷史發展和興替研究。釐清每一個量詞的語源、歷史發展及其興替的機制與動因，並將個案研究和斷代史研究結合起來，可以爲量詞發展史研究奠定堅實的資料基礎。

3. 加強量詞的語法化研究。如沈家煊所說："不管是研究語言中的哪一種現象，研究者都有以描寫爲目標或以解釋爲目標的自由，但是解釋語言現象應該是語言研究的'最終目的'。""我們也不能等到把所有的語言現象完全描寫清楚了再去作解釋，因爲語言現象的描寫是無止境的。"[②] 雖然目前對漢語量詞發展情況基礎的描寫工作還很薄弱，但對量詞語法化機制與動因的研究也應當全面展開，並以此來指導量詞系統的描寫工作。

4. 加強量詞的類型學研究。從類型學的視野來看，漢藏語系、南亞語系等部分語言中也存在較爲發達的量詞系統，那麼跳出漢語的圈子，綜合考察不同語言中量詞發展的共性，通過比較考察漢語量詞發展的特性，必然有助於量詞研究的進一步深入。

在現代漢語的量詞研究中，認知語言學、構式語法等研究方法已經得到了較爲普遍的應用，如石毓智（2000）對現代漢語中形狀量詞認知基礎的考察等，但在古代漢語的量詞研究中類似新方法的使用仍較爲少見，在此後的研究中應當努力借鑒新的語言學理論和方法以推進古代漢語量詞

---

① 劉世儒：《魏晉南北朝量詞研究》，中華書局 1965 年版，第 3 頁。
② 沈家煊：《不對稱和標記論》，江西教育出版社 1999 年版，第 6 頁。

研究的拓展與深入。

（三）本書的研究目的

本書以先秦兩漢傳世文獻和出土文獻作爲基本研究材料，貫徹"二重證據法"，對該時期文獻中的量詞進行窮盡性搜集、整理，分類統計，逐一分析，作一準確、細緻的平面描寫。先秦兩漢時期，是漢語量詞的萌芽和初步發展的時期，後世乃至現代漢語常用的諸多量詞往往是在這一時期萌芽並發展的，因此對先秦兩漢文獻中出現的每一個量詞我們都有必要釐清其語源、產生的時代，並進一步探討其語法化的動因與機制。在此基礎上，通過歷時比較與分析，探索先秦兩漢量詞系統的特點和發展規律，並結合漢藏語系、南亞語系量詞的研究在類型學視野下考察誘發漢語量詞系統語法化的機制與動因等問題。

第三節　先秦兩漢語料述略

先秦兩漢文獻典籍，據《漢書·藝文志》的著録，總計達 13269 卷之多，但"這些古書，歷亂經劫，大多散亡"。李零列舉了 115 種先秦兩漢文獻①，但其中部分文獻，或是輯佚本，或是後人多有篡改，作爲史料或者多有可采之處，其研究價值是不容置疑的，但作爲語言研究材料來説由於其寫定時代的不確定性，導致我們很難確定他們所反映的語言的時代。如部分古籍早在先秦時期就廣爲流傳，但真正寫定卻是在漢代，那麼這樣的版本能否真實反映先秦的語言仍有疑問；我們認爲一種古籍如果早在戰國時期就有一個較爲通行的本子，祇是到漢代纔正式寫定，則在一定程度上可以反映先秦的語言狀況；如果秦代以前祇是口耳相傳，那麼在漢代寫定的時候往往會摻雜漢代的語言。特別是對先秦兩漢時期的語言研究來説更是如此。先秦兩漢時期是漢語量詞系統的萌芽期，探索量詞的語源、起源時代、動因與機制等問題必須確定其語料的真實性，因此可能會有後世篡改的輯佚類文獻非本書研究的範疇。

明末清初著名學者顧炎武曾把學問比作"采銅於山"，十分重視對第

---

① 李零：《現存先秦兩漢古書一覽表》，載《簡帛古書與學術源流》，三聯書店 2007 年版，第 17 頁。

一手材料的廣泛搜采；同時，又十分重視對各種材料的縝密考辨，"有一疑義，反復參考，必歸於至當；有一獨見，援古證今，必暢其説而後止"。因此，"漢語發展與演變研究，其基礎是對語料的準確把握。"① 從文獻材料的性質來看，古代文獻一般可以分爲傳世文獻和出土文獻兩大類。傳世先秦兩漢文獻經過長期的輾轉傳抄，不同的版本往往存在一定差異；而出土文獻雖然其下限是明確的，即其墓葬時代，但是對於書籍類文獻來説，其寫定時代也往往需要進一步考察與論證；因此爲保障語料的真實性，明確其版本，以下我們首先對本書所選取的語言材料簡要介紹，明確其語料的時代等相關情況。

此外，我們對出土先秦兩漢陶文、封泥、瓦當、璽印文字也做了全面考察，由於其語料性質的原因，其中都没有涉及稱量，也没有量詞使用，故未納入本書所介紹之語料中。漢譯佛經從語料性質的角度來看，應當歸入傳世文獻無疑，但它的語言性質卻是極爲特殊的，因此本書將其單獨列爲一類。以下分傳世先秦兩漢文獻、出土先秦兩漢文獻、漢譯佛經文獻三大類分別予以介紹。

一　傳世先秦兩漢文獻

（1）《尚書》

相傳由孔子編撰而成，學界一般認爲早在先秦就有定本。西漢初年伏生本28篇，從時代的角度看其中《虞書》2篇，《夏書》2篇，《商書》5篇，《周書》19篇；加上民間求得的《泰誓》1篇，共29篇。本書所用材料據周秉鈞注譯《尚書》，嶽麓書社2001年版。又參蔣善國《尚書綜述》，上海古籍出版社1988年版。②

（2）《詩經》

我國第一部詩歌總集，凡305篇。孔子在《論語》中也提到"詩三百"，可見在春秋已經定型。成書時代，"最早的是《周頌》，創作於西周初期；最晚的是《曹風·下泉》，在周敬王入成周（公元前516年）以後，已

---

① 高小方先生《漢語史語料學》第一章"漢語史語料學的對象、功用、研究原則與方法"對漢語史研究中語料的重要性進行了全面、詳盡地闡述，高等教育出版社2005年版。

② 舊題漢孔安國《孔傳古文尚書》，分46卷，計58篇，學界多以爲僞作。但隨着近期簡帛新材料的出土，其真僞問題引發了新的思考。但此問題仍無確切證據，故本書依前賢所訂材料。

經是春秋中葉了。"① 本書所用材料據阮元校《十三經注疏·詩經注疏》，中華書局 1980 年版。同時參考了向熹先生《詩經語言研究》，四川人民出版社 1987 年版；陳子展《詩經直解》，復旦大學出版社 1983 年版。

（3）《易經》

"卦爻辭是編纂成的，有編者，姓名失傳，可能是周王室的一位太卜或筮人，即《周禮·春官·宗伯》所說'掌三《易》'的人。編纂時間約在西周中後期。""《繫辭》的基本部分是戰國中期的作品，著作年代在老子之後，惠子、莊子以前。"② 本書所用材料據阮元校《十三經注疏·周易注疏》，中華書局 1980 年版；同時參考了李鏡池《周易探源》，中華書局 1978 年版。

（4）《春秋左氏傳》

春秋經相傳由孔子據魯國史官所編《春秋》加以整理修訂而成，記載自公元前 722 年至前 481 年共 242 年間的史事，是中國最早的編年體史書。《左傳》相傳是春秋末期的魯國史官左丘明所著。現在一般認爲《左傳》非一時一人所作，成書時間大約在戰國中期（公元前 4 世紀中葉），是由戰國時的一些學者編撰而成，其中主要部分當爲左丘明所寫。楊伯峻認爲："《左傳》成書年代當在公元前 403 年以後，周安王十三年，公元前 386 年，田和爲王以前。戰國時期即已流行，鐸椒、虞卿、荀卿都曾傳授並采摘成書。"③ 本書所用材料據楊伯峻編著《春秋左傳注》，中華書局 1981 年版。另參楊伯峻、徐提《春秋左傳詞典》，中華書局 1985 年版。

（5）《孫子兵法》

全書共 13 篇，7200 餘字，成書於春秋末期，爲孫武所撰。本書所用材料據楊丙安校理《十一家注孫子校理》（增訂本），中華書局 1999 年版。

（6）《儀禮》

簡稱《禮》，亦稱《禮經》《士禮》。《儀禮》是記載古代禮儀制度的著作。今本《儀禮》存 17 篇，"最初是由孔子在春秋末期編定的"，④ 洪誠先生也認爲此書不會晚於春秋時代，後經弟子、後學者遞相傳授而寫定。本

---

① 程俊英、蔣見元：《詩經》，嶽麓書社 2000 年版，第 1 頁。
② 李鏡池：《周易探源》，中華書局 1978 年版，第 2 頁。
③ 楊伯峻：《春秋左傳注》，中華書局 1981 年版，第 36 頁。
④ 楊天宇：《儀禮譯註》，上海古籍出版社 2004 年版，第 2 頁。

書所用材料據阮元校《十三經注疏·儀禮注疏》，中華書局 1980 年版。

（7）《逸周書》

"考此書本名《周書》，初編集於春秋末年晉平公卒後的周景王之世（前 533—前 520），材料多系孔子刪《書》之餘。"① 本書所用材料據黃懷信《逸周書校補注譯》，西北大學出版社 1996 年版。

（8）《國語》

古典歷史文獻中國別體記言史書的始祖，共 21 卷，記載了從西周中期至戰國初期（約前 967 年—前 453 年）五百餘年間周、魯、齊、晉、鄭、楚、吳、越等八國的歷史事實，成書年代約爲戰國初期。如高小方所言："《國語》一書包括了較長時段中不同地域、不同風格的語料，是一份大有研討餘地的文獻。"② 本書所用材料據董增齡《國語正義》，巴蜀書社 1985 年版。

（9）《老子》

又名《道德經》或《道德真經》。今本《道德經》分爲上、下兩冊，共 81 章。據 1993 年出土的郭店楚簡 "老子" 年代推算，成書年代至少在戰國中前期。本書所用材料據陳鼓應《老子今注今譯》，商務印書館 2003 年版。

（10）《管子》

非一人一時之作，絕大部分是管仲及管仲學派思想的記錄與反映，成書於戰國時期。關於《管子》的真僞問題聚訟紛紜，郭沫若《管子集校·校畢書後》："《管子》一書乃戰國、秦、漢文字總匯，秦、漢之際諸家學說尤多彙集於此。"③ 張固也說："通過研究，我們認爲《管子》一書是春秋末戰國初至戰國晚期（約公元前 500 年至公元前 250 年）逐漸形成的先秦古籍。"④ 本書所用材料據黎翔鳳《管子校注》，中華書局 2004 年版。

（11）《論語》

由孔子的弟子及其再傳弟子編撰而成，以語錄體和對話文體爲主，其成書時代約在戰國時期，大約在公元前 479 年（孔子卒年）至公元前 402

---

① 黃懷信：《逸周書校補注釋》，西北大學出版社 1996 年版，第 1 頁。
② 高小方：《漢語史語料學》，高等教育出版社 2005 年版，第 75 頁。
③ 郭沫若：《管子集校》，人民出版社 1982 年版，第 467 頁。
④ 張固也：《管子研究》，齊魯書社 2006 年版，第 398 頁。

年（子思卒年）之間。今本《論語》凡 20 篇。本書所用材料據阮元校《十三經注疏·論語注疏》，中華書局 1980 年版。另參楊伯峻先生《論語譯注》，中華書局 1980 年第 2 版。

（12）《穆天子傳》

西晉太康二年（公元 281 年），出土於今河南汲縣一座戰國時期魏國墓葬，共 6 卷，成書時代當不晚於戰國，其中卷五、卷六的時代可能要早些。本書所用材料據王貽樑、陳建敏《穆天子傳匯校集釋》，華東師範大學出版社 1994 年版。

（13）《墨子》

今本共 53 篇，由墨子及其各代門徒逐漸增補而成，當成書於戰國末期。墨子名翟，其生卒年按孫詒讓《墨子閒詁》説爲公元前 468—公元前 376 年；王力則認爲約公元前 480 年至公元前 420 年。其中《經上》《經下》兩篇當是墨子自作，其餘爲墨子講學而其弟子各有所記，合而成書。但《備城門》以下諸篇存疑，根據其語言特色來看當寫定於西漢時期；因此我們將《備城門》以前作爲先秦語料，將《備城門》以下諸篇作爲西漢語料。本書所用材料據孫詒讓《墨子閒詁》，中華書局 1986 年版。

（14）《莊子》

又稱爲《南華真經》《南華經》，今存 33 篇，分内篇、外篇、雜篇，乃由戰國中晚期逐步流傳、揉雜、附益。一般認爲"内篇"當爲莊子所著。本書所用材料據陳鼓應《莊子今注今譯》，中華書局 1983 年版。

（15）《周禮》

漢成帝時，劉向、劉歆父子校理秘府所藏的文獻，重新發現此書並加以著錄。或以爲出自周公手作，但學界一般認爲《周禮》成書年代偏晚，約作於戰國後期。本書所用材料據阮元校《十三經注疏·周禮注疏》，中華書局 1980 年版。另參錢玄、錢興奇《三禮辭典》，江蘇古籍出版社 1998 年版。

（16）《孟子》

孟子言論的彙編，共 7 篇。大體是孟子自作，其弟子萬章等及其再傳弟子都做過一些潤色的工作，最終成書於戰國時期。本書所用材料據阮元校《十三經注疏·孟子注疏》，中華書局 1980 年版。另參楊伯峻《孟子譯注》，中華書局 1960 年版。

（17）《晏子春秋》

記述晏子言行、反映晏子政治主張的著作。董治安認爲："《晏子春秋》不是晏嬰自著，也不是漢以後人雜抄諸家、拼湊起來的東西，而是一部獨立的先秦時代的作品，編寫者大約是稍晚於晏子的戰國時人。"① 高亨說與此一致。從銀雀山漢簡《晏子》看，該書的成書時代當爲戰國時期，共 8 卷，其中內篇 6 卷，外篇 2 卷。本書所用材料據吳則虞《晏子春秋集釋》，中華書局 1962 年版。

（18）《荀子》

現存 32 篇，多出於荀子之手，其中《大略》《宥坐》《子道》《法行》《哀公》《堯問》等篇爲荀子弟子的記述。值得注意的是，其中《仲尼篇》的思想與《臣道篇》相衝突，因此郭沫若《十批判書》（1982）、張岱年《中國哲學史史料學》（1982）都認爲"《仲尼篇》絕非荀子的著作"。本書用王先謙《荀子集解》，中華書局 1983 年版。另參梁啟雄《荀子簡釋》，中華書局 1983 年版。

（19）《商君書》

《四庫全書總目提要》云"殆法家流，掇輯餘論，以成是編"，該書應是商鞅及其後學的著作彙編。"此書的編成應該在公元前 260 年到公元前 233 年之間。至於其編定者，當是秦國主管圖書檔案的御史。"② 現存 26 篇，其中 2 篇有目無文。本書所用材料據蔣禮鴻撰《商君書錐指》，中華書局 1986 年版。另參殷孟倫等《商子譯注》，齊魯書社 1982 年版。

（20）《韓非子》

基本爲韓非所撰，秦時由主管圖書檔案的御史編訂成書。共 55 篇，20 卷，10 餘萬言。本書所用材料據清王先慎《韓非子集解》，中華書局 1998 年版。另參今人陳奇猷《韓非子新校注》，上海古籍出版社 2000 年版。

（21）《戰國策》

戰國辯士游談的記錄，間或有後人擬作。按劉向《戰國策書錄》，此書本非先秦成書，其文辭流傳至西漢時，凡有數本，編次、取名皆不同。劉向校書中秘，始正其錯亂，刪除複重，定名爲《戰國策》，凡 497 章。本書所用材料據繆文遠《戰國策新校注》，巴蜀書社 1998 年版。

（22）《呂氏春秋》

由秦國丞相呂不韋組織編寫，有八覽、六論、十二紀，共 26 卷，20

---

① 董治安：《說〈晏子春秋〉》，《山東大學學報》1959 年第 4 期。
② 張覺：《商君書譯註》，貴州人民出版社 1992 年版，第 5 頁。

餘萬言，又稱《吕覽》，成書於戰國末年。本書所用材料據張雙棣等《吕氏春秋校釋》，北京大學出版社 2000 年版。另參陳奇猷《吕氏春秋校釋》，學林出版社 1984 年版。

（23）《爾雅》

作爲目前所見最早的一部詞典，其訓詁材料是積蘊而得，不可截然斷代。初具規模的時代大概在公元前 400 至 300 年左右的戰國時期，漢代古文經典的傳注發達起來以後，又一度經過增補潤色。本書所用材料據中華書局 1985 年影印本的郭璞注《爾雅》。

（24）《山海經》

志怪古籍，並非出於一時一人之手，是集體編述而成的。成書應當在戰國時期，《海內經》中有秦漢人的附益部分。本書所用材料據袁珂《山海經校譯》，上海古籍出版社 1985 年版。

（25）《神農本草經》

託名神農，並非出自一時一人之手。趙普珊認爲："從馬王堆出土醫書以及《山海經》記載的藥物情況來考慮，該書處於秦漢之際不是沒有可能的。"① 本書所用材料據問經堂叢書本；另參馬繼興《神農本草經輯注》，人民衛生出版社 1956 年版。

（26）《孝經》

今本《孝經》共 18 章。關於其著者，衆說紛紜。清紀昀《四庫全書總目》認爲該書是"七十子之徒之遺言"，成書於秦漢之際。張岱年認爲："《孝經》並不是曾參自己所作，而是他的弟子或再傳弟子所寫的。"② 本書所用材料據阮元校《十三經注疏·孝經注疏》，中華書局 1980 年版。

（27）《禮記》

亦稱《小戴禮記》或《小戴記》，凡 49 篇，是先秦至秦漢時期的禮學文獻選編。該書最初爲西漢時期的戴聖所纂集。戴聖，漢宣帝時爲博士，世稱小戴。一般認爲《小戴禮記》之中，《檀弓》上下篇均成書於六國之時，《坊記》《中庸》《表記》《緇衣》四篇爲子思所作，《奔喪》《投壺》兩篇輯自逸禮《古禮經》。③ 本書所用材料據阮元校《十三經注

---

① 趙璞珊：《中國古代醫學》，中華書局 1983 年版，第 48 頁。
② 張岱年：《中國哲學史史料學》，三聯書店 1982 年版，第 33 頁。
③ 高小方：《漢語史語料學》，高等教育出版社 2005 年版，第 81—83 頁。

疏・禮記注疏》，中華書局 1980 年版。

(28)《黃帝内經》

包括《素問》和《靈樞》。就成書時代而言，可分爲三個部分。第一部分，即其主體部分，絕大部分是戰國時期的作品，還有一部分是秦代和西漢時期的作品。第二部分，即"七篇大論"，《天元紀大論》《五運行大論》《六微旨大論》《氣交變大論》《五常政大論》《六元正紀大論》《至真要大論》，是漢代甚至大都是東漢作品。第三部分，一是《刺法論》和《本病論》，是宋代林億據流傳本補進去的，當爲唐宋人所作；二是《靈台密典論》，很可能是魏晉以後的作品。第三部分並非漢代語料，不是本書研究的對象。本書所用材料據四部叢刊影印明顧從德翻宋本；另參郭靄春《黃帝内經素問校注》，人民衛生出版社 1992 年版；南京中醫學院中醫系《黃帝内經靈樞譯釋》，上海科學技術出版社 1986 年版。①

(29)《楚辭》

楚辭是戰國時期楚地的一種詩體，劉向編校群書，將屈原、宋玉、賈誼等人的作品，以及自己的《九嘆》一篇，輯爲一集，名爲《楚辭》。後王逸作注，增入自己的《九思》一篇。因此其中作品的成書時代當從戰國到漢代，區分對待。本書所用材料據王泗原《楚辭校釋》，人民教育出版社 1990 年版。

(30)《新語》

陸賈所撰，凡 12 篇，成書時代約在漢高祖時。本書所用材料據王利器《新語校注》，中華書局 1986 年版。

(31)《新書》

賈誼文作的彙編，由劉向整理編次而成，故又稱《賈子新書》，共 10 卷。本書所用材料據閻振益、鐘夏《新書校注》，中華書局 2000 年版。另參吳雲、李春臺《賈誼集校注》，中州古籍出版社 1989 年版。

(32)《韓詩外傳》

漢文帝時博士韓嬰所作，作者的生活年代約在公元前 200 年到公元前 130 年，本書的寫定也自然在此之間。本書所用材料據四部叢刊本；另參

---

① 爲行文簡潔，本書引《黃帝内經》徑出《靈樞》《素問》及其篇名，略去"黃帝内經"。

賴炎元《韓詩外傳今注今譯》，（臺北）商務印書館 1972 年版。

（33）《公羊傳》

上起魯隱公元年，止於魯哀公十四年，與《春秋》起訖時間相同。相傳其作者爲子夏的弟子，戰國時齊人公羊高。起初祇是口説流傳，西漢景帝時，傳至玄孫公羊壽，由公羊壽與胡毋生（子都）一起將其"著於竹帛"。本書所用材料據阮元校《十三經注疏·公羊梁傳注疏》，中華書局 1980 年版。

（34）《榖梁传》

舊題戰國魯榖梁赤撰（赤或作喜、嘉、俶、寘）。榖梁子受經於子夏，爲《春秋》作傳，最初祇是口耳相傳，直至西漢初年纔成書，因此它所反映的語言面貌不會晚於西漢初年。本書所用材料據阮元校《十三經注疏·榖梁傳注疏》，中華書局 1980 年版。

（35）《史記》

作者司馬遷，全書寫定於漢武帝征和二年（公元前 91 年）。本書所用材料據《史記》中華書局 1959 年版。

（36）《淮南子》

又稱《鴻烈》《淮南鴻烈》，由西漢淮南王劉安主持撰寫，故而得名，共 21 卷。此書撰著於景帝後期，而於漢武帝劉徹即位之初的建元二年（公元前 139 年）進獻於朝廷。本書所用材料據張雙棣《淮南子校釋》，北京大學出版社 1997 年版。另參何寧《淮南子集釋》，中華書局 1998 年版；劉文典《淮南鴻烈集解》，中華書局 1989 年版。

（37）《春秋繁露》

今本當系後人輯錄董仲舒遺文而成，共 17 卷。本書所用材料據蘇輿《春秋繁露義證》，鐘哲點校，中華書局 1992 年版。

（38）《周髀算經》

並非成書於一人一時，其最後成型應該不會晚於公元前 100 年。本書所用材料據錢寶琮《算經十種》本，中華書局 1963 年版。

（39）《九章算術》

並非一人一時之作，最後輯爲定本的年代據考證爲西漢中期（公元前 1 世紀左右）。本書所用材料據白尚恕《〈九章算術〉注釋》，科學出版社 1983 年版。

（40）《鹽鐵論》

桓寬據漢昭帝時所召開的鹽鐵會議記錄整理而成，記述了當時對漢武帝時期的政治、經濟、軍事、外交、文化的一場大辯論，共 10 卷，60 篇。本書所用材料據王利器《鹽鐵論校注》，中華書局 1992 年版。

（41）《新序》

劉向所編纂的一部歷史故事類編，大約在公元前 24 年到公元前 25 年定稿並進獻給皇帝，共 10 卷。本書所用材料據趙仲邑《新序詳注》，中華書局 1997 年版。

（42）《説苑》

劉向校書時據皇家藏書和民間圖籍，按類編輯的先秦至西漢的一些歷史故事和傳説，並夾有作者的一些議論，共 20 卷。本書所用材料據向宗魯《説苑校證》，中華書局 1987 年版。

（43）《列女傳》

劉向編纂的介紹古代婦女行爲之書，共 7 卷。本書所用材料據《四部備要》本。

（44）《方言》

我國第一部方言詞典，作者揚雄，成書於漢代。本書所用材料據周祖謨先生著《方言校箋》，中華書局 1993 年版。

（45）《法言》

揚雄晚年模仿《論語》而作，成書於王莽稱帝之前，共 13 卷。本書所用材料據韓敬《法言注》，中華書局 1992 年版。另參汪榮寶著、陳仲夫點校《法言義疏》，中國書店 1991 年版。

（46）《越絶書》

《越絶書》十五卷。如余嘉錫先生《四庫提要辨證》言："非一時一人所作。"原作者可能是戰國時人，即所謂的"吳越賢者"，但其姓名已不可考；而原文中也可能收有子貢與伍子胥的文字；至東漢初年，此書又經會稽人袁康、吳平整理，撰寫外傳，重新編定，遂流傳至今。本書所用材料據樂祖謀點校《越絶書》，上海古籍出版社 1985 年版。另參張宗祥《越絶書校注》，商務印書館 1956 年版。

（47）《吳越春秋》

東漢趙曄撰，是一部記述春秋時期吳、越兩國史事爲主的史學著作。作者大致生活於東漢明帝、章帝時。本書所用材料據周生春《吳越春秋輯校彙考》，上海古籍出版社 1977 年版。

（48）《白虎通》

漢章帝建初四年（公元 79 年），令太常、大夫、博士、議郎、郎官及諸生、諸儒會白虎觀，講議《五經》同異。當時撰有《白虎議奏》，統名《白虎通德論》，後又命班固撰成此書，共4卷。本書所用材料據四部叢刊本。

(49)《論衡》

東漢王充撰，針對當時的儒術和神秘主義的讖緯說進行批判，大約作成於漢章帝元和三年（公元86年），共30卷。本書所用材料據黃暉《論衡校釋》，中華書局1990年版。

(50)《漢書》

包括本紀12篇，表8篇，志10篇，列傳70篇，共100篇。歷經班彪、班固、班昭、馬續四人之手，漢和帝時最終寫定。本書所用材料據王先謙《漢書補注》，中華書局1983年版。

(51)《說文解字》

我國第一部系統完備的字典，作者許慎，成書於漢安帝建光元年（公元121年），本書所用材料據中華書局2003年影陳昌治刻大徐本。

(52)《太平經》

又名《太平清領書》，"是初期道教的代表性經典之一，成書於東漢安帝、順帝時期，爲于吉、宮崇等人的集體創作。"① 原書170卷，幾經流失，今僅存明《正統道藏》版67卷，其1至10卷爲唐末道士閭丘方遠所錄《太平經鈔》，本經僅57卷，且多有殘缺。而敦煌文獻斯四二二六《太平部》卷二中發現了《太平經目錄》（也稱《敦煌目錄》，幾乎全部保存了本經360篇的篇目和各篇所屬的卷次分部。俞理明先生《〈太平經〉正讀》據《敦煌目錄》重新編次，使其整體更爲趨近原貌。本書所用材料據俞理明《〈太平經〉正讀》，巴蜀書社2001年版；另參王明《太平經合校》，中華書局1960年版。

(53)《釋名》

劉熙撰，是一部音訓辭書。作者生活年代當在桓帝、靈帝之世，因此本書自然成書於漢末。本書所用材料據中華書局1985年影印本。

(54)《潛夫論》

東漢王符撰，凡10卷，36篇，據考證其成書時代當不晚於公元152年。本書所用材料據汪繼培《潛夫論箋》，彭鐸校正，中華書局1985年

---

① 向熹：《俞理明〈太平經正讀〉·序》，巴蜀書社2001年版，第1頁。

新 1 版。

（55）《難經》

傳爲秦越人的著作。學界一般認爲其著作時代，當在《內經》之後，《傷寒雜病論》之前。本書所用材料據四部叢刊影印佚存叢書本。

（56）《傷寒論》《金匱要略》

均爲張仲景所作，但《傷寒論》之"小序"是否出自張仲景之手，尚未能確認；前三篇《辨脈法》《平脈法》《傷寒例》，滲入有晉王叔和"闡發仲景遺言之語"；均非漢代語料。本書《傷寒論》所用材料據郭靄春、張海玲《傷寒論校注語譯》，天津科學技術出版社 1996 年版；另參劉渡舟《傷寒論校注》，人民衛生出版社 1991 年版。《金匱要略》據郭靄春《金匱要略方論校注語譯》，中國中醫藥出版社 1999 年版；另參何任《金匱要略校注》，人民衛生出版社 1990 年版。

（57）《中論》

徐幹撰，共 2 卷。成書於東漢末。本書所用材料據《四部叢刊》本。

（58）《申鑒》

荀悅撰，共 5 卷。成書於東漢末。本書所用材料據《四部叢刊》影印明文始堂刊本。

（59）《漢賦》

費振剛主編《全漢賦》（北京大學出版社 1993 年版），收錄漢賦 83 家，293 篇，其中可判定爲完篇或基本完整者約 100 篇，存目者 24 篇，餘爲殘篇。各作家按時代先後排列。生年失考者，一般以卒年爲據。

二　出土先秦兩漢文獻

關於出土文獻的研究價值，國學大師王國維（1925）提出："吾輩生於今日，幸於紙上之材料外，更得地下之新材料。由此種材料，我輩固得據以補正紙上之材料，亦得證明古書之某部分全爲實錄，即百家不雅馴之言，亦不無表示一面之事實。此二重證據法惟在今日始得爲之。"著名學者陳寅恪先生（1930）在談到敦煌新材料的研究價值時，曾經說過："一時代之學術，必有其新材料與新問題。取此材料，研求問題，則爲時代學術之新潮流。治學之士得預於此潮流者，謂之預流（借用佛教初果之名）。其未預者，謂之未入流。此古今學術史之通義，非彼閉門造車之徒所能同喻者也。"① 不僅敦煌文獻，對於一切出土文獻新材料來説都是如此。

因此，在出土文獻大量問世的今天，我們應當在高度重視出土文獻的同時，善於將出土文獻與傳世文獻二者結合起來進行研究，善於運用"二重證據法"，以進一步深入開展我們的科學研究。

（一）甲骨文

目前所見甲骨文主要收入《甲骨文合集》《甲骨文合集補編》《小屯南地甲骨》《英國所藏甲骨集》等，曹錦炎、沈建華二先生編著的《甲骨文校釋總集》（2006）對九種著録進行了全面蒐集。殷代甲骨文量詞的研究成果頗豐，因此我們對殷代量詞的考察綜合借鑒了以下各家成果：

管燮初《殷虚甲骨刻辭的語法研究》（1953）第三部分"詞類"之"4. 量詞"一節，對甲骨文量詞做了初步探討；甘露《甲骨文數量範疇研究》（2000）對甲骨文中的數詞、量詞及數量結構進行了全面整理研究；李若暉《殷代量詞初探》（2000），進一步考察了殷代量詞系統及其語法化的動因；張玉金《甲骨文語法學》（2001）第一章第二節"數詞、量詞"對甲骨文的數量詞及其語法功能也進行詳盡考察；此外，沈培《甲骨卜辭語序研究》（1992）對與甲骨文中名詞、數詞、量詞的語序狀況進行了研究。

（二）金文

西周金文材料，主要收入中國社會科學院考古研究所編《殷周金文集成》（1—18册）。華東師範大學中國文字研究與應用中心開發的《金文資料庫》搜集材料亦爲齊備。如潘玉坤言："金文語法研究，無論是成果數量還是研究深度，比較而言，都遠不及傳世文獻，甚至也不及甲骨卜辭。"② 但對西周金文量詞的研究，卻取得了較多成果，可資借鑒。

管燮初《西周金文語法研究》（1953），首先對西周金文中的量詞情況做了概括描述。趙鵬《西周金文量詞析論》（2006）對西周金文的量詞、稱數構式做了全面的、窮盡性的統計與研究。潘玉坤《西周金文語序研究》（2005）第七章"量詞與語序"也對金文量詞的面貌及其與名詞配合使用的情況進行了共時和歷時的綜合考察。

---

① 陳寅恪：《陳垣〈敦煌劫余録〉·序》，載《陳寅恪先生論文集》，（台灣）九思出版社1977年版，第1377頁。

② 潘玉坤：《西周金文語序研究》，華東師範大學出版社2005年版，第282頁。

（三）簡帛文獻

據初步統計，20 世紀初以來出土的簡帛文獻已達 23 萬枚（件）左右，但由於各方面的原因，很多材料仍未公佈，如銀雀山漢墓竹簡、定縣漢簡、阜陽漢簡等都還有不少材料未刊佈於世；又如慈利楚簡、敦煌懸泉置簡、湖南虎溪山簡等等，都基本上未刊佈其材料。

張顯成師、李建平《簡帛量詞研究》（中華書局 2016）對已經公佈的所有材料進行了窮盡性研究，因此本書對先秦兩漢簡帛文獻的量詞研究，主要參考了這一成果。由於簡帛文獻數量衆多，時間跨度也較大，對於本書所涉及出土簡帛文獻材料的墓葬時代、成書時代按時代先後及其出土地分類簡介如下。

1. 戰國楚簡帛

戰國楚簡帛，是指在戰國時期的楚地出土的簡牘和帛書材料。迄今爲止，所發現的楚地簡帛文獻均寫定於戰國時期，已經公佈或部分公佈的文獻材料總計 21 批，包括帛書文獻 1 批，簡牘文獻 20 批。

（1）子彈庫戰國楚帛書

1942 年出土於長沙子彈庫戰國楚墓，墓葬編號爲"73 長子 M1"，墓葬時代爲戰國中晚期之交；內容爲數術文獻。

（2）五里牌楚墓竹簡

1951 年出土於長沙五里牌 406 號楚墓，墓主不詳，內容爲遣策。墓葬時代爲戰國後期。

（3）仰天湖楚墓竹簡

1953 年出土於長沙仰天湖 25 號楚墓，墓主不詳，內容爲遣策。墓葬時代爲戰國後期。

（4）楊家灣楚墓竹簡

1954 年出土於長沙楊家灣 6 號楚墓，墓主不詳，當爲女性，原簡殘損嚴重，無法通讀，內容不詳。墓葬時代爲戰國末期。

（5）信陽長臺關楚墓竹簡

1957 年出土於河南信陽長臺關 1 號楚墓，墓主爲楚國貴族，原簡殘損嚴重，無一整簡。墓葬時間屬戰國中晚期。

（6）江陵望山 1 號楚墓竹簡

1965 年出土於江陵望山 1 號楚墓，墓主名昭固，身份不詳，內容爲疾病、禱祝、占卜、記事之類的個人日常生活雜記。墓葬時代爲戰國中晚期。

（7）江陵望山 2 號楚墓竹簡

1966 年出土於湖北江陵望山 2 號楚墓，墓主爲楚國貴族，内容主體爲遣策。墓葬時代爲戰國中晚期。

（8）曾侯乙墓竹簡

1978 年出土於湖北隨縣擂鼓墩 1 號楚墓，墓主爲曾國國君曾侯乙，内容爲遣策，另有鐘磬銘文 6000 余字。墓葬時代爲戰國早期。

（9）九店 56 號楚墓竹簡

出土於湖北江陵 56 號楚墓，墓主爲庶人，内容爲日書、建除、相宅等。墓葬時代爲戰國晚期早段。[①]

（10）九店 621 號楚墓竹簡

出土於湖北江陵九店 621 號楚墓，墓主爲士，内容爲烹飪等（可能名爲《季子女訓》）。墓葬時代爲戰國中期晚段。

（11）夕陽坡楚墓竹簡

1983 年出土於湖南省常德市德山夕陽坡 2 號楚墓，墓主名士尹，身份爲士。内容爲楚王給臣下賞賜歲禄的一篇完整詔書，時代爲楚懷王時期。

（12）雨臺山戰國楚墓竹律

1986 年出土於湖北省江陵市雨臺山 21 號楚墓，墓主不詳，内容爲竹律。墓葬時間爲戰國中期偏早。

（13）秦家咀楚墓竹簡

1986—1987 年間出土於湖北省江陵市秦家咀 1 號、13 號、99 號楚墓。内容均爲卜筮祭禱類，另有部分爲遣策。

（14）包山楚墓竹簡

1987 年出土於湖北省荆門市包山 2 號楚墓，墓主名邵佗，官居楚國左尹。内容爲文書、卜筮祭禱記録和遣策。墓葬時間爲公元前 316 年。

（15）慈利楚簡

1987 年出土於湖南省慈利縣城關石板村 36 號楚墓，墓主人身份爲士一級，内容主要爲文書，並有歷史事件記録，墓葬時代爲戰國中期

[①] 按整理者説，1981 年五月至 1989 年底湖北省文物考古研究所江陵工作站在江陵縣發掘東周墓 596 座，其中 56 號墓、621 號墓出土了簡牘。

前段。

(16) 郭店楚墓竹簡

1993 年出土於湖北省荆門市郭店 1 號楚墓，墓主不詳，内容爲儒家和道家著作。墓葬時代爲戰國中期偏晚。

(17) 新蔡葛陵楚墓竹簡

1994 年出土於河南省新蔡縣葛陵村平夜君 XGM1001 號墓，内容主體爲卜筮祭禱類簡，另有 10 餘枚遣策。墓葬時代爲戰國中期前後。

(18) 江陵磚瓦廠楚墓竹簡

1992 年出土於湖北省荆州江陵磚瓦廠 M370 號楚墓，墓主不詳，墓葬破壞嚴重。

(19) 上海博物館藏戰國楚竹書（一至八函）

1994 年購於香港，墓葬情況不詳，内容非常豐富多彩，多爲古佚書，少部分有傳世文獻可對照，涉及哲學、歷史、宗教、政論、文學、文字學等諸多領域，時代爲戰國中晚期。

(20) 香港中文大學文物館藏楚簡

香港中文大學文物館歷年收購、入藏的有字簡牘，總計 259 枚，其中戰國楚簡 10 枚，多爲殘簡，内容不詳，但按陳松長説："現已可考的是一枝《緇衣》簡和一枝《周易》簡。"[①]

(21) 清華大學藏戰國竹簡

2008 年由清華大學校友從香港搶救收購並捐獻給清華大學，内容包括哲學、歷史等諸多典籍，時代爲戰國中晚期。

2. 秦簡

秦簡是指秦統一中國以前和統一中國以後秦地的簡牘文獻。由於秦朝統一后的時間很短，統一前後秦簡的時間相差不遠，以及文字、語法、詞彙等方面的整體性特點，秦統一前後的簡牘文獻一般統稱爲秦簡。目前，已經公佈或部分公佈的秦簡總計有 9 批，簡介如下。

(1) 睡虎地秦墓竹簡

1975 年出土於湖北孝感雲夢縣睡虎地 11 號秦墓，墓主爲秦代小官吏"喜"，内容主體爲法律文獻和日書，寫成時代不晚於秦。

---

① 陳松長：《香港中文大學文物館藏簡牘的内容和價值淺説》，載《香港中文大學文物館藏簡牘》，香港中文大學文物館 2001 年版，第 5 頁。

（2）雲夢睡虎地秦墓木牘

1975—1976年間出土於湖北省雲夢睡虎地4號秦墓，内容爲書信，墓葬時代爲秦代晚期。

（3）青川秦更修田律木牘

1979年出土於四川省青川縣郝家坪50號秦墓，内容爲律文和日書，墓葬時代爲秦武王二年（前309年）。

（4）江陵岳山秦墓木牘

1986年出土於湖北江陵岳山36號秦墓，内容爲日書，時代不晚於秦末。

（5）天水放馬灘秦墓竹簡

1986年出土於甘肅省天水市黨川鄉放馬灘1號秦墓，墓主名丹，内容爲日書和墓主記，墓葬時間爲秦王政八年（前239年）。

（6）龍崗秦墓竹簡

1989年出土於湖北省雲夢龍崗6號秦墓，内容爲法律文獻，墓葬時代當晚於睡虎地秦簡。

（7）周家台秦墓簡牘

1993年出土於湖北省荆州市沙市區關沮鄉周家台30號秦墓，内容爲《曆譜》《日書》《病方及其他》三大類，時代爲秦末。

（8）龍山里耶戰國—秦代古城1號井秦簡

2002年出土於湖南省湘西州龍山縣里耶鎮，内容爲秦時縣一級政府檔案，包括政令、公文、司法文書、吏員簿、物資登記和轉運、里程書等，時代爲秦始皇二十五年（前222年）至秦二世二年（前208年）。

（9）嶽麓書院藏秦簡

2007年由嶽麓書院從香港搶救性地購入收藏，次年8月接受了私人收藏家捐贈的部分秦簡，經考證爲同一批出土之簡牘，内容爲《質日》《爲吏治官及黔首》《占夢書》《數》《奏讞書》《秦律雜抄》和《秦令雜抄》，時代不晚於秦。

3. 兩漢簡帛

兩漢簡帛是指所出土的墓葬時代或寫定時代爲兩漢時期的簡牘文獻和帛書文獻。目前所出簡帛文獻，兩漢簡帛數量最多，内容最爲豐富，既有大量書籍類文獻，也有大量文書類文獻，特别是大量當時人記錄當時事件的文獻爲語言研究提供了寶貴資料。目前所見總44批，簡介如下。

（1）居延漢簡（及新簡）

居延漢簡，1927—1930 年中、瑞西北科學考察團考察發掘所得；居延新簡，1972—1982 年考古發掘所得。内容主要是兩漢時期西北屯軍所遺留下來的屯戍檔案，寫成年代在西漢中後期至東漢中後期之間（前 1 世紀初至公元 2 世紀中葉）。

（2）居延漢簡補編

1930—1931 年出土於額濟納河沿岸漢代邊塞遺址，内容、時代均與居延漢簡相近。

（3）肩水金關漢簡

1972—1974 年出土於原漢代肩水金關，内容爲屯戍類簿籍文書，内容、時代均與居延漢簡相近。

（4）敦煌漢簡

上世紀初至 80 年代出土於河西疏勒河流域漢代邊塞烽隧遺址，内容主要爲屯戍類文書，内容、時代均與居延漢簡相近。

（5）伍家嶺漢墓簡牘

1951—1952 年出土於湖南省長沙市伍家嶺 201 號漢墓，内容爲封檢等，時代爲西漢晚期。

（6）高郵邵家溝東漢遺址出土木牘

1957 年出土於江蘇省高郵城北、運河東岸邵家溝漢代遺址，墓葬時代當爲東漢末期。

（7）武威漢簡

1959 年出土於甘肅省武威磨咀子 6 號漢墓，内容主體爲 3 個《儀禮》寫本，凡 9 篇。同年秋，18 號漢墓出土"王杖十簡"，内容爲王杖授受之律令；另外在 15 號、22 號、23 號墓都發現了一些柩銘文字；1957 年夏，4 號墓也發現部分柩銘文字。

（8）連雲港焦山漢墓木牘

1962 年出土於江蘇省連雲港市海州網疃莊焦山漢墓，内容當爲遣策。

（9）鹽城三羊墩漢墓出土木牘

1963 年出土於江蘇鹽城伍佑三羊墩 1 號漢墓，内容爲遣策，墓葬時代爲西漢晚期至東漢早期。

（10）甘谷漢簡

1971 年出土於甘肅省天水市甘谷縣渭陽鄉十字道大隊劉家山的東漢

墓，簡大多已經殘損，内容爲東漢桓帝延熹元年（159年）宗正府卿劉櫃關於宗室事上報皇帝的奏書和皇帝下發的詔書。

（11）銀雀山漢墓竹簡

1972年出土於山東省臨沂市銀雀山1號、2號漢墓，内容爲《孫子兵法》《孫臏兵法》《尉繚子》《六韜》《守法守令等十三篇》《晏子》等典籍文獻，以及"佚書叢殘"（包括《論政論兵之類》《陰陽時令、占候之類》和《其他》三部分）、《元光元年曆譜》。墓葬時代均爲漢武帝初年，竹簡則寫成於文、景至武帝初期，而其中典籍的成書年代都不會晚於戰國。

（12）湖北雲夢大墳頭1號漢墓木牘

1972年出土於湖北省雲夢大墳頭1號漢墓，内容爲遣策，墓葬時代爲西漢早期。

（13）武威漢代醫簡

1972年出土於甘肅省武威市旱灘坡漢墓，内容爲佚醫書，墓葬年代爲東漢早期。材料的成書年代暫不可考，但無疑在東漢前就已成書。

（14）連雲港市海州西漢霍賀墓出土木牘

1973年出土於江蘇省連雲港市海州區網疃莊小礁山北麓，墓主名爲霍賀，内容爲遣策，墓葬時代爲西漢晚期。

（15）定縣漢簡

1973年出土於河北省定縣（古定州）八角廊村40號漢墓，即中山懷王劉脩墓，劉脩終於漢宣帝五鳳三年（前55年）。内容目前已公佈四種：一是《論語》；二是《文子》；三是《儒家者言》；四是《六韜》。成書年代均不晚於戰國。

（16）江蘇連雲港市海州西漢侍其䍍墓木牘

1973年出土於江蘇省連雲港市海州區網疃莊西漢墓，墓主名"侍其䍍"，内容爲遣策，墓葬年代爲西漢中晚期。

（17）鳳凰山8號漢墓竹簡

1973年出土於湖北市江陵市紀南城鳳凰山8號漢墓，内容爲遣策，墓葬時代爲西漢文帝至武帝間。

（18）鳳凰山9號漢墓簡牘

1973年出土於湖北省江陵市鳳凰山9號漢墓，字迹模糊，内容爲遣策，墓葬時代爲西漢文帝至景帝時。

（19）鳳凰山 10 號漢墓簡牘

1973 年出土於湖北省江陵市鳳凰山 10 號漢墓，總計有簡 170 多枚，木牘 6 枚，尚可辨認者爲 124 枚，墓葬時代系漢文帝至景帝時。

（20）馬王堆漢墓簡帛

1973 年出土於湖南長沙馬王堆 3 號漢墓，根據整理者的編號共計帛書 15 件，簡牘 610 枚，內容主體爲古佚書，涉及哲學、歷史、軍事、天文、地理、中醫等。墓葬時代爲漢文帝前元十二年（前 168 年）。

（21）馬王堆 1 號漢墓竹簡

1972 年出土於馬王堆 1 號漢墓，墓主爲軑侯之妻辛追，內容爲遣策和笥牌，墓葬時代爲漢文帝時。

（22）鳳凰山 168 號漢墓竹牘、衡杆文字

1975 年出土於湖北省江陵市鳳凰山 168 號漢墓，內容主體爲告地策；墓葬時代爲漢文帝時。

（23）鳳凰山 167 號漢墓木簡、木楬

1975 年出土於湖北省江陵市鳳凰山 167 號漢墓，內容主體爲遣策；另有數枚木楬，繫於隨葬絹袋上，上署糧食名稱及數量；墓葬時代爲漢文帝至景帝時。

（24）廣西貴縣羅泊灣 1 號漢墓木牘、木簡、封檢

1976 年出土於廣西壯族自治區貴縣羅泊灣 1 號漢墓，內容爲遣策、封檢等；墓葬時代爲西漢早期。

（25）阜陽雙古堆漢墓簡牘

1977 年出土於安徽省阜陽市雙古堆 1 號漢墓，墓主爲汝陰侯二代夏侯竈，內容已經公佈部分爲《蒼頡篇》《詩經》和《萬物》。墓葬時代爲漢文帝十五年（前 165 年）。

（26）連雲港花果山竹木簡牘

1978 年出土於江蘇省連雲港市花果山雲台磚廠附近，內容爲刑事案件記錄、曆日干支等，墓葬時代爲西漢晚期。

（27）江陵張家山漢簡

20 世紀 70 年代以來陸續出土於湖北省江陵市，目前已經公佈的是 247 號墓所出簡牘，內容爲曆譜、二年律令、奏讞書。墓葬時代爲呂后二年（公元前 186 年）或其後不久。

（28）邗江漢墓簡牘

1980 年出土於江蘇省揚州市邗江區胡楊 5 號漢墓，內容爲神靈名、

日記、廣陵宮司空告土主文書及遣策等；另有木楬 6 枚，上署食品名；封檢 7 枚，上署糧食布帛名；墓葬時代爲漢宣帝時。

（29）漢長安城未央宮木簡

1980 年出土於漢長安城未央宮 A 區遺址，内容包括醫藥、人名、記事等，按整理者推論 A 區遺址時代上限當爲西漢初年，下限不會晚於西漢晚期。

（30）揚州平山養殖場漢墓木楬

1983 年出土於江蘇省揚州市平山養殖場 3 號漢墓，内容爲遣策，墓葬時代爲西漢中晚期。

（31）江蘇揚州胥浦 101 號漢墓竹簡、木牘、封檢

1984 年出土於江蘇省揚州市儀征胥浦 10 號漢墓，内容爲墓主人的遺囑；另有部分記賜錢之事和賜錢數等；墓葬時代系西漢末期。

（32）連雲港錦屏山陶灣漢墓出土木牘

1985 年出土於江蘇省連雲港市海州區錦屏山陶灣村黃石崖 1 號漢墓，墓主爲名爲"西郭寶"。内容爲衣物疏和名謁等。

（33）古人堤遺址漢簡

1987 年出土於湖南張家界古人堤遺址，殘損厲害，内容爲漢律、醫方、官府文書、書信及禮物謁、曆日表、九九乘法表等，時代當爲東漢。

（34）敦煌清水溝漢代烽燧遺址出土漢簡

1990 年出土於甘肅省敦煌市馬迷兔西北清水溝漢代烽燧遺址，内容爲曆譜、爰書、品約、簿籍等；成書年代上限爲西漢昭帝元鳳四年（前 77 年），下限爲宣帝地節三年（前 67 年）。

（35）高臺漢墓木牘

1990 年出土於湖北省江陵市楚故都紀南城高臺 18 號漢墓，内容爲路簽、死者給地君的"報到書"、告地書、遣策等，墓葬時代爲西漢早期。

（36）敦煌懸泉漢代簡牘

1990—1992 年先後出土於甘肅省敦煌市懸泉置遺址，目前已公佈部分内容爲屯戍檔案、墙壁題記、月令詔條等（但多數僅有釋文而未有圖版公佈）。

（37）蕭家草場漢墓竹簡

1992 年出土於湖北省荆州沙市區關沮鄉蕭家草場 26 號漢墓，内容爲

遣策；另有部分漆器烙印、刻畫文字。

（38）尹灣漢墓簡牘

1993 年出土於江蘇省連雲港市東海縣温泉鎮尹灣村 6 號和 2 號漢墓，共有文獻 19 種，内容爲簿籍類文獻、衣物疏和部分典籍等，墓葬時代爲西漢晚期成帝時。

（39）額濟納漢簡

1999—2002 年間出土於内蒙古自治區額濟納旗漢代烽燧遺址，内容主要爲行政文書，寫成時代多在西漢中期至東漢早期之間。

（40）隨州孔家坡漢墓簡牘

2000 年出土於湖北隨州孔家坡 8 號漢墓，内容爲日書類文獻及曆譜、告地策等，墓葬時代爲漢景帝後元二年（公元前 142 年）。

（41）長沙東牌樓東漢簡牘

2004 年出土於湖南省長沙市東牌樓第七號古井（J7），内容主要爲郵亭文書；寫定時代在東漢末期的桓帝至靈帝末期。

（42）香港中文大學文物館藏漢簡

香港中文大學文物館所藏漢代簡牘，内容主要爲日書、遣策、奴婢廩食粟出入簿、河堤簡、序寧簡等。

（43）鳳凰山 169 號漢墓竹簡

今藏荆州市博物館，材料基本都未公佈，情況不明。俞偉超（1981）、陳振裕（1982）據荆州博物館所藏原簡公佈了部分釋文，李均明、何雙全編《散見簡牘合輯》（1990）輯録了部分釋文。

（44）北京大學藏西漢竹書

2009 年初北京大學接受捐贈所得的西漢簡牘，目前已公佈部内容爲《老子》等典籍。按整理者説，抄寫時代主要在漢武帝後期，下限不晚於宣帝。

（四）*碑刻文獻*

先秦碑刻文獻，本書所用語料爲國家圖書館善本金石組編《先秦秦漢魏晉南北朝石刻文獻全編》中的先秦部分，北京圖書館出版社 2003 年版。

兩漢碑刻文獻，本書所用語料爲毛遠明先生《漢魏六朝碑刻校注》，綫裝書局 2008 年版；同時，參考了徐玉立主編《漢碑全集》，河南美術出版社 2006 年版。

三 漢譯佛經文獻

現存漢代譯經總計 96 種，按許理和（E. Zurcher，荷蘭：1987）、胡敕瑞（2002）、俞理明（1993）的研究，其中 29 種可靠，共約 38 萬字。本書用《大正新修大藏經》本：

安世高譯經 16 種（約 150—170 年）：《長阿含十報法經》1 卷，大正藏第 13 號第 1 卷；《人本欲生經》1 卷，大正藏第 14 號第 1 卷；《一切流攝守因經》1 卷，大正藏第 31 號第 1 卷；《四諦經》1 卷，大正藏第 32 號第 1 卷；《本相猗致經》1 卷，大正藏第 36 號第 1 卷；《是法非法經》1 卷，大正藏第 48 號 第 1 卷；《漏分佈經》1 卷，大正藏第 57 號 第 1 卷；《普法義經》1 卷，大正藏第 98 號 第 1 卷；《八正道經》1 卷，大正藏第 112 號 第 2 卷；《七處三觀經》1 卷，大正藏第 150 號 第 2 卷；《大安般守意經》2 卷，大正藏第 602 號 第 15 卷；《陰持入經》1 卷，大正藏第 603 號 第 15 卷；《禪行法想經》1 卷，大正藏第 605 號 第 15 卷；《道地經》1 卷，大正藏第 607 號 第 15 卷；《法受塵經》1 卷，大正藏第 792 號 第 17 卷；《阿含口解十二因緣經》1 卷，大正藏第 1508 號第 25 卷。①

支婁迦讖譯 8 種（約 170—190 年）：《道行般若經》10 卷，大正藏第 224 號，第 8 卷；《兜沙經》1 卷，大正藏第 280 號，第 10 卷；《阿閦佛國經》2 卷，大正藏第 313 號，第 11 卷；《遺日摩尼寶經》1 卷，大正藏第 350 號，第 12 卷；《般舟三昧經》3 卷，大正藏第 418 號，第 13 卷；《文殊師利問菩薩署經》1 卷，大正藏第 458 號，第 14 卷；《阿闍世王經》2 卷，大正藏第 626 號，第 15 卷；《內藏百寶經》1 卷，大正藏第 807 號，第 17 卷。

安玄共嚴佛調合譯 1 種（約 181 年）：《法鏡經》1 卷，大正藏第 322 號，第 12 卷。

康孟詳、曇果等合譯 2 種（約 200 年），《修行本起經》2 卷，大正藏第 196 號，第 3 卷；《中本起經》2 卷，大正藏第 196 號，第 4 卷。

---

① 按，《阿含口解十二因緣經》大正藏中題名爲"後漢安息優婆塞都尉安玄共沙門嚴佛調譯"，但據經題等各方面因素考證當爲東漢安世高譯。

支曜譯 1 種（約 2 世紀末）：《成具光明定意經》1 卷，大正藏第 630 號，第 15 卷。

譯者不明 1 種（但可證當爲東漢譯經）：《伅真陀羅所問如來三昧經》3 卷，大正藏第 624 號，第 15 卷。

第二章

個體量詞研究

　　個體量詞在量詞系統中語法化程度最高，是量詞系統最重要的組成部分，也是漢語及漢藏語系、南亞語系中其他量詞語言所特有的一類。個體量詞的產生與成熟，標誌著漢語量詞系統的真正建立和成熟，因此個體量詞研究也是先秦兩漢量詞研究的重點所在。先秦兩漢文獻中個體量詞雖然數量眾多，大部分個體量詞在目前所見先秦兩漢文獻中使用頻率並不是很高，甚至部分量詞用例僅僅一兩見，但很多量詞都具有很強的生命力，爲量詞系統的發展成熟奠定了基礎。根據先秦兩漢這一特定時期個體量詞與所修飾限定中心詞的雙向選擇關係，同時參考量詞的語源和語義發展等因素，本書將個體量詞分爲泛指型個體量詞、外形特徵型量詞、非外形特徵型量詞、拷貝型量詞四大類。

第一節　泛指型個體量詞[①]

　　泛指量詞，或稱爲"共性量詞""無色量詞"，是先秦兩漢量詞系統中最爲特殊的一類，在語法化過程中幾乎完全擺脱了其源詞的語義滯留（persistence），對於名詞幾乎無所不能適應。量詞"枚"與"個"在不同的歷史階段都曾獲得了極爲廣泛的適應性，成爲泛指性量詞，幾乎無所不能適應。在先秦兩漢文獻中，量詞"枚"是最先出現的泛指量詞，一經產生就獲得了極其廣泛的適應性，但始終不能用於稱量"人"；而"個"

[①] 關於量詞"枚"與"個"的興替，亦可參李建平、張顯成：《泛指量詞"枚/個"的興替及其動因》，《古漢語研究》2009年第4期；中國人民大學複印報刊資料《語言文字學》2010年第5期全文轉載；關於隋唐五代時期泛指性量詞的發展可參李建平《隋唐五代量詞研究》，山東人民出版社2016年版，第11—14頁。

用作量詞則剛剛產生，直到漢末其使用頻率仍然比較低；隨著語言的發展，唐末五代以後量詞"個"纔開始逐漸取代"枚"，並最終成爲漢語中佔據絕對優勢地位的唯一的泛指類量詞。

1. 枚（坆）①

《説文・木部》："枚，榦也。"《詩經・汝墳》"伐其條枚"毛傳："枝曰條，榦曰枚。"王力先生考察了量詞"枚"的語源和歷時發展，提出："枚字的本義是樹榦，引申爲單位詞，樹一棵爲一枚。""而現存的古書中，没有樹一棵爲一枚的例子；'枚'字已經發展爲意義非常廣泛的單位詞。"② 量詞"枚"稱量"樹"先秦兩漢文獻用例罕見，張萬起指出漢代其實有不少用例，如：

（1）昭帝元鳳六年，燕王都薊大風雨，拔宫中樹七圍以上十六枚，壞城樓。（漢書・五行志）
（2）三年五月癸酉，京都大風，拔南郊道梓樹九十六枚。（後漢書・五行志）③

我們在兩漢簡牘文獻中又發現了3個類似用例：

（3）業柏樹一枚。（未央官漢簡 35）
（4）□□有柏樹二枚☒（未央官漢簡 50）
（5）□樹一枚。彊□園少半□（居延漢簡 240.4）

以上所列量詞"枚"稱量樹木的用例最早都在漢代，但是漢初作爲泛指量詞的"枚"已基本發展成熟，因此泛指量詞"枚"來源於稱量"樹"的單位這一觀點從現有文獻中還是得不到參證。

先秦文獻中量詞"枚"的典型用例罕見，因此孫錫信④、陳紱⑤、王

---

① 先秦兩漢時期，特別是在出土文獻中，文字的書寫形式比較複雜，記録同一個量詞往往可以用不同的書寫形式，而這些不同的書寫形式對量詞起源及其後分化的研究具有重要的價值和意義，因此我們對部分影響量詞發展與研究的不同書寫形式也展開考察與分析。
② 王力：《漢語語法史》，商務印書館 1989 年版，第 27 頁。
③ 張萬起：《量詞"枚"的產生及其歷史演變》，《中國語文》1988 年第 3 期。
④ 孫錫信：《漢語歷史語法要略》，復旦大學出版社 1992 年版，第 280 頁。
⑤ 陳紱：《從"枚"和"個"看漢語泛指性量詞的演變》，《語文研究》2002 年第 1 期。

紹新①諸先生都認爲先秦已見的觀點還可商榷。從傳世先秦文獻來看，量詞"枚"多見於《墨子》，凡 8 見，但均見於《備城門》以下諸篇中，而《備城門》以下各篇的寫成時代當晚於其他諸篇，甚至可能晚至漢代，如王力所言"非墨子所作，當系後人所僞託"，並將其列入漢代文獻。② 除此以外，僅《穆天子傳》中有 1 例：

（6）留昆歸玉百枚。（穆天子傳·卷五）

先秦傳世文獻僅此 1 例，我們認爲很值得懷疑，一方面傳世文獻長期輾轉傳抄，孤證有爲後世篡改的可能；另一方面，按古代用玉制度往往爲雙數，若说"歸（餽）玉百隻（雙）"更合乎禮制。從出土文獻看，僅楚簡中有 1 例：

（7）一圪韋之䩴。（仰天湖楚簡·遣策 15）

原圖版作"圪"③，《改併四聲篇海·土部》引《餘文》："圪，古文梅字。"饒宗頤認爲："圪通枚。……一圪殆指一枚。"④ 但由於後面文字無法辨識，不能確定其稱量的對象，而且這一例又恰恰處於先秦罕見的"Num+Cl+N"結構中，因此無論從語義角度，還是從語法角度來看，這裏的"圪（枚）"是否是量詞都還存疑⑤。

從出土文獻來看，寫成年代爲秦始皇二十五年（公元前 222 年）至秦二世二年（前 208 年）之間的《里耶秦簡》中的用例是目前所見最早的、確切無疑的量詞用例，如：

---

① 王紹新：《量詞"個"在唐代前後的發展》，《語言教學與研究》1989 年第 2 期。
② 王力：《漢語語法史》，商務印書館 1989 年版，第 27 頁。
③ 原簡圖版模糊不清，此揭採自郭若愚：《戰國楚簡文字編》，上海書畫出版社 1994 年版，第 40 頁。
④ 饒宗頤：《戰國文字箋證》，載《金匱論古綜合刊》第 1 期，（香港）亞洲石印局 1955 年版。
⑤ 何樂士還舉出《左傳·襄公二十一年》中的 1 例："州綽曰：'東閭之役，臣左驂迫，還於門中，識其枚數。'"《〈左傳〉的數量詞》，載《古漢語語法研究論文集》，商務印書館 2000 年版。《漢語大詞典》"枚數"條亦引此例："門釘之數。"我們認爲這裏的"枚"顯然仍是名詞，指門釘，而非量詞。

（8）取車衡軧大八寸、袁七尺者二枚。（里耶秦簡 8—548）

（9）☐五尺者廿枚。（里耶秦簡 8—1996）

（10）☐尺者廿枚☐（里耶秦簡 8—134）

但是由於簡牘殘損較甚，後兩例無法得知量詞"枚"所稱量的對象爲何，但從語境及簡 8—548 來看推測當爲量詞，衹有第一例我們可以明確其稱量對象是"車衡軧"。

到傳世西漢文獻中，量詞"枚"的使用頻率總體還是不高，這可能與傳世文獻多經史類典籍文獻的性質有關，《九章算術》類數學文獻中使用頻率就相對較高，如《史記》《春秋繁露》《法言》《淮南子》《説苑》《新書》《新序》《新語》《鹽鐵論》9 部文獻，其中量詞"枚"僅 6 例，但其稱量的對象卻是很廣泛的，無生之物包括明珠、木器、血滴、冠、杖等等，有生之物則有神龜等，如：

（11）若寡人之小國也，尚有徑寸之珠照車前後十二乘者十枚，奈何以萬乘之國無寶乎？（韓詩外傳·卷十）①

（12）木器髹者千枚。（史記·貨殖列傳）

（13）即飲以消石一齊（劑），出血，血如豆比五六枚。（史記·扁鵲倉公列傳）

（14）神龜出於江水中，廬江郡常歲時生龜長尺二寸者二十枚輸太卜官。（史記·龜策列傳）

（15）昌邑王治側鑄冠十枚，以冠賜師友儒者。（《太平御覽》卷五百引《新序》）

（16）昌邑王徵爲天子，到營陽，置積竹刺杖二枚。（《太平御覽》卷七百十引《新序》）

但值得注意的是，成書於西漢中期的《九章算術》中用例較多，這自然與算術書的性質密切相關，其稱量對象包括了瓴甓、矢簳、黃金、白銀等無生之物，如：

---

① 本書在統計時，凡所用文例中引用其他文獻用例者，爲避免重複統計均不統計在內。如《史記》引《韓詩外傳》則僅統計爲《韓詩外傳》1 例，《史記》統計時不計在內，下同。

(17) 今有出錢一百六十，買瓴甓十八枚。問枚幾何？（九章算術·粟米）

(18) 今有出錢九百八十，買矢簳五千八百二十枚。（九章算術·粟米）

(19) 今有黃金九枚，白銀十一枚，稱之重適等。（九章算術·盈不足）

也包括燕雀等有生之物，如：

(20) 今有五雀、六燕，集稱之衡，雀俱重，燕俱輕。一雀一燕交而處，衡適平。並燕、雀重一斤。問燕、雀一枚各重幾何？（九章算術·方程）

在出土西漢簡帛文獻中，"枚"用作量詞卻已經很常見。例如寫成於文帝至景帝時期的《鳳凰山 167 號墓漢簡》中多達 37 例，可以稱量柯、栖、盂、檢、缶、甖、竃、困、盎、釜、甑、扇、笭等各種器物，當時幾乎所有器物都可以用"枚"來稱量，如：

(21) 柯（閩）二枚；醬栖卅枚；盂四枚；炙卑匴（樴）四枚。（18—21）

(22) 小脯檢（盦）一枚；大脯檢（盦）一枚；三斗壺二枚。（24—26）

(23) 墨栖廿枚；小杞一枚；醬杞一枚；傷（觴）栖卅枚；大枏一枚；一斗檢（盦）一枚；二斗檢（盦）一枚。（28—34）

(24) 瓦盂一枚；一石缶二枚；漿甖二枚；竃一枚；困一枚；盎二枚；酒甖二枚；釜一枚；甑一枚。（38—46）

(25) 固魚一枚；鞠笭一枚；茜笭一枚；梬（梅）笭一枚；李笭一枚；生梬（梅）笭一枚；卵笭一枚；采（菜）笭一枚；雈笭一枚。（66—74）①

---

① 按整理者注："雈，當即萑字。籠中所盛與遺策不符。"姑且存疑。

王力先生認爲："在起初的時候，'枚'字似乎祇指無生之物。……後代一般仍指無生之物。"① 但從以上用例看，早在西漢時代量詞"枚"已經可以稱量"有生"之物"神龜""雀""燕"等，可見"枚"在用作量詞之初，其用法已經迅速泛化，不僅可以指"無生"之物，而且可以指"有生"之物。早在寫成於西漢文帝至武帝間的《鳳凰山 8 號墓漢簡》中也已經可以看到量詞"枚"稱量有生之物的用例，簡 158："魚五枚。"成書時代稍後的兩漢文獻中則更常見，其適用範圍也更廣泛。從出土文獻來看，寫成於西漢中後期至東漢中後期間的《居延漢簡》（含新簡）總計使用達到 179 例之多，《敦煌漢簡》15 見，《武威醫簡》11 見，等等。同時代傳世文獻中使用頻率也高了起來，特別是中醫文獻中計量藥物時使用非常多，可以自由應用於無生、有生之物。無生之物包括各種器皿、工具、兵器、木制品、錢幣、文具等等，如：

（26）入什器：車伏一枚；高果一枚；車放安一枚。（居延漢簡 85.28）

（27）小樽一合，小槃十三枚，小杯三枚，案三（四）枚，中槃三枚，鋪比一枚。（居延新簡 EPT5.15）

（28）鉤十枚，斤二枚，斧二枚。（居延漢簡 85.4）

（29）枱柱四枚，其二小。（居延漢簡 68.95）

（30）作爲鐵劍三枚。（越絶書·寶劍）

（31）越前來獻三枚，闔閭得而寶之，以故使劍匠作爲二枚。（吳越春秋·闔閭内傳）

（32）陷堅羊頭銅鏃箭卅八枚。盲矢銅鏃箭五十枚。（居延漢簡 128.1）

（33）而無功德者，不能得穀一斗、錢一枚、布帛一寸，此明效也。（太平經·丙部之十三）

（34）所作筆一枚。（居延漢簡 486.62）

（35）車薦竹長者六枚，反笱三（四）枚，車薦短竹三（四）十枚。（居延新簡 EPT40.16）

（36）炊帚三百枚。（金關漢簡 73EJT4：47A）

---

① 王力：《漢語語法史》，商務印書館 1989 年版，第 27 頁。

（37）至海關，關候士吏搜索，得珠十枚於繼母鏡奩中。（列女傳·節義傳）

（38）越王乃使大夫種索葛布十萬，甘蜜九黨（欓），文笥七枚，狐皮五雙，晉竹十廋，以復封禮。（吳越春秋·勾踐歸國外傳）

也可以用於稱量衣物、席子、皮革、繩索等物，特別是在出土簡帛文獻中更爲常見，如：

（39）面衣一枚。行縢一枚，已。（居延新簡 EPT52.92）

（40）行縢二枚。黃布絝一枚。（居延新簡 EPT52.93）

（41）面衣一枚。黃單絝一枚。白布單□一領。白布絑二兩。白韋絝一枚。白布單二枚。行幘二枚。（居延新簡 EPT52.94）

（42）十月禄大黃布十三枚。（居延新簡 EPT59.84）

（43）凡亭隧皮冒廿八，凡亭隧卅五所。其十三枚受府，十五枚亭所作，少七枚。（居延漢簡 303.11）

（44）昔蔡昭公朝於楚，有美裘二枚，善珮二枚，各以一枚獻之昭王。（吳越春秋·闔閭內傳）

（45）六尺席廿枚。（居延漢簡 61.21）

（46）皮二，席一枚，大酒于一枚。（東牌樓漢簡 115）

（47）第卅六隧卒，鱳得敬老里趙同，羊韋七枚。（居延新簡 EPT65.322）

（48）繩五枚。（居延漢簡 284.13）

（49）吞遠部錢貫八枚。（居延漢簡 484.1）

（50）入卷七枚。（居延漢簡 275.1）

還可以用來稱量肉、脯、瓜等食物，如：

（51）肉卅斤，凡三枚。（居延新簡 EPW30）

（52）脯十枚。（居延漢簡 157.18）

（53）瘻滿私王瓜一枚，重卅斤。（敦煌漢簡 8）

稱量的有生之物既包括樹木等植物，也包括鳥、鸛、狗、雞、魚、水蛭、蜘蛛等動物，如：

（54）隻，鳥一枚也。（说文解字·隹部）
（55）即使人多設羅，得鷃數十枚，責讓以擊鳩之罪。（论衡·書虚）
（56）水蛭百枚。（金匱要略·血痹虛勞病脉证並治）
（57）蜘蛛十四枚，熬焦。（金匱要略·趺蹶手指臂腫轉筋陰狐疝蚘蟲病脈證治）
（58）桃仁二十枚；蟅蟲二十枚，熬，去足。（金匱要略·婦人產後病脈證治）
（59）不移轉牛凡三百廿九枚，見二百枚不付。（敦煌漢簡1168）
（60）遣宜持魚一枚。（敦煌漢簡1432）
（61）入狗一枚，元康四年二月己未朔己巳佐建受右前部禁姦卒充翰子元受致書在子元所。（居延漢簡5.12）
（62）班（斑）（貓）十枚。（武威醫簡44）
（63）出鷄一枚，以食太醫萬秋，一食，東。（懸泉漢簡118）

但總體來看，稱量有生之物的量詞"枚"使用頻率都不高，祇有漢簡中稱量"雞"較多見，如：

（64）出鷄一枚，以食太醫萬秋，一食，東。出鷄一隻（雙），以食大司農卒史馮卿，往東再食，東。出鷄一枚，以食使者王君，一食，東。入鷄二隻（雙），十月辛巳，佐長富受廷。入鷄一隻（雙），十月甲子，厨嗇夫時受毋窮亭卒□。入鷄一隻（雙），十二月壬戌，厨嗇夫時受魚離鄉佐逢時。十月盡十二月丁卯，所置自買鷄三隻（雙），直錢二百卌，率隻（雙）八十，唯廷給。縣（懸）泉置元康四年十月盡十二月丁卯鷄出入薄（簿）。（懸泉漢簡118—126）

尤其在醫學文獻中其使用頻率非常高，各種藥物都可以用"枚"來稱量，如：

(65) 大棗十二枚。(金匱要略·痓濕暍病脈證)/代赭石，如彈丸大，一枚，碎，綿裹。(金匱要略·百合狐惑陰陽毒病證治)/雞子黄一枚。(金匱要略·百合狐惑陰陽毒病證治)/筒瓦二枚。(金匱要略·百合狐惑陰陽毒病證治)/川烏五枚。(金匱要略·中風曆節病脈證並治)/射干十三枚。(金匱要略·肺痿肺癰欬嗽上氣病脈證治)/甘遂大者三枚；半夏十二枚；芍藥五枚；甘草如指大一枚。(金匱要略·痰飲咳嗽病脈證並治)

(66) 腎有兩枚，重一斤一兩，主藏志。(難經·四十二難)

(67) 胃中必有燥屎五六枚也。(傷寒論·辨陽明病脈證並治)

(68) 大豬膽一枚。(傷寒論·辨陽明病脈證並治)

(69) 半夏洗，破如棗核，十四枚；雞子一枚，去黄，内上苦酒，著雞子殻中。(傷寒論·辨少陰病脈證並治)

但是，泛指量詞"枚"不能用來稱量"人"，而"銅人""人偶"等器物則可以適用，如《漢書·王莽傳》："莽夢長樂宮銅人五枚起立，莽惡之，念銅人銘有'皇帝初兼天下'之文，即使尚方工鑴滅所夢銅人膺文。"①

泛指量詞"枚"的語源，一直衆説紛紜。王力先生認爲："枚字的本義是樹幹，引申爲單位詞，樹一棵爲一枚。"② 認爲量詞"枚"是由其本義"樹幹"引申而來的，但正如王力自己所説"而現存的古書中，没有樹一棵爲一枚的例子"，雖然我們找到了用例，但時代較晚，並不能説明其語源。從先秦兩漢量詞"枚"的使用與語法化過程來看，我們贊同劉世儒先生的觀點，"枚"由名詞"樹幹"義引申爲計數的工具，《尚書·大禹謨》："枚卜功臣，惟吉之從。"孔穎達疏："今人數物云一枚兩枚，則枚是籌之名也。"再由此義引申爲量詞③。由於"枚"作爲算籌之用，

---

① 按，《墨子·備高臨》中有1例："矢高弩臂三尺，用弩無數，出人六十枚，用小矢無留。"但孫詒讓《墨子間詁》已經指出："出，疑當作'矢'，此謂大矢也。留，疑爲'數'之誤。"則量詞"枚"稱量的對象是"矢"，而不是人。後世量詞"枚"用於稱量"人"，也是有特定條件的，往往並非現實生活中的人，詳參張萬起《量詞"枚"的產生及其歷史演變》，《中國語文》1988年第3期。

② 王力：《漢語語法史》，商務印書館1989年版，第35頁。

③ 劉世儒：《魏晉南北朝量詞研究》，中華書局1965年版，第76頁。

是計數的輔助工具而不區分具體事物，所以具備了語法化爲泛指量詞的語義基礎。

兩漢時期漢語量詞系統的發展還處在成長期，大量事物還沒有發展出其專用的個體量詞，但隨著漢語雙音化的迅速發展，在兩漢時期雙音節音步逐漸在人們心目中奠定了標準音步的地位，而由於漢語數詞是單音節的，特別是在單獨做謂語時其不適宜性就突現出來，因此要求由量詞同數詞結合爲數量結構而成爲標準的雙音節音步，量詞於是逐漸變得不可或缺。在量詞發展還很滯後的情况下，迅速解決這一矛盾可以有兩種方式：一是仍然採用拷貝的方式，對每一個名詞進行拷貝，但如李宇明所言，拷貝型量詞有很大的局限性，一方面一個名詞使用一種量詞，很不經濟；另一方面，大量的同形同音現象不僅模糊了名、量兩類詞的界限，也不合一般的語言聽感。① 另一種解決的方式就是採用泛指量詞來凑足音步，而"枚"由於其特殊的語義基礎，迅速填補了這一空白，從而暫時解決了雙音化趨勢與個體量詞缺乏的矛盾。②

2. 個（个/介/箇）

量詞"個"在漢語發展史中有"个""箇"和"個"三個字形，《史記·貨殖列傳》："竹竿萬个。"司馬貞索隱："箇、个，古今字。"劉世儒等先生均採納了這一觀點③，把"個"的三個字形看作同一個詞的不同書寫形式而未加分別，陳紱也認爲"个"是"箇"的重文，又寫作"個"④。洪誠先生最早提出這三個字最初並不是同一個詞，而是各有其不同的語源⑤。傳世文獻在流傳轉抄的過程中三個字的字形往往會被後人所篡改，因此給研究造成了困難，結合出土文獻用例來看，洪先生的觀點無疑是正確的。

"个""箇"和"個"三種字形的通行時代，按翟灝《通俗編》卷

---

① 李宇明：《拷貝型量詞及其在漢藏語系量詞發展中的地位》，《中國語文》2000年第1期。

② 詳參李建平、張顯成《漢語量詞語法化動因研究》，《西南大學學報》2016年第5期；中國人民大學複印報刊資料《語言文字學》2017年第2期全文轉載；《高等學校文科學術文摘》2016年第6期轉載。

③ 劉世儒：《魏晉南北朝量詞研究》，中華書局1965年版，第82頁。

④ 陳紱：《從"枚"和"個"看漢語泛指性量詞的演變》，《語文研究》2002年第1期。

⑤ 洪誠：《略論量詞"個"的語源及其在唐以前的發展情況》，載《洪誠文集》，江蘇古籍出版社2000年版，第145頁。

九：" '个'屬古字，經典皆用之；'箇'起六國時，'個'則用於漢末，鄭康成猶謂俗言。"呂叔湘先生認爲："就近代的文獻來説，唐宋時多作'箇'，元以後'個'更普遍，'个'的確已被認爲簡筆字，雖然宋元以來的俗文學印本裏還是常見。"① 結合出土文獻用例來看，這個問題還有進一步研究的必要。

个，不見於許慎《説文》，宋徐鉉校訂《説文》時將該字列爲俗書訛謬字，無疑是正確的。清段玉裁據戴侗《六書故》所引唐本《説文》，將其當作"箇"的重文，王引之已經力辨其妄，《經義述聞·通説》曰："'介'字隸書作'⺮'，省丿則爲'个'矣。介，音古拜反，又音古賀反，猶大之音唐佐反，奈之音奴個反，皆轉音也。後人於古拜反者則作'介'，於古賀反者則作'个'，而不知'个'即'介'字隸書之省，非兩字也。"又云："矢一枚曰一介。《大射儀》：'揗三挾一个'，鄭注曰'个猶枚也。'其爲介字無疑。《荀子·議兵篇》'負服矢五十个'，亦介字也。"從簡帛文獻中的用例來看，王引之説確爲不刊之論。我們將其漢代字形發展列表如下。

表 2-1　　　　　　　　　　"介"的形體發展

字形	⺮	⺮	⺮	⺮	⺮	⺮	⺮	⺮
出處	説文·八部	前 1·45·6	詛楚文	楚帛書	帛書老子甲91	縱横家書142	武威漢簡·儀禮62	石經儀禮

從"介"的字形發展來看，"介""个"二字在漢代出土文獻中還没有完全分化。因此在《武威漢簡·儀禮》中的量詞"介"，在其所對應的今本《儀禮》中均寫作"个"，凡 16 例，如《甲本泰射》59："上射揖進，坐，衡弓，卻手自弓下取一介，兼諸[符]，興；順羽，[且] 左還，[每] 周，反面揖，下射進，坐橫弓，復手自弓上取一介，兼諸符，興；順羽，且左還，每周，反面揖。"其中的"介"，今本均書作"个"，可見從字形發展來看"个"當如王引之説爲"介"字隸書之省。

介，《説文·八部》："畫也。從八，從人。人各有介。"本義是疆界

---

① 吕叔湘：《個字的應用範圍，附論單位詞前一字的脱落》，載《漢語語法論文集》，商務印書館 1984 年版，第 145 頁。

之"界",但用作量詞與此無關。又,《廣雅·釋詁三》:"介,獨也。"《集韻·點韻》:"介,特也。"《左傳·昭公二十四年》:"養老疾,收介特。"孔穎達疏:"介亦特之義也。介特謂單身特立無兄弟妻子者。"可見"介"字古有"單獨"之義。"介"之所以成爲量詞,就是在這種意義上發展起來的,如《尚書·秦誓》:"如有一介臣,斷斷猗,無他技;其心休休焉;其如有容。"陸德明釋文:"介,字又作个,音工佐反。"《左傳·襄公八年》:"君有楚命,亦不使一介行李告於寡君。"杜預注:"一介,獨使也。"以上各例中的"介"仍有"單獨"之義,但卻處在"Num+Cl+N"結構中量詞的語法位置上,"介"也正是在這一語法位置中長期使用而產生了重新分析,並逐步語法化爲量詞。①

在量詞和名詞的雙向選擇關係中,"單獨"義對所修飾的名詞並沒有太多要求,因此量詞"介(个)"一經產生就是泛指的,並沒有經過專指到泛指的使用範圍擴展過程,既可以稱量無生之物,也可以稱量有生之物,如:

(1)乃摭乾魚、臘柤,柤[舍]三介(个)。(武威漢簡《儀禮·甲本有司》62背)

(2)諸公卿取弓矢於次中,但決述,執弓,晉三挾一介(个),出。(武威漢簡《儀禮·甲本泰射》72)

(3)國君七个,遣車七乘;大夫五个,遣車五乘。(儀禮·檀弓下)

按,鄭玄注:"个,謂所包遣奠牲體之數也。"又,《國語·齊語》:"鹿皮四个。"韋昭注:"个,枚也。"以上爲稱量無生之物用例,"个"稱量有生之物如動物、人均可,如:

(4)譬如群獸然,一个負矢,將百群皆奔。(國語·吳語)

---

① 當然,"介"用作量詞也可能源自其"微小"義。"介"也是"芥"的古字,朱駿聲《通訓定聲·泰部》:"介,今俗以芥爲之。"《左傳·昭公二十五年》:"季氏介其雞。"杜預注:"搗芥子播其羽也。"陸德明釋文:"介,又作芥。"因此,"介"引申有"微小"義,《易·豫》"介於石"陸德明釋文云:"介,纖介也。"《列子·楊朱》"介焉知慮者"殷敬順釋文:"介,微也。"因此"介"常常與數詞"一"連用,"一介"用來修飾名詞,表示極其微小的事物,如《國語·吳語》:"勾踐請盟,一介嫡女,執箕帚,以眩姓於王宮;一介嫡男,奉槃匜,以隨諸御。"韋昭注:"一介,一人。"

（5）一介嫡女，執箕帚以晐姓於王宮；一介嫡男，奉槃匜以隨諸御。（國語·吳語）
（6）大王無一介之使以存之，臣恐其皆有怨心。（戰國策·秦策五）
（7）敝邑之師過大國之郊，曾無一介之使以存之乎？（戰國策·宋衛策）

量詞"介（个）"在先秦用例較多，到兩漢文獻中則罕見，"介"多用作"單獨"義，如《史記·南越列傳》："因讓佗自立爲帝，曾無一介之使報者。"可能與泛指量詞"枚"的迅速發展有關。

箇，《説文·竹部》："竹枚也。"本義是"竹榦"，因此首先用作稱量"竹"的量詞，相當於量詞"枚"。又，《方言》："箇，枚也。"無論傳世文獻還是出土文獻，早期用例多是稱量"竹"的，如：

（8）八寸竹一箇，爲尺五寸簡三百六十六。（張家山漢簡《算數書》71）
（9）一日伐竹六十箇。（張家山漢簡《算數書》129）
（10）有出錢一萬三千五百，買竹二千三百五十箇。問箇幾何？答曰：一箇，五錢四十七分錢之三十五。（九章算術·粟米）
（11）今有出錢五百七十六，買竹七十八箇。欲其大小率之，問各幾何？答曰：其四十八箇，箇七錢。其三十箇，箇八錢。（九章算術·粟米）

張家山漢墓墓葬時代爲西漢早期，《算數書》的成書當在戰國晚期到西漢早期之間，簡文用例是目前所見最早的，正如翟灝《通俗編》所言"'箇'起六國時"，但兩漢簡帛僅此2例。《漢語大字典》《漢語大詞典》"箇"下初始例均引《禮記·少儀》："其禮，大牢則以牛左肩臂臑折九箇，少牢則以羊左肩七箇，犆豕則以豕左肩五箇。"但惠校、阮校宋本及陸德明釋文均作"个"。《禮記》凡5例，除此3例外，《檀弓下》2例均作"个"；武威漢簡《儀禮》亦均作"个"，故可知今本《禮記》作"箇"者當爲後世之人妄改。

個，則是"个""箇"合流的產物。《儀禮·士虞禮》："俎釋三个。"鄭玄注："个猶枚也。今俗或名枚曰個，音相近。"賈公彥疏："經中

'个'，人下竪牽。俗語名'枚'曰'個'者，人傍著固。字雖不同，音聲相近，同是一個之義。"洪誠先生認爲鄭玄説"个""個"二字音"相近"，而非音"相同"，可見二字當時並非同音字，也並不是同一個詞。又，《廣韻·箇韻》："个，明堂四面偏室曰左个也；个，偏也。"音同箇，均爲古賀切。"个""個"同義，而"个""箇"同音，因此洪誠先生提出"（個）是介字從泰部音變以後形旁取介、聲旁取箇另造的異體字，繼承介字作爲計數詞"①。也就是説，"个（介）"的語音從先秦到漢代發生了較大的變化，因此以"介"爲形符，以"箇"的聲符"固"爲聲符，新造了"個"字。那麼"個"這一新字形的産生，顯然是"个""箇"兩字在發展中逐漸合流的産物。"個"字最早見於鄭玄注，先秦兩漢出土文獻均未見用例。洪誠據鄭注"今俗或名枚曰個"一文，推斷"個"在當時已經流行於俗語，甚至認爲"（個）是漢末社會最流行的量詞"。但從大量口語性很强、書寫也比較隨意的兩漢簡帛文獻來看，竟然未見一例，因此量詞"個"在漢末已經流行之説可能不確，其廣泛流行的時代應當更晚一些。

總體來看，量詞"个（介）"産生於先秦，"箇"字不晚於漢初，"個"的産生約在東漢；雖然三個字形早已出現，但實際量詞用例仍很少見。從出土簡帛文獻看，兩漢簡帛中"個"未見；"箇"僅2例；"个"僅見於簡本《儀禮》。從傳世兩漢文獻看，成書於西漢的《史記》《春秋繁露》《淮南子》《説苑》《新書》《新序》《鹽鐵論》《法言》《新語》9種文獻中，僅1例，書作"个"：

（12）竹竿萬个。(史記·貨殖列傳)

東漢的《論衡》《東觀漢紀》等很多文獻亦未見用例，可見量詞"个（個/箇）"在漢代使用頻率還很低。值得注意的是，今本《金匱要略》《傷寒論》中用例較多，如：

（13）杏仁五十個。(傷寒論·去皮尖辨太陽病脈證並治中)

---

① 洪誠：《略論量詞"個"的語源及其在唐以前的發展情況》，載《洪誠文集》，江蘇古籍出版社2000年版，第145頁。

（14）水蛭、虻蟲各三十個，去翅足。（傷寒論·辨太陽病脈證並治中）

（15）桃仁二十個，去皮尖。（傷寒論·辨太陽病脈證並治中）

（16）杏仁七十個。（金匱要略·痙濕暍病脈證）

（17）瓜蒂二十個。（金匱要略·痙濕暍病脈證）

（18）水蛭三十個，熬；虻蟲三十個，熬，去翅足；桃仁二十個，去皮尖；大黄三兩，酒浸。（金匱要略·婦人雜病脈證並治）

但此二種醫學文獻中的"個"卻有可能是後人在傳抄過程中將"枚"妄改而來，如《傷寒論·辨厥陰病脈證並治》："烏梅三百個。"但趙本作"枚"；又如："大棗二十五個。"趙本作"枚，擘，一法十二枚"。《去皮尖辨太陽病脈證並治中》："杏仁七十個。"《千金》卷九"個"作"枚"，下並有"喘不甚，用五十枚"七字。①

魏晉以後，三個字形合流，"箇"逐漸成爲唯一的正體，"个"偶爾可見，"個"在書面語中仍罕見。劉世儒先生認爲："'箇'在南北朝得到發展的不僅在於它也可以量'人'，尤其重要的是它也可以前附於中心詞而陪伴它了。這是在這個時代以前所罕見的。"② 但從出土吐魯番文書、敦煌文獻來看，唐以前量詞"個"的使用頻率還是很低的：魏晉簡帛文獻均未見用例；從東晉至高昌國時期的吐魯番出土文書中僅有3例，均書作"个"。③

唐代是量詞"個"大發展的時期，從傳世文獻看王紹新提出："在語義方面，它的適用範圍有重要擴展，所量對象從普通名詞發展到時空名詞，從具體名詞發展到抽象名詞，從而一躍成爲漢語中的頭號量詞。""在語法特點方面，它跳出了魏晉時代纔最後確立的'Num+Cl+N'格局，不但可以稱量各種複雜的名詞性短語或其他結構，而且在它的後面還出現了動詞、動賓結構、引語以至非實體性成分，這爲現代漢語中'個'後出現形形色色更爲複雜的成分打開了通路。"④ 從出土敦煌和吐魯番文獻看，寫成於唐代的吐魯番出土文書中"箇"27例，"个"11例，"個"

---

① 本書所用郭靄春、張海玲：《傷寒論校注語譯》，天津科學技術出版社1996年版，其底本據成無已《注解傷寒論》元初刻本，趙本指宋趙開美刻本。

② 劉世儒：《魏晉南北朝量詞研究》，中華書局1965年版，第85頁。

③ 洪藝芳：《敦煌吐魯番文書中之量詞研究》，（臺北）文津出版社2000年版，第185頁。

④ 王紹新：《量詞"個"在唐代前後的發展》，《語言教學與研究》1989年第2期。

僅 3 例；寫成於中唐至五代的敦煌文書中，"箇" 65 例，"個" 115 例，"个" 26 例，其總體的使用頻率遠遠超越其他量詞。宋元以後，其使用頻率進一步增加，《朱子語類》已經達到了 5000 多例；《水滸傳》量詞 "個" 的使用達到 1463 例。可見，泛指量詞 "個" 在宋元以後獲得了巨大發展，成爲唯一的泛指量詞，並一直延用到現代漢語。

第二節　外形特徵型個體量詞

"人類的認知基於體驗，始於範疇化，先獲得範疇形成概念，概念系統是根據範疇組織起來的，因此範疇化是範疇和概念形成的基礎，範疇和概念是範疇化的結果。"[1] 從類型學的視野來看，如張赬所言："世界語言中的各類分類詞實質上都是一個名詞分類系統，都是指明名詞項在某語言系統中的語義特徵，分類是分類詞共有的、根本的功能。"[2] 範疇化是量詞的重要功能之一，宗守雲也認爲："普遍的語言調查顯示，人類語言中分類詞（量詞）的基本功能就是把名詞代表的表面各異的事物放在同一個範疇，這個範疇由中心成員和邊緣成員組成，範疇是從中心成員開始擴展延伸至邊緣成員，這個過程就是範疇化。"[3]

不同的量詞，事實上就是人類從不同的角度、按照不同的方式觀察事物，對事物進行範疇化的結果，正如石毓智所言："漢語的量詞的類別和數目的設立，遠非隨意的，而是深刻反映了漢民族的範疇化特徵。"[4] 事物的外形特徵在人們觀察事物的時候往往是最容易直接認識的，因此外形特徵型量詞成爲漢語個體量詞系統中最形象、最具特色的一類。根據外形特徵類量詞的認知基礎和量詞的語義特徵，可以將其分爲點狀量詞、綫狀量詞、面狀量詞、動狀量詞四大類。

一　點狀量詞

點狀量詞，是指稱量粒狀或圓形的事物的個體量詞。先秦兩漢時期所

---

[1] 王寅：《認知語言學》，上海外語教育出版社 2007 年版，第 92 頁。
[2] 張赬：《類型學視野的漢語名量詞演變史》，北京大學出版社 2012 年版，第 7 頁。
[3] 宗守雲：《量詞的範疇化功能及其等級序列》，《上海師範大學學報》2014 年第 1 期。
[4] 石毓智：《語法的認知語義基礎》，江西教育出版社 2000 年版，第 119 頁。

見點狀量詞主要有"顆"和"丸"兩個，多見於先秦兩漢醫學文獻中。

1. 顆（果）

《說文·頁部》："顆，小頭也。從頁，果聲。"段玉裁注："顆，引申爲凡小物一枚之稱。珠子曰顆，米粒曰顆是也。"又，《玉篇·頁部》："小頭貌。"其本義是小頭，因而有"小而圓"的語義特徵，在此基礎上語法化爲稱量粒狀或圓形的事物的點狀量詞。

"顆"作爲量詞先秦文獻已見，最早見於簡帛方劑類文獻，字均書作"果"。又，果爲見母歌部，顆爲溪母歌部，二字聲近韻同，故可通。早期用例稱量對象爲雷矢、烏豦（喙）、蒜（蒜）等近似圓形且相對較小的中藥材，如：

（1）嬰兒病閒（癇）方：取靁（雷）尾〈戻（矢）〉三果（顆），冶，以豬煎膏和之。（馬王堆帛書·五十二病方48）①

（2）冶烏豦（喙）四果（顆）、陵（菱）枝（芰）一升半，以南（男）潼（童）弱（溺）一斗半並□，煮熟，□米一升入中，撓，以傅之。（馬王堆帛書·五十二病方363）②

（3）［走］：非廉、方葵、石韋、桔梗、芷威各一小束，烏豦（喙）三果（顆）。（馬王堆帛書·養生方173）

（4）一曰：每朝啜蒜（蒜）二三果（顆）及服食之。（馬王堆帛書·療射工毒方7）③

但一經使用，其使用範圍就迅速擴大了，先秦文獻中量詞"果

---

① 雷矢，即"雷丸"之別名，又稱爲"雷實"或"竹苓"等，按《中草藥圖典》："雷丸菌的菌核。呈不規則塊狀或類球狀，直徑1—3cm。"整體上來說也存在"小而圓"的特徵。

② 烏喙，今稱爲"草烏頭"，按《本草綱目·草部·附子》集解："時珍曰：烏頭有兩種：出彰明者即附子之母，今人謂之川烏頭是也。春末生子，故曰春採爲烏頭。冬則生子已成，故曰冬採爲附子。"烏喙、附子，外形均爲不規則圓塊狀。詳參張顯成師《簡帛藥名研究》，西南師範大學出版社1997年版，第138頁。

③ 蒜，其釋義學界仍有爭議，馬繼興認爲"奈"即"蘋果"，載《馬王堆古醫書考釋》，湖南科學技術出版社1992年版，第772頁。但張顯成師則認爲"'奈'就是'蘋果'之說不妥"，"'奈'當是薔薇科植物'奈'的果實"，載《簡帛藥名研究》，西南師範大學出版社1997年版，第233頁。周一謀、蕭佐桃認爲是"蒜，疑即蒜字"，載《馬王堆醫書考注》，天津科學技術出版社1989年版，第334頁。但無論是"奈"還是"蒜"，都是顆粒狀事物。

（顆）"已經可以用於並非典型顆粒狀的"薑"，當然考察野生薑之一枝風乾亦有小而圓的特徵，如：

(5) 乾薑二果（顆），十沸，抒置甕中，貍（埋）席下，爲竅，以熏痔。（馬王堆帛書·五十二病方 262—263）

(6) 取白符、紅符、伏霝各二兩，桓（薑）十果（顆），桂三尺，皆各冶之，以美醯二斗和之。（馬王堆帛書·養生方 127）

但非典型顆粒狀的"薑"用"果（顆）"稱量用例罕見，一般不用量詞，如《房内記》19："取桂、乾薑各一，蕃石二，蕉荚三，皆冶，合。"甚至部分簡文中使用了量詞"果（顆）"，但其中的"薑"卻不用，如《養生方》163—164："取［烏］豙（喙）三果（顆），乾置（薑）五，美桂□，凡三物，甫□□投之。"劉世儒認爲量詞"果（顆）"稱量塊狀事物是另一個系統，是"塊"的音轉；① 劉建民也認爲量詞"果（顆）"用來計量的是塊狀物，與"塊"同源；② 但此時量詞"塊"還未產生，一直到漢代仍然罕見用例；因此我們推測在這一時代，可能是量詞"果（顆）"在產生初期使用範圍拓展時並不規範的特殊用法，而且很快就消失了，並沒有得到繼承。

到兩漢文獻中量詞"果（顆）"就很常見了，其用法也已經較爲泛化，用於粒狀或圓形的小物體，如"珠子"等，相當於現代漢語的量詞"粒"或"枚"，但仍然多見於方劑類文獻中。從傳世文獻用例來看，字均書作"顆"，如：

(7) 作甘瀾水法：取水二斗，置大盆内，以勺揚之，水上有珠子五六千顆相逐，取用之。（金匱要略·奔豚氣病脈證治）

上例亦見於《傷寒論·辨太陽病脉证並治中》："水上有珠子五六千顆相逐，取用之。"但在出土簡帛文獻中，字仍書作"果"，如：

---

① 劉世儒：《魏晉南北朝量詞研究》，中華書局 1965 年版，第 117 頁。
② 劉建民：《小議個體量詞"累"與"果"》，《語言科學》2016 年第 3 期。

(8) 蜀椒一升，付（附）子廿果（顆），皆父（咬）　［且（咀）］。（武威醫簡 17）

(9) 百病膏藥方：蜀椒四升，弓窮一升，白茝一升，付（附）子卅果（顆），凡四物，父（咬）且（咀）。（武威醫簡 89 甲）

《漢武帝內傳》："以玉盤盛仙桃七顆。"劉世儒認爲這是僞書，不足爲據："有説這種用法遠在西漢初期就已經出現了的，太早。"① 又，《氾勝之書·瓠》："候水盡，即下瓠子十顆，復以前糞覆之。"但該書是輯佚本，不足爲據，姑列於此。但從出土文獻來看，其實早在戰國時期這個量詞就已經產生並獲得了一定程度的發展；但直到兩漢時期其使用頻率一直很低。

2. 丸（完/睆）

《說文·丸部》："丸，圜，傾側而轉者。從反仄。"段玉裁注："圜則不能平立，故從反仄以象之。仄而反復，是爲丸也。"本義是小而圓的事物，引申可以指"彈丸""藥丸"，如《左傳·宣公二年》："（晉靈公）從臺上彈人而觀其辟丸也。"由此再引申爲小而圓物品的量詞，多見於中醫類文獻，使用頻率很高。從傳世文獻來看，最早見於《黃帝內經》，如《素問·腹中論》："以四烏鰂骨一藘茹二物併合之，丸以雀卵，大如小豆；以五丸爲後飯，飲以鮑魚汁，利腸中及傷肝也。"但傳世文獻中此類用例罕見。

從出土文獻來看，多見於《馬王堆帛書》中，字均書作"睆"或"完"，"睆""完""丸"均爲匣母元部，音近可通，如：

(1) ［諸傷：□□］膏、甘草各二，桂、畺（薑）、椒、朱（茱）［萸］□［□□□□□□□□□□□□□］毀一睆（丸）音（杯）酒中，飲之，日壹飲。（馬王堆帛書·五十二病方 1—2）

(2) 到春，以牡烏卵汁畬（弁），完（丸）如鼠矢，陰乾，□入八完（丸）叔（菽）醬中，以食。（馬王堆帛書·養生方 37—38）

(3) 冶雲母、銷松脂等，並以麥糱捖（丸）之，勿□手，令大

---

① 劉世儒：《魏晉南北朝量詞研究》，中華書局 1965 年版，第 116—117 頁。

如酸棗，□吞一垸（丸）。日益一垸（丸），至十日，日後日捐一垸（丸）。（馬王堆帛書·養生方152—153）

到漢代文獻中，無論居延漢簡、敦煌漢簡、武威醫簡等出土簡帛文獻，還是《金匱要略》《傷寒論》等傳世文獻，字均定型作"丸"，稱量對象均是丸藥，如：

（4）煎爲丸，如梧子大，空心服七丸。（金匱要略·瘧病脈證並治）

（5）煉蜜和爲四丸。（金匱要略·婦人産後病脈證治）

（6）以沸湯數合，和一丸，研碎，溫服之。（金匱要略·辨霍亂病脈證並治）

（7）腹中未熱，益至三四丸。（傷寒論·辨霍亂病脈證並治）

（8）石鍾乳三分，巴豆一分，二者二分，凡三物，皆冶，合，丸以密（蜜），大如吾（梧）實，宿毋食，旦吞三丸。（武威醫簡29）

（9）凡六物，皆冶，合和，丸白密（蜜），大如嬰（櫻）桃，（晝）夜啥三丸，稍咽之，甚良。（武威醫簡79）

（10）凡七物，皆並冶，合，丸以密（蜜），大如彈丸，先鋪食以食，大湯飲一丸。（武威醫簡82）

從諸多文獻用例來看，量詞"丸"稱量的藥物的大小雖然並不確定，或"大如酸棗"，或"如梧子（梧桐子）大"，或"大如嬰（櫻）桃"，但總體來看其稱量對象的典型特徵都是較小且圓。量詞"丸"由其名詞義引申而來，往往還帶有很强的名詞性，從形式上來看看往往處在"Num+丸"的稱數結構中，"丸"直接同數詞連用既可能是量詞，也可能是名詞，可見這個時代"丸"作爲量詞還不是很典型，處在語法化的中間階段。按，《東觀漢記·隗囂載記》："元請以一丸泥爲大王東封函谷關，此萬世一時也。"該文又見于《後漢書·隗囂傳》，但這裏的"丸"顯然是"泥"的修飾語，而非量詞；直到魏晉時期，"Num+丸"修飾名詞纔多見起來，如曹植《善哉行》："仙人王喬，奉藥一丸。"又如《南昌晉牘》："故墨一丸。"處在"N+Num+Cl"結構中，"丸"作爲量詞纔是無可置疑的了。

二　綫狀量詞

綫狀個體量詞，是指稱量綫狀或長條狀事物的量詞。先秦兩漢文獻中有"條""梃""脡""朐""膊""給"6個。"條"用作量詞先秦文獻已見，到兩漢文獻中雖然用例不多，但其用法已經虛化了；量詞"梃"的適用範圍限於條形或桿狀物，僅見於馬王堆帛書，但魏晉以後常見；"脡"和"朐"專用於稱量"脯"，且前者更爲常見，隨著時代發展其稱量對象的罕見，其量詞義使用頻率均很低；"膊"和"給"作爲綫狀量詞僅僅是曇花一現，前者僅見於傳世文獻《淮南子》；後者僅見於楚簡帛，其使用可能受地域限制，即僅用於楚地文獻，在此後的發展中很快被"條"所替代。先秦兩漢所見綫狀量詞中，祇有"條"一直沿用到現代漢語中。

1. 條（攸）

《説文·木部》："條，小枝也。"其本義是"小枝"或"樹木細長的枝條"，《詩·汝墳》："遵彼汝墳，伐其條枚。"毛傳："枝曰條，幹曰枚。"由本義引申有"細長"之義，由此引申爲稱量長條形的物體的量詞。然後由具體可感的綫形事物，可以進一步擴展到具有主觀上的或時間上的綫性特徵的對象，如法律條文、事件等。

"條"用作量詞，目前所見最早用例爲《包山楚簡》，凡4例：

(1) 亓（其）上載：絑（朱）旌一百𦐇（攸）四十𦐇（攸）翠之首。(包山楚簡269)

(2) 亓（其）上載：絑（朱）旌一百𦂇（條—攸）四十夕（攸）翠之首。(包山楚簡牘1)

《包山楚簡》的整理者對該字並未予以隸定，何琳儀據《璽匯》2641"蓨"字書作"𨼱"，《脩魚令戟》"脩"字書作"𦚟"，將269號簡中的"𦐇"字隸定爲"攸"，爲"攸"之異文；將牘1中的"𦂇"隸定爲"條"，"夕"爲"攸"字之省；提出"以上'攸''條'均讀'條'"，並據《左傳》正義、《爾雅》《周禮》等文獻證明"攸""條""條"三字可通。李家浩認爲269號簡之"𦐇"從"羽"，故當隸定作"翛"；牘

1中的二字形則同何先生一樣分別隸定爲"條""攸"①。陳偉等通過紅外影像重新釋讀了簡文，其中"彶"字採用了李家浩的隸定，後者亦採用了何琳儀的隸定。綜上可見，"攸""條""條"三字乃形近通用，並獲得了學界廣泛認同。② 該簡文的語義，按何琳儀説："均指一百四十條朱色旌旗，'旌'之形制呈長條形，故以'條'計其數。"③ 陳偉④、李明曉⑤等學者均從其説。

"條"用作量詞的用法在漢代文獻中得到了繼承，首先可以用來稱量條形物，如：

（3）批三條之廣路，立十二之通門。（班固《兩都賦》）
（4）條屬者，通屈一條繩若布爲武，垂下爲纓。（《禮記・雜記上》"喪冠條屬"鄭注）

但是，在先秦兩漢文獻中量詞"條"稱量條形物的用例卻並不多見，而更爲虛化的用法，如稱量"法律條文""事件"等的用例在兩漢文獻中卻非常常見，如：

（5）大辟四百九條。（漢書・刑法志）
（6）其以十二臣爲一條，取諸歲之度；其至十條而止，取之天端。（春秋繁露・官制象天）
（7）天數畢於十，王者受十端於天，而一條之率，每條一端以十二時，如天之每終一歲以十二月也。（春秋繁露・官制象天）
（8）各有所急，千條萬端。（太平經・丙部之二）
（9）千般疢難，不越三條：一者，經絡受邪，入藏府，爲内所因也；二者，四肢九竅，血脈相傳，壅塞不通，爲外皮膚所中也；三者，房室、金刃、蟲獸所傷。（金匱要略・藏府經絡先後病脈證）

---

① 李家浩：《包山楚簡中的旌旆及其它》，《著名中年語言學家自選集・李家浩卷》，安徽教育出版社2002年版，第258頁。
② 李建平：《漢語個體量詞研究出土文獻語料二題》，《中國語文》2012年第1期。
③ 何琳儀：《包山楚簡選釋》，《江漢考古》1993年第4期。
④ 陳偉：《楚地出土戰國簡冊［十四種］》，經濟科學出版社2009年版，第121頁。
⑤ 李明曉：《戰國楚簡語法研究》，武漢大學出版社2010年版，第284頁。

（10）右一條賜爵關內侯。（居延新簡 ESC.4A）

從上述用例來看，量詞"條"所稱量的對象在漢代已經拓展到抽象的條狀事物，可見"條"的語法化程度很高，和源名詞義的聯繫已經很少，說明量詞"條"在漢代已經發展成熟，而非劉世儒所言之南北朝，更非王力所言之唐代。

2. 梃（廷）

《説文·木部》："梃，一枚也。"段玉裁注："凡條直者曰梃。梃之言挺也。一枚，疑當作木枚。"段注所言甚確，"梃"的本義當爲"木枚"，即植物的"幹"或"莖"，具有突出的綫形特徵，由此引申爲具有綫形特徵事物的量詞，相當於現代漢語的綫形量詞"根"。

"梃"用作量詞產生時代很早，最早見於馬王堆帛書方劑類文獻中，字多書作"廷"，凡4例；亦可作"梃"，僅1見；如：

（1）一，傷者，以續㫄（斷）根一把，獨□長支（枝）者二廷（梃）①，黄岑（芩）二梃，甘草□廷（梃），秋烏豙（喙）二□□□□㣊者二甌，即並煎□孰（熟），以布捉，取出其汁。（馬王堆帛書·五十二病方17—18）

（2）一，以水一斗煮葵穜（種）一斗，浚取其汁，以其汁煮膠一廷（梃）半，爲汁一參。（馬王堆帛書·五十二病方181）

（3）［一曰：□□］蛇牀泰半參、藟本二斗半、潘石三指最（撮）一，桂尺者五廷（梃）［□□□□］□之菩半尺者一拼（棄）。（馬王堆帛書·養生方85—86）

但後世醫書往往會規定其制度，如《醫心方》卷三引《極要方》："生葛根一梃，長一尺，徑三寸。""梃"用作量詞傳世先秦兩漢文獻未見，到魏晉六朝時期就發展爲典型的綫性量詞了。

3. 脡（挺）

《玉篇·肉部》："脡，脯朐也。"本義是條狀乾肉，由此引申爲條形

---

① 細審圖版，該字較爲清晰，但僅有一筆，整理者徑隸定爲"廷"而無註，疑莫能定，姑列於此。

乾肉"脯"的個體量詞，如：

（1）饌籩豆，脯四脡。（儀禮·士虞禮）

《說文·肉部》："脯，乾肉也。"而且可以用於"Num+Cl+N"結構中，其量詞性就更明顯，如：

（2）高子執簞食，與四脡脯；國子執壺漿。（公羊傳·昭公二十五年）

何休注："屈曰朐，申曰脡。"字亦可書作"挺"，如：

（3）薦脯五挺（脡），橫祭於其上。（儀禮·鄉飲酒禮）

後世仍可見，如《清史稿·列女傳·林守仁妻》："母去兒無恐，但歲時具杯酒，一脡肉，母當歸，不相嚇也。"當然，這可能也祇是一種仿古現象而已。由於語法化過程中的語義滯留，量詞"脡"的適用範圍一直沒有得到拓展，祇能用於稱量條形的肉類。

4. 朐

《說文·肉部》："朐，脯朐也。"段玉裁注引何休注《公羊》："屈曰朐，申曰脡。"《儀禮·士虞禮》："薦脯醢，設俎于薦東，朐在南。"鄭玄注："朐，脯及乾肉之屈也。"可見其本指屈曲的乾肉，後來用作稱量"脯"的量詞，如：

（1）趙宣孟將上之絳，見翳桑之下有餓人臥不能起者……宣孟與脯一朐。（呂氏春秋·報更）
（2）（趙）宣孟與之壺飧，脯二朐，再拜頓首受之。（說苑·復恩）
（3）卅五年六月戊午朔己巳，庫建、佐般出賣祠窘余徹脯一朐於囗囗囗，所取錢一。（里耶秦簡8—1055+8—1579）
（4）帝奉糗一斛，脯三十朐，進圍宛城。（東觀漢記·光武帝紀）

（5）太守自侍祠，若有穢疾，代行事法，七十萬五千，三牲燔柴上，福脯三十朐，縣次傳送京師。（風俗通義·山澤）

"朐"用作量詞，其名詞性仍很強，只能用於稱量"脯"；而"脯"本來已有量詞"脡"來稱量，因此漢代以後除仿古外就不再使用。

5. 膊

《説文·肉部》："膊，薄脯，膊之屋上。"段玉裁注："'膊之屋上'當作'薄之屋上'。薄，迫也。《釋名》：'膊，迫也。'薄椓肉迫箸物使燥也。"因此其本義是"曝肉"，故可引申有所曝之肉的意思，《廣雅·釋器》："膊，脯也。"肉脯多爲"條形"，因此引申爲量詞，稱量條形之物，但用例非常罕見，先秦兩漢文獻僅1例：

（1）一膊炭漢，掇之則爛指，萬石俱爇，去之十步而不死，同氣異積也。（淮南子·説林）

按高誘注："一膊，一挺也。"量詞"膊"使用頻率很低，但後世仍可見，如宋李誡《營造法式·壕寨制度·城》："每膊椽長三尺，用草葽一條，木橛子一枚。"

6. 給

稱量紡織品的個體量詞，相當於綫狀量詞"條"，僅見於《睡虎地秦簡》，凡3例，均列如下：

（1）省殿，貲工師一甲，丞及曹長一盾，徒絡組廿給。省三歲比殿，貲工師二甲，丞、曹長一甲，徒絡組五十給。（睡虎地秦簡·秦律雜抄17—18）

（2）漆園殿，貲嗇夫一甲，令、丞及佐各一盾，徒絡組各廿給。（睡虎地秦簡·秦律雜抄20—21）[①]

[①] 陳偉引高敏說認爲"徒絡組廿給"及"徒絡組五十給"可能是以"徒"編織絲帶並規定其完成數量。按，從以上二例來看，這裏的"徒"是"貲"的對象，按照責任輕重，例（1）分別爲工師、丞、曹長、徒；例（2）分別爲嗇夫、令、丞、佐、徒。《楚地出土戰國簡冊［十四種］》，經濟科學出版社2009年版，第166頁。

《說文·糸部》："給，相足也。"其本義、引申義均與絲織品無關。按整理者注："給，疑讀爲緝。"《釋名·釋衣服》："緝，即今人謂之緶也。"絡組五十給，即五十組縧帶。按整理者説，則"緝"沒有量詞義，"給"也自然是名詞，指"帶"。但如果將"給"釋爲名詞"帶"，那麼就和數詞前面的名詞"絡組"前後重複。從文意來看，其實"給"正好處於"N+Num+Cl"結構中量詞的語法位置上，因此王鍈先生提出"給"意爲"根"或"條"；① 吉仕梅讚同此説②。從造字法的角度來看，"給"字以"糸"爲形符，與用作絲織品的個體量詞正合，可見如王先生所言簡文中的"給"應當是稱量紡織品"絡組"的個體量詞。

三　面狀量詞

面狀量詞，是指稱量對象的典型外形特徵爲平面的量詞。現代漢語中典型的面狀量詞有"面""張""片"等，先秦兩漢時期面狀量詞僅有"片""丿""反（鈑）"3個。後世常見的面狀量詞"張"雖然已經開始其語法化，但這一時期其稱量對象主要是"弓"，還沒有進一步語法化爲面狀量詞。先秦兩漢時期的量詞"片"也是有兩面性的，既可以稱量面狀事物，也可以稱量剖開成片的事物；量詞"丿"僅見於甲骨文，量詞"反（鈑）"見於金文，用例均罕見，或有爭議，且均未能進一步語法化。

1. 片（半）

《說文·片部》："片，判木也。"朱駿聲通訓定聲："從半木，指事。"段玉裁注："謂一分爲二之木。"《九經字樣》："片，判木也，左爲爿，右爲片。"其本義是"剖開的樹木"，即"木片"；由此語法化爲量詞，稱量剖分成片的事物，後來泛化而用於扁而薄的事物；這兩種用法早在兩漢文獻均已見，且均見於中醫類文獻中。

"片"用作剖分成片的事物，多見於《金匱要略》《傷寒論》中，如：

　　（1）生薑四片。（金匱要略·痙濕暍病脈證）

---

① 王鍈：《雲夢秦墓竹簡所見某些語法現象》，《語言研究》1982年第2期。
② 吉仕梅：《秦漢簡帛語言研究》，巴蜀書社2004年版，第137頁。

（2）附子一枚，生用，去皮，破八片。（傷寒論·辨太陽病脈證並治上）

（3）附子一枚，炮，去皮，破八片。（傷寒論·辨太陽病脈證並治中）

（4）附子一枚，生用，去皮，破八片。（傷寒論·辨太陽病脈證並治中）

稱量薄而成片的事物的用例，如：

（5）鱉甲，手指大一片，炙。（金匱要略·百合狐惑陰陽毒病證治）

值得注意的是，這個意義的量詞"片"字亦可書作"半"，如：

（6）令軍士人持二升糒，一半冰，期至遮虜鄣相待。（漢書·李陵傳）

如淳注："半讀曰片，或曰五升曰半。"顏師古注："半讀曰判，判，大片也。"按，片爲滂母元部，半爲幫母元部，聲近韻同故可通，而"半"沒有用作稱量薄而成片事物的量詞之用法，因此我們認爲這裏的"半"當爲借字，其本字當爲"片"。

劉世儒先生說："'片'的發展史向著兩個相反的方向移動的：一個是由'薄而小'出發，這就發展成泛表'些少'的用法，但這種用法被'點'字代替了，沒有得到繼承；另一個是由'連綴成片'出發，這就發展成泛表'多夥'的用法，這種用法後來特別得到發展。"① 雖然表示"些少"的用法，即相當於現代漢語中量詞"點"的用法沒有得到發展，但表示"薄而少"的量詞用法一直沿用到現代漢語中。

2. 丿

張玉金認爲："原爲一骨之形，後演化爲量詞，指骨版一塊。"② 往往

---

① 劉世儒：《魏晉南北朝量詞研究》，中華書局1965年版，第121頁。
② 張玉金：《甲骨文語法學》，學林出版社2001年版，第20頁。

同表雙數義的"屯（純）"配合使用，似乎爲"雙數中的一個"。量詞"丿"稱量對象僅限於面狀之骨版，如：

（1）十屯有一丿。（合 17580）
（2）三屯有一丿。（合 17611）
（3）一丿。（合 9976）

這個量詞僅見於甲骨文中，西周金文及其他先秦文獻均未見。

3. 鈑（反）

《爾雅·釋器》："餅金謂之鈑。"其本義是名詞"餅狀的金銀塊"，由此引申爲稱量餅狀金銀塊的個體量詞，僅見於西周金文，字均書作"反"，僅 3 例：

（1）帛（白）金一反（鈑）。（九年衛鼎，集成 5.2831）
（2）赤金十反（鈑）。（柞伯簋）①

白金謂銀，赤金謂銅；白金一鈑，即白金一塊；此後文獻未見。

四 塊狀量詞

塊狀量詞，是指稱量塊狀事物的量詞。先秦兩漢文獻中有"塊"和"臠"2 個。量詞"塊"來自"土塊"義，量詞"臠"來自"已切塊狀之肉"義，二者共同的典型特徵都是塊狀的，後來量詞"塊"發展成爲現代漢語中的常用量詞；量詞"臠"雖然使用頻率較低，但由於其特定的功能也一直沿用下來。

1. 塊（凷）

《說文·土部》："凷，墣也。從土，凵屈象形。塊，凷或從鬼。"徐鍇繫傳作："俗凷從土鬼。"朱駿聲通訓定聲則認爲："從土，鬼聲。"《爾雅·釋言》："塊，堛也。"郭璞注："土塊也。"孟繁杰、李焱認爲"凵"表示裝土的器具，而"凷"則爲土塊裝在器具裏，其本義爲"土塊"②，

---

① 該例在《柞伯簋》銘文裏重復出現一次。王龍正、姜濤等：《新發現的柞伯簋及其銘文考釋》，《文物》1998 年 9 期。
② 孟繁杰、李焱：《量詞"塊"的產生及其發展演變》，《寧夏大學學報》2014 年第 3 期。

如《國語·晉語四》："野人舉塊以與之。"韋昭注:"塊,墣也。"《荀子·禮論》:"齊衰、苴杖、居廬、食粥、席薪、枕塊,所以爲至痛飾也。"由此引申爲稱量"土"的個體量詞,但其量詞義出現的時代仍有爭議。傳世漢代文獻僅一例:

(1) 今爲一人言施一人,猶爲一塊土下雨也,土亦不生之矣。(説苑·復恩)

孟繁杰、李焱據該例,認爲:"西漢時,'塊'出現了量詞的用法。"① 但這裏的"塊"也可能是中心詞"土"的修飾語,而非個體量詞,其結構當爲"一+塊土",意思是一塊"成團的土"。另外,肖從禮又舉出漢簡中的一例②:

(2) 春、秋治渠各一通,出塊糞三百枀。(敦煌漢簡 2418A)

但該簡下文中又有:"文華出塊糞,少一橐以上。"可見其稱量單位爲"橐",我們認爲這裏的"塊"同《説苑》例一樣祇是中心詞的修飾語,表示"塊狀的";從量詞的語法功能來看,漢語史中也不存在"Cl+N+Num"結構。當然,漢簡用例也正好說明《説苑》中的"塊土"和"塊糞"的性質可能是相同的,其中的"塊"都還沒有語法化爲量詞,當然這個量詞也正是在這樣的特定結構中開始其語法化的,但時代可能稍晚,魏晉南北朝仍然罕見,到唐五代時期纔真正獲得了發展③。

從兩漢簡牘來看,還有一例值得注意:

(3) 酒五斗,脯一塊。(金關漢簡 73EJT30:53)

但細審圖版,該簡"斗"字下左半均殘缺,疑莫能定,姑列於此以備考察。在漢簡中,或書作"膞":

---

① 孟繁杰、李焱:《量詞"塊"的產生及其發展演變》,《寧夏大學學報》2014 年第 3 期。
② 肖從禮:《從漢簡看兩漢時期量詞的發展》,《敦煌研究》2004 年第 4 期。
③ 李建平:《隋唐五代量詞研究》,山東人民出版社 2016 年版,第 40 頁。

（4）王子文治劍二百五十，脯一腴，直卌□，錢六十。（金關漢簡 73EJT23：769A）

"腴"應當是"塊"的分別字，因爲稱量的對象爲脯，故形符採用"月（肉）"部，則該例爲目前所見量詞"塊"的確切的最早用例。總之，量詞"塊"在先秦兩漢文獻中多用爲名詞，作量詞者還很罕見。

2. 臠（胾）

《說文·肉部》："臠，臞也。從肉，䜌聲。一曰切肉臠也。"段玉裁據《廣韻》改"切肉臠"爲"切肉"。因此"臠"有名詞"已切塊狀之肉"義，如《莊子·至樂》："鳥乃眩視憂悲，不敢食一臠，不敢飲一杯，三日而死。"由此引申爲稱量"塊狀的肉"的個體量詞，如：

　　（1）嘗一臠肉，知一鑊之味；懸羽與炭，而知燥濕之氣；以小明大。（淮南子·說山）

或作"胾"，同"臠"，如：

　　（2）嘗一胾肉，而知一鑊之味。（呂氏春秋·察今）

當然，這裏的"臠"或"胾"的名詞意味仍很濃，漢譯佛經亦可見，如：

　　（3）譬如四街有一臠肉，爲鵰梟烏鵲衆鳥所爭，各自欲得耶。（安世高譯《道地經》）

該例雖然祇是譬喻，"臠"的名詞意味就很弱了。但在此後的發展中，量詞"臠"仍然由於語義滯留的影響而限制了其使用範圍的拓展，在很多情況下被量詞"塊"所取代，但也正由於其語源的特殊性及其稱量"塊狀的肉"的獨特性，這個量詞也一直沒有完全被量詞"塊"所取代，在書面語中往往被沿用下來，雖然使用頻率不高，但歷代文獻往往可見，如《晉書·陸納傳》："溫（筆者按：桓溫）曰：'年大來飲三升便醉，白肉不過十臠。'"宋王讜《唐語林·補遺三》："一盞酒，一臠鮓。"清嚴有禧《漱華隨筆·朱良吉》:"良吉沐浴禱天,以刀剖胸,割取心肉一臠,煮粥以食母。"

五 動狀量詞

動狀量詞,所稱量對象的典型外形特徵是由動作行爲所造成,其認知視角在於該動作所導致的結果狀態。從語源上來看,動狀量詞基本都是從動詞語法化而來的。動狀量詞強調了動作與動作對象之間的相關性,但是隨著量詞系統的發展,很多動狀量詞進一步語法化,其適用範圍也進一步擴大,導致其稱量對象往往並非動作的對象或結果,而祇是與其典型成員外形相似或相近,甚至部分對象與之相差甚遠。先秦兩漢文獻中動狀量詞非常豐富,已經達到15個之多。

1. 封$_1$

《說文·土部》:"封,爵諸侯之土也。從之,從土,從寸,守其制度也。"甲骨文作"𡉚"(合02902),金文作"𡉚"(召伯簋),從甲金文字形来看,像植樹于土堆之形,《周禮·地官·大司徒》鄭玄注:"封,起土界也。"因此其本義應當是動詞,指堆土植樹以爲邊界,由此引申有動詞"封緘"之義,《字彙·寸部》:"封,緘也。"因此其稱量對象的典型特徵是經過封緘,上古簡牘書信往往用封泥封緘,然後加蓋官員或官府之印章,以圖保密,如《白虎通義·封禪》所言:"或曰石泥金繩封以印璽。"在西北漢簡中往往有具體加蓋璽印的記載,如《居延漢簡》127.25:"南書三封。十七。其一封,居延都尉章,詣張掖□□□;一封,居延丞印,詣廣地候官;一封,居延塞尉印,詣屋蘭。"簡文對這三封書信,具體記載了其封泥所加蓋的印章分別爲居延都尉章、居延丞印、居延塞尉印三種,又分別送往"張掖□□□""廣地候官""屋蘭"三地;出土簡牘書信實物也多有此類封泥。從《張家山漢簡·二年律令》來看,漢代對此類封緘非常重視,如簡274—275:"諸行書而毀封者,皆罰金一兩。書以縣次傳,及以郵行而封毀,□縣□劾印,更封而署其送徼(檄)曰:封毀,更以某縣令若丞印封。"因此,"封"用作量詞首先用於稱量"書信",早在睡虎地秦簡和里耶秦簡已見,如:

(1)今鋈丙足,令吏徒將傳及恒書一封詣令史,可受代吏徒,以縣次傳詣成都。(睡虎地秦簡·封診式48)

（2）廷令隸臣□行書十六封，曰傳言。（里耶秦簡 8—1524）
（3）獄南曹書三封，丞印，二詣酉陽、一零陽。卅年九月丙子旦食時，隸臣羅以來。（里耶秦簡 8—1886）

從先秦文獻用例來看，量詞"封"多見於秦簡，楚簡未見。① "封"用作量詞，到漢代用例就很常見了，可以稱量"書信""郵書""緯書""軍書""蒲書""詔令""檄""合檄""板檄"等封緘的書信、文件等，各舉一二例如下：

（4）朱公不得已而遣長子，爲一封書遺故所善莊生。（史記·越王勾踐世家）
（5）又故事諸上書者皆爲二封，署其一曰副，領尚書者先發副封，所言不善，屏去不奏。（漢書·魏相丙吉傳）
（6）南書二封，皆都尉章。詣張掖大守府，甲校。（居延漢簡 49.22+185.3）
（7）十三日北書三封，皆張掖大守章皆詣□一封甲子起一封癸亥皆□（居延漢簡 75.14）
（8）南書三封，十七：其一封居延都尉章詣張掖□□□，五月戊辰臨桐卒□□□受□□卒明；一封居延丞印詣廣地候官，餔時付卅井卒□；一封居延塞尉印詣屋蘭。（居延漢簡 127.25）
（9）書三封：其一封，吕憲印；一封王建國，十月癸巳令史弘發；一封李勝。（居延漢簡 180.39+190.33）
（10）北書三封，張掖大守章。（金關漢簡 73EJT6：25）
（11）十二月郵書刺北書二封。（居延漢簡 70.21）
（12）其四封皆張掖大守章，詔書一封，書一封，皆十一月丙午起；詔書一封，十一月甲辰起。（居延漢簡 502.9A+505.22A）
（13）二封張掖大守章，一封詔書，十二月乙卯起。（居延漢簡

---

① 潘玉坤認爲"封"還可以用作疆界的量詞，并舉出金文中的兩例，如《散氏盤》（集成 16.10176）："履自涉瀌曰（以）南，至於大沽，一封。曰（以）陟，二封。"載《西周金文語序研究》，華東師範大學出版社 2005 年版，第 188 頁。從稱數構式上看，"封"在西周金文中仍衹能用在"數詞+封"構式中，未見修飾名詞的用例，因此這裏的"封"當爲名詞，指"疆界"，如《左傳·僖公三十年》："（晉）又欲肆其西封。"杜預注："封，疆也。"

495.2）

（14）入東軍書一封。皁（皂）繒緯，完，平望候上王路四門。始建國二年九月戊子，日蚤（早）食時，萬年亭驛騎張同受臨泉亭長陽。（懸泉漢簡Ⅱ0115①：59A）

（15）入北第一，橐書一封。居延丞印。十二月廿六日日食一分，受武彊驛卒馮斗。（居延新簡EPT49.28）

（16）入西皁（皂）布緯書一封，大司徒印章，詣府。緯完，賜……從事宋掾書一封，封破，詣府。（懸泉漢簡Ⅱ0114②：89）

（17）入西蒲書二封。其一封，文德大尹章，詣大使、五威將莫府。一封，文德長史印，詣大使、五威將莫府。始建國元年十月辛未日食時，關嗇夫受□□卒趙彭。（敦煌漢簡1893）

從漢簡來看，書信一般均用量詞"封"，同樣是封緘之物的"檢"則往往可用可不用的，如：

（18）書一封，檢三。（居延漢簡190.31）
（19）凡書廿三封，合檢一。（居延新簡EPT51.416A）
（20）書二封，檢三：其一封居延卅井候；一封王憲；十月丁巳尉史蒲發。（居延漢簡214.51）
（21）北書六封，檢三，皆張掖都尉章。（金關漢簡73EJT7：154）
（22）出東書八封，板檢四，楊檢三。四封太守章：一封詣左馮翊，一封詣右扶風，一封詣河東太守府，一封詣酒泉府。一封敦煌長印，詣魚澤候。二封水長印，詣東部水。一封楊建私印，詣冥安。板檢四，太守章：一檢詣宜禾都尉，一檢詣益廣候，一檢詣廣校候，一檢詣屋蘭候。一楊檢敦煌長印，詣都史張卿。一楊檢郭尊印，詣廣至。[一]楊檢龍勒長印，詣都史張卿。九月丁亥日下鋪時，臨泉禁付石靡卒辟非。（懸泉漢簡Ⅴ1611③：308）

特別是最後一例中，書信均用量詞"封"，而"檢"均用"名+數"或"數+名"結構來表示。稱量"檢"而用量詞的用例，如：

（23）□□分，萬年驛馬卒餘訟，行封橐一封，詣大將軍，合檢

一封，付武疆驛卒。無印。（居延新簡 EPT49.29）

（24）卅井關守丞匡檄一封，詣府。（居延新簡 EPT22.133）

（25）檄二封，其一張☐（居延漢簡 274.4）

在多數用例中，"檄"的量詞"封"是時用時不用的，反映出這個量詞在稱量"檄"時的人們的模糊態度，如：

（26）書五封，檄三：二封王憲印，二封呂憲印；一封孫猛印，一封王疆印；一封成宣印；一封王充印；二月癸亥令史唐奏發。（居延漢簡 214.24）

（27）檄二封，書二封：檄二，其一封居延都尉章，一封鄭疆印；書二封，居延丞印。（居延漢簡 285.23）

按，《說文·木部》："檄，二尺書。"但並非一般的書信，多爲官方用於征召、曉諭、聲討的文書，而此類文書往往不需要封緘保密，故往往不用量詞"封"來稱量。

"封"一方面可以用來稱量文書的件數，另一方面還可以指文書封檢上所加封泥印信等的數量，這一用法應該也來自其動詞"封緘"義，《居延漢簡》（含新簡）均很常見，如：

（28）☐☐☐☐吏毋得離署，告尉謂候長常勳等。一事一封。（居延漢簡 3.28）

（29）第廿三候長趙俑責居延騎士常池馬錢九千五百，移居延收責重。一事一封，十一月壬申令史同奏封。（居延漢簡 35.4）

（30）移居延第五隧長輔遷補居延令史，即日遣之官。一事一封，十月癸未令史敞封入。（居延漢簡 40.21）

（31）☐移兵簿府言壽到官日時報都尉府，一事一封。（居延漢簡 58.24）

（32）隧長劉疆等錢，一事集封，十一月☐（居延漢簡 113.20）

（33）☐候長候史日迹簿言府，二事集封，十月癸巳，令史弘封。（居延漢簡 136.39）

（34）橐駝移故士吏輔將射未備，謂不侵候長輔。一事一封。

(居延漢簡 178.9)

  汪桂海指出"封"用於計量封泥印信的量詞,一處爲一封,二處爲二封,超過二處爲"集封"①。《漢書·平帝紀》:"徵天下通知逸經、古記、天文、曆算、鐘律、小學、《史篇》、方術、《本草》及以《五經》《論語》《孝經》《爾雅》教授者,在所爲駕一封軺傳,遣詣京師。"顔師古注引如淳曰:"律,諸當乘傳及發駕置傳者,皆持尺五寸木傳信,封以御史大夫印章。其乘傳參封之。參,三也。有期會累封兩端,端各兩封,凡四封也。乘置馳傳五封也,兩端各二,中央一也。軺傳兩馬再封之,一馬一封也。"因此,懸泉漢簡《失亡傳信册》Ⅱ0216②:866—869:"五月庚申,丞相少史李忠守御史假一封傳信,監當祀祠孝文廟事。"其中"一封傳信"當指有一處封印之傳信。兩漢以後,隨著這種制度的消失,量詞"封"逐漸固定爲稱量書信的個體量詞。

  2. 通

  "通"用作個體量詞,先秦文獻均未見,最早見於《居延漢簡》中,用以稱量"札",如:

  (1)札五通,凡九通,以篋封,遣鄣卒杜霸持詣□(居延漢簡 3.25)

  按《説文·辵部》:"通,達也。"書信是要送達給對方的,因此引申可以用作稱量"書信"的個體量詞。雖然量詞"通"稱量書信的用法産生較早,但兩漢用例很少見,這可能與稱量書信的量詞更多用"封"有關。

  兩漢文獻中,也可用來稱量"詔書",如:

  (2)日磾、華邕、酈西面,受詔書各一通,尺一木板草書。(蔡邕《答詔問災異》)

  這種用法我們推測和書信一樣,都是由"送達"之義引申而來。

  兩漢文獻中個體量詞"通"還可以用於稱量"書籍",用例亦不多

---

① 汪桂海:《漢代官文書制度》,廣西教育出版社 2000 年版,第 146 頁。

見，如：

　　（3）此者書已衆多，非一通也。（太平經・戊部之四）

這裏的個體量詞"通"稱量"書"，相當於"篇"或"種"。有時候量詞"通"稱量的並非書籍的整體，而是相當於"卷"，如：

　　（4）及《春秋》左氏丘明所修，皆古文舊書，多者二十餘通，藏於秘府，伏而未發。（漢書・劉歆傳）

按《文選・劉歆〈移書讓太常博士〉》"多者二十餘通"呂延濟注："通，卷。"劉世儒先生提出："'通'作爲量詞是從'通括''通徹'義轉來的。（如宋釋道挺《阿毗曇婆沙論序》：'請令傳譯理味，……至丁卯歲七月上旬都訖，通一百卷。''書一通'的'通'正就是由這樣的用法引申出來的。）"① 《孟子・告子上》："奕秋，通國之善奕者也。"可見"通"之"通括"義產生甚早。又按，《正字通》："書首末全謂通。"可見，稱量書籍的量詞"通"當由"通括"義引申而來。

個體量詞"通"由稱量書籍的"種類"，還可以類推到其他事物的"種類"，見於漢譯佛經文獻中，如：

　　（5）沙羅惰怠者爲六通智：一爲神足；二爲徹聽；三爲知他人意；四爲知本所從來；五爲知往生何所；六爲知索漏盡。（安世高譯《大安般守意經》）

總體來看，個體量詞"通"在先秦兩漢時期剛剛產生，適用範圍還很窄，稱量"衣物""碑刻"等均未見，使用頻率也很低，這可能與其所稱量的對象"書籍""信件"等可以用其他量詞來稱量有關；但值得注意的是其用法卻已經很不簡單，使用範圍獲得了迅速拓展，爲此後的發展奠定了基礎。②

----

① 劉世儒：《魏晉南北朝量詞研究》，中華書局 1965 年版，第 162—163 頁。
② 劉世儒在"通"條下附論量詞"完"，但我們認爲這裏的"完"並非量詞，而是形容詞，表示"完整"之義。

3. 張

《説文·弓部》:"張,施弓絃也。"段玉裁注:"張弛,本謂弓施弦、解弦。引申爲凡作輟之稱。禮記曰:'張而不弛,文武弗能也。弛而不張,文武弗爲也。一張一弛,文武之道也。'"其本義是"把弓弦綳在弓上",與"弛"相對,如《老子》第七十七章:"天之道猶張弓與?高者抑之,下者舉之。"引申而有"拉開弓弦"之義,如《詩經·小雅·吉日》:"既張我弓,既挾我矢。"由此,可以引申爲稱量"弓""弩"的個體量詞。從傳世兩漢文獻來看,僅見於《漢書》和《漢紀》,總計祇有2例:

(1) 賜以冠帶衣裳,黃金璽盭綬,玉具劍,佩刀,弓一張,矢四發。(漢書·匈奴傳)
(2) 即選精兵騎弩四十張。(漢紀·前漢孝成皇帝紀)

從出土兩漢文獻來看,量詞"張"亦很罕見,多見於《居延漢簡》中的《永元器物簿》簡128.1:

(3) 承五月餘官弩二張,箭八十八枚,釜一口,磑二合。今餘官弩二張,箭八十八枚,釜一口,磑二合,赤弩一張,力四石,木關。

承六月餘官弩二張,箭八十八枚,釜一口,磑二合。
赤弩一張,力四石,木關。
承三月餘官弩二張,箭八十八枚,釜一口,磑二合。

但是其他文獻中,稱量弓、弩一般都不用量詞,如:

(4) 弓一,檠丸一,矢十二☐ (居延漢簡 87.12)[①]
(5) 六石具弩二。(居延漢簡 213.46)

[①] 劉世儒先生引該例作:"弓十檠,丸一,矢十二☐"認爲:"(弓的量詞)有時也稱'檠'……這就另有所指,不是指張開的弓了。"按,細審圖版,"檠"當隸定爲"檠","十"當爲"一",則該句當句讀爲:"弓一,檠丸一,矢十二。"檠丸,古代盛箭的器具,按《左傳·昭公二十五年》"執冰而踞"杜預注:"冰,檠丸蓋。或云檠丸是箭箙,其蓋可以取飲。""檠"顯然不是量詞。《魏晉南北朝量詞研究》,中華書局1965年版,第130頁。

（6）第十三隧戍卒河南郡成皋宜武里公乘張秋年卅四，三石具弩一，槀矢銅鍭五十。（居延漢簡 214.7）

（7）京兆尹長安棘里任□方，弩一，矢廿四，劍一。（居延漢簡 280.4）

在漢簡中，"弓""弩"還可以用集體量詞"具"來稱量，如：

（8）□車牛一兩，弓一具，矢八十二枚。（居延漢簡 334.30）

（9）居攝二年三月乙未第十部吏□買弩一具，與第十六隧長韋卿。居攝二年三月乙未第十六隧長韋卿從第十部吏買弩一具，買□一百□□（額濟納漢簡 99ES16SF2：5A—B）

用量詞"具"來稱量"弓""弩"，說明將弓、弩的各個構成部件視爲一個整體，相當於"套"，又如：

（10）連弩牀一具。（尹灣漢簡 6 反）

"張"由"拉開弓弦"之義引申，可以泛指"拉開""張開"，因此可以用作"幄幕"等"張開"之物的量詞，如：

（11）子産以幄幕九張行。（左傳·昭公十三年）

但是，正如劉世儒先生所言："'張'量'弓'在先秦還總不見，倒是量'幕'的卻可以看到了。""看來是先用於'幕'然後纔發展到'弓'的。但若就'張'的詞義看，這樣發展似不可能。但'張'量'弓'更早的例子現在既然還看不到，這裏就祇好存疑了。"[①] 孟繁杰、李如龍對此作出了兩個方面的解釋："第一，'張'從動詞虛化爲量詞時的語義來源影響了量詞'張'稱量對象的範圍。""第二，'張'由動詞虛化爲量詞時選擇的特徵屬性是'張開'義。"[②] 然而，問題在於量詞

[①] 劉世儒：《魏晉南北朝量詞研究》，中華書局 1965 年版，第 133 頁。
[②] 孟繁杰、李如龍：《量詞"張"的產生及其歷史演變》，《中國語文》2010 年第 5 期。

"張"稱量"幄幕"在先秦僅見於《左傳》1例,有孤證之嫌;而且,兩漢文獻中這種用法亦未見,直到魏晉這種用法纔又出現,如《魏書·蠕蠕傳》:"黃布幕六張。"魏晉以後這種用法是先秦用法的延續,還是量詞"張"的廣泛使用後用法的拓展,仍有待考察。① 魏晉六朝以後,量詞"張"主要用以稱量"鋪張開"的事物,並逐漸發展成爲"面狀量詞"。

4. 合₁

《說文·亼部》:"合,合口也。"桂馥義證:"言兩口對合也。"本義爲動詞"合閉""合攏"之義,由此引申爲稱量可合閉、合攏之事物的個體量詞,因此最早的用例往往是用來稱量可以合攏的"錢模",或者有蓋子的盛物器如"筥""笥"等。

量詞"合"目前所見最早用例爲秦簡,如:

(1)及新錢百一十錢,容(鎔)二合。(睡虎地秦簡·封診式19)

從文意來看,"容"同"鎔",按《漢書·食貨志》注引應劭云:"作錢模也。""鎔二合",即"錢範兩件"。鑄造銅錢所用的錢範由面範和背範兩兩相合而成,因此用量詞"合"來稱量。又如:

(2)筥九合。(里耶秦簡 8—900)
(3)竹筥二合。(里耶秦簡 8—1074)

總體來看用例並不多見,秦簡中僅此 3 例,是目前所見量詞"合"最早的用例。雖然量詞"合"在先秦文獻中很罕見,但西漢初年的出土簡帛文獻中已經很常見了,特別是西漢初年的張家山漢簡、馬王堆漢墓、鳳凰山漢墓所出的遣策類文獻中非常常見。其稱量對象一般往往是有蓋子的盛物器,如盛、匴(檢、籤)、篋、笥、匜、卮、樽等,茲各略舉一二例如下:

---

① 橋本永貢子則認爲"幄幕"不是一種物品,而是"幄"和"幕"兩種物品;那麼這裏的"張"不是個體量詞,而是集體量詞。《〈量詞"張"的產生及其歷史演變〉讀後》,《中國語文》2013 年第 1 期。

第二章　個體量詞研究

(4) 黍汨畫盛二合；黍木檢一合。(大墳頭漢牘·正2)

(5) 右方食盛十四合，檢（匧）二合。(馬王堆一號墓漢簡·遣策 132)

(6) 大盛二合；小盛二合。(鳳凰山 8 號墓漢簡 89—90)

(7) 大奴座騎，竟（鏡）檢（匧）一合。(鳳凰山 8 號墓漢簡 44)

(8) 小卵檢（匧）一合；黑中脯檢（匧）一合；大畫脯檢（匧）一合；小食檢（匧）一合；大食檢（匧）一合。(鳳凰山 8 號墓漢簡 99—103)①

(9) 簽（奩）一合。(張家山漢簡·遣策 14)

(10) 大奴獲從蟄循，肉篋一合。(鳳凰山 8 號墓漢簡 50)②

(11) 乘輿黃韋篋百九十七合。(尹灣汉簡 M6D6 正 1 栏)

(12) ☐二合，付王士吏，賣。出笥一合，付鄭☐長，賣。出笥一合，付蘇翊，賣。(居延新簡 EPT43.16)

(13) 右方牛、犬、豢（豕）、鹿、雞炙笥四合、卑虒四。(馬王堆一號墓漢簡·遣策 46)

(14) 劍一，卑虒（樴）二合。(張家山漢簡·遣策 38)③

(15) 錦幇（裙）一，筭（算）囊一，卮一合。(張家山漢簡·遣策 2)

(16) 笥一合，小樽一合。(居延新簡 EPT5.15)

傳世兩漢文獻中還是很少見，如《漢書·外戚傳》："美人以葦篋一合盛所生兒，緘封，及綠囊報書予嚴。"也可以稱量上下相合的"䃺"，按《説文·石部》："䃺，也。古者公輸班作䃺。"即石磨。石磨由兩扇上下相合組成，故可以用量詞"合"稱量，又如：

(17) 廣地南部言永元五年六月官兵釜䃺月言簿：承五月餘官弩

---

① "匧（檢）"也可以用"枚"來稱量，可見"合"應當是個體量詞無疑，如鳳凰山 167 號墓漢簡 952："小脯檢一枚。" 953："大脯檢一枚。"

② 整理者原釋作："月篋一合。"細審圖版，其中"月"當作"肉"，釋文形近而誤。

③ 虒，通"樴"，按《説文·木部》："樴，槃也。"當爲承盤一類器物，從用"合"作量詞來看，應當有蓋。當然，馬王堆一號墓漢簡《遣策》中則不用量詞"合"。

二張，箭八十八枚，釜一口，磑二合；今餘官弩二張，箭八十八枚，釜一口，磑二合。……磑一合，上蓋缺二所，各大如踈。右破胡隧兵物：……磑一合，敝盡不任用。（居延漢簡 128.1）

（18）受六月餘石磑二合，完。毋出入。（居延新簡 EPT51.90）

從上述諸多用例來看，量詞"合"稱量對象的典型特徵都是"兩兩相合"的，到魏晉南北朝時期獲得了拓展，可以稱量榻、屏風等可以"摺合"之物，如《大業雜記》："每亭鋪六尺榻子一合。"無論是源自"合閉"義還是"摺合"義，量詞"合"都凸顯了動作和對象之間的關係。劉世儒將其歸入集體量詞中，認爲："'合'作爲量詞由'配合'義轉來，兩物相合合成一副，就叫一合。"但又說："但更常見的是兩物相合合成一物的用法。這就可以看做是'個體量詞'了。"① 曾仲珊也將其歸入集體稱量中②，吉仕梅則將其歸入個體量詞③。我們認爲，量詞"合"所稱量對象的典型特徵是可以"合攏"或者"閉合"的，如"笘""笥""匲"等，而不是劉氏所言兩兩配合而成爲一套的，特別是魏晉以後稱量"榻子""屏風"等事物，其稱量的對象是一個整體，因此當歸入"個體量詞"，而非"集體量詞"。

5. 編

《説文·糸部》："編，次簡也。從糸，扁聲。"段玉裁注："以絲次弟竹簡而排列之曰編。"從甲骨文看其本義當爲動詞"編次簡牘"，由此引申爲稱量所編之書籍的個體量詞。

從傳世文獻來看，先秦兩漢文獻中用例並不多，《史記·留侯世家》："有頃，父亦來，喜曰：'當如是。'出一編書。"《漢書·張良傳》引此文，字句完全相同，顔師古曰："編，謂聯次之也。聯簡牘以爲書，故云一編。編，音鞭。"徐廣曰："編，一作'篇'。"

但從出土簡帛文獻來看，兩漢簡帛文獻中有大量用例，稱量對象多爲圖書、遣策、爰書、劾狀、簿籍等簡牘文獻，如：

（1）臣爲道三百編，而臥最爲首。（馬王堆帛書·十問75—76）

---

① 劉世儒：《魏晉南北朝量詞研究》，中華書局 1965 年版，第 214 頁。
② 曾仲珊：《〈睡虎地秦墓竹簡〉中的數詞和量詞》，《求索》1981 年第 2 期。
③ 吉仕梅：《秦漢簡帛語言研究》，巴蜀書社 2004 年版，第 136 頁。

（2）元康四年六月丁巳朔庚申，左前候長禹敢言之：謹移戍卒貰賣衣財物爰書名籍一編，敢言之。（居延漢簡 10.34A）

（3）居攝三年十月甲戌朔庚子，累虜長彭敢言之：謹移劾狀一編，敢言之。（居延漢簡 25.4）

（4）謹移六月見官兵物月言簿一編，叩頭死罪，敢言之。（居延漢簡 128.1）

（5）謹移出入校一編，敢言之。（居延漢簡 145.11）

（6）六人衣少物別名牒書一編，敢言之。（居延新簡 EPT51.114）

（7）永光元年二月戊戌朔辛酉，敦煌玉門都尉平、丞得□敢言之。謹移部鐵器簿一編，敢言之。（敦煌漢簡 1064A）

（8）守御器簿一編，敢言之。（金關漢簡 73EJT30：34AB）

此外，"編"由本義"編次簡牘"可以引申出動詞"編織"之義，《玉篇·糸部》："編，編織也。"在此基礎上可以語法化爲稱量所編織物品的個體量詞，但傳世先秦兩漢文獻很少見，如：

（9）葦苞，長三尺，一編。（儀禮·既夕禮）

（10）或取一編菅焉，或取一秉秆焉，國人投之，遂弗蓻也。（左傳·昭公二十七年）

但以上兩例中的"編"是否是量詞，還有爭議。《儀禮》中的"編"，其動詞義仍很強，"一編"也可以理解爲"編在一起"，則"一編"爲"Num+Vp"結構；《左傳》中的"編"，也仍有很強的動詞義，可以理解爲"編織成的菅席"，"一編菅"則是"Num+Np"結構。

總體來看，先秦兩漢文獻中量詞"編"主要用於由竹簡編聯而成的書籍，但隨著西漢時期造紙術的産生和東漢以後的發展簡牘材料逐漸退出歷史舞台，量詞"編"用以稱量書籍也就失去了其語義基礎，於是逐漸爲"冊""本"等量詞所替代，劉世儒先生指出："'編'在南北朝一般已不用；一般常見的是'本'，有時也用'册'。"[①]

---

① 劉世儒：《魏晉南北朝量詞研究》，中華書局 1965 年版，第 170 頁。

6. 篇（扁）

《說文·竹部》：“篇，書也。”段玉裁注：“書，箸也，箸於簡牘者也，亦謂之篇。古曰篇，漢人亦曰卷。”"篇"本義爲"編寫之書籍"，引申爲稱量書籍的個體量詞，指編寫而成的首尾完整的文章。量詞"篇"計量書籍稱量的是"篇章"，與量詞"編"稱量書籍的整體不同；二者語義上也是恰好互補的。

量詞"篇"出現的很早，傳世先秦文獻中已經多見，如：

（1）余聞九針九篇，夫子乃因而九之，九九八十一篇，余盡通其意矣。（素問·離合真邪論）

（2）昔者周公旦朝讀書百篇，夕見漆（七）十士。（墨子·貴義）

（3）細可以益晏子者，三百篇。（晏子春秋·內篇雜上）

（4）昔正考父校商之名頌十二篇於周太師，以《那》爲首。（國語·魯語下）

出土先秦文獻中也很常見，往往書作"扁"，通"篇"，如：

（5）而用之，□□□得矣。若□十三扁（篇）所☒（銀雀山漢簡·孫子兵法215）

到兩漢文獻中，使用頻率很高，其稱量的對象也比較固定，如：

（6）老萊子亦楚人也，著書十五篇，言道家之用。（史記·老子韓非列傳）

（7）方今律令百有餘篇，文章繁，罪名重。（鹽鐵論·刑德）

（8）問以兵法，每陳一篇，王不知口之稱善。（吳越春秋·闔閭內傳）

（9）設法謗之言，並作《書》三千篇，作《詩》三百篇，而歌謠怨誹也。（白虎通義·五經）

（10）故閑居作《譏俗》《節義》十二篇。（論衡·自紀）

（11）著書數十篇，孝章皇帝愛重其文。（潛夫論·志氏姓）

（12）伏作書一篇，名曰《論都》。（杜篤《論都賦》）

自兩漢以後"篇"用作稱量著作中一部分或詩文的個體量詞一直沿用下來，直到現代漢語中其語義、語法功能也基本沒有改變。

7. 卷

《説文·卪部》："卷，厀曲也。"段玉裁注："卷之本義也。引申爲凡曲之偁。……即手部之捲收字也。"本義爲名詞"膝曲"，即大腿和小腿相連之處的後部，王筠句讀："厀與卷蓋内外相對。"由名詞"膝曲"引申爲動詞"彎曲"義，再引申而有將事物彎曲成圓筒形之義，後來加形符"扌"作"捲"，《廣韻·獮韻》："卷，卷舒。"如《詩經·柏舟》："我心匪席，不可卷也。"由此引申爲動狀量詞，用以稱量可以捲起來的事物。

因爲先秦兩漢的書籍都是簡牘或帛書文獻，都是可以捲起來的，因此可以用作"卷"來稱量，《説文·竹部》"篇"字段玉裁注："漢人亦曰卷。卷者，縑帛可捲也。"朱駿聲通訓定聲也説："其書於帛可捲者，謂之卷。"從出土的簡帛事物來看，簡牘數量龐大，而縑帛則數量很少，而且出土帛書基本都是折疊的，未見如後世一般加軸舒卷的，因此段玉裁、朱駿聲認爲書於"縑帛"者其實不確，多爲簡牘類可捲者。從產生的時代來看，量詞"卷"先秦文獻未見，到兩漢文獻中就很常見了，其稱量對象以"書籍"爲主，如：

（1）長卿未死時，爲一卷書，曰有使者來求書，奏之。（史記·司馬相如列傳）

（2）一哄之市，不勝異意焉；一卷之書，不勝異説焉。一哄之市，必立之平；一卷之書，必立之師。（法言·學行）

（3）通書千篇以上，萬卷以下。（論衡·超奇）

（4）一卷得一善，十卷得十善，百卷得百善，千卷得千善，萬卷得萬善，億卷得億善。（太平經·丙部之七）

（5）子德吾書誦讀之，而心有疑者，常以此書一卷自近，旦夕常案視之。（太平經·丙部之十）

（6）所以然者，古文億億卷，其治常不能太平也。（太平經·丁部之十六）

（7）如使讀一卷書，必且不信之也。（太平經·己部之十一）

（8）今保吾道不誤，故求試非一卷之文。真人慎之！（太平經·己部之十二）

（9）誠文非一卷，宜當重慎。（太平經·庚部之十二）

量詞"卷"還可以與名詞"書"構成"名+量"式複合詞"書卷"，説明這個量詞在漢代已經發展成熟，如：

（10）建武叄年四月以來府往來書卷。（居延新簡 EPF22.409）

（11）書卷上下衆多。（太平經·丙部之十六）

（12）書卷雖衆多，各各有可紀。（太平經·丙部之十六）

（13）賢聖之心當照其書卷，卷有戒識，惡人爲逆。（太平經·庚部之十）

漢代以後，書籍不再是竹簡和縑帛了，而是紙張，但早期紙質的捲軸還是很常見的，如敦煌藏經洞文獻就多有紙質捲軸，因此也可以用量詞"卷"來稱量，隨著圖書制度的變化，量詞"卷"的使用也逐漸泛化，即使不是捲起來的圖書，也可以用量詞"卷"來稱量，並一直沿用下來。

除了稱量書籍，量詞"卷"由動詞"捲起"之義還可以引申用作其他可卷起來的物品的個體量詞，《羅泊灣漢簡》1："布十七卷。"但先秦兩漢文獻僅此一例。劉世儒先生認爲："現代語雖也有'一捲布''一捲紙'的説法，但和'卷'的性質不同（念法寫法也都不同），不能説這也是它的擴大用法，因爲這是直接從現代語的動詞中借用的，不是從古漢語的動詞'卷'直接演變出來的。"[①] 從出土文獻用例來看，這種用法的量詞"卷"漢代已經產生了，顯然這種用法和稱量書籍是同源的，都是從其動詞"捲"義直接引申而來的，而且其書寫形式也是一樣的，"捲"顯然是後起字。

8. 章

《説文·音部》："章，樂竟爲一章。"段玉裁注："歌所止曰章。"其本義當爲"奏樂完畢"，古代詩歌是入樂歌唱的，因此可以指詩歌的一部

[①] 劉世儒：《魏晉南北朝量詞研究》，中華書局 1965 年版，第 171 頁。

分，再引申爲稱量書籍一部分的專用量詞。從先秦兩漢文獻看，其量詞用法很早就形成了，早期用例多用於詩歌，如：

(1) 子家賦《載馳》之四章，文子賦《采薇》之四章。（左傳·文公十三年）
(2) 天子作詩三章以哀民。（穆天子傳·卷五）
(3) 王乃爲歌詩四章，令樂人歌之。（史記·呂后本紀）
(4) 孔子論詩至於正月之六章，懼然曰。（説苑·敬慎）

但很快其他文體的篇籍也可以適用了，如定州漢簡《論語》中對章節多有總括：

(5) 凡二章。[凡三百廿二字]（612）凡卅七章。（613）凡[卅六]章。凡九百九十字。（615）凡卅章。凡七百九十字。（616）凡[卅]四章。（617）凡卅七章。[□□百八十一字]。（618）凡十三章。（619）[凡十]三章。（620）凡廿八章。[凡八百五十一字]。（621）

也可以用於法律條文等其他文體，傳世兩漢文獻中多見，如：

(6) 與父老約法三章耳，殺人者死，傷人及盜抵罪。（史記·高祖本紀）
(7) 三章之法不可以爲治。（鹽鐵論·詔聖）
(8) 與秦民約法三章。（新序·善謀下）
(9) 三章皆直稱，不以他人激。（論衡·問孔）
(10) 爲世用者，百篇無害；不爲用者，一章無補。（論衡·自紀）

量詞"章"從先秦到現代漢語，其稱量對象和語法功能一直很穩定，成爲長期沿用的專用篇章量詞。

9. 闋

《説文·門部》："闋，事已，閉門也。"段玉裁注云："引申爲凡事已之偁。"因此，"闋"有動詞"終止"之義，音樂終止也可以稱爲"闋"，

《古今韻會舉要·屑韻》: "闋,樂終曰闋。"如《禮記·郊特牲》: "賓入大門而奏《肆夏》,示易以敬也,卒爵而樂闋。"漢張衡《東京賦》: "《王夏》闋,《騶虞》奏。"由此引申爲量詞,歌曲或者詩詞一首稱爲一闋,如:

(1) 昔葛天氏之樂,三人操牛尾投足以歌八闋: 一曰載民,二曰玄鳥,三曰遂草木,四曰奮五穀,五曰敬天常,六曰達帝功,七曰依地德,八曰總萬物之極。(呂氏春秋·古樂)

但是,先秦兩漢量詞"闋"的使用頻率很低。

10. 終₁(夂)

終,本有窮盡之義,《廣雅·釋詁》: "終,窮也。"《莊子·天道》: "夫道,於大不終,於小不遺,故萬物備。"成玄英疏: "終,窮也。"古代詩歌是入樂歌唱的,因此樂曲終了也稱爲終,由此引申爲稱量詩歌的量詞。量詞"終"傳世文獻多見於《禮記》中,如:

(1) 小樂正立於西階東,乃歌《鹿鳴》三終。(禮記·大射儀)
(2) 乃管新宮三終。卒管,大師及少師、上工,皆東坫之東南,西面,北上坐。(禮記·大射儀)
(3) 工入,升歌三終,主人獻之; 笙入三終,主人獻之; 間歌三終,合樂三終,工告樂備,遂出。(禮記·鄉飲酒禮)

亦見於《逸周書》,如:

(4) 王入,進《萬》,獻《明明》三終。(逸周書·世俘)

從出土文獻來看,此類用法早在戰國楚簡中已見,字多書作"夂",通"終",如:

(5) 王夜爵酬畢公,作歌一夂(終)曰《藥(樂)藥(樂)旨酉(酒)》……王夜爵酬周公,作歌一夂(終)曰《輶乘》……周公或夜爵酬王,作祝誦一夂(終)曰《明明上帝》。(清華簡·耆夜)

以上用例中的"終"往往出現在"V+N+Num+Cl"結構中，這裏的"Num+Cl"結構修飾的是前面的名詞，還是動詞仍有爭議。李學勤（2009）、劉光勝（2011）、黄懷信（2013）、江林昌（2013）、方建軍（2014）諸先生進行了深入討論，我們綜合分析出土和傳世文獻中全部的"Num+終"結構，認爲"終"是名量詞，而不是動量詞。但是問題在於，量詞"終"稱量的對象具有模糊性，"一終"是音樂上的一個獨立單位，它可能是一首作品，也可能是一部音樂作品中的一部分，但在當時人的心目中是將其作爲一個整體來看待的，因此當爲名量詞中的個體量詞。①

11. 騎

　　《説文·馬部》："騎，跨馬也。"本義是動詞"騎馬"之義，由此引申爲量詞，用於稱量"馬和騎馬之人"；在這種稱量中，"一人一馬"是被視爲一個整體來看待的，因此我們將其歸入個體量詞之列。"騎"用作量詞先秦文獻未見，最早見於漢初文獻，並迅速獲得了廣泛應用，如：

　　（1）於是上北出蕭關，從數萬騎，獵新秦中，以勒邊兵而歸。（史記·平準書）
　　（2）而漢王乃得與數十騎遁去，欲過沛，收家室而西。（史記·項羽本紀）
　　（3）竊料匈奴控弦大率六萬騎，五口而出介卒一人，五六三十，此即户口三十萬耳。（新書·匈奴）
　　（4）皇帝立駕千乘萬騎，空左方，自行迎太后黄陽宫，歸於咸陽。（説苑·正諫）
　　（5）五素上疏畫五五二十五騎，善爲之。（太平經·戊部之四）
　　（6）千乘雷起，萬騎紛紜。（班固《東都賦》）
　　（7）王駕車千乘，選徒萬騎。（司馬相如《子虚賦》）
　　（8）二百户、五百騎以上，賜爵少上造，黄金五十斤，食邑百户。百騎、二百户、五百騎以上，賜爵少上造，黄金五十斤，食邑五百冊八。（敦煌漢簡 1361A—1361B）

---

① 詳參李建平、張顯成《漢語動量詞系統產生的時代及其語法化動因》，《漢語史研究集刊》2016 年第 1 期；此不贅述。

（9）迺丙午，虜可二百餘騎，燔廣漢塞格，至其夜過半時，虜去。（敦煌漢簡 1369）

一般情況下，量詞"騎"指"一人一馬"，在這一認知框架中"馬"顯然更爲凸顯，因此可以轉指"馬"，用作"馬"的個體量詞，當然這裏仍然有"人所騎之馬"的意味，與稱量馬的專用量詞"匹"在語義上是有明顯區別的，如：

（10）蚤食時，到第五隧北里所見馬迹入河，馬可二十餘騎。（居延新簡 EPT48.55A）
（11）入肩水塞，略得焦鳳牛十餘頭，羌女子一人，將西渡河，虜四騎止都倉西，放馬六十餘騎止金關西。（東牌樓漢簡 2000ES9SF3∶4B）

以上兩例中，"Num+騎"結構修飾的中心動詞都是"馬"，但細審文意其實仍有"一人一馬"的意味。

雖然稱量馬的專用量詞"匹"早已發展成熟，但量詞"騎"由於不同的語用功能也流傳下來，雖然使用頻率不高，但歷代文獻往往可見，如《水滸傳》第五十回："鸞鈴響處，一騎馬跑將出來，眾人看時，乃是拚命三郎石秀。"明歸有光《馬政志》："諸侯力政，各國有馬至千萬騎，後秦併六國，馬皆入之秦。"這裏的"一騎馬"雖然中心詞是"馬"，但顯然指的是"一人一馬"，"馬千萬騎"指的也是千萬騎兵。當然隨著社會的發展，騎兵這一兵種的消失，這個量詞也隨之退出歷史舞台。

12. 被（披）

《説文·衣部》："被，寢衣，長一身有半。"《玉篇·衣部》："被，衾也。"其本義是名詞"被子"。由本義引申有"覆蓋""遭受"之義，是個動詞。由動詞義引申爲稱量覆蓋在身上的護身之物的個體量詞，如：

（1）條侯子爲父買工官尚方甲楯五百被可以葬者。（史記·絳侯周勃世家）

裴駰集解引張晏曰："被,具也,五百具甲楯。"① 後來,可書寫作"披",通"被",作爲個體量詞一直沿用下來,如《元史·世祖紀》:"洞蠻請歲進馬五十匹,雨氈五十被,刀五十握;丹砂、雌雄黄等物,率二歲一上。"

13. 裁（𢧵）

《説文·衣部》："裁,製衣也。"本義是動詞"裁剪",由此引申爲稱量毛皮、衣物或布帛等裁剪對象的量詞,"一裁"即一件。先秦兩漢文獻中僅見於《張家山漢簡》,書作"𢧵",如：

（1）狐皮卅五𢧵（裁）、狸皮廿五𢧵（裁）、犬皮十二𢧵（裁）偕出關,關並租廿五錢,問各出幾何？（張家山漢簡·算數書36）

量詞"裁"在此後雖然也得到了繼承,但歷代文獻用例均不多見,主要用於作爲裁剪對象的"布匹",如《新唐書·歸崇敬傳》："學生謁師,贄用腵脩一束,酒一壺,衫布一裁,色如師所服。"後世這種用法當爲仿古,實際口語中應當並不存在。

14. 乘₁（輛/敒）

《説文·桀部》："乘,覆也。"李孝定據甲骨文字形提出："乘之本義爲升爲登,引申之爲加其上。許訓覆也,與加其上同意,字象人登木之形。"《大字典·丿部》："按：人登木形,即人登車形。車乃木製,《鄂君啓節》改'木'爲'几',即像開口於後,供人上下之車箱形。"容庚《金文編》："乘,從大在木上。"從甲骨文、金文字形來看,其本義當爲"登木"之"登",是個動詞,由此泛化而指"登上（車）"②,由其動詞義再引申成爲稱量所登上的對象"車"的個體量詞。

"乘"用作量詞出現很早,西周金文與《詩經》《左傳》等上古早期文獻已見,如：

（1）武公廼［遣］禹率公戎車百乘、斯（廝）馭二百、徒［千］。（禹鼎,集成5.2834）

---

① 其實無論從語源還是語法功能上來説,"被"和"具"都是不一樣的。詳參集體量詞"具"條。

② 王雲路：《王念孫"乘"字説淺論》,《杭州大學學報》1988年第1期。

（2）孚（俘）戎車百乘一十又七乘……孚（俘）車十乘。（多友鼎，集成 5.2835）

（3）孚（俘）車馬五乘，大車廿，羊百。（師同鼎，集成 5.2779）

（4）元戎十乘，以先啟行。（詩經·小雅·六月）

（5）晉欒書、中行偃使程滑弒厲公，葬之於翼東門之外，以車一乘。（左傳·成公十八年）

先秦時期，無論傳世文獻還是出土文獻中"乘"一直是稱量"車"的主要個體量詞，如：

（6）故車戰得車十乘已上，賞其先得者。（孫子兵法·作戰）

（7）周宣王合諸侯而田於圃，田車數百乘，從數千人滿野。（墨子·明鬼下）

（8）景公有男子五人，所使傅之者，皆有車百乘者也。（晏子春秋·內篇諫上）

（9）周車三百五十乘，陳於牧野。（逸周書·克殷）

（10）秦後子來仕，其車千乘。楚公子幹來仕，其車五乘。（國語·晉語八）

（11）秦令樗里疾以車百乘入周，周君迎之以卒，甚敬。（戰國策·西周）

（12）殷湯良車七十乘，必死六千人，以戊子戰於郕，遂禽推移、大犧，登自鳴條，乃入巢門，遂有夏。（呂氏春秋·簡選）

（13）公因起卒，革車五百乘，疇騎二千，步卒五萬，輔重耳入之於晉，立爲晉君。（韓非子·十過）

（14）射虎車二乘爲曹。（睡虎地秦簡·秦律雜抄 25）

到兩漢文獻中，"乘"仍是稱量"車"最常見的量詞，如：

（15）乃遵文王，遂率戎車三百乘，虎賁三千人。（史記·周本紀）

（16）於是湯乃以革車一百乘。（淮南子·本經）

（17）後車百乘，食祿萬鐘。（鹽鐵論·毀學）
（18）昔者吾先君中行穆子皮車十乘，不憂其薄也，憂德義之不足也。（新序·雜事）
（19）齊莊公且伐莒，爲車五乘之賓。（說苑·立節）
（20）居五年，從車百乘歸休。（列女傳·賢明傳）
（21）秦使公子子蒲、子虎率車五百乘救楚擊吳。（吳越春秋·闔閭內傳）
（22）有車十乘，不憂其薄也，憂德義之不足也。（論衡·解除）

由於"車"先秦兩漢往往用"乘"來稱量，因此其中心詞"車"往往可以省略，如：

（23）楚王入秦，王以三乘先之。（戰國策·魏策三）
（24）貳車者，諸侯七乘，上大夫五乘，下大夫三乘。（禮記·少儀）
（25）故袁盎親於景帝，秩馬不過一駟；公孫弘即三公之位，家不過十乘。（鹽鐵論·毀學）

由於在春秋戰國時期兵車的多少往往代表了一個國家的大小強弱，因此泛指的"千乘""萬乘"使用頻率很高，用來修飾限定國家，如：

（26）子曰："道千乘之國，敬事而信，節用而愛人，使民以時。"（論語·學而）
（27）今萬乘之國，虛數於千，不勝而入，廣衍數於萬，不勝而辟。（墨子·非攻中）

"千乘""萬乘"亦可直接代指國家，如：

（28）雖有榮觀，燕處超然，奈何萬乘之主，而以身輕天下。（老子·第二十六章）
（29）萬乘之君，而一心於邪，君之魂魄亡矣，以誰與圖霸哉？（晏子春秋·內篇諫下）

(30) 萬乘之患大臣太重，千乘之患左右太信，此人主之所公患也。（韓非子·孤憤）

(31) 故萬乘失數而不危，臣主失術而不亂者，未之有也。（商君書·算地）

甚至可以爲數詞所修飾，如：

(32) 若不絶，是悉趙而應二萬乘也。（韓非子·存韓）

"二萬乘"指的是兩個擁有萬乘戰車的國家，而非一個擁有兩萬戰車的國家。

從出土文獻看，楚簡常見，凡 53 例；秦簡僅 1 例。值得注意的是，楚簡中"乘"字多作"𢼒"（望山楚簡 15），學界多隸定爲"輚"，無一例徑作"乘"者，與傳世文獻恰恰相反。楚簡中，"輚"是車乘之乘的專字，《集韻·蒸韻》有此字："車一乘也。"如：

(33) 女乘一輚（乘）。（望山楚簡·遣策 13）

(34) □車一輚（乘）。（五里牌楚簡 15）

(35) 武王乃出革車五百輚（乘），帶甲三千，以少（小）會者（諸）侯之帀（師）於牧之埜（野）。（上博簡·容成氏 51—52）

祇有包山楚簡牘 1 及牘 1 反中各有 1 例作"𢼒"（包山楚簡牘 1），隸定爲"𢼒"，整理者以爲當爲"輚"字的省體。

從考古發現來看，殷商時代的車馬制度爲一車二馬；到商代末期已經出現了一車四馬的配置，到西周時期一車駕四馬成爲標準的配置，故一般以一車四馬爲"一乘"。在長期的使用過程中，這一用法逐漸泛化，對駕車的馬的數量要求不再嚴格，後來則甚至可以不再包括駕車的馬，祇是稱量"車"。雖然一輛戰車包括了一輛車和四匹馬，甚至在很多情況下還包括後面跟隨作戰的士兵（標準配置爲 72 人），但在當時人的觀念中是以車爲核心的整體概念，而且在後來的發展中往往可以不包括駕車的馬和後面的士兵而祇有車本身，因此我們將量詞"乘"歸入個體量詞中予以討論。從楚簡遣策記載來看，"乘"所稱量的"車馬"可以僅指車一輛，不包括駕車的馬；也可以指車及駕車的馬，所駕車的馬可以是一匹、兩匹、三匹、四匹、六匹、八匹不等。因此，在古籍訓釋中，應當具體問題具體分析，不能以偏概全。漢簡中部分簡牘也記載了用車所配之馬，日常用的輕便車子用馬一般往往少於四匹，① 如：

（36）徐黨年廿七：軺車一乘，八月庚子出；用馬一匹，九月甲戌入。（居延漢簡 25.2）

（37）奉明善居里公乘丘誼，年六十九：居延丞印，方相車一乘，用馬一匹，騂牡，齒十歲，高六尺；閏月庚戌北。（居延漢簡 53.15）

（38）軺車一乘，用馬一匹；十二月辛卯北出。（居延漢簡 505.9）

（39）守屬胡長：軺車一乘，用馬一匹，驃牡，齒五歲。（金關漢簡 73EJT3：31）

其實，早在傳世先秦文獻中"乘"已經突破了"一車四馬"的兵車的限制，如：

（40）故晉國之法，上大夫二輿二乘，中大夫二輿一乘，下大夫專乘，此明等級也。（韓非子·外儲説左下）
（41）齊軍破，向子以輿一乘亡。（戰國策·齊策六）

但仍衹能稱量"馬車"，而西漢早期文獻中已經出現了稱量牛車的用例，如：

（42）牛車一乘，載□□三束。（鳳凰山 8 號墓漢簡 85）

但先秦兩漢文獻中"牛車"一般用"輛（兩）"來稱量，用量詞"乘"的僅此一例，因此在這一時代可能衹是特例而已。

---

① 關於駕車的馬的情況在楚簡"遣策"類文獻中記載更爲詳細，詳參張顯成、李建平《簡帛量詞研究》，中華書局 2016 年版。

15. 就（鄝）

用作量詞，相當於"圈"或"匝"。古代服飾五采絲一匝稱爲一就，從一就而上，以別等級之高下。《周禮·春官·典瑞》："繅藉五采五就以朝日。"鄭玄注："五就，五匝也。一匝爲一就。"《禮記·禮器》："大路繁纓一就，次路繁纓七就。"孔穎達疏："五色一帀曰就。"又，按《周禮·秋官·大行人》："上公之禮，執桓圭九寸，繅藉九寸，冕服九章，建常九斿，樊纓九就。"按鄭玄注："每一處五采備爲一就。就，成也。"按《爾雅·釋詁》："就，成也。""就"的動詞義先秦常見，如《詩·周頌·敬之》："日就月將，學有緝熙於光明。"唐孔穎達疏："日就，謂學之使每日有成就。""就"用作量詞正是由其動詞"成"義引申而來，多見於先秦兩漢禮部文獻中，如：

（1）薦馬，纓三就。（儀禮·既夕禮）
（2）大路繁纓一就，次路繁纓七就。（禮記·禮器）
（3）大路繁纓一就，先路三就，次路五就。（禮記·郊特牲）

出土先秦文獻也可見，字書作"鄝"，李家浩認爲："從文義看，'鄝'的意思與重、匝相當。……簡牘文字'鄝'與《周禮》'樊纓十有再就'、'樊纓九就'之'就'，不僅所處的語法位置相同，而且古音也相近。……疑簡牘文字'鄝'應當讀爲'就'。'朱縞七就'是説'中榦'上纏繞朱縞七匝。"[①]李明曉也認爲："其説可從。《周禮·天官·典絲》有：'凡祭祀共黼畫組就之物。'鄭玄注：'采色一成曰就。'《周禮·秋官·大行人》'樊纓九就'下鄭玄注云：'每一處五采備爲一就。'二采備、三采備、四采備亦可稱'就'，由此看出'就'表量的不確定性。"[②]例如：

（4）笔审（中）乾，絑（朱）縞七鄝（就）。車軑（軾），載羽一鄝（就）；亓（其）帬（帗），尤（旒）五鄝（就）。戗三鄝（就），一栓，冒笔之百（首）。（包山楚簡 269）

---

① 李家浩：《包山楚簡中的旌旆及其它》，《著名中年語言學家自選集·李家浩卷》，安徽教育出版社 2002 年版，第 263 頁。

② 李明曉：《戰國楚簡語法研究》，武漢大學出版社 2010 年版，第 285 頁。

（5）二𢧢（戟），𢧢二𦀗（就）；二𦀗（𢂷），皆尤（旞）九𦀗（就）。二𢦠，皆𢧢二𦀗（就）。（包山楚簡 273）

（6）筝𢎨（中）乾，綀（朱）縞七𦀗（就）。車𢧢（戟），𢧢習（羽）一𦀗（就）；亓（其）𦀗（𢂷），尤（旞）五𦀗（就）。𢦠三𦀗（就），一桯，繄（縿）𣄾頁。（包山楚簡牘 1 正）

從以上文獻用例來看，量詞"就（𦀗）"的使用範圍一直是特定的，但後世文獻仍在沿用，如宋王禹偁《歸馬華山賦》："十二就之華纓不御，五千仞之翠嶺如歸。"

16. 帀₁（匝）

《説文·帀部》："帀，周也。從反屮而帀也。"王筠釋例："屮者，出也。既出而反，是周帀也。"可見，"帀"的本義是動詞"環繞"，相當於動詞"周"。由此引申表示環繞一周造成的結果，用爲名量詞，相当于"重"，如：

（1）孔子游於匡，衛人圍之數帀，而弦歌不惙。（莊子·秋水）

（2）於是沛公乃夜引兵從他道還，更旗幟，黎明，圍宛城三帀。（史記·高祖本紀）

（3）陽虎爲亂於魯，魯君令人閉城門而捕之，得者有重賞，失者有重罪，圍三帀。（淮南子·人間）

學界往往將這類"帀"誤作動量詞，其實細審文意，這裏稱量的其實不是動作的次數，而是結果造成的狀態，"圍三帀"並非繞三周，而是圍成三重之義（參動量詞"帀"條）。

又，按《字源》冀小軍說因"帀"之字義與行走有關，俗書遂加"辶（辵）"旁作"迊"；唐顏元孫《干祿字書》："迊帀，上通下正。"又，"匚"旁之"凵"或作"辶"，"迊"字的結構也被誤認爲從"匚"之字，而回改爲"匝"①。

---

① 李學勤主編：《字源》，天津古籍出版社 2012 年版，第 548 頁。

第三節　非外形特徵型個體量詞

在認知過程中，有些事物的外形具有典型特徵而凸顯出來，有些事物的外形則並非其典型特徵，因此並不能以外形特徵來歸類，但是在認知過程中事物的其他特徵會凸顯出來，成爲其典型特徵，在這一基礎上表示其典型特徵的相關語詞逐漸語法化爲稱量此類事物的專屬量詞。根據其來源和特徵，我們將其分爲替代型、憑藉型和專指型三大類，分別予以分析。

一　替代型量詞

所謂替代型量詞，一般來説就是"根據事物最有代表性的局部來顯示其整體，這主要依賴於事物之間的相聯性"①。用顯著度很強的部分來代替整體，是量詞的重要來源之一，在"部分—整體"的認知框架中一般情況下整體比部分更爲顯著（salience），即用整體轉喻部分更爲顯著，但在一些特殊的情況下部分反而比整體更爲顯著。從先秦兩漢量詞系統來看，特別是稱量動物、植物的量詞往往是由部分替代整體而來的，總計達到19個。但是也有部分量詞是用種名替代屬名而來，如"樹""木""衣"等，但這類量詞在此後的語法化過程中顯然受到了限制，没有得到進一步發展。

1. 頭

《説文·頁部》："頭，首也。"王彤偉認爲："在上古時期，表示'腦袋'之義時主要用'首'而不是'頭'，'頭'始見於戰國時期的《左傳》。"②"頭"的本義是人體的最上部分或動物的最前部分，由本義而引申爲稱量動物的個體量詞，可以稱量牲畜、魚類或昆蟲等"有頭之物"，但卻恰恰不能用於一般的人。

用作量詞先秦文獻未見，兩漢文獻中量詞"頭"已經多見，其稱量對象主要有羊、牛等，和現代漢語中的用法基本相同，如：

---

① 邵敬敏：《量詞的語義分析及其與名詞的雙向選擇》，《中國語文》1993年第3期。
② 王彤偉：《量詞"頭"源流淺談》，《語言科學》2005年第3期。

（1）式入山牧十餘歲，羊致千餘頭，買田宅。（史記·平準書）

（2）唯橋姚已致馬千匹，牛倍之，羊萬頭，粟以萬鍾計。（史記·貨殖列傳）

（3）羊五頭，皆死。（論衡·雷虛）

（4）出羊一頭，大母子程從君巨買賈泉九百。（居延漢簡413.6A）

（5）牛二頭，二月甲戌南入。（居延漢簡41.28）

（6）商即出牛一頭，黃，特，齒八歲，平賈直六十石。（居延新簡EPF22.4—5）

兩漢時期，魚一般也均用"頭"來稱量，在兩漢簡牘文獻中非常常見，如：

（7）出魚一頭。（居延漢簡80.22）

（8）張博、史臨辯曰：黨閏月中受刑博魚廿頭。（居延新簡EPT20.11）

（9）今自買魚得二千二百桼十頭，付子陽。（居延新簡EPT44.5）

（10）時粟君皆恩爲就（僦），載魚五千頭到觻得，賈（價）直（值），牛一頭，穀廿七石，約爲粟君賣魚沽出行錢卅萬。（居延新簡EPF22.4—6）

（11）幸以爲明賈鮮魚五十頭，即錢少，平已得五十頭，不得卅頭，唯留意。（金關漢簡73EJT29：113B）

也可以用於"鷹"，但很罕見，如：

（12）叩頭謝媵卿買鷹一頭。（敦煌漢簡849）

又可以用於"龍"，亦很罕見，如：

（13）今小龍六頭，並出遨戲，象乾坤六子嗣後多也。（論衡·驗符）

或以爲可以用於"鮑魚",《居延漢簡》263.3:"鮑魚百頭。"僅此一例,而且覆查圖版,"頭"字殘損較甚,難以辨認,故當存疑。

兩漢時期,一般來說羊、牛等動物用"頭"來稱量,而馬雖然和此類牲畜一樣都可以用"頭"作爲典型特徵,但馬的專用量詞"匹"已經發展成熟,因此一般不用量詞"頭"來稱量,但和其他牲畜並稱的時候就可以用"頭"。例如:

(14) 獲單于父行及嫂、居次、名王、犁汙都尉、千長、騎將以下四萬級,馬牛羊驢橐駝七十余萬頭,烏孫皆自取所虜獲。(漢書·西域傳下)

(15) 虜赴水溺死者數百,降及斬首五百餘人,虜馬牛羊十萬余頭,車四千餘兩。(漢書·趙充國辛慶忌傳)

(16) 海內屠肆,六畜死者日數千頭。(論衡·譏日)

值得注意的是,漢簡中的"頭"似乎還可以稱量動物以外的其他事物,《懸泉漢簡》Ⅰ0110①:53:"伏兔兩頭,柅兩頭。"伏兔,本爲車上部件,形似蹲伏之兔,故用量詞"頭"稱量;但"柅"是塞在車輪下用以制動的木塊,也用"頭"稱量,我們推測可能受前面"伏兔"用量詞"頭"同化而來;這種用法也僅此一例。

南北朝時期,量詞"頭"進一步發展,可用來計量絕大多數的禽類和牲畜,甚至奴隸、盜賊等,但稱量無生之物的用例依然罕見。正如劉世儒所說:"因爲就整個時代看,它的用法始終還是以用於'有頭之物'爲主流的。"① 葉桂郴提出:"通過考察,我們發現'虎''獅''豹''狼'等猛獸要么用通用量詞'個'稱量,要么用'隻'稱量,很少用'頭'來稱量。""直到宋代,'虎''豹'之類的猛獸纔開始選擇'隻'稱量。""'虎''獅''豹'等動物在當時對人類的威脅很大,所以人們在內心希望能夠征服它們,心理上需要蔑視它們,所以選用了稱量體型較小動物的'隻'來稱量,這是人們的心理世界在詞彙選擇上的折射。"②

---

① 劉世儒:《魏晉南北朝量詞研究》,中華書局1965年版,第90頁。
② 叶桂郴:《量詞"頭"的歷時考察及其他稱量動物的量詞》,《古漢語研究》2004年第4期。

2. 元

從甲骨文字形來看，其本義當爲人頭，《爾雅·釋詁》："元，首也。"《左傳·僖公三十三年》"狄人歸其元"杜預注："元，首也。"由此用作個體量詞，相當於"頭"，如：

（1）凡祭宗廟之禮，牛曰一元大武。（禮記·曲禮下）

鄭玄注："元，頭也；武，跡也。"孔穎達疏："牛若肥則腳大，腳大則跡痕大，故云一元大武也。"後世沿用，如：

（2）吉日齊宿，敢用潔牲：一元大武，柔毛、剛鬣。（蔡邕《宗廟祝嘏辭》）
（3）☐之，敢用一元牂牲，先之☐（新蔡楚簡乙四：48）
（4）☐小臣成拜手稽首，敢用一元☐（同上乙四：70）

按，陳偉認爲簡 70 中的"'一元'後疑殘'大武'"，即《禮記·曲禮》所言之"牛曰一元大武"，則"元"爲個體量詞，相當於"頭"[①]。

3. 足

《説文·足部》："足，人之足也。"後亦可指動物用以行走或奔跑的器官，《爾雅·釋鳥》："二足而羽謂之禽，四足而毛謂之獸。"對於動物來説，若以部分代整體，往往使用更爲凸顯的"頭"，而不用"足"，但在特定的認知框架中，受到認知目的的干涉，也可以用"足"來替代，因此"足"也就可以引申爲稱量動物的個體量詞，見於漢代文獻，如：

（1）故曰陸地牧馬二百蹄，牛蹄角千，千足羊，澤中千足彘。（史記·貨殖列傳）
（2）牛千足，羊彘千雙，僮手指千，筋角丹沙千斤。（史記·貨殖列傳）

"千足羊"指"羊二百五十隻"；"千足彘"指"彘二百五十頭"；

[①] 陳偉：《楚地出土戰國簡冊十四種》，經濟科學出版社 2009 年版，第 97 頁。

"牛千足"指"牛二百五十頭"。在該文中，顯然作者是希望使用誇張的語氣以突出數量之多，"千足羊"顯然比"羊二百五十隻"更能突出數量之多，因此採用了這種特殊的計量方式。但這種方式的問題在於表達數量並不直接，容易造成誤解，因此這種稱量方式衹能在特定語境中使用，"足"用作量詞也就没有獲得進一步發展。

4. 蹄

《釋名·釋形體》："蹄，底也。足底也。"宋賈昌朝《群經音辨》卷六："蹄，獸足也。"同"足"一樣，在特定的語境中受到特定目的的干涉，"蹄"纔可以用爲量詞，由此引申爲稱量動物的個體量詞，如：

（1）故曰陸地牧馬二百蹄，牛蹄角千，千足羊，澤中千足麃。（史記·貨殖列傳）

裴駰集解引《漢書音義》："五十匹。"稱量"馬"的專用量詞"匹"早在甲骨文、金文中就已多見，到兩漢時代已經發展成熟，在這裏使用"蹄"作爲量詞顯然也是作者希望凸顯數量之多，從修辭上來說也是一種誇張的修辭方式。

"蹄"先秦兩漢文獻中多爲名詞，用作量詞用例非常少見，但此後文獻也仍可見，如唐段成式《酉陽雜俎續集·金剛經鳩異》："以馬數百蹄配之。"但總體來看，這種特殊的計量方式在任何時代其使用頻率都不高。

5. 皮

《説文·皮部》："皮，剥取獸革者謂之皮。"金文作"𣴘"（叔皮父簋），從字形來看，其本義應當是指"剥取（獸皮）"，是個動詞，由此引申爲剥取的"獸皮"，成爲名詞，再引申可用作稱量"獸"的個體量詞，也是用部分來代整體的方式。例如：

（1）屠牛羊麃千皮。（史記·貨殖列傳）

《漢書·貨殖傳》中也有此句，完全相同。動物之毛皮往往用以製作裘衣，因此可以轉指裘衣，按《洪武正韻·支韻》："皮，狐貉之裘曰皮也。"《孟子·梁惠王下》"事之以皮幣"趙岐注："皮，狐貉之裘。"由此可以引申爲稱量"裘衣"的個體量詞，如：

(2) 狐貂裘千皮。(史記·貨殖列傳)

該文亦見於《漢書·貨殖傳》："狐貂裘千皮。"兩漢時期，稱量動物的專用量詞"頭""匹"和稱量衣服的專用量詞"領"都已經發展起來，而且獲得了很高的使用頻率，因此個體量詞"皮"無論是稱量動物，還是稱量裘皮衣物，用例都很罕見，此後也沒有得到繼承。

6. 口

《説文·口部》："口，人所以言食也。"本義爲人發聲和飲食之器官，由此引申爲名詞"人"之義，如《孟子·梁惠王上》："百畝之田，勿奪其時，八口之家，可以無飢矣。""八口"是"Num+N"結構，則"口"爲名詞①。

但當"Num+口"結構修飾名詞的時候，其中的"口"就開始語法化爲量詞，如《漢書·武帝紀》："募民徙朔方十萬口。"《漢書·萬石君傳》："關東流民二百萬口。"其中"口"劉世儒②、王力均認爲是稱量"人"的量詞，從出土文獻看類似用例秦簡已見，如：

(1) 甲亡，盜在西方，一於中，食者五口，疵在上得，男子殹。(放馬灘秦簡·日書甲22)

(2) 甲亡，盜在西方，一宇間之，食五口。(睡虎地秦簡·日書乙253)

"口"用作量詞雖然早在先秦已見，但是使用頻率很低，其名詞意味還很强，作爲量詞還不是很典型的。兩漢時期使用頻率大大增加了，稱量"人"仍然是其最主要的功能，如：

(3) 竊料匈奴控弦大率六萬騎，五口而出介卒一人，五六三十，此即户口三十萬耳。(新書·匈奴)

---

① 王力：《漢語語法史》，商務印書館1989年版，第30頁。
② 劉世儒：《魏晉南北朝量詞研究》，中華書局1965年版，第88頁。

（4）乃使劉敬徙所言關中十餘萬口。（史記‧劉敬叔孫通列傳）
（5）及充朔方以南新秦中，七十餘萬口。（史記‧平準書）
（6）大國十六萬口，而立口軍三。（春秋繁露‧爵國）
（7）夫一馬伏櫪，當中家六口之食，亡丁男一人之事。（鹽鐵論‧散不足）
（8）則是歲三百萬口受其饑也。（潛夫論‧愛日）
（9）較没妻子皆為敦德還出妻，計八九十口，宜遣吏將護續食。（敦煌漢簡 116）

到兩漢時期量詞"口"進一步語法化，可以擴展到人之外的其他有口的器物，甚至逐漸開始擺脱"有口之物"的束縛，可以用於抽象意義上的有口之物，《居延漢簡》中出現 14 例，均稱量同一事物"釜"，如：

（10）承三月余官弩二张，箭八十八枚，釜一口，㪷二合。……承五月余官弩二张，箭八十八枚，釜一口，㪷二合。……凡弩二张，箭八十八枚，釜一口，磑二合，毋入出。……故釜一口，有錮口呼长五寸。（居延漢簡 128.1）

這種用法漢譯佛經亦可見，如：

（11）寶甕萬口，懸盛甘露。（竺大力共孟康譯《修行本起經》）

"口"還可以指刀劍等武器或工具的鋒刃，如刀口、剪刀口等，因此也可以用以稱量刀劍等武器或器具，這種用法早在漢末簡牘文獻中已經出現了，如：

（12）筒二枚，錢二千，大刀一口。（東牌樓漢簡 6）

東牌樓漢簡的寫成時代大約在東漢桓帝至靈帝末期，但在這一時代這種用法目前我們僅僅看到這一個用例。魏晉以後，"口"的適用範圍繼續拓展，可用有口的動物等。

7. 封₂（峰）

《説文·土部》："封，爵諸侯之土也。從之，從土，從寸，守其制度也。"從甲金文字形來看，像植樹於土堆之形，《周禮·地官·大司徒》鄭玄注："封，起土界也。"因此其本義應當是動詞，指堆土植樹以爲邊界。因此，引申可以指聚土爲墳，《廣雅·釋丘》："封，冢也。"再引申可以指隆起的物體，如《後漢書·順帝紀》："疏勒國獻師子、封牛。"李賢注："封牛，其領上肉隆起若封然，因以名之，即今之峰牛。"因此，用作量詞可以稱量背部有"隆起之峰"的駱駝，後作"峰"，漢代已見，字形作"封"，如：

（1）（大月氏）出一封（峰）橐駝。（漢書·西域上）

橐駝，即駱駝。顏師古注："脊上有一封也。封言其隆高，若封土也。"① 量詞"封"後世仍可見，《大詞典》："用稱駱駝。如：四封駱駝從酒泉來。今多作'峰'。"

8. 本

《説文·木部》："本，木下曰本。"從甲骨文看爲指事字，本義指草木之根，後來詞義泛化，也可以指草木之莖或幹等，由此用作稱量草木的個體量詞，先秦文獻已見，如：

（1）然後瓜、桃、棗、李一本，數以盆鼓，然後葷菜百疏以澤量。（荀子·富國）②

按，唐楊倞注："一本，一株也。"到兩漢文獻中，用例逐漸多了起來，如：

（2）忽生芝草五本。（論衡·驗符）
（3）三本一莖九穗，長於禾一二尺，蓋嘉禾也。（論衡·吉驗）
（4）即鼻不利，藥用利（藜）廬（蘆）一本。（武威醫簡70—

---

① 但漢代用例並不多見，這裏的"封"其名詞性仍很明顯，也可能指獨峰之駱駝。
② 按廖名春說，《富國》篇爲荀子前255年以後居于蘭陵時所作。《〈荀子〉各篇寫作年代考》，《吉林大學學報》1994年第6期。

71）

亦可用於"Num+Cl+N"結構中，如：

（5）遂見齊俗奢侈，好末技，不田作，乃躬率以儉約，勸民務農桑，令口種一樹榆、百本薤、五十本蔥、一畦韭，家二母彘、五雞。(漢書·循吏列傳)

但總體來看，量詞"本"兩漢文獻中用例並不常見，漢代以後隨著"根""棵""株"等專用量詞的發展，量詞"本"逐漸被這些新興量詞所取代。當然，量詞"本"後來用作稱量"書籍"的專用量詞沿用至今，但按劉世儒所説這一用法的產生則是南北朝以後的事情了①。

9. 莖

《説文·艸部》："莖，枝柱也。"本義是草木的主幹部分，引申爲稱量草木的個體量詞，兩漢文獻中已經產生，如：

（1）凡春秋之記災異也，雖畝有數莖，猶謂之無麥苗也。(春秋繁露·竹林)
（2）是何以異於無麥苗之有數莖哉！(春秋繁露·竹林)
（3）蔥十四莖。(金匱要略·婦人雜病脈證並治)
（4）蔥白四莖；乾薑一兩。(傷寒論·辨少陰病脈證並治)
（5）蔥白四莖。(傷寒論·辨少陰病脈證並治)
（6）面色赤者，加蔥九莖。(傷寒論·辨少陰病脈證並治)
（7）銀錢凡五百，請買五莖花。(竺大力共孟康譯《修行本起經》)

《類篇·艸部》："草曰莖，竹曰箇，木曰枚。"從先秦兩漢文獻看，量詞"莖"用例還較爲少見，適用對象範圍也限於草本植物②。《居延漢

---

① 劉世儒：《魏晉南北朝量詞研究》，中華書局1965年版，第97頁。
② 按，《史記·龜策列傳》："余至江南，觀其行事，問其長老，云龜千歲，乃游蓮葉之上，著百莖共一根。"或曰此"莖"爲量詞，但"莖"和"根"相對而言，我們認爲此類均應視爲名詞。

簡》38.18B:"木二莖。"其中"木""莖"二字均漫漶不清,且不符合量詞"莖"的適用範圍,姑存疑。

植物的莖有長條形的特徵,因此在此後的發展中量詞"莖"的適用範圍逐漸拓展,不再限於植物,還可以用於稱量毛、髮等其他長條形事物,如唐薛逢《長安夜雨》詩:"當年志氣俱消盡,白髮新添四五莖。"

10. 枝

《説文·木部》:"枝,木別生條也。"段玉裁注:"幹與莖爲艸木之主,而別生條謂之枝。"由此引申爲量詞,用於竹木、花草的枝條或帶枝、桿之物,如:

(1)越使諸發執一枝梅遺梁王。(説苑·奉使)
(2)惡有以一枝梅,以遺列國之君者乎?(説苑·奉使)

兩漢文獻中量詞"枝"還不多見,至於脱離"枝條"義的更爲虛化的用法更是没有出現。但作爲量詞"枝"一直沿用到現代漢語中仍廣泛使用。

11. 領(令)

《説文·頁部》:"領,項也。"《詩經·衛風·碩人》:"領如蝤蠐,齒如瓠犀。"毛傳:"領,頸也。"由本義"脖子"引申爲名詞"衣領",《釋名·釋衣服》:"領,頸也,以壅頸也。""衣領"在衣服中往往具有很强的顯著度,故由此義引申爲稱量衣物的個體量詞,也是由部分來代整體。

量詞"領"早在先秦文獻中已經出現了,首先是用來稱量"衣服",如:

(1)天子使嬖人贈用文錦明衣九領。(穆天子傳·卷五)
(2)衣三領,足以朽肉,棺三寸,足以朽骸。(墨子·節用中)
(3)棺三寸,足以朽體,衣衾三領,足以覆惡。(墨子·節葬下)

但其量詞義一經產生,就在類化作用下使用範圍迅速擴大,首先可以用於"鎧甲",早在先秦已見,如:

（4）不用一領甲，不苦一士民，此皆秦有也。（韓非子·初見秦）

（5）武王將素甲三千領。（戰國策·秦策一）

兩漢時期，用於鎧甲的用例更爲多見，如：

（6）甲二十領，鈇屈盧之矛，步光之劍，以賀軍吏。（史記·仲尼弟子列傳）

（7）故使賤臣以奉前王所藏甲二十領。（吳越春秋·夫差內傳）

兩漢時期，其適用範圍迅速擴大，首先可以用於襲、袍、襦等有領的衣物，當然可能部分上衣即使没有領子，但也都可以適用了，如：

（8）田卒淮陽郡長平業陽里公士兒尊年廿七，襲一領。（居延漢簡 19.40）

（9）田卒淮陽郡長平市□里相□鴻十二月己巳出，袍一領，犬襪一兩，襲一領。（居延漢簡 19.41）

（10）官袞一領，單衣一領。（居延漢簡 38.38）

（11）肩水□□隧卒陳□貰賣布襲一領，布絝一兩，並直八百。（金關漢簡 73EJT1：55）

（12）官襲一領；官袍一領。（金關漢簡 73EJT28：104）

而且，還可以稱量"絝"，即"套褲"，如：

（13）布復絝一領。黃布襌衣一領，毋。（居延新簡 EPT51.66）

這是因爲上衣和下衣都屬於衣物，因此類推而來。

此後，泛用於計量"衾""被""席""縣絮壯（裝）"等床上用品，這應當也是思維類推的結果，而且量詞"領"的使用頻率非常高，特別是在衣物疏中，如：

（14）君兄衣物疏：早復衣一領；纚丸復襦一領；白鮮支單絝一；

繡被二領；閒中單一領；閒青復襦一領；練單繻三領；縹被一領；青鮮支中單一領；閒青薄襦一領；鮮支單襦二領；單被二領；繝綺復衣一領，衣；早丸大絝一衣，衣；早復襜褕一領；早單五領；早丸復衣一領；練早大絝一，早丸襜褕一領，衣；白毋尊單衣一領；繝丸合衣一領；早布大絝二；早丸諸于一領；白布單衣一領；霜丸復衣一領；練小絝二，衣；繝丸諸于一領；青綺復襦一領，衣；繝段領一。（尹灣漢簡 M6D12 正）

（15）高都里朱君衣綺被一領、襌衣二領、襌裳一領、素絹一領、綠袷一領、綾袍一領、紅袍二領、複裳二領、襌襦二領、青袍二領、綠被一領、□襦一領、紅襦一領、小䌷三領、綿袍三領、袴被一領、緒絞一、絝一兩。凡衣襌縷廿五領。（胥浦漢簡 1096）

從字形上來看，《金關漢簡》73EJT23：969 中有一例書作"令"："受降卒富里宋鉗，貰官練襲一令（領），直千。"應當是量詞"領"的省寫形式。隨著量詞系統的發展成熟，"件""張""條"等衣物量詞的產生，量詞"領"的適用範圍也逐漸縮小。

12. 猴（𧆾/鍭）

"猴"字，早期字書未見，《説文・羽部》作"𧆾"："羽本也。"段玉裁注："按《詩》《周禮》鍭矢，《士喪禮》作猴矢。蓋此矢金鏃，候物而中，如羽本之入肉，故假借通用也。"按《字彙補・羽部》："猴，同𧆾。"可見，其本義是"羽毛之根"，由此引申爲稱量"羽毛"的量詞，從傳世文獻最早見於《九章算術》，僅一見：

（1）今有出錢六百二十，買羽二千一百猴。（九章算術・粟米）

按三國魏劉徽注："猴，羽本也。數羽稱其本，猶數草木稱其根株。"傳世先秦兩漢其他文獻未見。出土文獻中字又書作"鍭"，按《説文・羽部》徐灝注箋云："又因金鏃而改從金旁作鍭也。"從出土文獻看，最早見於《里耶秦簡》，用例很少，如：

（2）卅五年正月庚寅朔甲寅，遷陵少內壬付內官□翰羽二當一者百五十八鍭，三當一者三百八十六鍭，五當一者四百七十九鍭，六

當一者三百卅六鍭，八當一者☐十五當一者☐（里耶秦簡 8—1457+ 8—1458—8—1457 背+8—1458 背）

（3）☐廿八鍭。卅五年四月己未☐☐☐百七十三鍭。凡☐鍭四百☐☐（里耶秦簡 8—1260）

按《後漢書·南蠻傳》："其民户出幏布八丈二尺，雞羽三十鍭。"王念孫《讀書雜誌·餘編上·後漢書》："此言雞羽三十鍭，則非謂鍭矢也。鍭讀爲猴。……作鍭者，借字耳。"漢簡中亦可見，書作"喉"或"矦"，如：

（4）羽矢：羽二喉（猴）五錢，今有五十七分矦（猴）卅〈卅〉七，問得［錢］幾何？（張家山漢簡·算數書 57）

彭浩認爲"此爲羽矢計量單位"①，因該簡篇題爲"羽矢"，則"羽"可能爲"羽矢"之省；當然量詞"猴"所稱量對象也可能是"羽"，而非省略；僅此一例，故暫存疑。

13. 錞

《説文·金部》："錞，矛戟柲下銅鐏也。"即矛戟柄下端的平底金屬套。潘玉坤認爲："鐏爲戈柄下的銅套，形鋭可以插入地内。"由此引申爲稱量兵器"戈"的個體量詞②，僅見於西周金文中，而且僅有 1 例：

（1）易（賜）女（汝）戈戠（琱）䤜☐必（柲）彤㫃（綏）十五錞、鐘一、磬五、金。（師𪉖簋，集成 8.4311）

按郭沫若《大系》注："錞即矛鐏，言戈以錞計也。"可見，"錞"爲稱量"戈"的個體量詞，但先秦兩漢文獻僅此一例。

14. 蹄躈（蹴噭）

《史記·貨殖列傳》："馬蹄躈千，牛千足。"裴駰集解："徐廣曰：'躈，馬八髎也。"司馬貞索隱："《埤蒼》云：'尻骨謂八髎。"《大字典》

---

① 彭浩：《張家山漢簡算數書注釋》，科學出版社 2001 年版，第 65 頁。
② 潘玉坤：《西周金文語序研究》，華東師範大學出版社 2005 年版，第 174 頁。

《大詞典》皆以爲是"脊骨的末端、肛門",《大詞典》由此認爲:"蹄竅五,即算一頭牲畜。"但《漢書·貨殖傳》引此文作:"馬蹏噭千。"顔師古注:"噭,口也,蹄與口共千,則爲二百也。"

從認知的角度來看"肛門"對於動物顯然並不具備凸顯性,漢語中也沒有用肛門來代指或計量動物的用例;而常見的是用"口"來代指或計量人或動物,因此我們認爲這裏應當爲"蹄噭",而"蹴"通"噭";如顔師古說蹄蹴(蹏噭)五爲牲畜一頭。這種用法雖然本來就罕見,但後世文獻仍可見用例,如《聊齋志異·促織》:"不數歲,田百頃,樓閣萬椽,牛羊蹄蹴各千計。"可能是仿古的用法,當時的口語中並不使用。

15. 蹄角

牛的蹄與角,古時用以計牛頭數。蹄角六,即一頭牛。《史記·貨殖列傳》:"馬蹄角千。"《漢書·貨殖傳》中作:"牛千蹏角。"孟康注:"百六十七頭也。"顔師古注:"百六十七頭牛,則爲蹄與角凡一千二也。言千者,舉成數也。"劉世儒先生說:"孟康注顯然同'蹄角千'合不攏,所以顔注纔給補充說是'舉成數'。"①

16. 手指

手指十,爲僮僕一。《史記·貨殖列傳》:"僮手指千。"裴駰集解引《漢書音義》:"僮,奴婢也。古者無空手遊日,皆有作務,作務須手指,故曰手指,以別馬牛蹄角也。"《漢書·貨殖傳》作"童手指千",顔師古注:"手指謂有巧技者,指千則人百。"劉世儒先生說:"'僮'的量詞所以要用'手指',原來是取其價值在此。"②

"蹄蹴""蹄角""手指"都是人或動物體的一部分,劉世儒先生認爲是量詞,並稱之爲"詞彙的稱量法","是指這種量詞在計算數量時,它的詞彙意義還仍然起作用。這是漢代人所特有的稱量法,和'語法的稱量法'在形式上很相似,其實是極不相同的。"但從稱數構式上看如果"蹄蹴"等詞是量詞,則這個稱數構式爲"N+Cl+Num",漢語發展史中沒有這一結構,因此有學者提出質疑,若以"蹄蹴"等爲名詞似亦可;但在民族語言中,其實"N+Cl+Num"構式較爲多見;從認知的角度來看,這自然也是以部分代整體的方法,因此我們從劉世儒先生說將其視爲個體

---

① 劉世儒:《魏晉南北朝量詞研究》,中華書局 1965 年版,第 62 頁。

② 同上書,第 63 頁。

量詞。當然，無論是漢語還是其他民族語言中處於"N+Cl+Num"構式中的量詞都很難進一步語法化，使用頻率也都很低。

17. 樹

《說文·木部》："樹，生植之總名。"徐鍇繫傳："樹，木生植之總名。"《廣韻·遇韻》："樹，木總名也。"本義是木本植物的總稱，由此引申作稱量具體樹木的個體量詞，相當於現代漢語中的"株"或"棵"，兩漢文獻中可見，如：

（1）淮北常山已南，河濟之間千樹萩。（史記·貨殖列傳）

（2）安邑千樹棗；燕、秦千樹栗；蜀、漢、江陵千樹橘。（史記·貨殖列傳）

（3）安邑千樹棗；燕、秦千樹栗；蜀、漢、江陵千樹橘；淮北滎南河濟之間千樹萩。（漢書·貨殖傳）

總體來看，漢代文獻用例很罕見，但後世一直沿用，雖然使用頻率並不高，而且多見於詩詞中，如宋仇遠《糖多令》："縱有桃花千萬樹，也不似，舊玄都。"又，宋周密《慶宮春·送趙元父過吳》："孤山春早，一樹梅花，待君同折。"

18. 木

《說文·木部》："木，冒也，冒地而生。"王筠《釋例》："木固全體象形字也。"從甲骨文字形看，當爲象形字，本義是"樹木"，引申而爲木本植物的通稱。由此引申可以用作稱量樹木的個體量詞，見於秦簡，如：

（1）甲室、人：一宇二内，各有户，内室皆瓦蓋，木大具，門桑十木。（睡虎地秦簡·封診式8—9）

按，整理者認爲："木，應爲朱字之誤，《禮記·檀弓上》有'公叔木'，注：'木，當爲朱。'與此同例。桑十木，即桑樹十株。"王鍈先生贊同此說①，吉仕梅則認爲睡虎地秦簡中的"木"字不應當視爲"朱"

---

① 王鍈：《雲夢秦墓竹簡所見某些語法現象》，《語言研究》1982年第2期。

字之誤,此處是借名詞"木"的"樹木"義爲個體量詞,與其他名詞借作量詞的規律是一致的①。我們讚同吉先生的觀點,該例中的"木"當爲量詞,這種用例並非僅見於睡虎地秦簡中,其實在里耶秦簡中也有一例:

(2) 貳春鄉枝(枳)枸志。枝(枳)枸三木☐下廣一畝,格廣半畝,高丈二尺。去鄉七里。卅四年不實。(里耶秦簡 8—455)

整理者認爲:"枝枸,亦見於 8—1527,當讀作'枳枸'。8—855 即作'枳枸'。枳枸,即枳椇。"按,"枳椇"亦作"枳柜",爲一種落葉喬木,又稱拐棗、金鉤子、木珊瑚、雞距子、枸等,晉崔豹《古今注·草木》:"枳椇子,一名樹蜜,一名木餳,實形拳曲,花在實外,味甜美如餳蜜。"雖然該簡簡文殘缺,但其中的"木"處在"N+Num+Cl"結構中量詞的位置上,用作稱量"枳枸"的個體量詞是無疑的。

19. 衣

《說文·衣部》:"衣,依也。上曰衣,下曰裳。"從甲骨文、金文字形來看,像曲領、兩袖中空,左右襟衽掩合之形,本義是名詞"衣服",由此引申爲稱量"衣物"的量詞,僅一例,如:

(1) 皂丸大絝一衣,衣。(尹灣漢簡 M6D12 正)

前一個"衣"是量詞,稱量"皂丸大絝"的數量;後一個"衣"則爲動詞,"穿著"。雖然僅此一例且後世沒有獲得進一步發展,但是由於出土文獻的確定性,該量詞在漢語史中是客觀存在的,因此我們仍將其歸入量詞之中。

20. 桓

《說文·木部》:"亭郵表也。"其本義是郵亭旁作爲表識的柱子,後泛指寺、墓、橋、城門等處用作表識或其他用途的柱子,《禮記·檀弓下》:"三家視桓楹。"孔穎達疏:"案《說文》:'桓,亭郵表也。'謂亭郵之所而立表木謂之桓。桓,即今之橋旁表柱也。"由此用作稱量"表"的量詞,僅見於《居延新簡》,如:

---

① 吉仕梅:《〈睡虎地秦簡〉量詞考察》,《樂山師專學報》1996 年第 3 期。

(1) 出亡赤三桓。（居延新簡 EJT23.27）
(2) 入亡人表二桓。（同上 EJT23.991）

肖從禮認爲"桓"是"用於稱量守禦器表的數量"的量詞①，初師賓認爲"此二例之'亡赤'、'亡人表'，即亡人赤表。此表量詞稱'桓'。"②

二 憑藉型量詞

所謂憑藉型量詞，從語源上看來源於與動作或事物所憑藉的工具、處所等，從認知的角度來看也屬於轉喻，在特定的認知框架中所憑藉的工具、處所等獲得了更高的顯著度，因此可以用爲稱量相關事物的量詞，如邵敬敏説"這主要是依賴事物之間的相依性"③。先秦兩漢時期，此類量詞總計只有 6 個。

1. 牒

《説文·片部》："牒，札也。"段玉裁注："木部云：'札，牒也。'《左傳》曰：'右師不敢對，受牒而退。'司馬貞曰：'牒，小木札也。'按厚者爲牘，薄者爲牒。牒之言葉也。"《説文·竹部》又云："簡，牒也。"可見"牒"的本義是指古代書寫用的竹木片，由此引申可以用作稱量竹簡類文獻的個體量詞。量詞"牒"先秦文獻已見，如：

(1) 孟嘗君乃取所怨五百牒削去之，不敢以爲言。（戰國策·齊策四）
(2) 今寫校券一牒，上謁，言之，卒史衰義所問狼船存所其亡之，爲責（債）券移遷陵弗□□屬。（里耶秦簡 J18134 正面第 3 行）

到兩漢文獻中就很常見了，如：

(3) 通人胸中懷百家之言，不通者空腹無一牒之誦。（論衡·別

---

① 肖從禮：《從漢簡看兩漢時期量詞的發展》，《敦煌研究》2004 年第 4 期。
② 初師賓：《漢邊塞守禦器備考略》，《漢簡研究文集》，甘肅人民出版社 1984 年版，第 168 頁。
③ 邵敬敏：《量詞的語義分析及其與名詞的雙向選擇》，《中國語文》1993 年第 3 期。

通）

（4）八年四月甲辰朔乙巳，南郡守强敢言㞢（之），上奏七牒謁以聞，種縣論，敢言㞢（之）。（張家山漢簡·奏讞書68）

（5）牒書：吏□□□□使御者六人，人一牒。神爵四年六月癸已朔辛酉，尉史廣惠敢言之。（敦煌漢簡958）

（6）右四牒，嚴教戒後。（居延漢簡507.20）

（7）牒書吏遷、斥免、給事補者四人，人一牒。（居延新簡EPF22.56A）

（8）牒書除爲司御三人，人一牒。（金關漢簡73EJT10：311）

"牒"用作量詞一直有很强的名詞意味，"Num+牒"結構往往單獨使用，所修飾的名詞没有出現，當然根據語境都是可以補出的。魏晉以後，隨著社會的發展，紙成爲書寫的主要載體，簡牘逐漸退出歷史舞台，個體量詞"牒"也就逐漸失去了其存在的物質基礎。

2. 簡

《説文·竹部》："簡，牒也。"朱駿聲通訓定聲："竹謂之簡，木謂之牒……聯之爲編，編之爲册。"先秦兩漢時期，竹簡是書籍的主要載體，因此"簡"也就可以由此引申爲稱量書籍的個體量詞，如：

（1）昭王讀法十余簡而睡臥矣。（韓非子·外儲説左上）

但是，這個量詞的使用頻率很低，我們推測這可能因"簡"作爲名詞使用頻率太高，限制了其進一步語法化。

3. 札

《説文·木部》："札，牒也。"徐鍇繫傳："牒，木櫝也。"段玉裁注："長大者曰槧，薄小者曰札。"其本義是古代書寫用的小木片，由此引申爲稱量書籍的個體量詞，見於兩漢文獻中，如：

（1）疏一櫝，相遺以書，書十數札。（論衡·佚文）

（2）名不流於一嗣，文不遺於一札。（論衡·自紀）

"札"用作量詞，雖然也可以用於"N+Num+Cl"結構中，但其名詞意味還是很明顯的，這也限制了其進一步語法化。①

4. 所

《説文·斤部》："所，伐木聲也。《詩》曰：'伐木所所。'"段玉裁注："伐木聲乃此字本義。用爲處所者，假借爲處字也。"可見"所"之本義爲伐木之聲，"所"和"處"二字上古音皆屬魚部，故後來假借爲"處所"之義。唐玄應《一切經音義》卷二引《三蒼》："所，處也。"先秦文獻常見，如《詩經·出車》："自天子所，謂我來矣。"由此引申爲稱量處所、位置的個體量詞，最早見於睡虎地秦簡《封診式》中，主要稱量對象是"痏"，按《説文·疒部》："痏，疻痏也。"《急就篇》卷四："疻痏保辜謼呼號。"顔師古注："毆人皮膚腫起曰疻，毆傷曰痏。"又可指瘢痕，《文選·張衡〈西京賦〉》"所惡成創痏"李善注引薛綜曰："創痏，謂瘢痕也。"秦簡簡文兩者都有，如：

（1）某頭左角刃痏一所，北（背）二所，皆從（縱）頭北（背），袤各四寸。（睡虎地秦簡·封診式 56—57）

（2）男子丁壯，析（皙）色，長七尺一寸，髮長二尺；其腹有久故瘢二所。（睡虎地秦簡·封診式 60）

（3）肘膝□□□到□兩足下奇（踦），潰一所。（睡虎地秦簡·封診式 54）

在秦簡中，稱量其他痕跡的用例也出現了，如：

（4）内中及穴中外壤上有膝、手迹，膝、手各六所。外壤秦綦履迹四所，袤尺二寸。（睡虎地秦簡·封診式 77—78）

到兩漢文獻中用例就逐漸增多了，但傳世文獻較爲少見，而是多見於

---

① 何樂士認爲《左傳》中"札"可以用作稱量革甲層次的個體單位，如《左傳·成公十六年》："癸巳，潘尪之黨與養由基蹲甲而射之，徹七札焉。"《〈左傳〉的數量詞》，載何樂士《古漢語語法研究論文集》，商務印書館 2000 年版，第 333 頁。我們認爲這裏的"札"仍是名詞"革甲"之義，"徹七札"意爲穿透了七層革甲。又如《吕氏春秋·仲秋》："晉惠公之右路石奮投而擊繆公之甲，中之者己六札矣。"《韓詩外傳》卷八："景公引弓而射，不穿一札。……景公以其言爲儀而射之，穿七札。"

出土法律類、中醫類文獻中，因此最常見的是稱量創傷、瘢痕或中醫中針灸之創傷等，如：

（5）臣意即灸其足蹶陰之脈，左右各一所，即不遺溺而溲清，小腹痛止。（史記·扁鵲倉公列傳）
（6）戍卒東郡□里函何陽，坐鬭以劍擊傷戍卒同郡縣戍里靳龜右脾一所，地節三年八月辛卯械擊。（居延漢簡 118.18）
（7）□一所，廣二寸，袤六寸。左臂二所，皆廣二寸，長六寸。又手中創二所，皆廣半寸、長三寸。右臂二所，其一□（居延新簡 EPT51.234）
（8）尊擊傷良頭四所，其一所，創袤三寸；三所，創袤二寸半，皆廣三分，深至骨。（居延新簡 EPT68.187—188）
（9）夏侯譚爭言、鬬，憲以所帶劍刃擊傷譚匈（胸）一所。（居延新簡 EPT68.20）
（10）亥從□假掾從事，頭、右手指各一所。（敦煌漢簡 2374）

由人之創傷之處也可泛指物品的損傷之處，如：

（11）六石弩一，傷淵中一所。（居延漢簡 54.1）
（12）六石具弩，傷左淵一所。（居延漢簡 283.56）
（13）凌胡隧，五石弩，傷右古一所。（敦煌漢簡 1721）

稱量一般地點、處所的用例，在兩漢也已經較爲多見，如：

（14）甘露之降，往世一所，今流五縣，應土之數，德布濩也。（論衡·驗符）
（15）臣聞高皇帝嘗圍於平城，匈奴至而投鞍高於城者數所。（新序·善謀下）
（16）□□八十五斤，積薪四所。（居延漢簡 36.12）

用於建築物兩漢已見，相當於現代漢語中的"座"等。例如：

(17) 關中離宮三百所，關外四百所。（説苑・反質）
(18) 離宮別館，三十六所。（班固《兩都賦》）
(19) 褒中縣官寺並六十四所。（開通褒斜道摩崖）

按，《定州漢簡・六韜》0972："□七十三所，大宮"該句按照敦煌唐人寫本可以補充作："離宮七十三所，大宮百里，宮中有九市。"而群本無此句。學界一般認爲簡本《六韜》的寫成時代當在戰國，則量詞"所"稱量"建築物"當産生於戰國時期。

5. 處

《説文・几部》："处，止也，得几而止。從几，從夊。處，处或從虍聲。"段玉裁注："今或體獨行，轉謂処俗字。"其本義是暫止、休息，徐鍇繫傳："《詩》曰：'爰居爰處。'以爲居者定居，處者暫止而已。"引申而有處所之義，《廣韻・御韻》："處，處所也。"《墨子・兼愛中》："南爲江、漢、淮、汝，東流之，注五湖之處。"由此引申爲稱量位置、處所的個體量詞，先秦文獻中已經出現了，見於《黃帝內經》中，稱量對象爲針灸、穴位等位置，如：

(1) 凡當灸二十九處，傷食灸之，不已者，必視其經之過於陽者，數刺其俞而藥之。（素問・骨空論）
(2) 陽刺，入一傍四處，治寒熱。（素問・長刺節論）
(3) 水俞五十七處者，是何主也？岐伯曰：腎俞五十七穴，積陰之所聚也，水所從出入也。（素問・水熱穴論）

兩漢文獻中其實較爲常見，其稱量對象主要是田地、位置等，如：

(4) 五年四月十日嫗以稻田一處、桑田二處分予弱君；波田一處分予仙君。（胥浦漢簡 1087—1088）
(5) 起水門提閼凡數十處。（漢書・循吏傳）
(6) 每獨居一處。（太平經・丙部之十三）
(7) 洽究達內外七處。（太平經・丙部之十六）
(8) 比若五藏居人腹中同一處。（太平經・己部之七）
(9) 若此者上百千處。（司馬相如《上林賦》）

量詞"處"和"所"都源於"處所"之義，先秦兩漢文獻中所稱量的對象也多有重合，但量詞"處"的使用頻率遠遠低於"所"。魏晉以後量詞"處"就很常見了，如《走馬樓吳簡·嘉禾吏民田家莂》多量"田畝"，量詞"處"和"所"一直沿用到現代漢語中，而且有了明確的分工，量建築單位的用"所"，量天然單位的用"處"。其實在兩漢時期，二者已經有了分工的迹象，如"所"多用於稱量人工的建築物，"處"多用於稱量土地田畝等。

6. 區$_1$

《玉篇·匚部》："區，域也。"《尚書·康誥》："用肇造我區夏。"由區域之義引申有居處之義，《漢書·食貨志下》："工匠醫巫卜祝及它方技商販賈人坐肆列里區謁舍，皆各自占所爲於其所之縣官。"顏師古注引如淳曰："居處所在爲區。"由此引申表示所居處之建築物的個體量詞，主要有宅、第、舍等，兩漢文獻已見，如：

（1）元帝即位，征霸，以師賜爵關內侯，食邑八百户，號褒成君，給事中，加賜黃金二百斤，第一區，徙名數於長安。（漢書·匡張孔馬傳）

（2）賞賜前後黃金七千斤，錢六千萬，雜繒三萬疋，奴婢百七十人，馬二千匹，甲第一區。（漢書·霍光金日磾傳）

（3）詔武奉一太牢謁武帝園廟，拜爲典屬國，秩中二千石，賜錢二百萬，公田二頃，宅一區。（漢書·李廣蘇建傳）

（4）是時，御史府吏舍百余區井水皆竭。（漢書·薛宣朱博傳）

（5）又起五里於長安城中，宅二百區，以居貧民。（漢書·平帝紀）

（6）官館所歷，百有餘區。（班固《兩都賦》）

兩漢簡帛文獻亦用於"宅第"，但使用頻率很低，如：

（7）小奴二人，直三萬；用馬五匹，直二萬；宅一區，萬。（居延漢簡 37.35）

（8）☐鞮汗里九百萬年，宅一區，毋門，離決長十步。（居延新簡 EPT53.40）

兩漢文獻中量詞"區"多用來稱量"宅第"，亦有其他用例：

(9) 昔在黃帝，作舟車以濟不通，旁行天下，方制萬里，劃野分州，得百里之國萬區。（漢書·地理志）

"百里之國萬區"中個體量詞"區"所稱量對象爲國家，仍是一種區域，但僅此一見，應屬例外；到魏晉南北朝以後，其適用範圍可擴展至稱量"空地"等，但在量詞發展史中"區"一直以稱量"宅第"爲其主要功能。

三　專指型量詞

專指型量詞是專用於特定類別對象的量詞，其稱量對象依賴於來源名詞或動詞的語義滯留，即名詞或動詞語法化爲量詞以後其詞義的特定性。在先秦兩漢時期個體量詞系統中專指型數量最多，根據其適應對象可以分爲運載類、人員類、動植物類、等級類、層次類、言語類、種類類、片段類、物品類，分述如下。

（一）運載類

先秦兩漢時期的運載類量詞主要有稱量車和船兩大類，稱量車的量詞有"乘""輛（兩）""駟""丙"四個，其中量詞"乘"爲動狀型量詞，"輛（兩）""駟""丙"爲專指型個體量詞；稱量船的量詞則只有一個量詞"艘"。

1. 兩$_1$（輛）

無論傳世文獻還是出土文獻，先秦兩漢時期未見"輛"字，均書作"兩"，"輛"爲"兩"之今字，產生時代應當在魏晉以後。"兩"本作"网"，張玉金認爲："'网'是'兩'字的早期寫法，從春秋時期開始逐漸變爲'兩'。"《說文·网部》："网，再也。《易》曰：'參天网地。'"段玉裁注："《冓部》曰：'再者，一舉而二也。'凡物有二。其字作网不作兩。兩者，二十四銖之偁也。今字兩行而网廢矣。"按段玉裁說則网字的本義是"二"，而兩字則是度量衡量詞，二者本義有別。但從出土文獻來看，"网"是"兩"的早期寫法，到西周時期爲了字形的美觀在"网"字上加了一橫作爲裝飾性筆畫，作"兩"；後來爲了美觀，又將其中的一豎延長，作"兩"。

量詞"兩"産生時代很早,《尚書·牧誓序》"武王戎車三百兩"孔穎達疏:"數車之法,一車謂之一兩。"《説文·网部》"二十四銖爲一兩"徐灝注箋:"凡雙行者皆曰兩,故車兩輪,帛兩端,履兩枚皆以兩稱。"如徐氏所言,則"兩"用作車的量詞正是其數詞"二"義發展而來。其實唐人也已經注意到了,《詩經·鵲巢》:"之子於歸,百兩御之。"孔穎達疏:"謂之兩者,《風俗通》以爲車有兩輪,馬有四匹,故車稱兩,馬稱匹。"《史記·貨殖列傳》:"牛車百兩。"張守節正義:"箱轅及輪兩兩而偶之稱兩也。"由於文字的孳乳,後世遂加"車"作"輛",但先秦兩漢文獻中"輛"未見,均作"网"或"兩"。

從出土文獻來看,量詞"兩"早在西周金文已見,字書作"兩":

(1) 孚(俘)車卅兩。(小盂鼎,集成 5.2839)

劉世儒先生認爲:"但'車'稱'兩'在上古畢竟還不多見;到了漢代纔逐漸有所發展。"① 與稱量車的量詞"乘"相比,上古文獻中"輛(兩)"的使用頻率低得多,但並非如劉世儒所説"還不多見"。首先看傳世文獻中的用例:

(2) 之子於歸,百兩御之。(詩經·國風·鵲巢)

毛傳云:"百兩,百乘也。諸侯之子嫁於諸侯,送御皆百乘。"毛傳以"百乘"釋"百兩"也説明直到漢初量詞"乘"是佔據絶對優勢地位的。又如:

(3) 武王以擇車百兩,虎賁之卒四百人,先庶國節竄戎,與殷人戰乎牧之野。(墨子·明鬼下)
(4) 湯以車九兩,鳥陳雁行。(墨子·明鬼下)
(5) 俘艾佚侯小臣四十有六,禽禦八百有三兩,告以馘、俘。(逸周書·世俘)
(6) 百韋至,告以禽宣方,禽禦三十兩。(逸周書·世俘)

---

① 劉世儒:《魏晉南北朝量詞研究》,中華書局 1965 年版,第 182 頁。

從出土簡帛文獻看，先秦簡帛中"車"亦多用量詞"乘"稱量，而用量詞"兩"者很罕見，如：

（7）鶹棶出以百兩，不亦有德虖（乎）？（上博簡·孔子詩論 13）
（8）十人，車牛一兩，見牛者一人。（睡虎地秦簡·秦律十八種·金布律 72）
（9）一脂、功閒大車一兩①，用膠一兩、脂二錘。（睡虎地秦簡·秦律十八種·司空 130）

按，"大車"即牛車。從出土先秦文獻中的用例來看量詞"兩"不僅用於馬車，也可稱量牛車。到兩漢文獻中量詞"兩"就比較常見了，其稱量對象多爲"牛車"，如：

（10）其軺車百乘，牛車千兩，木器髤者千枚，銅器千鈞。（史記·貨殖列傳）
（11）入二年戍卒，牛車十三兩。（居延新簡 EPT56.133）
（12）詡、宗各有大車一兩，用牛各一頭。（居延新簡 EPF22.657）
（13）牛車一兩，凡牛二。（金關漢簡 73EJT1：30）
（14）牛一，青、犗；大車一兩。（金關漢簡 73EJT1：45）
（15）大車一兩，大元郡中都縣陰角里陶史。（金關漢簡 73EJT5：61）

如果沒有說明是牛車，但從運載糧食、貨物來看，可以推斷也應當是牛車，如：

（16）王四郡之衆，地方數千里，内鑄消銅以爲錢，東煮海水以

---

① 該字整理者隸定爲"輛"，細審圖版其隸定有誤，當作"兩"。另，《居延漢簡》136.26："史燮賈石四百車輛折軔一。"劉世儒先生認爲"恐有問題"，載《魏晉南北朝量詞研究》，中華書局 1965 年版，第 182 頁。綜合考察漢簡用例我們也認爲該字存疑，從目前所見文獻來看"輛"字大約產生於六朝，傳世文獻所見最早用例爲《水經注》卷一六："其觀視及筆寫者車乘日千餘輛。"

爲鹽，上取江陵木以爲船，一船之載當中國數十兩車，國富民衆。（史記·淮南衡山列傳）

（17）入粟大石二十五石，車一兩，輸甲溝候官。（居延漢簡 16.2）

（18）出錢二百八十七，車一兩。（居延漢簡 30.16）

（19）入粟大石廿五石，車一兩。（居延新簡 EPT7.10）

（20）入粟三十斛，車一兩。（居延新簡 14.5）

（21）效穀陽玉里蓋安，車一兩，粟小石卅一石六斗九升大。（敦煌漢簡 1058）

（22）候長張充，車一兩，縻。（敦煌漢簡 1749）

量詞"乘"和"兩"都可以用來稱量車輛，量詞"乘"是動狀量詞，來源於其動詞"登上"義；量詞"兩"則是特指量詞，來源於數詞"二"義；不同的語義來源決定了兩個量詞在使用中是有一定的分工的。馬車一般是人乘坐的，因此用量詞"乘"；而牛車一般是用來運輸糧食等貨物的，因此一般不用量詞"乘"，而用"兩"。吉仕梅也注意到："筆者在考察了衆多漢代簡帛後發現，它們有一定分工，若是馬車，量詞一般用'乘'；若爲牛車，量詞一般用'兩'。軺車、方相（箱）車、傳車等用馬駕，故用'乘'；如轉車、運粟車等用牛拉，故用'兩'。"[1] 兩個量詞的分工在同一枚簡文中特別凸顯，如：

（23）大婢一人，二萬；牛車二兩，直四千；田五頃，五萬；軺車二乘，直萬。（居延漢簡 37.34）

（24）軺車二乘，牛車一兩。（鳳凰山 168 號墓漢簡·竹牘）

（25）隧長轉關中夫持馬四匹、畜牛八、用牛一、軺車一乘、牛車一兩歸養。（金關漢簡 73EJT5：64）

（26）取：其十三兩牛車；十五乘軺車□（金關漢簡 73EJT21：144）

從傳世兩漢文獻來看，也是如此，如《史記·貨殖列傳》："其軺車百乘，牛車千兩。"但隨著量詞語法化的發展，其源詞義的語義滯留越來

---

[1] 吉仕梅：《秦漢簡帛語言研究》，巴蜀書社 2004 年版，第 243 頁。

越弱，量詞"乘"和"兩"的分工也就逐漸模糊了，如攻城所用的衝車一般是用馬或人來牽引的，按《淮南子·覽冥訓》："大衝車，高重京。"高誘注："衝車，大鐵著其轅端，馬被甲，車被兵，所以衝於敵城也。"既可以用量詞"乘"，如《六韜·軍用》："大扶胥衝車三十六乘。"也可用量詞"兩"，如《尹灣漢簡》M6D6反："衝車卅七兩。"又如：

（27）大夫博士郎吏爲許氏學者，各從門人，會車數百兩，儒者榮之。（漢書·儒林傳）
（28）公卿大夫故人邑子設祖道，供張東都門外，送者車數百兩，醉決而去。（漢書·雋疏于薛平彭傳）
（29）牛車一乘，載□□三束。（鳳凰山8號墓漢簡85）
（30）車一兩，馬一匹。（金關漢簡73EJT9：348）

在此後的發展中，量詞"兩（輛）"逐漸取代"乘"，其分工也就不再存在，如《金關漢簡》73EJT23：897A："馬車一兩，用馬一匹，齒十二歲，牛車一兩，用牛二頭。"

2. 駟₁

《説文·馬部》："駟，一乘也。"段玉裁注引《周禮·校人》鄭衆注云："四馬爲乘。"其本義是"駕一輛車的四匹馬"或"四匹馬所駕的車"，由此引申爲稱量四馬所駕之車的個體量詞，或爲稱量駕車的四匹馬的集體量詞。用作個體量詞的"駟"先秦兩漢文獻已見，如：

（1）凡用兵之法，馳車千駟，［革車千］乘，帶甲［十萬，千］里而饋糧。（銀雀山漢簡·孫子兵法9正）
（2）遣太傅齎黃金千斤，文車二駟。（戰國策·齊策四）
（3）時駒四匹，木禺龍欒車一駟。（史記·周本紀）①
（4）楚王使使者持金百鎰、車二駟，往聘迎之。（列女傳·賢明傳）

量詞"駟"所稱量的"車"包含了"四馬"，故其稱量的中心詞也

---

① 《漢書》引上句音義曰："禺，寄也，寄生龍形於木也。"司馬貞索隱："禺，音偶。謂偶其形於木，禺馬亦然。欒車，謂車有鈴，乃有和欒之節，故取名也。"

可車馬連用：

（5）木禺車馬一駟。（史記·周本紀）
（6）齊王使淳于髡之趙請救兵，齎金百斤，車馬十駟。（史記·滑稽列傳）

"駟"用作量詞更常見的是用作集體量詞，稱量"馬"，而稱量"車"的個體量詞多用"乘"，其使用頻率也是遠遠高於"駟"；由於其語源不同，二者稱量對象也有別，如：

（7）於是楚王發使一駟，副使二乘，追公子晳濮水之上。（説苑·善説）

量詞"駟"稱量的對象一定是一車四馬，而如上文所言量詞"乘"稱量的對象則不一定限於四匹馬，因此"發使一駟，副使二乘"説明正使所駕之車爲一車駟馬，而副使所駕之車則可能並不是四匹馬所駕。

在此後的發展中，量詞"駟"並沒有得到進一步語法化的機會，而是很快被量詞"乘""輛（兩）"所取代。有趣的是，上古文獻中的量詞"駟"在後世輾轉傳抄的時候往往會改爲量詞"乘"，如銀雀山漢簡《孫子兵法》9正："凡用兵之法，馳車千駟，［革車千］乘，帶甲［十萬，千］里而饋糧。"今本亦作"馳車千駟"，而《太平御覽》則引作"馳車千乘"。

3. 丙

"丙"字甲骨文已見，應當是象形字，但所像之物學界仍未有定論，《爾雅·釋魚》："魚尾謂之丙。"郝懿行義疏："魚尾鰭與燕尾同狀，如篆書丙字。"《説文·丙部》："丙承乙，象人肩。"後假借作天干之名。

在甲骨文中，"丙"既可以用作"馬"的量詞，也可以用作"車"的量詞。所謂"車一丙"，應當是指一輛車。"據統計，在已發掘的十八座殷車馬坑中，一車兩馬的十三座，四馬一座，四座不詳。可見殷代一車兩馬爲常。"① 例如：

---

① 也有學者認爲，"車一丙"當指"一車兩馬"，那麼"馬一丙"則指"馬兩匹"。張玉金：《甲骨文語法學》，學林出版社2001年版，第20頁。

（1）擒危美……人二十四人，馘千五百七十，□百……丙，車二丙。（合 36481 正）

到西周金文中，"丙"用作量詞僅一例，用作稱量"馬"的集體量詞，而稱量"車"的個體量詞用法已經爲新興的專用量詞"兩"和"乘"所替代。此外值得注意的是，從甲骨文和西周金文字形的發展來看，"兩"像由兩個"丙"字並列而來，則"丙"可能是"兩"的初文①，但學界仍未有定論，暫按傳統觀點分開論述。

4. 艘（梭/㮲/廋）

《説文·木部》："梭，船總名。從木，叟聲。"段玉裁注："《漢書·溝洫志》：'漕船五百梭。'其字從木，古本從手。"後來將"木"部改爲"舟"部作"艘"。其字形發展爲"梭→㮲→艘"。《玉篇·木部》："梭，船總名。或作艘。㮲，同上。"

"艘（梭）"的本義是名詞"船之總名"，如《説苑·雜言》："惠子曰：子居艘楫之間則吾不如子。"由此引申爲稱量船隻的個體量詞，目前所見最早用例是《里耶秦簡》，字均書寫作"㮲"，如：

（1）令史雛律令沅陵，其假船二㮲（艘），勿留。（里耶秦簡 6—4）
（2）五石一鈎七斤，度用船六丈以上者四㮲（艘）。（里耶秦簡 8—1510）

兩漢文獻亦可見，如：

（3）舩（船）一㮲（艘）。（鳳凰山 8 號墓漢簡 78）
（4）謁者二人發河南以東漕船五百㮲（艘）。（漢書·溝洫志）

但傳世文獻中字多作"艘"，如：

（5）句踐伐吴，霸關東，徙琅琊，起觀臺，臺周七里，以望東

---

① 陳夢家《殷虛卜辭綜述》，中華書局 1988 年版，第 94 頁。

海。死士八千人，戈船三百艘。（越絶書·記地傳）
　　（6）大船萬艘，轉漕相過。（杜篤《論都賦》）

字或作"廋"，通"艘"：

　　（7）越王乃使大夫種索葛布十萬，甘蜜九党，文笥七枚，狐皮五雙，晉竹十廋，以復封禮。（吴越春秋·勾踐歸國外傳）

　　晉當通"箭"，故晉竹即箭竹，"晉竹十廋"當爲"十船箭竹"之義。魏晉南北朝以後，量詞"艘"的使用頻率越來越高，劉世儒先生説："在南北朝，對於'船'來説，還是不拘大小都可適用的。到了現代漢語就不然。一般説，'艘'祇能適用於大船，至於小船，大都已改用'隻'，不稱'艘'了。"[①] 總體來看，先秦兩漢文獻中量詞"艘"用例尚少，量詞"隻"也沒有稱量"船"的用法，因此這種分工也還沒有出現。

（二）人員類

　　稱量對象爲"人"的專用個體量詞在先秦兩漢文獻中有"人""夫""伯""員"四個，其中"人"在甲骨文中是一個拷貝型量詞，但迅速泛化，其修飾的中心詞不再限於"人"，可用於其他指人的名詞，故列於此；量詞"夫"和"伯"，最早均見於金文，其名詞性一直很强；量詞"員"直到東漢纔産生，用例罕見，但卻是最有發展前途的量詞。

1. 人

　　人，從甲骨文看像側立的人形，其本義是名詞"人"，由此引申爲稱量"人"的個體量詞。甲骨文中已見，如合00137反："五日戊申，方亦征，俘人十又六人。"這種和前面名詞同形的量詞學界稱之爲"拷貝型量詞"或"回應量詞（echo-classifier）"，也有學者認爲這祇是數詞前面名詞的重復，而非量詞。但結合其他量詞語言中的拷貝型量詞來看，我們認爲這裏的"人"已經開始了其語法化，與前面的名詞"人"在語法功能上有了區别。金文亦可見，如：

　　（1）孚（俘）人萬三千八十一人。（小盂鼎，集成5.2839）

[①] 劉世儒：《魏晉南北朝量詞研究》，中華書局1965年版，第187頁。

但是，無論在甲骨文還是在金文中，"人"用作拷貝型量詞都很罕見，僅有寥寥數例，因爲早在甲骨文中量詞"人"已經進一步語法化，修飾的中心詞可以是其他表示"人"的名詞，也正因如此我們没有將"人"放到拷貝型量詞中討論。甲金文中其稱量詞對象包括羌、鬲等，如：

（2）妥來羌二人，祉，丁用。（合00228）
（3）甲午卜，貞翌乙未屮于［祖乙］羌十人，卯牢一屮一牛。（合00324）
（4）丁卯卜，貞屮于於祖乙牢，羌三人。（合00501）
（5）臣十家，鬲百人。（作册矢令簋，集成8.4300）

西周到兩漢文獻中，"人"可以用作量詞則是毫無疑問的，如：

（6）太保命仲桓、南宫毛俾爰齊侯吕伋，以二干戈、虎賁百人逆子釗於南門之外。（尚書·顧命）
（7）有美一人，婉如清揚。（詩經·國風·野有蔓草）
（8）吾有司死者三十三人，而民莫之死也。（孟子·梁惠王下）
（9）農戰之民百人，而有技藝者一人焉，百人者皆怠於農戰矣。（商君書·農戰）
（10）斗食吏三人，一月奉用錢二千七百，一歲奉用錢三萬二千四百。（居延漢簡4.11）
（11）故居延尉丞王卿妻宣君子小女君至吏十四人私從者。（金關漢簡73EJT1：12）
（12）車師侯伯與妻子人民黎十黎人，願降歸德。（敦煌漢簡88）
（13）侯家丞十八人，僕行人門大夫五十四人，先馬中庶子二百五十二人，凡三百廿四人。（尹灣漢簡牘1正）

先秦兩漢文獻中，量詞"人"與數詞一起組成的數量結構衹能後附於名詞，即衹能用於"N+Num+Cl"結構，因此其名詞性很强，而量詞性始終不强，因此學界對這裏的"人"是量詞還是名詞一直没有定論。范崇高[①]、

---

① 范崇高：《名量詞"人"示例》，《中國語文》2003年第3期。

王紹新①、李建平②先後多次指出在隋唐五代時期量詞"人"可以在"Num+Cl+N"結構中用作典型的名量詞，如"四人宰相"（《舊唐書·宦官·王守澄》）、"三人力士"（《太平廣記》卷113引《法苑珠林》）、"八百人無主健兒"（《太平廣記》卷310引《河東記》）等，雖然這種用法並不多見，而且五代以後就消亡了，但並不能否認"人"在特定歷時階段的量詞屬性。

2. 夫

《説文·夫部》："夫，丈夫也。"本義是成年男子的通稱，由此引申虛化爲稱量"人"的量詞。甲骨文未見用例，最早見於西周金文中，而且適用範圍較寬，可以和人鬲（筆者按：俘虜或奴隸）、僕、人等多個表人的名詞相搭配，如：

（1）厥人鬲廿夫。（中甗，集成3.949）

（2）白大師易（賜）白（伯）克僕卅夫。（伯克壺，集成15.9725）

（3）凡用即智覓田七田，人五夫。（智鼎，集成5.2838）

（4）用眾一夫曰益。（智鼎，集成5.2838）

（5）凡散有司十夫。（散氏盤，集成16.10176）③

此後文獻中亦多見，如：

（6）佣（俑）所生芬（万？）六夫，□溪六夫，□三（四）夫，□三（四）夫，羕甫三（四）夫，屍一夫，迾二人，桼（漆）一夫，樊（焚）牛一夫，芹二夫，曾□（一）□（夫），莒一夫，杙浮二夫，黎二夫，桐溪一夫，瓖一人，□夜二夫，□□二夫，□二夫，□一夫，斲姑長昜三夫，郯䥇三夫，瓖一夫，二罇二公鄒二夫，旃一夫。（曾侯乙墓簡212—213）

（7）厥征天民名三百六十夫。（逸周書·度邑）

---

① 王紹新：《試論"人"的量詞屬性》，《中國語文》2005年第1期。
② 李建平：《隋唐五代量詞研究》，山東人民出版社2016年版，第74頁。
③ 以上五例引自潘玉坤：《西周金文語序研究》，華東師範大學出版社2005年版，第175—176頁。

(8) 維天建殷，其登名民三百六十夫。（史記·周本紀）

先秦兩漢文獻中量詞"夫"與數詞組成的數量結構祇能後附於名詞，即"N+Num+Cl"結構，因此其語法化程度始終不高。在此後的發展中，隨著稱量"人"的專用量詞"個（介）"等的迅速發展成熟，量詞"夫"也沒能繼續其語法化歷程，逐漸退出了歷史舞台。

3. 伯（白）

《説文·白部》："白，西方色也。"郭沫若《金文叢考》："此實拇指之象形……拇爲將指，在手足俱居首位，故白引申爲伯仲之伯，又引申爲王伯之伯，其用爲白色字者乃假借也。"① "白（伯）"用作量詞即由"王伯之伯"引申而來，因此受源詞詞義滯留的限制其計量對象僅限於官長，僅見於西周金文中，如：

(1) 易（賜）女（汝）邦嗣（司）三（四）白（伯），人鬲自馭至於庶人六百又五十又九夫；易（賜）尸（夷）嗣（司）王臣十又三白（伯），人鬲千又五十夫。（大禹鼎，集成 5.2837）

(2) 易（賜）奠（甸）七白（伯），氒□□又五十夫。（宜侯夨簋，集成 8.4320）

"白（伯）"用作量詞先秦兩漢其他文獻未見。

4. 員

《説文·員部》："員，物數也。"段玉裁注："本爲物數，引申爲人數，俗稱官員。漢百官公卿表曰：'吏員自佐史至丞相，十二萬二百八十五人是也。'數木曰枚、曰梃；數竹曰箇；數絲曰紀、曰總；數物曰員。"劉世儒先生認爲："但表'物數'的用法，秦漢以來已經罕見，一般所看到的都已經是祇用於稱'人'了（如《漢書·武帝紀》：'丞相弘請爲博士置弟子員'，這還是名詞用法）。由此引申，到了南北朝就用成爲量詞了（但仍多祇是用於'生徒'，即後來所謂'生員'的）。"② 其實，量詞"員"漢代文獻已見，如：

---

① 郭沫若：《釋白》，《郭沫若全集》第五卷，人民出版社 1954 年版，第 193 頁。
② 劉世儒：《魏晉南北朝量詞研究》，中華書局 1965 年版，第 165 頁。

（1）擇能者而書之，公卿刺史掾從事，茂才孝廉且二百員。（潛夫論·實貢）

但量詞"員"在漢代文獻非常罕見，魏晉以後開始廣泛使用。
（三）動植物類
先秦兩漢時期稱量對象爲動物的個體量詞往往是用其有突出特徵的部分來代整體，如"頭""足""蹄""皮"等；稱量對象爲植物的個體量詞則往往是用種名代替屬名，如"樹""木"等；均屬於替代型個體量詞。但稱量動植物的個體量詞"匹"和"章"的語源則是與當時制度有關，其語義滯留也限制了其適用範圍的進一步發展。

1. 匹$_1$
《説文·匸部》："匹，四丈也。"但由於其度量衡量詞義出現甚晚，顯然非其本義。"匹"甲骨文未見，最早見於西周金文，但從金文字形來看其本義未明；用作稱量"馬"的個體量詞西周金文已見，如：

（1）易（賜）女（汝）馬十匹、牛十。（卯簋蓋，集成8.4327）
（2）王召走馬雁，令取誰（雖）騾卅二匹易（賜）大。（大鼎，集成5.2807）

從傳世文獻來看，早在《尚書》中已見，如：

（3）賚爾秬鬯一卣，彤弓一，彤矢百，盧弓一，盧矢百，馬四匹。（尚書·文侯之命）

從出土簡帛文獻看，先秦簡帛文獻中楚簡、秦簡均可見，但用例均不多見，如：

（4）晶（參）騾=（匹）漆甲，黄紡之縢；騾=（匹馬）索（素）甲，紫市之縢。（曾侯乙墓簡129—130）
（5）三騾=（匹）畫甲，玄市之縢；騾=（匹馬）（曾侯乙墓簡131）

整理者認爲:"'𩡺'亦見於曾姬無卹壺,從'馬''匹'聲,即馬匹之'匹'的專字。"《曾侯乙墓簡》中該字共出現6例,3例有合文符號,3例没有。有合文符的3例,顯然是"匹馬"之合文;没有合文符號的3例中,該字均位於"數詞+𩡺+(之)+形容詞+甲"結構中,但馬匹之"匹"没有稱量"甲"的語法功能,而如果將其同有合文符的情况同樣理解爲"匹馬"之合文,"數詞+匹+馬"修飾鎧甲,則既合乎語法,也文從字順。因此此3例"𩡺"仍爲"匹馬"之合文,我們推測可能當時書寫者漏寫了合文符。又如:

(6)課駃騠,卒歲六匹以下到一匹,貲一盾。(睡虎地秦簡·秦律雜抄27—28)

(7)甲小未盈六尺,有馬一匹自牧之,今馬爲人敗,食人稼一石,問當論不當?不當論及賞(償)稼。(睡虎地秦簡·法律答問158)

從傳世文獻來看,東周至兩漢文獻中就很常見了,如:

(8)今簡子之家,飾車數百乘,馬食菽粟者數百匹,婦人衣文繡者數百人。(墨子·貴義)

(9)奉束帛,匹馬卓上,九馬隨之,中庭西上。(儀禮·覲禮)

(10)湛之縻醢,而賈匹馬矣。(晏子春秋·内篇雜上)

(11)有市之鄉三十,駿馬千匹,萬户之都二。(吴越春秋·闔閭内傳)

(12)塞之斥也,唯橋姚已致馬千匹,牛倍之,羊萬頭,粟以萬鐘計。(史記·貨殖列傳)

(13)天子乘馬六匹,諸侯四匹,大夫三匹,元士二匹,下士一匹。(説苑·修文)

(14)傳馬三匹,廄佐一人,徒四人。(居延漢簡3.33)

(15)驛馬騂一匹。(居延漢簡10.18)

(16)攝食候長、候史私馬廿匹,積千七百六十匹。(居延新簡EPT4.78)

(17)中營左騎士,利上里馬奉親,馬一匹,駹牡,左剽,齒四

歲，高五尺八寸。(居延新簡 EPT51.12)

在不同動物同時用一個量詞稱量時，也可以適用于其他動物，如：

(18) 萊人使正輿子賂夙沙衛以索馬牛皆百匹。(左傳·襄公二年)
(19) 名王騎將以下三萬九千人，得馬牛驢羸橐佗五萬餘匹，羊六十余萬頭，烏孫皆自取鹵獲。(漢書·季布欒布列傳)

單獨稱量牛、驢、駱駝等其他動物的用例，如：

(20) 獻橐他一匹、騎馬二匹、駕二駟。(史記·匈奴列傳)
(21) 姑墨爲王獻白牡橐佗一匹，牝二匹，以爲瘦，不如實，冤。(懸泉漢簡Ⅱ0216②：880)
(22) 得橐佗一匹還未到。(居延漢簡 229.2)
(23) 私驢一匹，騅牡。(敦煌漢簡 536)
(24) 獻驢一匹，騂牡。(敦煌漢簡 1906)
(25) 牛一匹，名黑。(鳳凰山8號墓漢簡 86)①

劉世儒認爲："'匹'在上古是以量獸類爲限的，後來由此逐步緊縮，到了南北朝纔固定於量'馬'的。"② 但從早期用例來看其發展軌迹並非如此，先秦文獻中的用例除了《左傳》中"一量對多名"情況外，量詞"匹"稱量的對象祇能是"馬"，不能稱量牛、羊、駱駝等其他動物，直到漢代纔看到稱量其他動物的用例，主要用於牛、駱駝、驢等牲畜，但

---

① 按，整理者注："出土有黑色木牛一件。"
② 按，《孟子·告子》："力不能勝一匹雛。"這似乎是用於禽類的例子，但是劉世儒指出這個例子"值得懷疑"，"就這個時代的詞序規律説，陪伴詞這樣前附於中心詞似乎還不可能；前人認爲這'匹'只是'尐'之誤字，尐誤疋，因又誤匹。(説見《説文通訓定聲》；又《十三經註疏校勘記》：'方言尐，小也，音節；蓋與疋字相似，後人傳寫誤耳。')"我們認爲劉氏的説法是可信的，無論從語法來看，還是從先秦兩漢文獻的實際使用情況來看，古代文獻中量詞"匹"都不能用於禽類。(另，近代作品中有"一匹麻雀"之類的用法，可能是受日語的影響所致，古代文獻中并不存在此類用法。)

牛、駱駝等既可以用"匹"稱量,也可以用"頭"來稱量,而且用"匹"的用例明顯遠遠少於用"頭"者。因此我們推斷,量詞"匹"本來就是稱量"馬"的專用量詞,但用於"一量對多名"的時候,由於量詞"匹"產生時代早、使用頻率高,在人們的心目中具有更穩固的地位,因此在"一量對多名"情況中一般多用量詞"匹";秦漢以後,量詞"匹"的使用範圍逐漸擴大到牛、駱駝等其他獸類,但由於其他獸類此時已經發展出自己的專用量詞,所以量詞"匹"用於稱量"馬"以外的其他獸類的用例使用頻率很低。

古代馬往往是用來駕車的,車馬往往可以連用,因此"匹"也可以用作綜合的稱量,如:

（26）別之河內,擊趙將賁郝軍朝歌,破之,所將卒得騎將二人,車馬二百五十匹。(史記·傅靳蒯成列傳)

戰國以後,騎兵逐漸代替車兵,因此也可以用於綜合稱量,如:

（27）故李牧乃得盡其知能,選車千三百乘,轂騎萬三千匹。(漢書·張馮汲鄭傳)

字亦可書作"疋",《廣韻·質韻》:"匹,俗作疋。"這一字形早在先秦文獻已見,如:

（28）車六百乘,騎五千疋。(戰國策·魏策一)
（29）勞用白驂二疋,野馬野牛四十,守犬七十,乃獻食馬四百,牛羊三千。(穆天子傳·卷三)
（30）客有直之者,有市之鄉二,駿馬千疋,千户之都二,可乎?(越絶書·寶劍)
（31）有市之鄉二、駿馬千疋、千户之都二,何足言哉!(越絶書·寶劍)

對於量詞"匹"的語源,學界歷來多有爭議,《太平御覽》卷八一八引《風俗通義》云:"馬稱匹者,俗説:相馬比君子,與人相匹。或曰:

馬夜行，目明照前四丈，故曰一匹。或説：度馬縱横，適得一匹。或説：馬死賣得一匹帛。或云：春秋左氏説：'諸侯相贈，乘馬束帛。'束帛爲匹，與馬相匹耳。"這裏就包括了五種觀點，我們按劉世儒的方式將其歸爲兩派：

一是起源於"匹配""匹偶"義的，又包括兩小類。其一，取"馬"與人相匹配，即"馬稱匹者，俗説：相馬比君子，與人相匹。"其二，取"馬"與"束帛"相匹配的，即"或云：春秋左氏説：'諸侯相贈，乘馬束帛。'束帛爲匹，與馬相匹耳。"

二是起源於"馬"與"布匹"之間關係的，又包括三類。其一，取馬之視力的，即"或曰：馬夜行，目明照前四丈，故曰一匹。"其二，取馬之長度的，即"度馬縱横，適得一匹"。其三，取"馬"死後價格的，即"馬死賣得一匹帛"。

此外，《説文·匚部》"匹"字段注認爲取自"公馬"與"母馬"相匹配："馬稱匹者，亦以一牝一牡，離之而云匹。"《文心雕龍·指瑕篇》："原夫古之正名，車兩而馬疋，疋兩稱目，以並耦爲用。蓋車貳佐乘，馬儷驂服，服乘不隻——故名號必雙，名號一正，則雖單爲疋矣。"劉世儒先生認爲"比較起來恐怕還是劉氏和段氏的説法可靠些"，"大約在當初，'匹'是可以泛用於一切有'匹偶'可説之物的。……若論語源，'一匹馬'和'一匹人'，原本都是可以的，'一匹人'並不比'一匹馬'不合理。"[1]

按，量詞"匹"用於"馬"早在《尚書》和西周金文已見，可見這個量詞產生之早，而且早期用例都是用於量"馬"的，没有其他獸類，當然也從來没有用於"人"，我們認爲這是與上古"馬"用於駕車有關的，商代遺址中出土的車一般都是"一車兩馬"，到商代後期戰車逐漸發展爲"一車四馬"，仍然是"兩兩匹配"的，因此量詞"匹"的語源當如劉勰《文心雕龍》所言取自駕車之馬的兩兩相配。

2. 章

"章"有大木材之義，《漢書音義》曰："章，材也。舊將作大匠掌材曰章曹掾。"由此可以引申作稱量大型樹木的個體量詞，用例罕見，如：

---

[1] 劉世儒：《魏晉南北朝量詞研究》，中華書局1965年版，第186頁。

（1）木千章，竹竿萬個。（史記·貨殖列傳）

《漢書·貨殖傳》作："木千章，竹竿萬个。"僅"個"和"个"之書寫形式不同而已。又如：

（2）水居千石魚陂，山居千章之材。（史記·貨殖列傳）

裴駰集解引如淳曰："章，大材也。"《漢書·貨殖傳》作："山居千章之萩。"顏師古注："萩，即楸樹字也。"孟康曰："萩任方章者千枚也。"可見這裏的"章"名詞意味還很濃。

雖然用例不多，但此後文獻仍在使用，如《新唐書·隱逸傳·秦系》："南安有九日山，大松百餘章，俗傳東晉時所植。"

（四）等級類

稱量對象之級別的個體量詞有"等""級"兩個，但其語源不同，也限制了其適用範圍的發展，由於二者在適用範圍上的互補性，二者均一直沿用下來。值得注意的是，"石"本是衡制量詞，後用作表示官秩的個體量詞，亦有"級別"之義，故同列於此。

1. 等

《說文·竹部》："等，齊簡也。"段玉裁注："齊簡者，疊簡冊齊之，如今人整齊書籍也。引申爲凡齊之偁。凡物齊之，則高下歷歷可見，故曰等級。"本義是動詞"整齊竹簡"，引申可以有"級別"義，輾轉引申爲稱量事物等次的個體量詞。但在先秦文獻中，"Num+等"結構修飾的名詞往往是不出現的，還有很多名詞"等級"的意味，如：

（1）賓筵前坐，正纚，興，降西階一等。（儀禮·士冠禮）
（2）上射先升三等，下射從之，中等。（儀禮·鄉射禮）
（3）出，降一等，逞顏色，怡怡如也。（論語·鄉黨）

但更爲虛化的用法早在先秦文獻中也已經很常見了，其適用對象也非常廣泛，可以表示喪服、祭祀、賓客的規格，如：

（4）兄弟皆在他邦，加一等。（儀禮·喪服）

（5）大夫、公之昆弟，大夫之子，於兄弟降一等。（儀禮·喪服）

（6）纁三采六等，朱、白、蒼。（儀禮·聘禮）

（7）其貴國之賓至，則以班加一等，益虔。（國語·周語中）

亦可用於官職、勝負、風、罪行的等級等，如：

（8）以上至大夫，其官級一等，其墓樹級一樹。（商君書·境內）

（9）凡用兵，勝有三等。（商君書·立本）

（10）風有八等，水有六川。（呂氏春秋·有始）

（11）其索受賕，亦與盜同法；遺者罪減焉一等。（龍崗秦簡148—149）

到兩漢文獻中，量詞"等"的使用頻率進一步增加，適用範圍也獲得了進一步拓展，如：

（12）故天子之於其下也，加五等，已往則以爲臣；臣之於下也，加五等，已往則以爲僕。（新書·服疑）

（13）用封五等：公、侯、伯、子、男。（史記·漢興以來諸侯王年表）

（14）其有罪又減二等。（史記·平準書）

（15）金有三等，黃金爲上，白金爲中，赤金爲下。（史記·平準書）

（16）今子荆國有名大夫而減三等。（新序·義勇）

（17）其喪父母，則降服一等。（列女傳·母儀傳）

（18）選賢實士，各有一等。（吳越春秋·勾踐陰謀外傳）

（19）爵有五等，以法五行也；或三等者，法三光也。（白虎通義·爵）

（20）制土三等何？因土地有高、下、中。（白虎通義·封公侯）

（21）盛德始封百里者，賜三等，得征伐、專殺、斷獄。七十里伯始封賜二等，至虎賁百人。（白虎通義·考黜）

(22) 今耳目聞見與人無別，遭事睹物與人無異，差賢一等爾，何以謂神而卓絕？（論衡·知實）

(23) 復加故罪一等。（太平經·己部之一）

(24) 又王氣弱於帝氣，卑於帝氣爲一等，故少之也。（太平經·庚部十三）

劉世儒先生提出，"等"用作量詞有兩個系統，一是表示人的"等類"，二是表示"等級"①。以上用例多表示"等級"之義，表人之"等類"用法在先秦兩漢時期使用頻率還比較低，如：

(25) 士有九等，皆得其宜曰材多。（逸周書·本典）

(26) 王者官人有六等：一曰師，二曰友，三曰大臣，四曰左右，五曰侍御，六曰廝役。（新書·官人）

後來量詞"等"進一步語法化爲詞綴，應當就是由這個系統發展而來。

2. 級

《說文·糸部》："級，絲次第也。"段玉裁注："本謂絲之次第，故其字從糸。引申凡次第之稱。"用作個體量詞先秦兩漢文獻已經常見，多用以稱量"爵位"，如：

(1) 其有爵者乞無爵者以爲庶子，級乞一人。（商君書·境內）

(2) 爵自一級已下至小夫命曰校徒、操，出公。爵自二級已上至不更命曰卒。（商君書·境內）

(3) 爵自二級以上有刑罪則貶，爵自一級以下有刑罪則已。（商君書·境內）

(4) 則陷隊之士人賜爵一級。（商君書·境內）

(5) 欲歸爵二級以免親父母爲隸臣妾者一人，及隸臣斬首爲公士，謁歸公士而免故妻隸妾一人者，許之。（睡虎地秦簡·秦律十八種·軍爵律 155—156）

---

① 劉世儒：《魏晉南北朝量詞研究》，中華書局1965年版，第150頁。

（6）後坐騎至廟，不敬，有詔奪爵一級，爲關内侯，失列侯，得食其故國邑。（史記·張蒼列傳）

（7）元年冬十二月，趙隱王如意薨。民有罪，得買爵三十級以免死罪。賜民爵，户一級。（漢書·惠帝紀）

（8）吏所興能捕若斬一人，拜爵一級。不欲拜爵及非吏所興，購如律。（張家山漢簡·二年律令61）

按秦國制度，戰爭中斬敵首一，賜爵一級，故稱爲"首級"，《後漢書·光武帝紀上》："光武奔之，斬首數十級。"李賢注："秦法，斬首一，賜爵一級，故因謂斬首爲級。"因此以"級"爲所斬之首的個體量詞。這種用法在秦漢文獻中多見，如：

（9）攻城，先登陷陣，斬縣令丞各一人，首十一級，虜二十人，遷郎中騎將。（史記·樊噲列傳）

（10）兵夜追之不得，行捕斬首虜凡萬九千級。（漢書·匈奴傳上）

（11）羌虜大破，斬首數千級，餘皆走出塞。（漢書·馮奉世傳）

（12）秦兵大敗楚師，斬首數萬級。（新序·節士）

（13）斬捕八級，拜爵各三級；不滿數，賜錢級千；斬首捕虜毋過人三級，拜爵皆毋過五大夫，必頗有主以驗不從法狀。（孫家寨漢簡258）

也可用來計量俘虜的數量，這是把俘獲的俘虜與斬獲的敵人首級同樣作爲計算戰績的單位，《漢書·衛青傳》顔師古注："漢以斬敵一首拜爵一級，故謂一首爲一級，因復名生獲一人爲一級也。"如：

（14）斬輕鋭之卒，捕伏聽者三千七十一級。（史記·衛將軍驃騎列傳）

（15）今車騎將軍青度西河，至高闕，獲首虜二千三百級，車輜畜産畢收爲鹵，已封爲列侯。（史記·衛將軍驃騎列傳）

後來"台階"等其他事物的"等級"也可以用"級"來稱量，如：

(16) 陛九級者，堂高大幾六尺矣。(新書·階級)

但這類用法先秦兩漢文獻用例罕見，更泛化的用法在先秦兩漢時期文獻中也還沒有出現，如稱量"佛塔"，《魏書·釋老志》："是歲始作五級佛圖。"

3. 石₁

石，本是衡制量詞，秦漢時期官員俸祿用穀物發放，以石作爲計量單位，而俸祿多少是由官階決定的，所以就用俸祿穀物的石數來表示官位品級。用"石"表示官員的品級，最早在秦統一前的文獻中就可以看到了，如：

(1) 王因收吏璽自三百石以上皆效之子之，子之大重。(韓非子·外儲説右下)
(2) 可（何）謂"宦者顯大夫"？宦及智（知）於王，及六百石吏以上，皆爲"顯大夫"。(睡虎地秦簡·法律答問 191)

先秦文獻中"石"用作官秩的個體量詞使用頻率不高，到兩漢時期文獻中就非常常見了，如：

(3) 得王、柱國各一人，二千石以下至五百石三十九人。(史記·傅靳蒯成列傳)
(4) 孝文帝元年，舉故吏士二千石從高皇帝者，悉以爲關内侯，食邑二十四人，而申屠嘉食邑五百户。(史記·張丞相列傳)
(5) 得丞相一人，將軍十二人，二千石已下至三百石十一人。(史記·樊酈滕灌列傳)
(6) 相、二千石往者，奉漢法以治，端輒求其罪告之，無罪者詐藥殺之。(史記·五宗世家)
(7) 賜給喪事者，二千石錢二萬，六百石以上萬，五百石、二百石以下至佐史五千。(漢書·惠帝紀)
(8) 右鄣候一人秩比六百石。(居延漢簡 259.2)
(9) 相國、御史及二千石官所置守、叚（假）吏，若丞缺，令一尉爲守丞，皆得斷獄。(張家山漢簡·二年律令 102)

值得注意的是，早期所謂的"六百石""千石"都是實指的，也就是實際發放的俸祿之數，但後來實發的數量經常達不到固定標準，逐漸變爲虛指。西漢時期不再以穀物作爲俸祿，而是以錢爲俸，故稱秩若干石、月俸若干錢；到東漢時期則改爲半穀半錢，而以穀數爲標準，所以稱秩若干石、月俸若干斛。《漢書・百官公卿表上》顏師古題解："漢制：三公號稱萬石，其俸月各三百五十斛穀。其稱中二千石者月各百八十斛，二千石者百二十斛，比二千石者百斛，千石者九十斛。"① 後世隨著俸祿不再以穀物計量這種制度也就退出了歷史舞台，但在仿古文獻中仍常常可見。

（五）層次類

稱量對象爲層次的個體量詞有"成""層""重""辟""襲""增""絫"等七個，其語源、分工各有不同，匯列於此，共同討論。

1. 成₁

《説文・戊部》："成，就也。"《玉篇・戊部》："成，畢也。"其本義是"完成""實現"之義，分層級的事物之一層有部分完成之義，因此引申而有"重""層"義，故可用作表示層數的個體量詞。先秦兩漢文獻多見，《廣雅・釋詁四》："成，重也。"《周禮・秋官・司儀》："將合諸侯，則令爲壇三成。"鄭玄注引鄭司農云："三成，三重也。"《吕氏春秋・音初》："爲之九成之臺。"高誘注："成，猶重。"又如：

（1）一成爲敦丘，再成爲陶丘，再成銳上爲融丘，三成爲昆侖丘。（爾雅・釋丘）
（2）東望恒山四成。（山海經・西山經）
（3）有草焉，方莖而黄華，員葉而三成，其名曰焉酸，可以爲毒。（山海經・中山經）
（4）璜臺十成，誰所極焉？（楚辭・天問）
（5）託九成之孤岑兮，臨萬仞之石溪。（馬融《長笛賦》）
（6）漸臺臨池，層曲九成。（王延壽《魯靈光殿賦》）

表"層次"義的量詞，後世多用"層"；有趣的是，先秦兩漢簡帛文獻中僅4見，且3例爲《老子》相同文句的不同版本，另一例見於《上

---

① 陳夢家：《漢簡綴述》，中華書局1980年版，第135—148頁。

博簡》的遠古神話傳說《容成氏》；如：

(7) 九成之臺甲□□□□□□足下。（郭店楚簡·老子甲篇 26—27）

(8) 九成之臺，作於羸（蔂）土。百仁（仞）之高，台（始）於足下。（馬王堆帛書·老子甲 57）

(9) 九成之臺，作於蔂（蔂）土。百千之高，始於足下。（馬王堆帛書·老子乙 26 下—27 上）

(10) 是乎作爲九成之臺。（上博簡·容成氏 44）

《老子》"九成之臺"，今本多據王弼本作"九層之臺"①。但用於稱量重疊積累的東西時，先秦時代一般用"成"或"重"來表示，敦煌《老子》庚本亦作"成"，由此可見今本作"層"者當爲後人妄改。

2. 層

《説文·尸部》："層，重屋也。"段玉裁注："引申爲凡重疊之偁。"重屋，即樓房。由此引申作稱量重疊、積累的事物的個體量詞。出土先秦文獻未見，從傳世文獻看最早見於《老子》：

(1) 合抱之木，生於毫末；九層之臺，起於累土；千里之行，始於足下。（老子·第六十四章）

但從簡本和帛書本《老子》來看，"層"均作"成"，今本作"層"者當爲後人妄改。但此後的文獻中就較爲多見了，一般用來稱量"樓房"或"樓臺"如：

(2) 夫九層之臺一傾，公輸子不能正。（鹽鐵論·救匱）
(3) 楚莊王築層臺。（説苑·正諫）
(4) 遂解層臺而罷民。（説苑·正諫）
(5) 王疑之，乃閉虞姬於九層之臺。（列女傳·辯通傳）
(6) 重屋百層。（張衡《七辨》）

---

① 朱謙之：《老子校釋》，中華書局 1984 年版，第 259 頁。

（7）鴻臺百層，干雲參差。（劉梁《七舉》）
（8）重屋百層。（王粲《大暑賦》）

量詞"層"稱量的對象往往是"臺"，數詞"九"可以泛指多，因此漢代文獻往往用"九層"代指高臺，如：

（9）雖獨號於九層之内，而眾人莫爲豪氂。（列女傳·辯通傳）
（10）結靈根於磐石，託九層於岩傍。（王逸《機婦賦》）

量詞"層"稱量"臺"之外事物的用例漢代仍較爲罕見，如：

（11）大樂之野，夏后啟於此舞九代；乘兩龍，雲蓋三層。（山海經·海外西經）

"雲蓋"指形狀像車蓋的雲彩；"雲蓋三層"意思是"三層像車蓋一樣的雲彩"。

總之，"層"是一個具有遠大發展前途的量詞，漢代以後逐漸在絕大多數情況下替代了"成"和"重"，成爲使用最爲廣泛的表層次義的量詞。

3. 重

《玉篇·壬部》："重，疊也。"劉世儒先生認爲："若論語源，重該作緟；《説文》'緟，增益也'，《玉篇》'緟，疊也，複也'。"[①] 由此引申爲層次義個體量詞。用作量詞，早在先秦文獻中已經常見，[②] 如：

（1）天子棺槨七重，諸侯五重，大夫三重，士再重。（莊子·天下）

---

① 劉世儒：《魏晉南北朝量詞研究》，中華書局1965年版，第136頁。
② 《尚書·顧命》："越玉五重，陳寶，赤刀，大訓，弘璧，琬琰，在西序。"楊筠如云："五重，謂五層也。"載《尚書覈詁》，陝西人民出版社1959年版，第282頁。但屈萬里則認爲是"五組"之義，載《尚書集釋》，中西書局2011年版，第166頁。如錢宗武所言："諸家訓釋雖不盡相同，但'重'表示一個'量'的概念還是相同的。"載《今文<尚書>語法研究》，商務印書館2004年版，第102頁。但具體所指何量，疑莫能定，姑列於此。

（2）旄象豹胎必不衣短褐而食於茅屋之下，則錦衣九重，廣室高臺。（韓非子·喻老）
（3）則必錦衣九重，高臺廣室也。（韓非子·説林上）

以上諸例中，量詞"重"稱量的對象之層次一般是人爲的，當然也可以是天然的，劉世儒先生認爲這種用法是魏晉六朝新生的用法①，其實先秦兩漢文獻已見，如：

（4）必在九重之淵，而驪龍頷下，子能得珠者，必遭其睡也。（莊子·列禦寇）
（5）天有九重，人有九竅。（淮南子·天文）

而且，早在先秦時期量詞"重"不僅可以稱量具體事物的層次，而且可以稱量抽象的事物，相當於"倍"，如《逸周書·文傳》："生十殺一者，物十重，生一殺十者，物頓空。十重者王，頓空者亡。"陳逢衡注："十重，謂有十倍之孳息。"又，《墨子·非攻上》："若以此説往，殺十人十重不義，必有十死罪矣。殺百人，百重不義，必有百死罪矣。"譚家健、孫中原注曰："十重，十倍。"

量詞"重"的使用頻率在先秦兩漢文獻中非常高，其適用範圍自然也進一步拓寬，但多用於"N+Num+Cl"結構，如：

（6）諸侯之席三重，大夫再重。（禮記·禮器）
（7）天子之棺四重。（禮記·檀弓上）
（8）漸臺五重，黃金白玉。（新序·雜事）
（9）楚莊王築層臺，延石千重，延壤百里，士有反三月之糧者，大臣諫者七十二人皆死矣。（説苑·正諫）
（10）王僚乃被棠銕之甲三重，使兵衛陳於道。（吳越春秋·王僚使公子光傳）
（11）自然之道無有上，不視而氣宅十二重。（太平經·丁部之一）

---

① 劉世儒：《魏晉南北朝量詞研究》，中華書局1965年版，第137頁。

（12）故金城九重，不如事一大賢也。(太平經·己部之五)

亦可用於"Num+Cl"結構，如：

（13）圜則九重，孰營度之？(楚辭·天問)
（14）君之門以九重。(楚辭·九辯)
（15）而爲邪臣所擠，湮於百重之下。(列女傳·辯通傳)
（16）象尊常藏，猶天子居九重之内，臣下衛之也。(白虎通義·京師)
（17）今帝王居百重之内。(太平經·太平經鈔乙部)

也可以用於"Num+Cl+N"結構或"Num+Cl+之+N"結構中，如：

（18）君三重席而酢焉。(禮記·郊特牲)
（19）其法，爲其具畫像，人亦三重衣，王氣居外，相氣次之，微氣最居内。(太平經·戊部之四)
（20）齊景公使使於楚，楚王與之上九重之臺。(韓詩外傳·卷八)

先秦兩漢文獻中，量詞"重"雖然可以和虛指的數詞"九""十""百""千"組成固定的數量結構表示虛指，但是所稱量的中心詞仍是以具體事物爲主的，稱量抽象事物的用法應當是魏晉以後逐漸發展起來的，如庾信《和庾四》："離關一長望，別恨幾重愁。"

4. 辟

稱量對象層次的個體量詞，相當於"重"，見於上博簡：

（1）天子四辟［延］（筵）筥（席），邦君三辟，大夫二辟，士一辟。(天子建州·甲本8—9)

按，上博簡《天子建州》"乙本"簡8中亦有此條，文字與此完全相同。按整理者注，"延"讀爲"筵"，《説文·竹部》："筵，竹席也。"筥，楚"席"字，簡牘文獻常見。辟，當通"襞"，訓爲"摺疊"義，

《漢書·揚雄傳·反離騷》："芳酷烈而莫聞兮，固不如襞而幽之離房。"顏師古注："襞，疊衣也。"又，《文選·張協〈七命〉》："乃鍊乃鑠，萬辟千灌。"李善注："辟謂疊之，灌謂鑄之。""四辟"，猶言"四疊""四重"。古人席地而坐，以鋪設席子的層數之多寡以分尊卑。《禮記·禮器》："天子之席五重，諸侯之席三重，大夫再重。"除天子之席爲"五重"外，其他制度均與簡文相同，可見這裏的量詞"辟"相當於傳世文獻中的個體量詞"重"。

5. 襲

《說文·衣部》："左衽袍。"段玉裁注："小斂大斂之前衣死者謂之襲。"由此引申可以指"重衣"，即衣上加衣，《禮記·內則》："寒不敢襲，癢不敢搔。"鄭玄注："襲，重衣。"再引申而有"重疊""重複"之義，《爾雅·釋山》："山三襲，陟；再成，英；一成，坯。"郭璞注："襲，亦重。"其實，這裏的"襲""成""重"和"層"都是表層次、重疊之義。

先秦兩漢文獻中量詞"襲"多用於"N+Num+Cl"結構中，較爲多見，如：

（1）請以令城陰裏，使其牆三重而門九襲。（管子·輕重丁）

按尹知章注："襲，亦重也。"又如：

（2）題湊之室，棺槨數襲，積石積灰，以環其外。（呂氏春秋·節喪）

按高誘注："襲，重。"

6. 增

《廣雅·釋詁四》："增，累也。"又："增，重也。"王念孫疏證："增、曾、層並通。"《字彙補·土部》："增，與層通。"《楚辭·天問》："增城九重，其高幾里。"其中"增"即"層"義。由此而引申爲層次義量詞，如：

（1）井幹疊而百增。（張衡《西京賦》）

敦煌寫本伯 2528 號《西京賦》殘卷與此同，祇是"井幹"二字僅存左半。但先秦兩漢文獻，量詞"增"僅此 1 見。①

7. 絫₁

《說文・厽部》："絫，增也。"段玉裁注："增者，益也。凡增益謂之積絫，絫之隸變作累，累行而絫廢。"而"累"本有層次義，《正字通・糸部》："累，疊也。"《楚辭・招魂》："層臺累榭，臨高山些。"王逸注："層、累皆重也。"由此引申爲表層次義之量詞，相當於"層""重"，如：

（1）翟王之自爲室也，堂高三尺，壤陛三絫，茆茨弗剪，采椽弗刮。（新書・退讓）

量詞"絫"先秦兩漢文獻中亦不多見。

（六）言語類

"首""句""言"用作量詞所稱量的對象都與言語篇章有關，因此我們將其放在一起作爲一組共同考察。

1. 首

《說文・首部》："首，頭也。"甲骨文、金文中首字像人頭有髮之形，其本義是名詞"頭"，後引申有"端頭"之義。劉世儒先生認爲："作品稱'首'，也就正是由這種'端頭'義引申出來的（如陸雲《與兄平原書》：'扇賦腹中愈首尾，發頭一而不快'，可見作品也是有'首'有尾可說的，所以例如這'扇賦一篇'就也可以說爲'扇賦一首'。）"② 由開端義自然可泛指作品的開端，由作品的開端可以代指作品，從而引申爲稱量詩文作品的個體量詞。

從兩漢文獻來看，量詞"首"適用的對象主要是詩、文等作品，相當於"篇"，如：

（1）是以聖人持診之道，先後陰陽而持之，《奇恒之勢》乃六十首，診合微之事，追陰陽之變，章五中之情。（素問・方盛衰論）

---

① 按，量詞"增"也可能是"層"的借字，本字爲"層"，則作爲量詞是同一個詞；但從"增"的本義來看也具備獨立語法化爲量詞的語義基礎，因此本書仍將其分開討論。

② 劉世儒：《魏晉南北朝量詞研究》，中華書局 1965 年版，第 173 頁。

（2）蒯通者，善爲長短説，論戰國之權變，爲八十一首。（史記·田儋列傳）

（3）右真道九首得失文訣。（太平經·戌部之三）

（4）有六十首。（難經·十六難）①

（5）最凡有二十一首，其初二首尚知貴敦也，其二首有申重可舉者。（申鑒·時事）

（6）若彼者，以仲尼雜已而已，然則可謂八十一首，非仲尼之作矣。（申鑒·俗嫌）

其適用範圍在漢末也有擴大的趨勢，如：

（7）本求守一養性之法，凡三百首。（太平經·已部之十七）

按俞理明注："首，量詞。此指書文、或話語内容的項目，相當於'條'或'點'。"

劉世儒先生又提出"首"同"頭"一樣，用作量詞首先稱量動物，如《飛燕外傳》："龍香握魚二首。"或者稱量有端頭的"碑"等，由此使用範圍緊縮而專用於文學作品。從早期用例來看，未見用於稱量動物的用例，劉氏所舉《飛燕外傳》當系後人僞託，並非漢人作品，不足爲據；而且所謂"握魚"也不是動物，而是魚形之玉器；因此用於動物並非"首"用作量詞的源頭。到魏晉南北朝時期，量詞"首"的適用範圍進一步拓寬，但此後就逐漸收縮，最後成爲稱量詩歌的專用量詞而沿用至今。

2. 句

量詞"句"早在兩漢文獻已見，但用例非常罕見，如：

（1）右郊祀九句。九句者，陽數也。（春秋繁露·郊祀）

直到漢末佛經文獻中纔開始多見起來，如：

（2）如我爲諸弟子説十四句法。（支婁迦讖譯《阿閦佛國經》）

---

① 按，六十首當爲古代脈法之一，已失傳。

（3）其有受持是世尊，四句之義爲人説。（支婁迦讖譯《般舟三昧經》）

（4）亡一句一言若拟置以爲背佛恩。（支婁迦讖譯《道行般若經》）

按《詩經·關雎》孔穎達疏："句則古者謂之爲言。《論語》云：'詩三百，一言以蔽之，曰思無邪。'則以思無邪一句爲一言。左氏曰：臣之業在《揚之水》卒章之四言，謂第四句不敢告人也，及趙簡子稱子大叔遺我以九言，皆以一句爲一言也。秦漢以來，衆儒各爲訓詁，乃有句稱。"劉世儒先生説："'句'作爲量詞是秦漢以來的事。……到了南北朝，'句'的量詞資格又穩定了一些。"① 其實從漢譯佛經看，早在漢末"句"的量詞資格已很穩定了。

按《玉篇·句部》："句，止也，言語章句也。"《集韻·遇韻》："句，詞絶也。"量詞"句"的語源學界一般認爲來自於"停止"義，如陳榮安②等。但從歷代文獻用例來看，並不存在"句"作爲"停止"義的實際文獻用例，因此量詞"句"可能並非來源於此。《説文·亅部》"亅"字條："亅，鉤識也。"本來是用作標記的符號，按段玉裁注："鉤識者，用鉤表識其處也。……今人讀書，有所鉤勒即此。"徐灝注箋："鉤識者，亅而識之，與、而識之同意。今百工度物，至其所欲止，則鉤勒識之，亦不獨讀書用鉤勒也。"從出土簡帛文獻來看，"亅"是終結符號，用於文意的結束，一般位於上一字的正下方或者偏右，如上博簡《性情論》39—40："……人不慎，［斯］又（有）過，信矣亅。"郭店簡《老子·甲》39："攻述身退，天之道也亅。"③ 都是位於全文之末，表示全文結束之義。按，句，上古爲見母侯部；亅，上古爲見母月部；二者聲母相同，韻部侯部和月部爲旁通轉，音近可通。④ 因此，我們認爲"句"表一句話的終結當爲終止符"亅"的假借，因此而有"止""詞絶"之義；由此可

---

① 劉世儒：《魏晉南北朝量詞研究》，中華書局1965年版，第175頁。
② 陳榮安：《中文量詞歷史辭典》，（臺北）文鶴出版社2014年版，第291頁。
③ 張顯成：《簡帛文獻學》，中華書局2004年版，第200頁。
④ 上古侯部和月部可以旁通轉，如《周禮·大祝》："六曰擩祭。"鄭玄注："擩讀爲虞芮之芮。"擩，侯部。芮，月部。詳參白平《上古韻部"旁通轉"初探》，《山西大學學報》（哲學社會科學版）2011年第6期。

以用作稱量言語的量詞。①

3. 言

先秦兩漢時期可以用作"表示言語中的'句'的個體量詞"②。但其名詞性一直很强，一般與數詞組成"Num+Cl"結構獨立使用，很少用於修飾名詞，如：

（1）夫子語我九言，曰："無始亂，無怙富，無恃寵，無違同，無敖禮，無驕能，無復怒，無謀非德，無犯非義。"（左傳·定公四年）

（2）漁者一言，千金歸焉，因是還去。（越絶書·紀策考）

（3）仲父不一言教寡人，寡人之有耳，將安聞道而得度哉？（管子·霸形）

《詩經·關雎》孔穎達疏："句則古者謂之爲言。……秦漢以來，衆儒各爲訓詁，乃有句稱。"從實際使用情況來看，也的確如此，上古一般多用量詞"言"，直到漢末佛經中纔多見量詞"句"。但量詞"言"和"句"不同，"一言"不僅僅可以指一句話，還可以指一個字，如：

（4）子貢問曰："有一言而可以行之終身者乎？"子曰："其'恕'乎！"（論語·衛靈公）

（5）謚，或一言，或兩言何？文者，以一言爲謚；質者，以兩言爲謚。（白虎通義·謚）

（6）湯死後稱成湯，以兩言爲謚也。（白虎通義·謚）

（7）顧而作《太玄》五千文，支葉扶疏，獨説十餘萬言。（楊雄《解嘲》）

在此後的發展中，量詞"言"稱量句子的功能逐漸爲量詞"句"所替代，但稱量單字的功能卻一直沿用下來。

---

① 按《説文·句部》："句，曲也。"其本義是"彎曲"，引申可以指"鈎子"，後作"鈎"；而"乚"從形體來看也是鈎識符號，二者意義聯繫也很密切。

② 何樂士：《〈左傳〉的數量詞》，載《古漢語語法研究論文集》，商務印書館2000年版，第334頁。

（七）種類類

個體量詞"品""種""類""疇""般""名""科""門"都有"種類"之義，在先秦兩漢文獻中該組量詞都還有很強的名詞意味，大多使用頻率不高，用於"Num+Cl+N"結構中的用例更爲罕見，但多數量詞一直沿用下來，成爲現代漢語中的常用量詞。

1. 品

《説文·品部》："品，衆庶也。"本義是"衆多"，如劉世儒先生所言："'衆多'可分類，這就引申出'品類'義；類又可分上下，這就引申出'品級'義。作爲量詞，這兩義都有。"① 因此，量詞"品"的主要用法可以分爲兩個方面：一是表示"種類"，《廣韻·寢韻》："品，類也。"；二是表"品級"，《廣雅·釋詁四》："品，齊也。"前者的産生早於後者，後者是由前者進一步語法化而來。

量詞"品"用作"種類"義個體量詞時，其名詞性一直很強，如《尚書·禹貢》："厥貢惟金三品，瑶、琨筱、簜、齒、革、羽、毛惟木。"金三品，這里指的是金、銀、銅。又如《易經·巽·爻辭》："六四：悔亡，田獲三品。"孔穎達疏："三品者，一曰乾豆，二曰賓客，三曰充君庖厨也。"但"這還不是量詞，雖然已是量詞的形態。"② 從出土文獻看，西周金文也可見，凡4例，如：

（1）易（賜）臣三品：州人、人、庸人。（榮作周公簋，集成8.4241）

（2）易（賜）玉五品。（尹姞鬲，集成3.754）

從傳世文獻看，此類用例非常常見，如：

（3）於是庭實千品，旨酒萬鐘。（班固《東都賦》）
（4）所以謚之爲堯何？爲謚有七十二品。（白虎通義·謚）
（5）金有三品，黃比見者，黃爲瑞也。（論衡·驗符）
（6）人命有三品，歸道於野，付能用者；不能用者，付於京師，

---

① 劉世儒：《魏晉南北朝量詞研究》，中華書局1965年版，第145頁。

② 同上。

投於都市，慎無閉絶，後世無子。(太平經·丁部之四)

分類往往會蘊含著等級之義，因此量詞"品"還可以表示"等級"，相當於量詞"等"，如：

(7) 風有八等，水有六品。(淮南子·天文)
(8) 政有三品：王者之政化之，霸者之政威之，强者之政脅之。(説苑·政理)
(9) 凡五等，故周爵五等，士三品，文多而實少；春秋三等，合伯、子、男爲一爵，士二品，文少而實多。(春秋繁露·爵國)
(10) 制爵三等，禄士二品。(春秋繁露·三代改制質文)

直到漢末譯經中，出現了用於"Num+Cl+N"結構的用例，其量詞性也纔更爲凸顯出來，如：

(11) 當爲是二十品説。(安世高譯《佛説普法義經》)

但有些情況下其使用較爲寬泛，如：

(12) 楚子入饗於鄭，九獻，庭實旅百，加籩豆六品。(左傳·僖公二十二年)

何樂士認爲："表物體的個體量詞，大致相當於'件'。"① 但這種用法其他文獻未見，僅此1例，姑列於此，以備考察。

2. 種（種）

《説文·禾部》："種，先種後孰也。"其本義是"早種晚熟的禾類"，引申指"穀物的種子"，如《逸周書·大匡》："無播蔬，無食種。"再引申爲名詞"種類"義，《玉篇·禾部》："種，種類也。"如《漢書·藝文志》："序六藝爲九種。"由此引申爲表示"種類"的個體量詞。又，《説

---

① 何樂士：《〈左傳〉的數量詞》，載《古漢語語法研究論文集》，商務印書館2000年版，第333頁。

文・禾部》："穜，埶也。"徐鍇繫傳："布之也。"馬王堆帛書《經法・論》55 上："勭（動）靜（靜）不時，穜（種）樹失地之宜。"其本義是動詞"種植"之義。但在實際使用過程中兩個字由於字形與語義均相近，導致了使用的混亂，陸德明云："禾邊作重，是種穋之字；禾邊作童，是種藝之字。今人亂之已久。""禾旁作重是種稑之字，作童是種植之字，今俗則反之。"段玉裁注也指出："小篆埶爲穜，之用切；種爲先穜後埶，直容切；而隸書互易之。詳張氏《五經文字》。種者，以穀播於土，因之名穀可種者曰種，凡物可種者皆曰種，別其音之雕切。"因此"穜"也有"種類"之義，《廣雅・釋詁》》："穜，類也。"王念孫疏證："穜，經傳皆作種。"由此也可以引申爲表示"種類"的個體量詞，但傳世文獻語料"穜"字罕見。

從出土兩漢簡帛文獻來看，量詞義最早見於《張家山漢簡》中，僅 1 例：

（1）律令二十□種。（張家山漢簡・二年律令 526）

按，該簡是《二年律令》的小結，因二年律令共 27 種律、1 種令，因此"二十□種"當爲"二十八種"。從傳世文獻來看，量詞"種"可能早在秦漢之際就已經產生了，最早用例見於中醫類文獻中，其稱量對象自然多爲藥物、疾病，[①] 如：

（2）上藥一百二十種爲君……中藥一百二十種爲臣……下藥一百二十種爲佐使，主治病以應地，多毒，不可久服，欲除寒熱邪氣、破積聚、愈疾者。（神農本草經・序錄）
（3）樸消味苦寒。主百病，除寒熱邪氣，逐六府積聚，結固，留癖，能化七十二種石。鍊餌服之，輕身神仙。（神農本草經・卷二）
（4）蛇蛻，味鹹，平。主小兒百二十種驚癇、瘛瘲、癲疾、寒熱、腸痔、蟲毒、蛇癇。（神農本草經・卷二）

---

① 《尚書・顧命》："越玉五重，陳寶，赤刀，大訓，弘璧，琬琰，在西序。""重""種"上古均屬東部，因此學界往往以爲"重"通"種"，但與該量詞的歷時發展情況並不符合，因此本書不取此說；另參"重"條。

雖然《神農本草經》是輯佚本，但如張顯成師所言："此書今天所見到的，已是輯本，但大體上能夠反映原書面貌。"① 又如：

(5) 治九種心痛。（金匱要略·胸痹心痛短氣病脈證治）
(6) 婦人六十二種風，及腹中血氣刺痛，紅藍花酒主之。（金匱要略·婦人雜病脈證並治）

值得注意的是，以上用例中量詞"種"已經可以用於"Num+Cl+N"結構中。《漢書》中也有用例，稱量用於祭祀的動物之種類，如：

(7) 至其末年，自天地六宗以下至諸小鬼神，凡千七百所，用三牲鳥獸三千餘種。（漢書·郊祀志）

按，《漢書·貨殖傳》中也有1例："狐貂裘千皮，羔羊裘千石，旃席千具，它果采千種。"劉世儒先生引此作爲最早例證②，但《史記·貨殖列傳》作"佗果菜千鍾"，結合上下文文意來看，這裏強調的是各種食物的數量之多，而非種類之多，當爲度量衡單位"鍾"無疑。

道教文獻《太平經》中也較爲多見，其稱量對象則更爲虛化，包括疾病、災變等，如：

(8) 故災變萬種興起，不可勝紀。（太平經·丙部之三）
(9) 吏民行之，更相期，妄以相拱，害變疾病萬種，人日短命。（太平經·太平經鈔辛部）
(10) 夷狄自伏法萬種，其類不同，俱得老壽。（太平經·太平經鈔癸部）

按，《太平經·丁部之十六》："夫人畜金銀珍物，多財之家，或億萬種以上，畜積腐塗。""或有遇得善富地，並得天地中和之財，積之乃億億萬種，珍物金銀億萬。"此二例，我們認爲和《漢書·貨殖傳》一樣，

---

① 張顯成：《先秦兩漢醫學用語彙釋》，巴蜀書社2002年版，第6頁。
② 劉世儒：《魏晉南北朝量詞研究》，中華書局1965年版，第142頁。

當爲度量衡單位"鐘"的借字。

漢譯佛經文獻亦多見，使用範圍更廣，使用對象也更爲抽象，而且多見於"Num+Cl+N"結構中，如：

（11）第一五法，行者竟無爲，五種斷意，何等五？（安世高譯《長阿含十報法經》）

（12）人身若干種空，其念亦若干種空。（支婁迦讖譯《道行盤若經》）

（13）爾時佛放身三十二相八十種好光明。（竺大力共孟康譯《修行本起經》）

總之，量詞"種"早在西漢時期萌芽，直到東漢末期纔較多使用，但從口語化較強的中醫文獻、道教文獻和漢譯佛經來看，早在東漢末量詞"種"已經發展的相當成熟，使用範圍也大大拓展了。

3. 類

本義是"種類"，《説文·犬部》："類，種類相似，惟犬爲甚。"又，《玉篇·犬部》："類，種類也。"由此引申爲量詞，其來源與"種"相似，如：

（1）變怪盜賊萬類。（太平經·丙部之十五）
（2）天下之災異怪變萬類。（太平經·己部之一）

與量詞"種"相比，其使用頻率非常低，正如劉世儒先生所説，直到南北朝時期與量詞"種"相比它的發展還是很幼稚的。

4. 疇

《字彙·田部》："疇，類也。"由此引申表示種類個體量詞，如：

（1）帝乃震怒，不畀"洪範"九疇，彝倫攸斁。（尚書·洪範）

僞孔安國傳："疇，類也。"孔穎達疏："天所賜禹大法九類者。"又如：

(2) 鯀則殛死，禹乃嗣興，天乃錫禹"洪範"九疇，彝倫攸叙。(尚書·洪範)

同"種""類"一樣，這些用例中"疇"的名詞性還很強。

5. 般

《集韻·桓韻》："般，亦數別之名。"用作量詞，相當於"種""類"等。最早見於中醫文獻，但總體來看兩漢文獻仍然罕見，如：

(1) 千般疢難，不越三條：一者，經絡受邪，入藏府，爲内所因也；二者，四肢九竅，血脈相傳，壅塞不通，爲外皮膚所中也；三者，房室、金刃、蟲獸所傷。(金匱要略·藏府經絡先後病脈證)

雖然僅此1例，但"般"正處於"Num+Cl+N"結構中量詞的語法位置上，應當是量詞無疑。

6. 名

《説文·口部》："名，自命也。"本義是"人的名字"，引申而有"名稱"之義，擁有同一名稱的事物自然構成一大類，由此引申爲個體量詞表"種類"之義，早在漢代就已經萌芽了，如：

(1) 凡天文在圖籍昭昭可知者，經星常宿中外官凡百一十八名，積數七百八十三星，皆有州國官宮物類之象。(漢書·天文志)

但總體來看量詞"名"兩漢文獻用例罕見，直到東漢末年的道教文獻《太平經》中用例纔多見起來，如：

(2) 元氣有三名，太陽、太陰、中和。(太平經·經鈔乙部)
(3) 天有三名，日、月、星，北極爲中也。(太平經·經鈔乙部)
(4) 地有三名，爲山、川、平土。(太平經·經鈔乙部)
(5) 人有三名，父、母、子。(太平經·經鈔乙部)
(6) 治有三名，君、臣、民，欲太平也。(太平經·經鈔乙部)
(7) 芳果萬名，攢羅廣庭。(劉楨《魯都賦》)

《漢語大詞典》"名"條量詞義引《莊子·則陽》："丘里者，合十姓百名而以爲風俗也。"陸德明釋文："一姓爲十人，十姓爲百名。"這裏的"百名"指的是"百人"，"名"還是名詞，而不是量詞。但後世常見的稱量"人"的用法，如"一名學生""兩名教師"之類的用例在漢代仍未出現，但也正是在這種情況下開始語法化的。可見，漢代的量詞"名"相當於種類義的個體量詞"類"，而非個體量詞"個"。

7. 科

《說文·禾部》："科，程也。"徐灝注箋："科，謂諸率取數於禾者，從而區分，別其差等，故從禾從斗。斗以量而區分之也，因之凡諸程品，皆謂之科。"又，《廣雅·釋言》："科，品也。"其本義是"品類""等級"義，由此引申爲表示"等""類"的個體量詞，如：

(1) 益發戍甲卒十八萬，酒泉、張掖北，至居延、休屠以衛酒泉，而發天下七科適，及載糒給貳師。（史記·大宛列傳）

張晏云："吏有罪一，亡命二，贅婿三，賈人四，故有市籍六，父母有市籍六，大父母有籍七，凡七科。武帝天漢四年，發天下七科謫出朔方也。"又如：

(2) 深察王號之大意，其中有五科：皇科、方科、匡科、黄科、往科；合此五科以一言，謂之王。（春秋繁露·深察名號）

(3) 深察君號之大意，其中亦有五科：元科，原科，權科，溫科，群科；合此五科以一言，謂之君。（春秋繁露·深察名號）

(4) 命有三科以記驗：有壽命以保度，有遭命以遇暴，有隨命以應行。（白虎通義·壽命）

(5) 是時，博士選三科，高爲尚書，次爲刺史，其不通政事，以久次補諸侯太傅。（漢書·匡張孔馬傳）

(6) 惟貧困饑寒，犯法爲非，大者群盜，小者偷穴，不過二科，今乃結謀連黨以千百數，是逆亂之大者，其饑寒之謂邪？（漢書·王莽傳）

正如劉世儒先生所說："這種量詞也是同名詞不容易截然劃開的，因爲它總是獨立使用，不能給它補上中心詞。"① 直到現代漢語中，量詞"科"一般也並不用於"Num+Cl+N"結構中，但並不能否定其量詞性質。

8. 門

《說文·門部》："聞也。"段玉裁注："以疊韵爲訓。聞者，謂外可聞於内，内可聞於外也。"《玉篇·門部》："門，人所出入也。"由此引申而有"類別"之義，再引申用作量詞多表"種類"義。劉世儒先生認爲："這是南北朝新興的量詞，開始是由於翻譯佛經的需要，後來纔擴展到其他學術方面去的。……'門'字作爲量詞在南北朝還不多見。"② 僅列一個例證，即《高僧傳·譯經篇》："宣譯衆經，改梵爲漢，出安般守意、陰持入經，大小二十門。"其實這種用法東漢譯經已見，如：

（1）菩薩摩訶薩，便當諷誦八百門。（支婁迦讖譯《阿閦佛國經》）

（2）諸菩薩摩訶薩，得念行住八百門。（支婁迦讖譯《阿閦佛國經》）

（3）我當生阿閦佛刹，亦當諷誦八百門。（支婁迦讖譯《阿閦佛國經》）

但"門"作量詞，兩漢文獻僅見於支婁迦讖譯《阿閦佛國經》，其他文獻仍未見，但正如劉世儒先生所說："到了現代語里得到了特別發展。這是因爲生產、文化日益向前發展，分門別類經常成爲必要，所以就特別需要它。"③

（八）片段類

片段類量詞是指稱量對象爲整體事物之一個片段的量詞，先秦兩漢文獻中主要有"斷""節"兩個，因此彙爲一組，共同討論。

1. 斷（簖）

《說文·斤部》："斷，截也。"由動詞義引申，表示截斷後的各個部分，成爲名詞，如《墨子·備梯》："伐裾之法，小大盡木斷之，以十尺爲斷。"相當於"段"，再引申爲稱量事物分成部分的個體量詞，最早見

---

① 劉世儒：《魏晉南北朝量詞研究》，中華書局1965年版，第146頁。
② 同上書，第162頁。
③ 同上書。

於包山楚簡，如：

（1）辰骨貯之又（有）五𠚩（斷）。（包山楚簡152）

整理者認爲"𠚩"字之"刂"與《說文》斷字古文"𢻮"相似，讀作段。"其實，簡文中的"𠚩（斷）"不必讀作段，"𠚩（斷）"本身就可以稱量事物分成的若干部分。但"斷"在先秦兩漢文獻中用作量詞未見用例，而是書作"段"，也很罕見，如：

（2）臣不言，身名全，言之必死百段於王前。（吳越春秋·夫差内傳）

但是，總體上來看先秦兩漢文獻用例不多。

2. 節

《說文·竹部》："節，竹約也。"其本義是"竹節"，後來泛指動物、植物之節，再由此引申爲量詞，最早見於中醫類文獻中，如：

（1）邪氣客於風府，循膂而下，衛氣一日一夜大會於風府，其明日日下一節，故其作也晏，此先客於脊背也。（素問·瘧論）
（2）其出於風府，日下一節，二十五日下至骶骨。（素問·瘧論）
（3）今衛氣日下一節。（素問·瘧論）

但這裏的"節"名詞意味仍很濃，一般與數詞組合構成"Num+Cl"結構獨立使用，在簡帛方劑類文獻中往往用來稱量藥材，相當於"段"，而且往往可以用於"N+Num+Cl"結構之中，如：

（4）竹緩節者一節，大徑三寸布。（馬王堆帛書·養生方114）
（5）一，癰自發者，取桐本一節所。（馬王堆帛書·五十二病方375）①

---

① 《集成》卷五頁二八二注一："'一節所'之釋可疑，待考。"

傳世數學文獻亦可見，如：

（6）今有竹九節，下三節容四升，上四節容三升。問中間二節欲均容各多少？（九章算術·均輸）

更爲虛化的用法在這一時代也出現了，《馬王堆帛書·去穀食氣》1："去穀者食石韋，朔日食質，日駕（加）一節，旬五而[止；旬]六始銥（匡），日□[一]節，至晦而復質，與月進復（退）。""日加一節"指每日所食增加一級；但此類用法僅此一例。

（九）物品類

稱量其他各種物品的量詞還有"物""事""味""件""款（叙）""隻"等。其中，"物""事""件""款（叙）""隻"的適用範圍都比較廣，可以稱量多種物品，相當於現代漢語中的"個""件"等；"味"較爲特殊，適用範圍很窄，僅用於量中醫藥物。因此，在量詞語法化的擇一過程中量詞"件""隻"和泛指量詞"個"最終替代了其他量詞，量詞"味"由於其適用範圍的獨特性也沿用下來。

1. 物

從甲骨文用例來看，按王國維《釋物》説其本義是雜色的牛，《説文·牛部》："物，萬物也。"爲其引申義，再引申爲客觀存在的事物，由此引申爲稱量客觀存在事物的個體量詞。由於用作量詞的源語義沒有特定所指，因此"物"用作量詞其適用範圍非常廣，最早用例見於馬王堆帛書《五十二病方》中，如：

（1）筀（桂）、薑（薑）、蜀焦（椒）、樹（朱）臾（萸）四物而當一物。（五十二病方 288）

（2）一，白苣、白衡、菌桂、枯畺（薑）、薪（新）雉，凡五物等。（同上 382）

此後兩漢文獻中量詞"物"就多見了，如：

（3）賜餐十七物。（漢書·孔光傳）
（4）右十一物，閣官。（居延漢簡 214.93）

（5）凡小大卅一物，皆燔。（居延漢簡 349.7B）
（6）右方羹凡卅物，物一鼎。（馬王堆三號墓漢簡·遣策 87）

特別是在簡帛中醫文獻中使用頻率很高，稱量藥物皆用量詞"物"，而不用後世常見的專用量詞"味"，如：

（7）樊石二分半，禹餘量（糧）四分，蘗米三分，厚朴三分，牡麴三分，黄芩七分，凡六物，皆冶，合和，丸以白密（蜜）。（武威醫簡 83 甲）

（8）烏頭三分，朱臾五分，細辛三分，防己三分，桂三分，治赤谷方術三分，白沙參三分，黄芩三分，茯令三分，麻黄七分，乾薑三分，付子三分，桔梗三分，人參三分，貨堵七分；凡十六物，當熬之令［變］色。（古人堤漢簡牘 1）

但從上面所列傳世文獻和出土文獻中例子看，"物"與數詞組成的數量結構往往是單獨使用的，一般不和相關名詞連用，可見在漢代這個量詞還不典型，其名詞義仍然很强，但更爲虛化的用法也可以看到，衹是用例甚少，如：

（9）去苛令三十九物，以告屠餘。（説苑·權謀）

劉世儒先生認爲"物"在南北朝以前仍是名詞，而不是量詞；並認爲"'物'作爲量詞也是似是而非的"①。從兩漢文獻用例來看，量詞"物"一般與數詞結合組成數量結構獨立使用，亦可用於"N+Num+Cl"結構中，雖然未見用於"Num+Cl+N"結構中的用例，但其語法功能與魏晉以後並無二致，當爲量詞無疑。但此後量詞"物"逐漸被新興的個體量詞"個""件"等所取代，中醫文獻中的量詞"物"則均被量詞"味"所替代。

2. 事

《説文·史部》："事，職也。"從甲骨文來看，與史、吏本爲一字之

---

① 劉世儒：《魏晉南北朝量詞研究》，中華書局 1965 年版，第 157 頁。

分化，其本義是官職、職務，輾轉引申爲名詞"事件"義，由此引申爲個體量詞，相當於現代漢語中的量詞"件"。兩漢文獻已見，如：

(1) 律令凡三百五十九章，大辟四百九條，千八百八十二事，死罪決事比萬三千四百七十二事。(漢書·刑法志)
(2) 省刑罰七十餘事。(漢書·元帝紀)
(3) 臣謹條不出兵留田便宜十二事。(漢書·趙充國傳)

出土兩漢簡牘文獻較爲多見，如：

(4) 右善劍四事，右幣劍六事。(居延新簡 EPT40.205)
(5) 新器劍文：鬭鷄、征蛇文者，麤者，及皆凶不利者；右幣劍文四事。(居延新簡 EPT40.207)

兩漢文獻中的"事"用作量詞，其名詞義也很明顯，能用於"N+Num+Cl"結構中，往往表示總括，未見用於"Num+Cl+N"結構中的用例，並不是一個典型的量詞；到魏晉南北朝時期雖然沿用，但其語法化的發展非常緩慢；因此劉世儒先生認爲："'事'這個詞在發展中也曾經走向量詞的邊緣，但也始終沒有發展成正規的量詞。"[①] 但是，量詞"事"在隋唐五代時期卻獲得了迅速發展，成爲真正意義上的個體量詞，無論出土文獻還是傳世文獻中均很常見；然而唐五代以後很快就被量詞"件""條"等所取代[②]。

3. 味

《說文·口部》："味，滋味也。"其本義是滋味，由此引申爲中醫中稱量藥物的專用個體量詞，用以稱量藥物的品種。漢代醫學文獻已見，如：

(1) 右六味。(金匱要略·痙濕暍病脈證)
(2) 右五味，㕮咀三味。(傷寒論·辨太陽病脈證並治上)

[①] 劉世儒：《魏晉南北朝量詞研究》，中華書局1965年版，第158頁。
[②] 李建平：《隋唐五代量詞研究》，山東人民出版社2016年版，第98—99頁。

(3) 右七味。（傷寒論·辨太陽病脈證並治上）

(4) 右四味，各十分，搗篩。（傷寒論·辨少陰病脈證並治）

《金匱要略》《傷寒論》中"味"用作稱量藥物的量詞雖然較爲常見，但考察同時代的出土簡帛醫學文獻，如馬王堆帛書、武威醫簡等，均没有用量詞"味"的，而是皆用量詞"物"來稱量藥物。疑莫能定，姑列於此，以備考察。

此外，支婁迦讖譯《阿閦佛國經》："其浴池中有八味水。"其中的"八味水"並非"Num+Cl+N"結構，八味水又稱八定水、八功德等，是指具有八種殊勝功德之水。

4. 件

《説文·人部》："件，分也。從人，從牛。牛，大物，故可分。"其本義爲動詞"分"，按劉世儒先生説："這被分成的塊兒就叫做'件'，由此引申，就可以用它來作爲計件的量詞了。"① 量詞"件"目前所見最早爲《居延漢簡》，如：②

(1) 用羊韋八十三件。（居延新簡 EPT40.6B）

(2) 羊韋五件，直六百，交錢六百。（居延新簡 EPT65.118）

(3) 茭七百束，又從卒利親貸平二件。（居延新簡 EPT40.6A）

前兩例稱量對象均爲"羊韋"，後一例不詳。按《儀禮·聘禮》："君使卿韋弁。"鄭玄注："皮韋同類，取相近耳。"賈公彦疏："有毛則曰皮，去毛熟治則曰韋。本是一物，有毛無毛爲異，故云取相近耳。"羊韋，即熟羊皮。

5. 款（叙）

僅見於金文，書作"叙"，讀爲"款"，相當於量詞"件"，僅 1 例：

(1) 孚（俘）戎兵：盾、矛、戈、弓、備（箙）、矢、裨、胄，凡百又卅又五叙（款）。（㝬簋，集成 8.4322）

---

① 劉世儒：《魏晉南北朝量詞研究》，中華書局 1965 年版，第 127 頁。
② 按，《里耶秦簡》中有一例，8—2112："□各一件□"但簡文殘缺較甚，文義不明。

唐蘭先生首先將"叙"讀爲"款"，認爲是"件"之義①；潘玉坤認爲："此句採用總—分—總佈局，先説俘獲兵器，接著一一列舉各種兵器，最後是總數。'款'作爲計各種兵器總量的量詞，應大致相當於後世的'件'。"林宛蓉讚同此説②。其中"叙（款）"用作計量各種兵器的個體量詞，"凡百又卅又五款"意爲所俘獲的兵器總計爲一百三十五件。由於僅此一見，其語源尚不明確，與現代漢語中仍在使用量詞"款"之間的關係也仍需進一步考察。

另，西周中期《季姬尊》："以生馬十又五匹，牛六十又九叙（款），羊三百又八十又五叙（款），禾二倉。"蔡運章、張應橋認爲讀爲"數"，是祭祀之名，作羊、禾的修飾語，句讀爲："牛六十又九，叙（款）羊三百又八十又五，叙（款）禾二倉。"③李學勤認爲"叙"當通"絜"，"可能因爲牛、羊都用繩牽引，每頭便稱作一'絜'"④。韋心瀅⑤、林宛蓉⑥則都認爲當讀爲"款"，和《敔簋》中的一致，但其稱量對象相差甚遠，韋心瀅進一步認爲這"揭示了'款'作爲泛稱量詞的可能性（即爲非單一的計量單位）"，疑莫能定，有待進一步考察。

6. 隻

《説文·隹部》："隻，鳥一枚也。從又持隹，持一隹曰隻，二隹曰雙。"劉世儒先生認爲："'隻'的本義是'一隻鳥'，這是一種'綜合稱量法'；後來分解，就退而專作量詞了。"⑦但從甲骨文字形來看，"隻"的本義並非一隻鳥，馬叙倫《讀金器刻詞》："隻爲'禽獲'之獲本字。《説文》：'獲，獵所得也。'乃此字義。……今《説文》訓'鳥一枚也'，二雙訓'隹二枚也'，皆非本義，亦或非本訓也。"從實際使用來看，甲骨文中"隻"往往表示獵獲之義。但先秦文獻中，"隻"也可以表示"單獨"之義，如《公羊傳·僖公三十三年》："晉人與姜戎要之殽而擊之，

---

① 唐蘭：《用青銅器銘文來研究西周史》，載《唐蘭先生金文論集》，紫禁城出版社1995年版，第506—508頁。
② 林宛蓉：《殷周金文是量詞研究》，私立東吴大學碩士學位論文2016年，第70頁。
③ 蔡運章、張應橋：《季姬方尊銘文及其重要價值》，《文物》2003年第9期。
④ 李學勤：《季姬方尊研究》，《中國史研究》2003年第4期。
⑤ 韋心瀅：《季姬方尊再探》，《中原文物》2010年第3期。
⑥ 林宛蓉：《殷周金文是量詞研究》，私立東吴大學碩士學位論文2016年，第70頁。
⑦ 劉世儒：《魏晉南北朝量詞研究》，中華書局1965年版，第113頁。

匹馬隻輪無反者。"又,《玉篇·隹部》:"隻,奇也。"① 用作量詞,我們認爲是由"單獨"之義發展而來。

但是,在先秦兩漢文獻中"雙"往往可以省寫作"隻",因此諸多文獻用例中的"隻"字到底是"雙"的省寫還是"隻"往往很難斷定,容易造成混亂,如《穆天子傳》卷二:"天子於是攻其玉石,取玉版三乘,玉器服物,載玉萬隻。"陳逢衡注:"萬隻之隻即古省雙字。"又卷三:"天子美之,乃賜奔戎佩玉一隻。"陳逢衡注:"隻,《太平御覽》六百九十二、八百六十一引俱作'雙'。"又,卷四:"乃賜之黃金之嬰二九,銀烏一隻,貝帶五十,朱七百裹。"陳逢衡注:"隻,即雙字。"其他如卷四:"天子嘉之,賜以佩玉一隻。"均當爲"雙"之省寫形式。又,《史記·龜策列傳》:"王獨不聞,玉櫝隻雉出於昆山,明月之珠出於四海。"徐廣曰:"隻,一作'雙'。又,《太平御覽》卷三五二引《楚漢春秋》:"沛公使臣奉白璧一隻獻大王足下,玉斗一隻獻大將軍足下。"《史記·項羽本紀》作:"謹使臣良奉白璧一雙,再拜獻大王足下,玉斗一雙,再拜奉大將軍足下。"

出土文獻中的情況也是如此,根據隨葬器物或者上下文往往可以推斷是否是"雙"之省寫形式,如《鳳凰山 167 號墓漢簡》35:"緒卑匲(櫪)一隻。"又,簡 36:"食卑匲(櫪)一隻。"該墓中出土紵胎漆盤兩件、盛食品的漆盤兩件,可見簡文中記錄的"隻"無疑也是"雙"的省寫形式。又如《居延漢簡》237.27:"买箸五十隻。"箸當然是成雙的,當爲"雙"之省寫。但在沒有出土實物可供參證對照的情況下,就無法判斷這裏的量詞究竟是個體量詞"隻",還是集體量詞"雙"。如:

(1) ☐孫並取雞一隻☐(居延新簡 EPT43.206)
(2) 出百八十,買雞五隻。(居延新簡 EPT51.223)

敦煌懸泉置出土漢簡中雞"一對"均稱"一隻(雙)",而"一隻"則稱爲"一枚",因此我們推測以上二例中的"隻"可能也是"雙"之省寫。

---

① 裘錫圭先生認爲:"以'隻'表'只'是'隻'(獲)字已經使用了很久之後纔發生的事,所以可把這一現象解釋爲對已有文字的一種比較特殊的借用。假借一般只取被借字原來的音,這種借用則只取被借字的形而不管它原來的音、義。我們可以稱之爲'形借'。"《文字學概要》,商務印書館 1988 年版,第 124 頁。

因此，用作量詞的"隻"最早在什麼時期出現，仍然比較難斷定，但從兩漢簡牘文獻來看，在漢代可能已經產生了，如：

（3）牛肟一隻，毋，直六十。（居延漢簡 217.29）

按《説文·马部》："舀，舌也……肟，俗舀。"則牛肟即牛舌頭，這裏應當不是"雙"的省寫。又如：

（4）小壺一隻。（鳳凰山 168 號墓漢簡 27）
（5）角單（觶）一隻，金足。（鳳凰山 168 號墓漢簡 39）

出土實物中"小壺"和"觶"只有一件，因此這裏的"隻"可能是個體量詞，但也可能是記錄的訛誤或實物的殘損而致。李天虹指出湖南長沙湯家嶺 1 號墓出土的兩件銅壺上分別有銘文"端君五斗壺一隻""端君二斗壺一隻"，其中的"隻"也可能用爲個體量詞[①]；該墓墓葬時代約爲西漢晚期宣帝、元帝時。

第四節　拷貝型個體量詞

在量詞發展的初期階段，往往可以用拷貝前面名詞的方式來組成"N+Num+N"稱數構式，李宇明認爲"從發生學的角度考察，名$_2$與名$_1$同形，是拷貝名$_1$而成的"[②]，因此稱之爲"拷貝型量詞"。橋本萬太郎則稱之爲"反響型"量詞[③]，李永遂則稱之爲"反身量詞"[④]。本書認爲"拷貝型"量詞一方面更能明確其來源，另一方面便於對其他語言中"半拷貝"而來的量詞進行考察和比較，因此採用李宇明先生的定義。

[①] 李天虹：《隻字小考》，《追尋中華古代文明的蹤跡——李學勤先生學術活動五十年紀念文集》，復旦大學出版社 2002 年版，第 55—56 頁。
[②] 李宇明：《拷貝型量詞及其在漢藏語系量詞發展中的地位》，《中國語文》2000 年第 1 期。
[③] 轉引自胡竹安、余志鴻《〈語言類型地理學〉簡介》，《國外語言學》1981 年第 4 期。
[④] 李永遂：《哈尼語名、量、動詞的同源現象研究》，《民族語文》1990 年第 3 期。

拷貝型量詞是否是量詞在語言學界還存在一些爭議，但類型學的視野來看拷貝量詞是量詞起源的重要一環，對於研究量詞起源及其語法化的動因都具有重要意義，因此單獨作爲一類加以考察。

1. 羌

本指羌人，《説文·羊部》："西戎牧羊人也。"是個名詞，在甲骨文中同"人"一樣，可以用作拷貝型量詞，如：

（1）羌百羌。（合 32042）

但是，由於"羌"在甲骨文中往往用量詞"人"來稱量，如"羌十人又五"（合 26913），因此個體量詞"羌"在甲骨文用例罕見，此後文獻中亦未見類似用例。

2. 骨

《説文·骨部》："骨，肉之覈也。"張玉金認爲："原像卜用的牛胛骨。"① 本來是名詞，甲骨文中可以用爲量詞，指骨版一塊，如：

（1）甲辰乞骨十骨。（合 35211）

西周金文未見，此後也没有得到繼承。

3. 羊

用作量詞是由名詞語法化而來，僅見於西周金文：

（1）孚（俘）車卅兩（輛），孚（俘）牛三百五十五牛、羊廿八羊。（小盂鼎，集成 5.2839）

4. 牛

用作量詞也是由名詞語法化而來，僅見於西周金文，同"羊"出現在同一篇銘文中：

（1）孚（俘）車卅兩（輛），孚（俘）牛三百五十五牛、羊廿

---

① 張玉金：《甲骨文語法學》，學林出版社 2001 年版，第 20 頁。

八羊。(小盂鼎，集成 5.2839)

潘玉坤認爲："牛和羊衹用於作羊、牛的計量單位。"① 隨著量詞系統的發展，牛、羊等拷貝型量詞在此後文獻均未見。

5. 田

《説文·田部》："田，陳也，樹穀曰田。象四口，十，阡陌之制也。"郭沫若《奴隸制時代》："卜辭中常見的田字就是一個方塊田的圖畫。"金文中可以用作田的拷貝型量詞，其稱量對象衹能是"田"，如：

（1）其舍田十田。(裘衛盉，集成 15.9456)

潘玉坤認爲："田與數詞的結合樣式有三種：田若干田（五篇銘文），若干田（三篇），田若干（兩篇）。後兩式可以看成第一式的簡略形式。"② 但從拷貝型量詞的歷時發展看，第一種樣式應當是在後兩種樣式的基礎上發展而來的。

6. 旅（櫓）

通"櫓"。《説文·㫃部》："㫃，古文旅。古文以爲魯、衛之魯。"旅、魯二字，上古均爲來母魚部，聲韻皆同，故可通；潘玉坤也認爲："此讀爲'櫓'。"③ 僅見於西周金文，且僅 1 例：

（1）旅（櫓）五旅（櫓）。(伯晨鼎，集成 5.2816)

"旅（櫓）五旅（櫓）"意爲："櫓五具。"④

7. 馘

《説文·耳部》："馘，軍戰斷耳也。《春秋傳》曰：'以爲俘馘。'"在甲骨文、金文中一般是名詞，如《䟒簋》（集成 8.4322）："隻（獲）馘百。"但當用在"馘+Num+馘"稱數構式中的時候，後一個"馘"顯

---

① 潘玉坤：《西周金文語序研究》，華東師範大學出版社 2005 年版，第 173 頁。
② 同上書，第 185 頁。
③ 同上書，第 174 頁。
④ 趙鵬認爲這裏的"旅"是軍隊編制單位，但此說與文意不符，故不取此說。《西周金文量詞析論》，《北方論叢》2006 年第 2 期。

然用作拷貝型量詞，如：

（1）獲馘三（四）千八百□二馘，孚（俘）人萬三千八十一人。（小盂鼎，集成 5.2839）

由於"馘"的名詞性一直很強，因此其適用範圍自然就很小，祇能用來稱量其來源名詞"馘"，因此在此後的發展中沒有得到繼承，除西周金文外，其他文獻均未見。

8. 邑
用作量詞，僅見於春秋金文，如：

（1）侯氏易（賜）之邑二百又九十又九邑。（**黏**鎛，集成 1.271）

該器時代爲春秋中期或晚期。《周禮·地官·小司徒》："九夫爲井，四井爲邑。"則"邑"爲地方編制單位，但上文中的"邑"作爲拷貝型量詞，相當於個體量詞"個"，因此我們歸入個體量詞中的拷貝型量詞來討論。

此外，甲骨文和西周金文中"人"也是使用頻率較高的拷貝型量詞，但早在甲骨文中其稱量對象已經不限於"人"，而可以是"羌"等其他表示人的名詞，因此我們將其置於專指型量詞討論，此不贅述。

第五節　小結

作爲量詞系統中語法化程度最高的一類，個體量詞早在殷商時代開始萌芽，特別是拷貝型量詞更體現出量詞萌芽期的特徵，到兩漢時期量詞個體量詞迅速發展，特別是泛指量詞獲得了很高的使用頻率，體現出量詞系統的茁長。通過對先秦兩漢時期文獻的全面整理研究發現，個體量詞總計達到 104 個之多，遠遠超出了以前我們研究所得出的結論，這一時期個體量詞系統的特點主要體現在以下幾個方面。[①]

[①] 個體量詞語法功能等方面的具體特點和歷時發展詳參第七章，此不贅述。

第一，個體量詞體系齊備，數量眾多。

先秦兩漢時期個體量詞發展迅速，泛指量詞 2 個，外形特徵類量詞 29 個，非外形特徵類量詞 65 個，拷貝型量詞 8 個，各類量詞均獲得了發展，多數名詞有了相應的專用個體量詞。從量詞的來源來看，以名詞來源為主，動詞也佔據了重要地位，其他來源罕見（但部分量詞來源不明，有待進一步考證）。

第二，泛指量詞的迅速發展。

泛指量詞只有"枚"和"個"兩個，其中"個"在先秦兩漢文獻時期使用頻率很低，但泛指量詞"枚"一經產生便獲得了廣泛使用，這反映了量詞觀念在人們心目中的初步確立，也是量詞語法化發展的重要標誌之一。

第三，個體量詞分工的發展迅速。

量詞數量的增加，為量詞的分工奠定了物質基礎；如外形特徵類量詞中點狀、面狀、塊狀、動狀量詞都已齊備，點狀量詞中現代漢語常用的量詞"顆"和"丸"也已經產生，分別用於不同的點狀對象；又如非外形特徵類量詞中稱量交通工具時，車用"兩（輛）"，船用"艘"；憑藉型量詞中，量詞"所""處""區"在使用中雖有交叉，但稱量一般建築物用"所"，天然的處所則用"處"，而量詞"區"則只用于稱量宅邸；等等。

第四，個體量詞生命力的兩極分化。

先秦兩漢時期產生的量詞，在歷時發展演變中體現出明顯的兩極分化趨勢：一方面是部分個體量詞剛剛產生便被迅速淘汰，如甲金文時代的個體量詞"鈁""伯""丿"，西周以後產生的個體量詞"脾""給""衣"等，特別是拷貝型量詞"羌""骨""羊""牛""田""旅（櫓）""賊"等在甲骨文和西周金文中產生並迅速淘汰；另一方面是部分個體量詞早在殷商西周時期就已產生，如稱量車的量詞"兩"、稱量馬的量詞"匹"早在西周已見，其用法穩定並一直沿用至今，東周秦漢時期產生的個體量詞如"枚""個""條""顆""塊"等多數個體量詞沿用到魏晉，甚至很多個體量詞直到現代漢語中仍是高頻量詞。

第五，個體量詞書寫形式複雜。

與先秦兩漢時期文字發展的複雜性相一致，個體量詞的具體書寫形式往往也複雜多變。如前文所言，無論哪種書寫形式，作為量詞並無不同，但複雜的書寫形式卻給量詞研究帶來了諸多困難，不同書寫形式學界往往對其有不同的認定，例如是一個量詞的不同書寫形式，還是兩個量詞等；特別是在出土文獻中，量詞的書寫形式與量詞的判定息息相關，因此先秦兩漢量詞研究必須將量詞的書寫形式也納入研究範疇。如量詞"個"有"个""介""箇""個"四個不同的書寫形式，也反映了其不同的來源與語法化的發展。

個體量詞的諸多不同書寫形式，主要包括以下幾種情況：一是異體字眾多，如量詞"枚"在楚簡中從土作"坆"，"塊"又可從肉作"脄"，"艘"又從木作"梭"，等等；二是通假字使用頻率高，如量詞"爨"又作"脬"，量詞"就"又作"習"，量詞"脡"又作"挺"，等等；三是古今字中古字和今字的問題，如"終"在出土文獻中往往書作"夂"，量詞"輛"均書作"兩"，等等；四是爲了書寫便捷而省略部分構件的省寫形式，如量詞"脡"往往可以省寫作"廷"等；當然在有些量詞的發展中以上情況往往是交錯出現的，形成更爲複雜的關係，如量詞"艘"本作"梭"，從木叜聲，又可用聲符"叟"作"榎"，后更換形符爲"艘"，又可作通假字"廋"；量詞"乘"可以增加形符作"輘"，又可作"紾"；等等。

第六，個體量詞的語法化程度低。

先秦兩漢時期，雖然個體量詞數量眾多，體現出個體量詞發展的繁榮，但多數個體量詞使用頻率很低，甚至部分個體量詞只是曇花一現；很多個體量詞還遺存有源詞的諸多特徵，限制了其進一步發展；總體來看，先秦兩漢時期是量詞語法化的萌芽和苗長期，體現出以下特徵。

一是個體量詞同名詞結合后組成的數量結構以置於名詞之後爲主。先秦兩漢時期，即使在量詞使用頻率很高的出土文獻中，"Num+Cl+N"結構的使用頻率仍然很低，"N+Num+Cl"結構佔據著絕對優勢的地位；而這一結構也限制了其語義的進一步虛化。

二是個體量詞的擇一過程（specialization）[①]仍未全面展開。在量詞的初生階段，由於人們觀察事物角度的不同等原因，不同詞語開始了其向量詞語法化的過程，導致了對同一事物可以採用不同的量詞，個體量詞尤

[①] 語法化中的"擇一過程"（specialization）採用了沈家煊在 Hopper 和 Traugott《語法化學說》的《導讀》中的翻譯，下同；梁銀峰譯本則譯作"特化"，《語法化學說》（第二版），復旦大學出版社 2008 年版，第 145 頁。

其如此，比如表示層次義的量詞"成""層""重""辟""增""絫"6個，其功能往往是重合的，容易造成人們記憶的負擔，也不符合語言發展簡潔性的要求，因此隨著語法化的進一步發展，多數量詞被自然淘汰，只有"層""重"兩個量詞沿用下來，真正語法化爲個體量詞，二者的功能既有交叉也有分工；又如量詞"頭"和"元"，後者只是偶爾可見，只有前者獲得了語法化。另外，也有的量詞在語法化過程中其使用範圍獲得拓展，從而合併或覆蓋了其他量詞的功能，從而導致了後者的淘汰，如量詞"條"用於稱量條形事物，自然可以包括條形的乾肉，專用於稱量乾肉的"脡（挺）""朐"就迅速被替代了。

三是量詞的語義虛化程度低。多數量詞由名詞、動詞等其他詞類語法化而來，源自名詞的量詞佔據絕大多數，動詞次之。先秦兩漢時期的很多量詞，其源詞的性質往往還很明顯，制約了量詞的使用。拷貝型量詞，產生于殷商，在西周時期獲得了進一步發展，其詞性仍介於名詞和量詞之間，西周以後就被新興的個體量詞迅速淘汰了；但東周至西漢時期，很多量詞也仍非量詞範疇的典型成員，特別是部分量詞如"物""事"等與數詞組成的數量結構往往是自足的，不能修飾名詞。

此外，表義模糊而容易導致歧義的綜合稱量法的存在也體現了量詞系統發展的局限性，如量詞"足""蹄""蹄角""蹄蹾""手指"等，其具體稱量對象的數量還需要進一步根據實際情況計算纔能得出具體數量，即"四足""四蹄""六蹄角""五蹄蹾""十手指"爲一動物或人。

第三章

集體量詞研究

　　集體量詞是表示多數個體的量詞，是與個體量詞相對而言的。先秦兩漢文獻中集體量詞比較豐富，使用頻率較高，爲研究漢語集體量詞的發展與演變提供了豐富資料。同個體量詞的分類一致，根據集體量詞與名詞的雙向選擇關係，同時參考其語義和語源，將集體量詞分爲外形特徵型量詞和非外形特徵型兩大類，分述如下。

第一節　外形特徵型集體量詞

　　不同的量詞事實上是人們從不同的角度、按照不同方式來觀察事物、對事物進行範疇化的結果。同個體量詞的認知基礎一樣，事物的外形特徵通常憑藉人們的視覺便可以直接感受到，因此外形特徵型集體量詞的數量也非常豐富。與個體量詞不同的是，在集體量詞中外形特徵主要是動狀的，即動作行爲造成或導致的一種結果狀態；其他外形特徵型量詞只有線狀集體量詞已經產生，而且多用於稱量人的行列，源詞的語義滯留仍很大程度上限制著其適用範圍的拓展，其他如叢簇狀集體量詞等仍未產生。以下分動狀集體量詞和線狀集體量詞兩大類，展開分析。

一　動狀集體量詞

　　從語源上來看，動狀集體量詞都是由動詞語法化而來的。根據動狀集體量詞的來源並結合其語義，將其分爲手動類、飲服類、包束類和其他類，分類論述如下。

（一）手動類集體量詞

　　人們在認識事物時，往往首先是"近取諸身"的，即用自己身體的某一部位來衡量事物，而手是人類工作時最常用、也是最靈活的部位，因此與手相關的集體量詞最爲常見。單手用來握持對象，雙手則用來捧持事物，手指用以撮取事物，因此"手動類"集體量詞是對相關對象稱量的重要一類。"秉""把""匊（掬）""握""掊（抔）""撮"六個量詞的語源均與手或指頭的動作相關，在先秦兩漢文獻中的使用頻率都不是很高，卻均沿用到現代漢語中，具有很強的生命力。

1. 秉$_1$

《説文・又部》："秉，禾束也。從又持禾。"朱駿聲《通訓定聲》："從又持禾，會意。手持一禾爲秉，手持兩禾爲兼。"由此可引申爲"把"義，《小爾雅・廣物》："把謂之秉。"《詩經・小雅・大田》："彼有遺秉，此有滯穗。"毛傳："秉，把也。"用作量詞先秦文獻已見，多用作稱量"禾莖"的集體量詞，如：

（1）或取一編菅焉，或取一秉秆焉，國人投之，遂弗葬也。（左傳・昭公二十七年）

"一秉秆"就是"一把禾莖"。又如：

（2）夫禄不過秉握者，不足以言治。（鹽鐵論・地廣）

秉，一束禾；握，一撮粟；言俸禄之少。又如：

（3）其歲，收田一井，出稯禾、秉芻、缶米，不是過也。（國語・魯語下）

用作"把握"義集體量詞的"秉"是一種模糊的稱量，先秦兩漢文獻總體使用頻率不高，但是隨著計量的逐步精確化，集體量詞"秉"有制度化的趨勢，詳參下文"秉$_2$""秉$_3$"條，從而成爲制度量詞，其使用頻率也就隨之大大增加了。

2. 把

《説文・手部》："把，握也。"本義爲動詞"握持"，由此引申爲表示一手所握之量的量詞。量詞"把"早在馬王堆漢墓醫書中已見，如：

（1）一，傷者，以續□（斷）根一把，獨□長支（枝）者二廷（梃），黃岑（芩）二梃，甘草□廷（梃），秋烏豙（喙）二□□□□寸者二甌，即並煎□孰（熟），以布捉，取出其汁。（馬王堆帛書·五十二病方17）

（2）傷脛（痙）者，擇雚（萑）一把，以敦（淳）酒半斗者（煮）潰（沸），飲之。（馬王堆帛書·五十二病方43）

（3）取草蒌長四寸一把，茪（尤）一把。（馬王堆帛書·養生方122）

傳世秦漢文獻中亦多見，如：

（4）背上之毛，腹下之毳，益一把，飛不爲加高，損一把，飛不爲加下。（韓詩外傳·卷六）

（5）夫腹下之毳，背上之毛，增去一把，飛不爲高下。（新序·雜事）

特別多見於傳世先秦兩漢醫學文獻中，如：

（6）艾三把。（金匱要略·驚悸吐血下血胸滿瘀血病脈證治）

（7）竹葉一把，葛根三兩……上十味，以水一斗，煮取二升半，分温三服。（金匱要略·婦人產後病脈證治）

（8）竹葉二把。（傷寒論·辨陰陽易差後勞複病脈證並治）

量詞"把"本來是一種模糊的稱量，但在不同性質的文獻中卻有了不同的發展：在一般性的文獻中，一直用作模糊的稱量；而在中醫文獻中，爲了操作的方便和準確，逐漸有了規定，按唐王燾《外臺秘要》："云一把者，重二兩爲正。"①

3. 匊（掬）

《說文·勹部》："匊在手曰匊。從勹、米。"段玉裁注："會意。米至

---

① 《論衡·感虛篇》："使在地之火附一把炬，人從旁射之。"這裏的"把"亦有學者將其視爲個體量詞，但也可以理解爲"炬"的修飾成份，且僅此一例，姑且存疑。

散，兩手兜之而聚……俗作掬。"用作量詞，相當於現代漢語中的量詞"捧"，如：

(1) 終朝采綠，不盈一匊。予髮曲局，薄言歸沐。(詩經·小雅·采綠)

但總體來看，先秦兩漢無論傳世文獻還是出土文獻中，用例都很罕見。

4. 握

《說文·手部》："握，搤持也。"本義是動詞"握持"，引申爲量詞可以表示一握之量，如：

(1) 視爾如荍，貽我握椒。(詩經·國風·東門之枌)
(2) 舒之幎於六合，卷之不盈於一握。(淮南子·原道)
(3) 夫禄不過秉握者，不足以言治。(鹽鐵論·地廣)

按，秉指一束禾；握指一撮粟；都是指俸禄而言，極言俸禄之少。

5. 掊（抔）

《說文·手部》："掊，把也。今鹽官入水取鹽爲掊。"段玉裁注："掊者，五指杷之，如杷之杷物也。"本義是用手扒土或用工具掘土，由此引申爲集體量詞，相當於"握""把"或"捧"，如：

(1) 如泰山失火，沃以一杯之水，河決千里，塞以一掊之土，能勝之乎？(論衡·調時)

字或書作"抔"，如：

(2) 今盜宗廟器而族之，有如萬分之一，假令愚民取長陵一抔土。(史記·張馮汲鄭列傳)

量詞"掊（抔）"先秦兩漢文獻較爲罕見，此後也没有獲得發展，祇是在部分仿古的文章中可以看到，但後世常見的"一抔土"也只是虛指，並非實際使用來計量的用例。

6. 撮₁（最）

《說文·手部》："撮，四圭也。亦兩指撮也。"桂馥義證："兩指當爲三指。兩指爲拈，三指爲撮。"段玉裁注："小徐本作二指，二疑三之誤，大徐本又改爲兩耳。"段氏所說甚確，又按《玉篇·手部》："撮，三指取也。"可見，"撮"的本義是動詞"用三個指頭抓取"之義，傳世先秦文獻常見，如《莊子·秋水》："鴟鵂夜撮蚤，察毫末。"由此引申爲量詞，在中醫文獻中表示用三個手指所撮取的藥物的量，是一種較爲模糊的計量。

出土簡帛文獻中字均書作"最"，如：

（1）一曰：平陵呂樂道，贏（贏）中蟲陰乾，冶，欲廿用七最（撮），欲十用三最（撮），酒一桮（杯）。(馬王堆帛書·養生方 34)

由於"撮"和"三指撮"所指其實是相同的，而後者表義顯然更爲明確，所以量詞"撮"在文獻中使用頻率很低，一般多用"三指撮"。傳世先秦兩漢文獻中則均書作"撮"，如：

（2）臣意往，飲以莨蕩藥一撮，以酒飲之，旋乳。(史記·扁鵲倉公列傳)

中醫以外文獻中，量詞"撮"往往用於虛指，表示數量之少，如：

（3）夫地，一撮土之多，及其廣厚，載華嶽而不重，振河海而不泄，萬物載焉。(禮記·中庸)

隨著計量要求的準確化，表示模糊稱量的"撮"也有制度化的傾向，詳參"撮₂"。

按，先秦兩漢時期醫家量藥時往往"近取諸身"，對散劑藥物多用手指來撮取，因此"撮"成爲醫學文獻中最爲常見的量詞之一，但如何撮取在計量時卻有較多差距，因此由此衍生出"三指撮""三指大撮""三指小撮""三指撮到節（三指撮至節）""三指一撮""三指三撮"等六個更爲準確的計量單位，但顯然這些都超出了詞的範疇，而是短語，因此我們僅將"撮"列爲量詞，但爲便於了解這一系列中醫量藥專用單位，將其附在"撮"後一起考察與討論。在量詞"撮"及其六個相關結構中，只有"撮""三指撮"兩個傳世先秦兩漢文獻可見，其他五個都僅見於出土簡帛醫書中。

附1. 三指撮

表示用三個手指前端撮取藥物之量，相當於"撮"。之所以強調"三指"，是因爲在中醫文獻避免誤解爲"兩指"，因此其使用頻率遠遠高於量詞"撮"。先秦兩漢醫學文獻中常見，如：

（1）以澤瀉、術各十分，麋銜五分，合，以三指撮，爲後飯。（素問·病能篇）

（2）取車前草實，以三指撮，入酒若粥中，飲之，下氣。（周家台秦簡·病方及其他312）

（3）即冶，入三指冣（最—撮）半音（杯）温酒□□□□□□□□□□痛斬多者百冶，大深者八十，小者卅，冶精。（馬王堆帛書·五十二病方6—7）

（4）令盡其乾，即冶，參指最（撮），以□半桮（杯）歙（飲）之。（馬王堆帛書·養生方76）

（5）潘石三指最（撮）。（馬王堆帛書·養生方85）

（6）界當三物，冶，三指最（撮）後飯，巳（已），強矣。（馬王堆帛書·養生方108）

馬王堆出土各種醫書的成書時代均不晚於漢代，可見這個計量方式在漢代以前就廣泛使用了，又如：

（7）冶龍骨三指［撮］，和以鼓〈豉〉汁飲之。（武威醫簡14—15）

（8）冶龍骨三指撮，以鼓〈豉〉汁飲之。（武威醫簡54）

（9）頭恿風，塗之，以三指摩（撮）□□□吞之，身生惡氣塗之。此膏藥大良，勿得傳。（武威醫簡66—67）

《武威醫簡》成書年代暫不可考，但由其墓葬時間來推斷，該書在東漢前就已成書是没有問題的。傳世文獻中的用例又如：

（10）右十二味，杵，粗篩，以韋囊盛之，取三指撮，井花水三升，煮三沸，温服一升。（金匱要略·中風歷節病脈證並治）

附2. 三指一撮
與"三指撮"或"撮"稱量之量相當。由於"三指撮"的廣泛使用，使用"三指一撮"的情況也很罕見，僅馬王堆帛書中一見：

（1）即有頸（痙）者，冶，以三指一捝（撮），和以温酒一音（杯），猷（飲）之。（馬王堆帛書·五十二病方42）

附3. 三指大撮
在"三指撮"中插入"大"，表示所稱量藥物之量比"三指撮"稍多，雖然僅見於馬王堆帛書中，但使用頻率較高，如：

（1）一，屑（屑）勺（芍）藥，以□半柘（杯），以三指大捽（撮），猷（飲）之。（馬王堆帛書·五十二病方72）
（2）誨（每）旦，先食取三［指大撮］三，以温酒一杯和，猷（飲）之。（馬王堆帛書·五十二病方250）
（3）並以三指大㝡（最—撮）一入音（杯）酒中，日五、六猷（飲）之。（馬王堆帛書·五十二病方272）
（4）取白松脂、杜虞、□石脂等冶，並合三指大最（撮），再直（置）☐（馬王堆帛書·房内記3）
（5）因取禹熏、□□各三指大最（撮）一，與肝並入醢中，再□□□□莘（滓？），以善絮一（？）□□□□□盡醢，善臧（藏）筒中，勿令歇。（馬王堆帛書·房内記13—15）

附4. 三指小撮
在"三指撮"中插入"小"，表示所稱量藥物之量比"三指撮"要少，僅見於馬王堆帛書中，如：

(1) 節（即）其汙者不［能］三指小最（撮）亦可。（馬王堆帛書·房內記 39）

附 5. 三指撮到節（三指撮至節）

"三指撮到節"指所撮取的藥物到手指的第一個指節，其量自然多於"三指撮"，僅見於馬王堆帛書中，如：

(1) 凡二物並和，取三指冣（最—撮）到節一，醇酒盈一衷（中）桮（杯），入藥中，撓歙（飲）。（馬王堆帛書·五十二病方 25—26）

(2) 牡［厲（蠣）］冶一，毒菫冶三，凡二物並［和］，取三指冣（最—撮）到節一，醯寒溫適，入中，撓歙（飲）。（馬王堆帛書·五十二病方 162—163）

亦可作"三指撮至節"，如：

(3) 一，炙蠶卵，令簍簍黃，冶之，三指冣（最—撮）至節，人〈入〉半音（杯）酒中歙（飲）之，三、四日。（馬王堆帛書·五十二病方 203）

但是由於"撮"是一種模糊的計量方式，因此"三指撮到節（三指撮至節）"與"三指大撮"的量是否相當，仍無從考證。綜合考察，我們推測"三指撮到節（三指撮至節）"可能比"三指大撮"所指的量更爲大些，但從表意來說顯然前者比後者的計量更爲準確，對醫者來說更便於實際操作。

附 6. 三指三撮

在"三指撮"中插入數詞"三"，表示其量爲"三"個"三指撮"，僅見於馬王堆帛書中，如：

(1) 令病者每旦以三指三冣（最—撮）藥入一桮（杯）酒若鬻（粥）中而歙（飲）之。（馬王堆帛書·五十二病方 449）

"三指三撮"之量其實就是"三三指撮"或"三指撮三",我們推測可能爲了避免産生歧義而採取了這種表達方式,使用頻率很低。

(二) 飲服類集體量詞

按照"近取諸身"的原則,與"口"相關的動作也可以引申爲相關的量詞,但與"口"相關的動作祇是與飲食相關,因此與"手"相比其數量就少的多,先秦兩漢文獻中有"哈""服"兩個;但動詞"哈"的使用頻率本身就很低,這也限制了量詞"哈"的進一步語法化,因此很快就被源自名詞的量詞"口"所取代;源自動詞的量詞"服"則作爲中醫專用量詞一直沿用至今。

1. 哈

《玉篇·口部》:"哈,以口歃飲。"本義爲動詞"用口啜飲"義。由此引申爲量詞,僅一見:

(1) 臾兒、易牙,淄澠之水合者,嘗一哈水而甘苦知矣;故聖人之論賢也,見其一行而賢不肖分矣。(淮南子·氾論)

漢高誘注:"哈,口也。"俞樾《諸子平議·淮南子内篇三》"薛燭庸子見若狐甲於劍":"一哈,言其少也。"或以爲同"歃",《集韻·洽韻》:"歃,或作哈。"王力《古漢語字典》和《漢語大字典》皆取此説。《説文》未收"哈"字,高誘距《淮南子》時代不遠,當接近真實,"一哈水"即"一口水"。馬芳則認爲"哈"爲"捧"義[①],但是二者語義相別甚遠,且"捧"在西漢以前並無量詞用例,因此我們仍取高誘、俞樾之説。

2. 服

《説文·舟部》:"服,用也。"引申可以表示吞服藥物,如《禮記·曲禮》:"醫不三世,不服其藥。"醫學文獻中則更爲常見,如《金匱要略·痙湿喝病脉証》:"每服四钱匕。"由此引申爲量詞,表示中藥的劑量,一服即一劑,如:

(1) 分爲二服,温進一服。得吐者,止後服。(傷寒論·辨太陽

[①] 馬芳:《〈淮南子〉中的量詞》,《臨沂師範學院學報》2002年第2期。

病脈證並治中）

　　（2）若一服汗出病差，停後服，不必盡劑。若不汗，更服依前法。又不汗，服後小促其間，半日許，令三服盡。若病重者，一日一夜服，周時觀之。（傷寒論·辨太陽病脈證並治上）

　　從以上兩例來看，例（1）中"服"的量詞性質更爲典型，但在（2）中其動詞性還很強，作爲量詞就不典型；總體來看漢代文獻中"服"仍以用作動詞爲常見，用作量詞的頻率還很低。

　　（三）包束類集體量詞

　　量詞"裹""束"都源自其動詞"包裹"或"束縛"之義，都是動作的結果所呈現的一種模糊的集體量；"㯱（折）"則是"小束"，強調其量少於"束"，僅見於出土中醫類文獻中，傳世先秦兩漢文獻未見，附列於此。

　　1. 裹

　　《説文·衣部》："裹，纏也。"段玉裁注："纏者，繞也。"《玉篇·衣部》："裹，苞也。"本義是動詞"纏繞""包扎"義，由此引申爲集體量詞，相當於現代漢語中的量詞"包"，如：

　　（1）天子乃賜赤烏之人□其墨乘四，黃金四十鎰，貝帶五十，朱（珠）三百裹。（穆天子傳·卷二）
　　（2）天子乃賜曹奴之人戲□黃金之鹿，白銀之麏，貝帶四十，朱四百裹，戲乃膜拜而受。（穆天子傳·卷二）
　　（3）天子乃賜之黃金之罌三六，朱三百裹。（穆天子傳·卷二）
　　（4）天子乃賜之黃金之罌四七，貝帶五十，朱三百裹。（穆天子傳·卷二）
　　（5）黃金之罌二九，貝帶四十，珠丹三百裹。（穆天子傳·卷四）

　　總體來看，先秦兩漢文獻用例並不多見。

　　2. 束$_1$

　　《説文·束部》："束，縛也。"由此引申爲稱量束縛在一起事物的量詞，早在西周金文已見，如：

（1）我既賣（贖）女（汝）五［夫］［效］父，用匹馬束絲。（曶鼎，集成 5.2838）

（2）易（賜）守宫絲束。（守宫盤，集成 16.10168）

先秦兩漢其他文獻也非常常見，如：

（3）皎皎白駒，在彼空谷。生芻一束，其人如玉。（詩經·小雅·白駒）

（4）揚之水，不流束薪。……揚之水，不流束楚。……揚之水，不流束蒲。（詩經·國風·揚之水）

（5）上與病者粟，則受三鍾與十束薪。（莊子·人間世）

（6）乃復賜之脯二束，與錢百，而遂去之。（吕氏春秋·慎大）

（7）其以乘壺酒、束脩、一犬賜人；若獻人，則陳酒、執脩以將命，亦曰"乘壺酒、束脩、一犬"。（禮記·少儀）

（8）以束薪爲鬼，以火煙爲氣。以束薪爲鬼，揭而走；以火煙爲氣，殺豚烹狗。（淮南子·説山）

（9）（朱買臣）家貧，好讀書，不治産業，常艾薪樵，賣以給食，擔束薪，行且誦書。（漢書·朱買臣傳）

"束"作爲集體量詞，亦可指物十個，則成爲定數集體量詞，詳參"束$_2$"；還可以用作制度量詞，指"布五匹"，詳參"束$_3$"。

3. 檠（扜）

《説文·束部》："檠，小束也。"一檠即指一小束，僅見於馬王堆帛書，凡 4 見，均書作"扜"，"檠""扜"均從幵得聲，故聲近可通，如：

（1）一，取蠡（蠃）牛二七，釜（蓳）一扜（檠），并以酒煮而飲之。（馬王堆帛書·五十二病方 195）

（2）桂尺者五廷（挺）□□□□□之菩半尺者一扜（檠），以三［月］茜（糟）瀺（戴）洎，孰（熟）煮。（馬王堆帛書·養生方 85—86）

（3）草薜、牛郗各五扜（檠），□荚、桔梗、厚箁（朴）二尺。（馬王堆帛書·養生方 149）

從簡文來看，"扞（枼）"所表示的數量可能比"束"小，即《說文》所謂之"小束"。

（四）其他類

本類四個量詞"積""分（份）""劑（齊）""算（筭）"，都是由動詞語法化而來，其語源和適用範圍各有不同，與之類似的量詞均未產生，但四個量詞由於其適用對象的特殊性，都具有很強的生命力。

1. 積

《說文·禾部》："積，聚也。"其本義是動詞"積聚"，由此引申爲集體量詞，早期往往用來稱量糧食，按段玉裁注："禾與粟皆得稱積。"但很快就泛化了，可以稱量各類可以堆積起來的事物。"積"用作量詞，早在睡虎地秦簡中已見，多用來稱量穀物，如：

（1）入禾，萬石一積而比黎之爲戶，及籍之曰。（秦律十八種·效 27）

（2）櫟陽二萬石一積，咸陽十萬石一積。（秦律十八種·效 38）

亦見於《銀雀山漢簡·守法守令等十三篇》（成書年代當不晚於戰國），但稱量的對象則非糧食，而是土石等，如：

（3）恒木及樸面爲四積，小石面爲二所，毀鐵及毀金器面爲一積，皆於城下，城守之備也。積石及毀瓦、甕（瓴）辟（甓）、疾（蒺）莉（藜）於城下，百步而一積，城守之造也。（811—812）

從傳世文獻來看，僅見於《墨子》，且均在非墨子所著的《備城門》一篇中，其時代我們推測可能是秦末漢初，如：

（4）寇在城下，收諸盆、甕、瓶積之，城下百步一積，積五百。（墨子·備城門）

（5）百步一積雜秆，大二圍以上者五十枚。（墨子·備城門）

（6）城下州道內百步一積薪，毋下三千石以上，善塗之。（墨子·備城門）

（7）瓦石：重二升以上，上。城上沙，五十步一積。灶置鐵鐕

焉，與沙同處。（墨子·備城門）

但總體來看，量詞"積"在傳世先秦兩漢文獻中較爲罕見，而兩漢簡帛則較爲多見，如：

（8）第廿二積茭千石，永始二年伐。（居延漢簡 4.35）
（9）宗前受茭五十二積，今白五十三積，多一積，誤毋狀，當坐罪當死。（居延漢簡 317.11A）
（10）見矽胡舉二苣火，燔一積薪。（居延漢簡 427.2B）
（11）右餅庭亭部茭八積，五千五百卅六石二鈞，一積茭四百一十石。鴻嘉四年伐。（居延新簡 EPT65.382）
（12）燔一積薪，夜入燔一積薪。（額濟納漢簡 2000ES7S：20）

兩漢以後，量詞"積"仍一直沿用，但使用頻率一直不高，如魏晉六朝時期往往用量詞"聚"，後來隨著"堆"的興起，"積""聚"兩個量詞都逐漸被這一新興量詞所替代。

2. 分（份）

《説文·八部》："分，別也。"本義是動詞"分開"，由此引申爲稱量整體分開後的部分的集體量詞，後世多書作"份"。《馬王堆帛書·五十二病方》48—49："小嬰兒以水［半］斗，大者以一斗，三分藥，取一分置水中，撓，以浴之。"可見所謂"一分"即三分后之一份，量詞"分"是由其動詞義語法化而來的。量詞"分"早在先秦已見，如：

（1）以澤瀉、術各十分，麋銜五分，合，以三指撮，爲後飯。（素問·病能論）
（2）分以爲二，以稀□布各裹一分。（馬王堆帛書·五十二病方 241—242）

但總體來看，先秦文獻中用例不多，到兩漢醫學文獻中就很常見了，如：

（3）桔梗三分，巴豆一分，去皮心，熬黑，研如脂，貝母三分。

（傷寒論·辨太陽病脈證並治下）

（4）瓜蒂一分，熬黃；赤小豆一分。（傷寒論·辨太陽病脈證並治下）

（5）右四味，各十分，搗篩。（傷寒論·辨少陰病脈證並治）

（6）細辛三分。（居延漢簡 149.32）

（7）大黃十分，半夏五分，桔梗四分。（居延新簡 EPT9.7A）

（8）治除熱方：貝母一分，桔更三分。（居延新簡 EPT10.8）

（9）石公龍六分半，付子毋有☐枳殼六分，多一分，高夏苤☐乾桑一分半，熟地黃五分，多二分。（居延新簡 EPT40.191B）

（10）麥、丈句、厚付各三分，皆合和。（居延新簡 EPT56.228）

（11）茈胡、桔梗、蜀椒各二分，桂、烏喙、薑各一分，凡六物，冶，合和。（武威醫簡 3—4）

（12）石鍾乳三分，巴豆一分，二者二分，凡三物，皆冶，合，丸以密（蜜），大如吾（梧）實，宿毋食，旦吞三丸。（武威醫簡 29）

醫學文獻以外，其他上古文獻用例仍不多見，如：

（13）其四分有其三者，其三分人平善忠信，其一分傷死。（太平經·丁部之十五）

（14）其四分有其一者，德微，財及一分，不及其三分，故三凶也。（太平經·丁部之十五）

（15）故聖賢前後生，所作各異，天上言其各長於一分，不能具除災。（太平經·己部之十一）

魏晉六朝以後，用例逐漸開始多了起來。

3. 劑（齊）

《說文·齊部》："齊，禾麥吐穗上平也。"由此引申為動詞"使之齊"之義，《論語·為政》："道之以政，齊之以刑。"《廣雅·釋言》："齊，整也。"再引申既有調和、調節之義，《集韻·霽韻》："齊，和也。"《韓非子·定法》："夫匠者，手巧也；而醫者，齊藥也。"梁啟雄注："'齊藥'即'和藥'，今語'配藥'。"古今中藥往往使用多味藥材按照一定比例調製而成，用作稱量藥物的集體量詞，但其所指卻又有了兩向性：一是多種藥物配合而成的藥物中的一份；二是其中某項藥物的一份。

從出土文獻來看，在中醫文獻中"齊（劑）"最早表示的是某項藥物的一份，如：

（1）取斄（藜）盧二齊（劑），烏豙（喙）一齊（劑），舉一齊（劑），屈居□齊（劑），芫華（花）一齊（劑），並和，以車故脂如（挐）之，以□裹。（馬王堆帛書·五十二病方 413—414）

此類用法傳世文獻亦可見，如：

（2）躁者有餘病，即飲以消石一齊（劑），出血，血如豆比五六枚。（史記·扁鵲倉公列傳）

但後世更爲常見的是多種藥物配合而成的藥物中的一份，如：

（3）飲以半夏湯一劑，陰陽已通，其臥立至。（靈樞·邪客）

所謂半夏湯，按《靈樞·邪客》："其湯方以流水千里以外者八升，揚之萬遍，取其清五升，煮之，炊以葦薪火，沸置秫米一升，治半夏五合，徐炊，令竭爲一升半，去其滓，飲汁一小杯，日三稍益，以知爲度。"顯然並非只有半夏一味藥材，又如：

（4）若病重者，一日一夜服，周時觀之，服一劑盡，病證猶在者，更作服。若不汗出，乃服至二三劑。（傷寒論·辨少陰病脈證並治）

該方爲"桂枝汤方"，包括桂枝（三兩，去皮）、芍藥（三兩）、甘草（二兩，炙）、生薑（三兩，切）、大棗（十二枚，擘）五種藥材。又如：

（5）治之以雞矢醴，一劑知，二劑已。（素問·腹中論）

雞矢醴，當爲用雞矢藤所泡之酒。但也有一種藥物多份爲一劑者，如《金匱要略·血痹虛勞病脈證並治》："空腹酒服一丸，一百丸爲劑。"但此類用法罕見。

從書寫形式來看，出土簡帛文獻中多書作"齊"，如：

（6）☐藥卅齊，不偸（愈）。（居延新簡 EPT43.251）
（7）頭痛、寒熱，飲藥五齊，不☐。（居延新簡 EPT59.269）
（8）後數日，府醫來到飲藥一齊。（居延漢簡 49.31+49.13）

漢簡中"齊"也可以寫作"齋"，如《居延新簡》EPT52.228："☐酉卒夏同予藥二齋，少俞。""齊""齋"上古均爲脂部，音近可通；但這種用例罕見，因此我們推測也可能是形近而誤或形近借用而來。傳世文獻除上引《史記》一例作"齊"外，《黄帝内經》《傷寒論》中則多作"劑"。

4. 算（筭）

《説文·竹部》："算，數也。從竹，從具。讀若筭。"王筠釋例：" '算'下云，讀若筭，此區別之詞也。二字經典通用。許意其器名筭，乃《射禮》釋筭之謂；算計曰算，乃無算爵、無算樂之謂。二字以形別，不以音別。"可見，"算"的本義是動詞"計算"，由此用作量詞，漢代多爲賦税、評價、獎懲的單位，但其所指往往是因時代、因人、因物而異的，可參清顧炎武《錢法論》；其稱量對象一般是不固定的，故暫列爲集體量詞，而非制度量詞；漢代文獻多見，如：

（1）於是公卿言……異時算軺車賈人緡錢皆有差，請算如故。諸賈人末作貰貸賣買，居邑稽諸物，及商以取利者，雖無市籍，各以其物自占，率緡錢二千而一算。諸作有租及鑄，率緡錢四千一算。非吏比者三老，北邊騎士，軺車以一算；商賈人軺車二算；船五丈以上一算。（史記·平準書）

（2）今有均賦粟，甲縣四萬二千算，粟一斛二十，自輸其縣；乙縣三萬四千二百七十二算，粟一斛十八，傭價一日十錢。（九章算

術·均輸)

出土文獻中往往書作"筭",同"算"。《説文·竹部》:"筭,長六寸,計歷數者。從竹從弄,言常弄乃不誤也。"本來是古代計數的籌碼,如:

(3) 程曰:醫治病者得六十筭(算)□□廿筭(算)□□程□弗……得六十而負幾何?曰:負十七筭(算)二百六十九分筭(算)十一。亓(其)朮(術)曰:以今得筭(算)爲法,令六十乘負筭(算)爲實。(張家山漢簡·算數書72—73)

(4) 萬歲候長充,受官錢定課四千,負四筭;毋自言堂煌者第一,得七筭;相除定得三筭,第一。(居延漢簡206.4)

(5) 率所負百卅三筭奇二筭。(金關漢簡73EJT6:144)

(6) 弩一,右淵死二分,負五筭;肩水禽寇隧長韓武彊,凡負七筭。(金關漢簡73EJT10:131)

魏晉以後,隨著制度的固定,量詞"算"的使用就更爲多見了,特別是在走馬樓三國吳簡中常見。

二　線狀集體量詞

線狀集體量詞用於稱量兩個以上事物構成的線性序列,整體上凸顯出線性特徵。先秦兩漢時期包括"列""行""隊""佾""貫"五個量詞;其中量詞"佾"僅限於特定時代規定的樂舞的行列,很快就消亡了;量詞"貫"經過長期沿用以後,最終被新興的動狀集體量詞"串"所替代;量詞"列""行""隊"三個在本時期語法化程度還不高,但均沿用到現代漢語中。

1. 列

《説文·刀部》:"列,分解也。"列,是"裂"的古字。段玉裁注:"列,引申爲行列之義。"如《左傳·僖公二十二年》:"(楚人)既濟,而未成列。"由此語法化爲量詞,稱量成行列的事物。先秦文獻已見,如:

(1) 腥二牢，鼎二七，無鮮魚、鮮腊，設於阼階前，西面，南陳，如饔鼎，二列。（儀禮·聘禮）
(2) 旁四列，西北上。（儀禮·公食大夫禮）
(3) 庶羞，西東毋過四列。（儀禮·公食大夫禮）

《禮記》中的"列"仍然祇是和"數詞"結合，其名詞意味還很明顯。此後用例則往往可以用在"N+Num+Cl"結構中，如：

(4) 自鶉及駟七列也。（國語·周語下）
(5) 飾棺，君龍帷三池、振容。黼荒，火三列，黻三列。（禮記·喪大記）

按，孔穎達疏："列，行也。"又如：

(6) 案十有二寸，枣栗十有二列。（周禮·冬官·考工記）
(7) 乃使王廖以女樂二列遺戎王，爲由餘請期。（韓詩外傳·卷九）

"N+Num+Cl"構式中的"列"爲量詞無疑，在先秦兩漢時代處在"Num+Cl"結構中的量詞"列"也仍多見，如：

(8) 桔隔鳴球，掉八列之舞。（楊雄《長楊賦》）
(9) 五軍六師，千列百重。（張衡《西京賦》）
(10) 周廬千列。（班固《兩都賦》）

這種用法後世也很常見。

2. 行

《爾雅·釋宮》："行，道也。"由此名詞"道"，引申爲集體量詞，用於稱量成行的事物。集體量詞"行"的產生也很早，如：

(1) 黍、粱、稻皆二行，稷四行。（儀禮·聘禮）
(2) 夜中，乃令服兵擐甲，系馬舌，出火灶，陳士卒百人，以

爲徹行百行。(國語・吳語)

(3) 踴者三十行,行萃百人。(穆天子傳・卷五)

(4) 頭上五行行五,五五二十五穴。(素問・氣穴論)

(5) 其浮氣在皮中者,凡五行,行五,五五二十五。(素問・氣府論)

(6) 燕王聞之,泣數行而下。(呂氏春秋・恃君・行論)

(7) 吳起至於岸門,止車而望西河,泣數行而下。(呂氏春秋・仲冬・長見)

(8) 寡婦念此兮,泣下數行。(列女傳・貞順傳)

量詞"行"的語法功能與適用範圍一直非常穩定,並沿用到現代漢語中。

3. 隊

"隊"是"墜"的本字,《說文・㠯部》:"隊,從高隊也。"段玉裁注:"隊、墜,正俗字。古書多作隊。今則墜行而隊廢矣。"《玉篇・阜部》:"隊,部也,百人也。"《左傳・襄公十年》:"狄虒彌建大車之輪,而蒙之以甲,以爲櫓,左執之,右拔戟,以成一隊。"杜預注:"百人爲隊。"楊伯峻先生注:"據賈逵及杜預説,百人爲隊。《淮南子》高誘注則謂二百人爲隊。"因此多以"隊"爲集體的編制量詞。

其實,從量詞"隊"在先秦兩漢文獻中的衆多用例來看,"隊"用作集體量詞表示一部,並没有定制。賈逵、杜預、《玉篇》皆以百人爲一隊,而高誘以二百人爲一隊,又《史記・孫子吳起列傳》:"於是許之,出宮中美女,得百八十人。孫子分爲二隊,以王之寵姬二人各爲隊長,皆令持戟。"則九十人爲一隊。可見,"隊"作爲集體量詞,並無定制,只是一個表示模糊量的集體量詞,如:

(1) 乃分其騎以爲四隊,四向。(史記・項羽本紀)

(2) 至九月,趙卒不得食四十六日,皆内陰相殺食。來攻秦壘,欲出,爲四隊,四五復之,不能出。(史記・白起王翦列傳)

(3) 明年,匈奴發左右部二萬騎,爲四隊,併入邊爲寇。(漢書・匈奴傳)

(4) 臣所將屯邊者,皆荊楚勇士奇材劍客也,力扼虎,射命中,

願得自當一隊，到蘭幹山南以分單于兵，毋令專鄉貳師軍。(漢書·李廣蘇建傳)

(5) 得大王寵姬二人以爲軍隊長，各將一隊。(吳越春秋·闔閭內傳)

(6) 百隊方置，天地行止。(陳琳《武軍賦》)

以上諸用例中的集體量詞"隊"顯然並無定制，後世長期沿用，亦均無定制，如《後漢書·吳蓋陳臧傳》："雖懷璽紆紱，跨陵州縣，殊名詭號，千隊爲羣，尚未足以爲比功上烈也。"

4. 佾

用於樂舞的行列，一行八人爲一佾。《說文新附·人部》："佾，舞行列也。"古代舞蹈用"佾"的多少，表示了等級的差別：天子八佾，諸侯六佾，大夫四佾，士二佾。《谷梁傳·隱公五年》："舞夏，天子八佾，諸公六佾，諸侯四佾。"如：

(1) 於是初獻六羽，始用六佾也。(左傳·隱公五年)
(2) 孔子謂季氏："八佾舞於庭，是可忍也，孰不可忍也？"(論語·八佾)
(3) 朱干玉戚以舞大武，八佾以舞夏，此天子之樂也。(禮記·祭統)

兩漢文獻亦多見，如：

(4) 季氏爲無道，僭天子，舞八佾，旅泰山，以雍徹。(韓詩外傳·卷十)
(5) 魯舞八佾，北祭泰山，郊天祀地，如天子之爲。(春秋繁露·王道)
(6) 天子八佾，諸公六，諸侯四。(公羊傳·隱公五年)
(7) 設兩觀，乘大路，朱干玉戚，以舞大夏；八佾以舞大武；此皆天子之禮也。(公羊傳·昭公二十五年)
(8) 武帝時，河間獻王好儒，與毛生等共采《周官》及諸子言樂事者以作《樂記》，獻八佾之舞，與制氏不相遠。(漢書·藝文志)

(9) 今隱公貪利而身自漁，濟上而行八佾，以此化於國人，國人安得不解於義。(説苑·貴德)

隨著樂舞制度的改易，量詞"佾"也隨之退出歷史舞台，兩漢文獻中的絶大多數用例也祇是對前代制度的追述或者模仿而已。

5. 貫

《説文·母部》："貫，錢貝之毌也。"本義是古代穿錢貝的繩索，由此引申爲貨幣量詞，千錢爲一貫。《史記·貨殖列傳》："子貸金錢千貫。"但在先秦兩漢時期，並不限於稱量錢，佛經文獻中還可以用來稱量"珍珠"，即用繩索串聯起來的一串珍珠，凸顯的同樣是線性的特徵，如：

(1) 譬如四衢中墮一貫真珠裏，一人當見已見，便喜愛意喜欲得珠，人見意在珠，是爲色陰種，所喜可意是爲痛癢種。若上頭如是名爲貫珠，是爲思想種。若意生欲取貫珠，是爲行種，從是知爲識種。如是五種意在一貫珠俱行，便若干作行亦自行，如是在一貫珠一時俱行。(安世高譯《道地經》)

魏晉南北朝文獻亦可見，如《魏書·趙柔傳》："柔嘗在路得人所遺金珠一貫。"如劉世儒先生説："可見在這個時代作爲一種幣制單位來説，它還是没有完全專用起來。"①

第二節　非外形特徵型集體量詞

同個體量詞一樣，在認知過程中有些事物所構成的集合具有典型特徵而凸顯出來，但有些事物所構成集合的外形則並非其典型特徵。根據非外形特徵型量詞的來源、特徵及其與名詞的選擇關係，我們將其分爲特約型和專指型兩大類，前者往往是定指的集體量詞，後者一般是非定指的集體量詞。

---

① 劉世儒：《魏晉南北朝量詞研究》，中華書局 1965 年版，第 245 頁。

一　特約型集體量詞

特約型量詞是指由約定俗成而形成的、具有特約含義的量詞，邵敬敏認爲這主要依賴於人與事物的相約性①。特約型量詞基於人們的"約定俗成"，根據構成約定的視角的不同可以分爲兩大類：一是基於特定數量的集體量詞，如在數詞中"二"往往與成雙成對的事物有關，"十"則是十進制中的整數；二是基於特定稱量對象的專用類集體量詞，如"朮""稷""升""紽""緎"等量詞都與絲織品的製造有關，"筥""稯""秅""秭""絜"等量詞則都與禾稼的計量相關；"堵""肆"等量詞則與樂器制度及相關計量有關。

（一）特定數量類集體量詞

先秦兩漢時期，由於當時特定的社會經濟或文化制度，形成了一系列與之相關的特定數量類集體量詞，主要包括"二"類、"四"類、"十"類、"十二"類四小類。

"二"類集體量詞

雙數義量詞是先秦兩漢特定數量類集體量詞中最爲常見的，數量也最多，總計有"朋""毂（珏）""兩""丙""雙""偶""合""純"八個，這也是由人類認知發展的規律所決定的，正如洪堡特《論雙數》所言世界中實體、現象的雙對性是促成雙數概念及其相應形式的土壤②；"朋""毂（珏）""偶""丙""合""純"作爲量詞僅僅出現於某一歷時階段，且用例很少；量詞"兩""雙"使用頻率最高，而且使用的時間跨度也很大，但在長期的發展過程中，後者逐漸取代了前者的地位，成爲表雙數義的唯一量詞。

1. 朋

從甲骨文字形來看像兩串相連的貝，上古用作貨幣的量詞。或説五貝爲一朋，或説兩貝爲一朋，或説五貝爲一系，兩系爲一朋③。《廣韻·登韻》："五貝曰朋。"但學界多取二貝之説，按《漢書·食貨志下》："大貝四寸八分，二枚爲一朋，直二百一十六，壯貝三寸六分以上，二枚爲

---

① 邵敬敏：《量詞的語義分析及其與名詞的雙向選擇》，《中國語文》1993年第3期。
② 轉引自姚小平《洪堡特人文研究和語言研究》，外語教學與研究出版社1995年版，第80頁。
③ 李圃：《古文字詁林》第11册，上海教育出版社2004年版，第153頁。

一朋,直五十。幺貝二寸四分以上,二枚爲一朋,直三十。小貝寸二分以上,二枚爲一朋,直十。不盈寸二分,漏度不得爲朋,率枚直錢三。"但無論朋的所指是貝二枚還是貝二系,由此用作量詞,都是表雙數義的。

量詞"朋"在早期文獻如商代甲骨文、商代金文、西周金文中均可見,如:

(1) 貝二朋。(合40073)
(2) 乙丑,公中(仲)易(賜)庶貝十朋。(庶觶,集成12.6510)
(3) 王易小臣邑貝十朋。(小臣邑斝,集成15.9249)

傳世先秦文獻中亦可見,如:

(4) 既見君子,錫我百朋。(詩經·菁菁者莪)

按鄭玄箋:"古者貨貝,五貝爲朋。"又如:

(5) 或益之,十朋之龜,弗克違。(易經·益)

西周以後,"貝"作爲貨幣退出了歷史舞臺,量詞"朋"也隨之逐漸消亡。後世雖然可見用例,但祇是追述商周故事而已,如《淮南子·道應》:"屈商乃拘文王於羑里。於是散宜生乃以千金求天下之珍怪,得驪虞、雞斯之乘,玄玉百工,大貝百朋,玄豹、黃羆、青豻、白虎文皮千合,以獻於紂,因費仲而通。"顯然並非當時的實際使用用例。

2. 瑴(珏/玨/丰)

《說文·珏部》:"珏,二玉相合爲一珏。瑴,珏或從瑴。"① 最早見於西周金文,如:

---

① 王國維則認爲"朋"和"珏"二者:"殷時玉與貝皆貨幣也。……其用爲貨幣及服御者,皆小玉小貝,而有物爲以系之。所系之貝玉,於玉則謂之珏,於貝則謂之朋。然二者於古實爲一字。"《觀堂集林》第二冊《說朋珏》,中華書局1959年版,第160頁。

（1）王窺（親）易（賜）馭□□瑴、馬三（四）匹、矢五□。（鄂侯鼎，集成 5.2810）

根據鄂侯鼎内容及銘文通例，此句完整形式當爲："王親賜馭方玉五瑴、馬四匹、矢五束。"傳世先秦兩漢文獻亦可見：

（2）納玉於王與諸侯，皆十瑴。（左傳·僖公三十年）
（3）虢公晉侯朝王，王饗醴，命之宥，皆賜玉五瑴，馬三匹。（左傳·莊公十八年）

按杜預注："雙玉曰瑴。"

（4）公説，行玉二十瑴，乃免衛侯。（國語·魯語上）

韋昭注："雙玉曰瑴。"雖然用例不多，但後世仍在沿用，如宋歐陽修《送楊寘秀才》："其於獲二生，厥價玉一瑴。"但後世的這種使用也很可能祇是仿古而已。

按，管燮初引《乙亥簋》（集成 7.3940）："乙亥，王易（賜）肄玉十丰，章（璋），用乍（作）且（祖）丁彝。"譯爲："乙亥日，君王賞賜肄玉十個，璋，因此制作紀念祖丁的禮器。"① 則"丰"用作個體量詞。但該字今隸定爲"玉"，同"玨"。

又按，《淮南子·道應》："於是散宜生乃以千金求天下之珍怪，得騶虞、雞斯之乘，玄玉百工，大貝百朋，玄豹、黄羆、青豻、白虎文皮千合，以獻於紂，因費仲而通。"原注："三玉爲一工。"俞樾《平議》："'三玉爲一工'，他無所見，疑本作'玄玉百玨'，注本作'二玉爲一玨也'。"《集釋》則推測其來源爲："是古人用玉，率以玨計，未聞其以工計也。蓋'玨'字闕壞而爲'工'，後人因改爲'工'，又改高注'二玉'爲'三玉'，以別異於玨耳。"②

3. 兩₁（緉/良）

《字彙·入部》："兩，耦也。"由數詞義引申爲表示雙數的量詞，早

---

① 管燮初：《西周金文語法研究》，商務印書館 1981 年版，第 178 頁。
② 何寧：《淮南子集釋》，中華書局 1998 年版，第 871—872 頁。

在先秦時期已見，如：

（1）葛屨五兩。（詩經·齊風·南山）

孔穎達疏："屨必兩隻相配，故一兩爲一物。"在出土先秦文獻中，量詞"兩"僅適用於"屨"或"履"，如：

（2）一兩緣繹屨；一兩絲紅屨；一兩鄝緹屨；一兩諨屨；一兩緅屨。（信陽楚簡·遣策 2）①
（3）男子西有鬃秦縶履一兩。（睡虎地秦簡·封診式 59）

但先秦文獻中用例罕見，到兩漢文獻中就非常普遍了，主要仍是用于稱量"屨"或"履"，如：

（4）諸侯以屨二兩加琮，大夫庶人以屨二兩加束脩二。（説苑·修文）
（5）夫人受琮，取一兩屨以履女，正笄，衣裳而命之曰。（説苑·修文）
（6）白革履一兩。（居延新簡 EN14）
（7）枲履一兩。（金關漢簡 73EJT5：65）
（8）願子方幸爲元買沓（鞜）一兩，絹韋，長尺二寸。（懸泉漢簡 271）

而且漢代其適用範圍也逐漸拓寬了，除"屨"或"履"外其他成對的事物如"襪""絝"等也可以用量詞"兩"來稱量了，如：

（9）袍一領，單衣一領，枲履一兩，絝一兩。（居延漢簡 19.36）
（10）袍一領，犬絑一兩；襲一領。（居延漢簡 19.41）

---

① 按，"屨"字釋文據朱德熙、裘錫圭先生《戰國文字研究六種》，載《考古學報》，1972 年第 1 期；商承祚《戰國楚竹簡匯編·信陽長臺關一號楚墓竹簡第一組文章考釋》則隸定爲"緱"，齊魯書社 1995 年版，第 21 頁。從其使用的量詞爲"兩"來看，也當隸定爲"屨"爲是。

(11) 皁（皂）布複絝一兩。（居延漢簡 101.23）

(12) 皁（皂）複絝一兩；白革履一兩；右在官，白布單絝一兩。（居延漢簡 206.23）

(13) 襲一領，布複絝一兩，並直千八百。（金關漢簡 73EJT5：8A）

(14) 革履、革袴，各一兩。（敦煌漢簡 633）

到漢代文獻中量詞"兩"的稱量範圍有擴大的趨勢，並不限於稱量成對事物，如《尹灣漢簡》M6D6："乘輿鐵罷七十四兩一奇。"張顯成師認爲："鐵罷，即鐵制裙鎧。"① 戰國楚簡中，字似亦可書作"良"，如：

(15) □履三良，鞈履。（五里牌楚簡 1）

劉國勝提出"良"與"兩"音近可通，"三良"猶言"三雙"②；但僅此一例，似乎亦可句讀爲："□履三，良，鞈履。"文意存疑。③

4. 丙

"丙"在甲骨文中是"馬"和"車"的量詞，"據統計，在已發掘的十八座殷車馬坑中，一車兩馬的十三座，四馬一座，四座不詳。可見殷代一車兩馬爲常。"④ 因此，"車一丙"當指"一車兩馬"，"馬一丙"則指"馬兩匹"。如：

(1) 馬二十丙。（合 1098）
(2) 馬五十丙。（合 11459）

---

① 張顯成：《尹灣漢簡〈武庫永始四年兵車器集簿〉釋讀劄記》，《簡帛研究》（第四輯），廣西師大出版社 2001 年版，第 301 頁。

② 劉國勝：《楚喪葬簡牘集釋》，武漢大學博士學位論文，2003 年，第 119 頁。

③ 用於個車的個體量詞"兩"和用於成雙成對事物的集體量詞"兩"是同源異用的，在金關漢簡中甚至可以出現在同一枚簡中，容易造成語義混淆，於是個體量詞後來產生了分化字"輛"；而集體量詞則產生了分化字"緉""量"等，詳參張顯成、李建平《簡帛量詞研究》，中華書局 2016 年版。

④ 張玉金：《甲骨文語法學》，學林出版社 2001 年版，第 20 頁。

（3）馬卅丙。（合 20790）

到西周金文中"丙"多用於天干或廟號，量詞義僅西周早期金文 1 例，用於"馬"此後金文未見，已經爲新興的稱量馬的專用量詞"匹"所替代：

（4）小臣夌，易貝，易馬丙。夌拜稽首，對揚王休。（西周早期，2775 小臣夌鼎）

另，從甲骨文和西周金文來看，"丙"爲"兩"之初文①，但學界未有定論，暫依學界傳統觀點分開論述。

5. 雙（隻）

《説文·雔部》："雙，隹兩枚也。從雔，又持之。"其本義爲"鳥二枚"，但該義上古文獻罕見，由此引申爲表示雙數的集體量詞，早在先秦文獻中已經產生了，楚簡中有疑似 1 例，書作"隻"：

（1）盾藏一，又□肝三隻。（五里牌楚簡·遣策 16）

商承祚注："隻，同'雙'義，乃言盾藏上的附件。"但由於簡文殘損且關鍵字不能釋讀，文意不明。傳世文獻則多見，如：

（2）凡獻，執一雙，委其餘於面。（儀禮·聘禮）
（3）白玉之珩六雙，不敢當公子，請納之左右。（國語·晉語二）
（4）然則不買五雙珥。（戰國策·楚策四）
（5）革車百乘，綿繡千純，白璧百雙，黃金萬鎰。（戰國策·秦策一）

在早期用例中，量詞"雙"所稱量的對象往往是天然成雙或固定成雙使用的，珥是成雙使用的，按上古制度祭祀、賞賜等所用之玉也是成雙

---

① 陳夢家《殷虛卜辭綜述》，中華書局 1988 年版，第 94 頁。

的。但兩漢文獻中已經擺脫了這種限制，如：

（6）壺一雙；髹杯二雙；盛一雙；間一雙；鉈一雙；椑匜（槬）二雙；畫杯三雙。（高臺漢牘·丁）

其中的壺、杯、盛、間、鉈等器物，顯然不是天然成雙或必須成雙使用的，又如：

（7）越王乃使大夫種索葛布十萬，甘蜜九黨，文笥七枚，狐皮五雙，晉竹十廋，以復封禮。（吳越春秋·勾踐歸國外傳）
（8）一夜天生神木一雙，大二十圍，長五十尋。（吳越春秋·勾踐陰謀外傳）
（9）禮二百，雞一雙，想達從。（東牌樓漢簡36背）
（10）食于（盂）一雙。（蕭家草場漢簡16）

當從更多還是用於成雙之事物的，如：

（11）其禽，加於一雙，則執一雙以將命，委其餘。（禮記·少儀）
（12）乘禽日五雙，群介皆有餼牢。（禮記·聘義）
（13）我持白璧一雙，欲獻項王；玉斗一雙，欲與亞父。（史記·項羽本紀）
（14）見鳥六雙，以王何取？（史記·楚世家）
（15）吳王聞其美且有行，使大夫持金百鎰、白璧一雙以聘焉，以輜軿三十乘迎之，將以爲夫人。（列女傳·貞順傳）
（16）今齎萬雙之璧玉以歸國家。（太平經·丙部之十二）
（17）今行逢千斤之金，萬雙之璧，不若得明師乎？（太平經·己部之五）

值得注意的是，上古文獻中"雙"常省作"隻"，二者非常容易混淆，如《史記·龜策列傳》："王以爲不然，王獨不聞玉櫝隻雉出於昆山，明月之珠出於四海，鐫石拌蚌傳賣於市，聖人得之以爲大寶？"徐廣曰：

"隻，一作'雙'。"又如：

（18）天子於是攻其玉石，取玉版三乘，玉器服物，載玉萬隻。（穆天子傳·卷二）
（19）天子美之，乃賜奔戎佩玉一隻。（穆天子傳·卷三）
（20）玭佩百隻，琅玕四十。（穆天子傳·卷四）
（21）乃賜之黃金之嬰二九，銀烏一隻，貝帶五十，朱七百裹。（穆天子傳·卷四）

按，陳逢衡注："萬隻之隻即古省雙字。"古代用"玉"多以雙，因此其他的"隻"也很可能是"雙"的省略。魏晉以後隨著量詞"對"的興起，"雙"的使用範圍逐漸縮小。

6. 偶（塈/耦）

《説文·人部》："偶，桐人也。"《字彙·人部》："木像曰木偶，土像曰土偶。"其本義是雕塑的人像，由於往往兩兩相對，故引申有"匹配"義，由此引申爲表示雙數的集體量詞。量詞"偶"出土先秦文獻已見，仰天湖楚簡中書作"塈"，凡3例，如簡12："羽醬一塈（偶）。已。"商承祚先生認爲："塈，即塯，《説文》以爲地名的塯夷，在此用爲雙數的偶……一塈，一對也。"① 五里牌楚簡則書作"禺"，僅1見："也（匜）一禺（偶）。"

傳世文獻中，字多書作"耦"，如《左傳·襄公二十九年》："射者三耦；公臣不足，取於家臣。家臣，展瑕、展王父爲一耦；公臣，公巫召伯、仲顏莊叔爲一耦，鄫鼓父、黨叔爲一耦。"按杜預注兩人爲"耦"，此"耦"有"對"義。多見於《儀禮》，如：

（1）三耦俟於堂西，南面，東上。（儀禮·鄉射禮）
（2）司射不釋弓矢，遂以比三耦於堂西。（儀禮·鄉射禮）
（3）三耦之南，北面，命上射曰。（儀禮·鄉射禮）
（4）繼三耦之南而立。（儀禮·鄉射禮）

---

① 商承祚：《戰國楚竹簡彙編》，齊魯書社1995年版，第131頁。

但值得注意的是，武威漢簡《儀禮》中皆書作"偶"，如簡44："述比三偶。"而熹平石經《鄉射》則與今本相同。"偶""耦""禺"皆從"禺"，音近可通。隨著量詞"雙"的廣泛使用，量詞"偶"失去了進一步語法化爲量詞的必要。

7. 合（會/會）

《説文·亼部》："合，合口也。"引申而有匹配之義，《詩·大雅·大明》："文王初載，天作之合。"鄭玄箋："合，配也。"上古時代，物品往往兩兩配合成對使用，故由此用爲量詞，相當於"對"，如：

（1）雕杯廿會（合）。（望山楚簡·遣策5）

整理者注："字在此當讀爲'合'。'合'字古訓'配'，訓'對'。二十合即二十對。此墓出土漆耳杯三十六件（頭一一號、一四六號等），當即簡文所謂'雕杯'。耳杯數量較簡文所記少四件，疑是盜掘所致，此墓盜洞出漆耳杯一件可證。"又如：

（2）叔杯十會（合）。（五里牌楚簡10）

商承祚先生釋爲"會"，並提出："會，集也，合也。"① 陳偉等則認爲即"合"②，但未予以解釋。按，《説文·會部》："會，合也。"由此輾轉引申爲表示雙數的量詞，似也合理，用例罕見，姑列於此，以備考察。又如：

（3）於是散宜生乃以千金求天下之珍怪，得騶虞、雞斯之乘，玄玉百工，大貝百朋，玄豹、黃羆、青豻、白虎文皮千合，以獻於紂，因費仲而通。（淮南子·道應）

按，許匡一注："合，即'盒'。"③ 趙宗乙譯註同此④。但我們認爲

---

① 商承祚：《戰國楚竹簡彙編》，齊魯書社1995年版，第130頁。
② 陳偉：《楚地出土戰國簡冊［十四種］》，經濟科學出版社2009年版，第468頁。
③ 許匡一：《淮南子全譯》，貴州人民出版社1993年版，第712頁。
④ 趙宗乙：《淮南子譯註》，黑龍江人民出版社2003年版，第620頁。

這裏的"合"可能並非容器量詞,而是集合量詞,相當於"對"。從上文來看,所謂"玄玉百工""大貝百朋"中的量詞"工""朋"都是雙數之義,則"文皮"也應當是雙數的;而且"合"在先秦兩漢文獻中均未見容器量詞用法,而楚簡可見雙數義集合量詞用法,故我們推測此文中的"合"爲集體量詞。

8. 纯（屯）

"純",用作集體量詞,表示"一對"。甲骨文已見,指骨版一對,張玉金認爲:"原像兩骨包裹緘縢之形,演化爲量詞。"① 如:

（1）丙申𢼄示二屯。岳。（合 00268）
（2）丙寅,二屯。（合 17656）
（3）五屯有一丿。（合 17663）

西周金文未見,而古代射禮中用以計算射具的量詞,《儀禮·鄉射禮》："二筭爲純。"鄭玄注："純,猶全也。耦（偶）陰陽。"孔穎達疏："陰陽對合,故二筭爲耦陰陽也。"《禮記·投壺》："二筭爲純。"孔穎達疏："純,全也。二筭合爲一全。"又如:

（4）二筭爲純,一純以取,一筭爲奇。（禮記·投壺）
（5）二筭爲純,一純以取,實於左手。十純則縮而委之,每委異之。有餘純,則橫諸下。一筭爲奇,奇則又縮諸純下。（儀禮·大射）
（6）若右勝,則曰："右賢滅左。"若左勝,則曰："左賢於右。"以純數告;若有奇者亦曰奇。（武威漢簡·甲本泰射 77）

集體量詞"純"先秦兩漢文獻用例罕見,漢代以後發展爲專用於布帛的制度量詞。

"四"類集體量詞

殷商末期,戰車的標準配置從一車二馬向一車四馬轉變,西周開始一車四馬即成爲戰車的標準配置,因此隨之產生的新興量詞"乘""駟"也

---

① 張玉金:《甲骨文語法學》,學林出版社 2001 年版,第 20 頁。

成爲常見量詞；既可以用作個體量詞，稱量"車"，也可以用作集體量詞，稱量"馬"。作爲集體量詞二者有很多相通之處：首先，二者稱量的對象一般都是"馬"，後來纔基於類推作用而適用於其他事物；其次，其語義基礎都來源於西周以降"一車四馬"的標準車馬制度，其具體所指都是"四"爲核心的；再次，戰國以後隨著戰車制度退出歷史舞台，這兩個專用量詞也逐漸少用，但因爲其上古經典文獻中的高頻使用而在後世仿古文章中卻長期沿用下來。

9. 乘₂

《字彙·丿部》："乘，四數曰乘。"因爲上古時期"乘"多用作稱量兵車的量詞，而兵車以"一車四馬"爲標準配備，由此引申爲定數集體量詞，一般指"馬四匹"；後來其使用範圍逐漸擴大，拓展到稱量其他事物。從出土文獻來看，集體量詞"乘"早在西周金文中已見用例，如：

（1）易（賜）克甸車、馬乘。（克鐘，集成1.206）
（2）王賜乘馬，是用左（佐）王。（虢季子白盤，集成16.10173）

例（1）中的"馬乘"可以視爲"馬一乘"的省略；例（2）中的"乘馬"也可視爲"一乘馬"的省略；在傳世早期文獻中用例亦很常見，《詩經·駉駉》："乘馬在廄，摧之秣之。"陸德明釋文："乘馬，四馬也。"又如：

（3）雖無予之？路車乘馬。（詩經·小雅·采菽）
（4）崔子弒齊君，陳文子有馬十乘，棄而違之。（論語·公冶長）
（5）晏子出，公使梁丘據遺之輅車乘馬，三返不受。（晏子春秋·內篇雜下）
（6）齊侯妻之，甚善焉。有馬二十乘，將死於齊而已矣。（國語·晉語三）
（7）椒舉降三拜，納其乘馬，聲子受之。（國語·楚語上）
（8）陳文子有馬十乘，棄而違之。（鹽鐵論·晁錯）
（9）今輅車乘馬，君乘之上，臣亦乘之下。（說苑·臣術）

(10) 智伯欲襲衛，故遺之乘馬，先之一璧。（說苑·權謀）

出土先秦簡帛文獻中則僅見於曾侯乙墓簡，但秦簡中均未見用例，如：

(11) 乘馬之鞁彎賠。（簡 7）乘馬之彎。（簡 115）乘馬之彤甲。（簡 122）乘馬畫甲。（簡 124）凡新官之馬六乘。（簡 148）

"乘"在先秦兩漢文獻中修飾的中心詞以"馬"爲主，但也可以修飾"矢""皮"等其他名詞，如：

(12) 獿矢一乘，骨鏃，短衛。志矢一乘，軒輖中，亦短衛。（儀禮·既夕禮）
(13) 兼挾乘矢，陞自西階。（儀禮·鄉射禮）
(14) 誘射，將乘矢。（儀禮·鄉射禮）

集體量詞"乘"同數詞"四"在很多情況下可換用，如：

(15) a. 賓於館堂楹間，釋四皮、束帛。（儀禮·聘禮）
     b. 禮玉、束帛、乘皮，皆如還玉禮。（儀禮·聘禮）
(16) a. 諸公賜服者束帛、四馬。（儀禮·覲禮）
     b. 伯高之喪，孔氏之使者未至，冉子攝束帛、乘馬而將之。（禮記·檀弓上）

因此也有學者認爲這種"乘"已經成爲數詞的，但從總體來看其語法功能和數詞比較還相差甚遠。定數集體量詞"乘"在漢代以後逐漸消失，其原因同個體量詞"乘"的消失一樣，都是隨著社會的發展"一車四馬"的車馬制度退出了歷史舞台，失去了其語義基礎。

10. 駟$_2$

《說文·馬部》："駟，一乘也。"段玉裁注："四馬爲一乘。"由此引申爲定數集體量詞，同"乘"一樣，指"馬四匹"。但由於其特定的語義基礎，在此後的發展中其稱量對象僅限於"馬"，而沒有像"乘"一樣在適用範圍上得到拓展。

量詞"駟"早在先秦文獻中已經常見,《論語·季氏》:"齊景公有馬千駟,死之日,民無德而稱焉。"邢昺注:"馬四匹爲駟。千駟,四千匹也。"又如:

(1)宋人以兵車百乘、文馬千駟以贖華元於鄭。(左傳·宣公二年)
(2)故立天子,置三公,雖有拱璧以先駟馬,不如坐進此道。(老子·第六十二章)
(3)文山之人歸遺乃獻良馬十駟,用牛三百,守狗九十,牝牛二百。(穆天子傳·卷四)
(4)敝邑有寶璧二雙,文馬二駟,請致之先生。(戰國策·魏策三)

兩漢文獻中仍然常見,如:

(5)帝紂乃囚西伯於羑里,閎夭之徒患之,乃求有莘氏美女,驪戎之文馬,有熊九駟,他奇怪物,因殷嬖臣費仲而獻之紂。(史記·孔子世家)

孔穎達正義曰:"九駟,三十六匹马也。"又如:

(6)是以齊景公有馬千駟。(鹽鐵論·地廣)
(7)故袁盎親於景帝,秣馬不過一駟;公孫弘即三公之位,家不過十乘。(鹽鐵論·毀學)
(8)賜宗室有屬籍者馬一匹至二駟。(漢書·哀帝紀)

由於"駟"既可以用作集體量詞,也可以用作個體量詞,因此有些情況下需要據語境分辨其具體所指,如:

(9)請獻橐他一匹、騎馬二匹、駕二駟。(史記·匈奴列傳)

"駕二駟"並非"車二輛",而是"八匹馬",孔穎達正義曰:"顏師古云:'駕,可駕車也。駟,八匹馬也。'"

"十"類集體量詞

量詞"秉""緄""區"都是稱量對象的數量都是"十",都是由當時的具體制度所決定的。

11. 秉₂

"秉"用作集體量詞本指"一把"之量,但在使用中也可以用作箭數的量詞,並有固定數量,"矢一秉"當爲"箭十支",早在西周金文已見:

(1) 智廼每(誨)於䟗[曰]:"女(汝)其瞽舍矢五秉。"(智鼎,集成 5.2838)

又見於《曾侯乙墓簡》中,凡 21 例,如:

(2) 用矢,箙五秉。(簡 5)
(3) 矢二秉又六。(簡 43)
(4) 矢五秉。(簡 46)
(5) 五秉矢。(簡 72)
(6) 矢五秉,無弓。(簡 95)

從曾侯乙墓簡來看,"秉"的零數最多爲"九",因此我們推測一"秉"箭爲十支,簡 5 所謂"箙五秉",即"箭箙中有五十支箭",與《荀子·議兵》"負服矢五十個"所言之數目正合。

12. 緄

《説文·糸部》:"緄,織帶也。"本義是編織的帶子,由此引申爲集體量詞,如:

(1) 衛君懼,束組三百緄,黄金三百鎰,以隨使者。(戰國策·宋衛策)

高誘注:"十首爲一緄也。"則"一緄"爲十條帶子。

13. 區₂

白玉五雙爲一區。如：

（1）玉十謂之區。（爾雅·釋器）

郭璞注："雙玉曰瑴，五瑴爲區。"但無論傳世文獻還是出土文獻中，都未見實際使用的用例，暫列於此。

"十二"類集體量詞

數字"十二"在漢語中往往有特定含義，因此在表量的時候也往往與量詞密切相關，先秦兩漢文獻中有"發""束"兩個，稱量對象均爲"箭矢"。

14. 發

集體量詞，或以矢十二枚爲一發，或以矢四枚爲一發。如：

（1）賜以……弓一張，矢四發。（漢書·匈奴傳）

顏師古注："服虔曰：'發，十二矢也。'韋昭曰：'射禮三而止，每射四矢，故以十二爲一發也。'"《後漢書·南匈奴傳》引班彪文："今齎……矢四發，遺單于。"李賢注："四矢曰發。"服虔以"十二矢"爲一發，而李賢則以"四矢"爲一發，疑莫能定。正如劉世儒先生説："服注和李注的根據顯然都是一樣的，但結論卻不一樣，這就是這種稱量法的大毛病。"① 又如：

（2）河內溫貞陽里爵大夫單强，年廿六，馬劍一，弓一，矢一發，字長孟。（金關漢簡73EJT9：93）

從文意來看，"矢一發"顯然不是只有一支箭，當爲十二矢無疑。兩漢簡帛雖然多見，但由於簡文殘缺或文意不明等原因無法斷定。

15. 束₂

矢十二個爲一束，《淮南子·氾論》："訟而不勝者，出一束箭。"東漢高誘注："箭十二爲束也。"又如：

---

① 劉世儒：《魏晉南北朝量詞研究》，中華書局1965年版，第203頁。

(1) 易（賜）女（汝）弓一、矢束、臣五家、田十田。（不其簋，集成 8.4329）

(2) 索訟者三禁而不可上下，坐成以束矢。（國語·齊語）

東漢韋昭《國語》注："十二矢爲束。"用于稱量"矢"的集體量詞"束"所指仍有争議，或以爲五十矢爲束，如《詩·魯頌·泮水》："角弓其觩，束矢其搜。"朱熹集傳："五十矢爲束，或曰百矢也。"程俊英、蔣見元注取此説[①]。或以爲百矢爲束，如《周禮·秋官·大司寇》："以兩造禁民訟，入束矢於朝，然後聽之。"鄭玄注："古者一弓百矢，束矢，其百個與？"結合古代射禮來看，量詞"束"的所指我們推測和"發"相同，都是十二矢；五十矢、百矢説似均無實證；又，量詞"束"亦可指物十個，詳參"束$_3$"。

（二）專用類集體量詞

自古至今，衣食在人們的日常生活中具有重要地位，特別是在先秦兩漢時期，絲織品和禾麻的生產是人們生活中的重要一面，因此與之相關的量詞也非常豐富。編鐘類樂器作爲禮器在上古時代也具有獨特地位，因此與之相關的量詞也較爲多見。

絲織類集體量詞

"襚（术）""升""稯""繙""紙""紀""綹""緎"八個集體量詞均與絲織品有關，均有一定之規，即劉世儒先生所説的"定數集合法"。

1. 襚（术）

稱量絲縷數量的量詞，《西京雜記》卷五："（鄒長倩）又贈之以芻一束、素絲一襚、撲滿一枚。"並有鄒長倩《與公孫弘書》云："五絲爲繙，倍繙爲升，倍升爲紙，倍紙爲紀，倍紀爲綹，倍綹爲襚。此自少之多，自微至著也。"則絲一百六十縷爲"襚"，但先秦兩漢文獻用例罕見。漢簡中或書作"术"，如：

(1) 綃糸二斤，直四百卅四。絳縷五百术，白縷五百术。寶此丈五尺，直三百九十。付子一斗，直百廿五。弋韋杏一兩，直八百五

[①] 程俊英、蔣見元：《詩經注析》，中華書局 1991 版，第 1008 頁。

十。(居延漢簡 262.28A)

裘錫圭先生認爲"朮"是絲縷數量的量詞,"朮"與"襚"音近可通,則一朮爲絲一百六十縷[①]。又,《墨子·非樂上》:"君子出絲二衛。"孫詒讓間詁認爲"衛"當爲"術"字之誤,"術"通"襚"。但畢沅則認爲"衛"是"緯"之假借字,"二緯"即二束;姑列於此。

2. 升

"升",區別布之粗細的量詞,按《儀禮·喪服》"冠六升"鄭玄注:"布八十縷爲升。"即布帛在一幅內含經線八十根爲一升,多見於《儀禮》《禮記》等禮部文獻,如:

(1) 三日絞垂。冠六升,外縪,纓條屬厭。衰三升。(儀禮·既夕禮)

(2) 袪尺二寸,衰三升,三升有半。其冠六升。以其冠爲受,受冠七升。齊衰四升,其冠七升。以其冠爲受,受冠八升。繐衰四升有半,其冠八升。大功八升若九升。小功十升若十一升。(儀禮·喪服)

(3) 冠六升,外畢,鍛而勿灰。衰三升。(儀禮·喪服)

(4) 晏子相齊,衣十升之布,脫粟之食,五卵、苔菜而已。(晏子春秋·內篇雜下)

(5) 自是,子服之妾衣不過七升之布,馬餼不過稂莠。(國語·魯語上)

從出土文獻來看,在《武威漢簡·儀禮》中亦較爲常見,如《甲本服傳》《乙本服傳》《丙本喪服》均可見。按《朱子語類》卷八五:"古者,布帛精粗皆有升數,所以說布帛精粗不中度不鬻市。"

3. 稯$_1$(總/緵)

古代區別布之粗細的量詞,即布帛在一幅內含經線八十根爲一稯。《說文·禾部》:"稯,布之八十縷爲稯。"段玉裁注:"按此當有奪文。……蓋必云:'禾四十秉爲稯,从禾㚇聲。一曰布之八十縷爲稯。'轉寫奪漏而亂之耳。"段注又云:"布八十縷爲稯者,《史記·孝景本紀》

[①] 裘錫圭:《古文字論集》,中華書局1992年版,第112頁。

'令徒隸衣七稷布'《索隱》、《正義》皆云：'蓋七升布用五百六十縷。'《漢書·王莽傳》：'一月之祿，十緵布二匹。'孟康云：'緵，八十縷也。'考鄭注《喪服》曰：'八十縷爲升。'升當爲登；登，成也。今之禮皆登爲升，俗誤已行久矣。賈公彦云：'今亦云布八十縷謂之宗，宗即古之升也，是則宗、緵、登、升一語之轉。'《聘禮》今文作'稷'，古文作'緵'，許从今文，故《糸部》無'緵'。布緵與禾把皆數也，故同名。《糸部》'緵'下云：'十五升布，謂十五稷布也。'"則"稷（緵）"同量詞"升"爲一音之轉，即同一個量詞，但該說並非定論，本書按照傳統觀點分開討論。①

量詞"稷（緵）"的實際使用情況傳世文獻罕見，但見於兩漢簡帛之中，字均書作"稷"，與《說文》相合，如：

（1）今毋餘七稷布。（居延漢簡 268.5）
（2）布皆八稷、七稷。（張家山漢簡·二年律令 420）

但在傳世先秦兩漢文獻多書作"緵"，鄒長倩《與公孫弘書》云："五絲爲䌰，倍䌰爲升，倍升爲䋤，倍䋤爲紀，倍紀爲緵，倍緵爲䙡。"王引之述聞引《釋文》曰："'緵'字又作總……總者八十絲也。"如：

（3）羔羊之縫，素絲五總。委蛇委蛇，退食自公。（詩經·召南·羔羊）

毛傳："總，數也。"陳奐傳疏："五總，猶俗云五蔟也。"

（4）夫十總之布，一豆之食，足於中免矣。（晏子春秋·內篇雜下）

按，張純一校注："孫云：'總'即'稷'假音字。《說文》：'布之八十縷爲稷。'"但總體來看傳世兩漢文獻已經少見，漢代以後這個量詞

---

① 從二字之形符來看，疑從禾之"稷"爲量禾之專字，禾之四十秉爲稷；從糸之"緵"爲量絲之專字，布之八十縷爲緵；後世混用而無別。

使用漸少。

4. 纑

稱量絲縷數量的量詞，五絲爲纑。按，《說文》未收該字。僅見於鄒長倩《與公孫弘書》云："五絲爲䋦，倍䋦爲升，倍升爲䋦，倍䋦爲紀，倍紀爲綡，倍綡爲襚。此自少之多，自微至著也。"

5. 䋦

稱量絲縷數量的量詞，二十絲爲䋦。僅見於鄒長倩《與公孫弘書》云："五絲爲䋦，倍䋦爲升，倍升爲䋦，倍䋦爲紀，倍紀爲綡，倍綡爲襚。此自少之多，自微至著也。"

6. 紀

稱量絲縷數量的量詞，四十絲爲纑。僅見於鄒長倩《與公孫弘書》云："五絲爲䋦，倍䋦爲升，倍升爲䋦，倍䋦爲紀，倍紀爲綡，倍綡爲襚。此自少之多，自微至著也。"

7. 紽

古代區別絲織品的粗細所用的量詞，五絲爲一紽，《廣雅·釋詁四》："紽，數也。"王念孫疏證："紽、緎、總，皆數也。四紽爲緎，四緎爲總。五紽二十五絲。五緎一百絲。五總四百絲。故《詩》先言五紽，次言五緎，次言五總也。"如：

（1）羔羊之皮，素絲五紽。退食自公，委蛇委蛇。（詩經·國風·召南·羔羊）

8. 緎

古代區別絲織品的粗細所用的量詞，二十絲爲緎。王引之《經義述聞》："緎者，二十絲。"漢鄒長倩《遺公孫弘書》："五絲爲纑，倍纑爲升，倍升爲緎，倍緎爲紀，倍紀爲綡，倍綡爲襚。"如：

（1）羔羊之革，素絲五緎。委蛇委蛇，自公退食。（詩經·羔羊）

但毛傳云："緎，縫也。"即縫合羊皮之縫，但從《羔羊》篇來看，"紽""緎""總"三個詞處在同樣的語法位置上，其性質相同或相近，"總"可以確定是"布"的量詞，則"緎"也就可以確定爲量詞。從該篇文意來看，也文從字順。

禾麻類集體量詞

"筥""稯""秅""秭""絜"是上古時代禾稼的計量量詞，而"絜"則是收穫的麻的計量量詞。

9. 筥

古代禾稼計數量詞，四束爲一筥。如：

（1）四秉曰筥，十筥曰稯，十稯曰秅，四百秉爲一秅。（儀禮·聘禮）

鄭玄注："一車之禾三秅，爲千二百秉，三百筥，三十稯也。"

10. 稯$_2$

古代禾稼計數量詞，四十把爲一稯。《玉篇·禾部》："稯，禾束也。"朱駿聲通訓定聲："稯者，禾四十把也。"《儀禮·聘禮》："四秉曰筥，十筥曰稯，十稯曰秅，四百秉爲一秅。"鄭玄注："一車之禾三秅，爲千二百秉，三百筥，三十稯也。"如：

（1）其歲，收田一井，出稯禾、秉芻、缶米，不是過也。（國語·魯語下）

11. 秅

古代禾稼計數量詞，四百束爲一秅。《説文·禾部》："秅，二秭爲秅。"《集韻·麻韻》："秅，數也。"《儀禮·聘禮》："四秉曰筥，十筥曰稯，十稯曰秅，四百秉爲一秅。"鄭玄注："一車之禾三秅，爲千二百秉，三百筥，三十稯也。"如：

（1）禾三十車，車三秅。（儀禮·聘禮）
（2）牢十車，車三秅，芻薪倍禾，皆陳。（周禮·秋官·司寇）

《周禮·秋官·掌客》："車三秅，芻薪倍禾。"鄭玄注："《聘禮》曰：'四秉曰筥，十筥曰稯，十稯曰秅。'每車三秅，則三十稯也。稯猶束也。"

12. 秭

古代禾稼計數量詞，二百秉爲一秭。《説文·禾部》："秭，五稷爲秭。"段玉裁注："禾二百秉也。"如：

(1) 昔饉歲，匡衆氐臣廿夫，寇舀禾十秭。（舀鼎，集成 5.2838）

13. 絜

《説文·糸部》："絜，麻一耑也。"段玉裁注："一耑猶一束也。耑，头也。束之必齊其首，故曰耑。"其本義是"麻一束"，由此引申爲稱量"麻"的集體量詞，如：

(1) 出枲一絜，八月二日付掾绳席。（居延漢簡 203.4）
(2) 九月十五日付□□笥二合，合五十四，直百八；枲四絜，絜七，直廿八；凡百卅六。（鳳凰山 10 號墓漢簡 122）

《説文·木部》："枲，麻也。"朱駿聲通訓定聲："麻無實者，夏至開花，榮而不實，亦曰夏麻。引申爲凡麻之大名。"量詞"絜"僅見於漢簡，且用例罕見。

樂器類集體量詞

鐘磬在先秦時期是貴族等級和權利的象征，當時征戰、朝會、祭祀等重大活動都有鐘磬的演奏，相關計量的量詞是必不可少的。

14. 堵₁（楮）

《説文·土部》："堵，垣也。五版爲一堵。"其本義是"墙壁面積量詞"，因而也有名詞"墙壁"之義。用作集體量詞，稱量成套懸掛的樂器，是由其"墙壁"義引申而來的；按《周禮·春官·小胥》："凡縣鐘磬，半爲堵，全爲肆。"鄭玄注："鐘磬者，編縣之，二八十六枚而在一虡，謂之堵。鐘一堵，磬一堵，謂之肆。"賈公彦疏："堵者，若墙之一堵。"孫詒讓正義："單縣鐘或磬一虡十六枚者，並是'半爲堵'也。"可見，量詞"堵"稱量鐘磬時是定指的，一堵當爲十六枚。但實際使用的用例先秦兩漢文獻罕見，僅兩漢簡帛文獻中有一例，書作"楮"，通"堵"：

（1）鐘、鑮（鈸）各一楮（堵）。（馬王堆三號墓漢簡・遣策242）

即"鐘、鑮（鈸）各一套十六枚"，量詞"楮（堵）"在這裏稱量"鑮（即鈸）"，傳世文獻未見。
15. 肆
"堵"用作集體量詞，謂成套懸掛的樂器。《周禮・春官・小胥》："凡縣鐘磬，半爲堵，全爲肆。"鄭玄注："鐘磬者，編縣之，二八十六枚而在一虡，謂之堵。鐘一堵，磬一堵，謂之肆。"即編懸起來的鐘或磬，十六枚爲一套置於一邊謂一堵，鐘、磬各一堵謂之肆。先秦兩漢文獻中用例亦不多見，如：

　　　（1）鄭人賂晉侯以師悝、師觸、師蠲；廣車、軘車淳十五乘，甲兵備，凡兵車百乘，歌鐘二肆。（左傳・襄公十一年）

杜預注曰："肆，列也。縣鐘十六爲一肆。二肆，三十二枚。"則是鐘十六枚爲一肆。何樂士認爲："（肆）爲編鐘樂器的集體量詞。懸掛一排謂之一肆。每肆的樂器數究竟有多少，似没有確定的數字。"① 又如：

　　　（2）鄭伯嘉來納女、工、妾三十人，女樂二八，歌鐘二肆，及寶鎛，輅車十五乘。公錫魏絳女樂一八、歌鐘一肆。（國語・晉語七）

二　專指型集體量詞

同個體量詞一樣，專指型集體量詞是專用於特定類別對象的集體量詞，其稱量對象依賴於來源名詞或動詞的語義滯留，即名詞或動詞語法化爲量詞以後其詞義的特定性。根據量詞與其稱量對象的雙向選擇關係，專指型集體量詞可以分爲套組類、家庭類、群體類三個子類。

（一）套組類集體量詞

"稱"稱量的是配合齊全的一套衣服；"襲"則用以稱量衣物被褥；

---

① 何樂士：《古漢語語法研究論文集》，商務印書館 2000 年版，第 343 頁。

二者並行不悖。"具"稱量的對象往往是"鎧甲","具"是不同但相關的器物配合而成的一套。以上四詞大體相當於現代漢語中的集體量詞"套",故彙爲一組,共同討論。

1. 稱

量詞"稱"用於稱量配合齊全的衣服,相當於"套",如《禮記·喪服大記》:"袍必有表不禪,衣必有裳,謂之一稱。"劉世儒先生認爲:"'稱'的作爲量詞是由'對稱'、'副稱'義引申出來的……衣服上下件要對稱纔能穿,由此引申,'稱'就用成'衣'的專用集體量詞。"① "稱"用作量詞先秦已經出現,並且使用頻率較高,如:

(1) 歸公乘馬,祭服五稱,牛、羊、豕、雞、狗,皆三百。(左傳·閔公二年)

按,杜預注:"衣單複具曰稱。"又如:

(2) 衣十有九稱,君陳衣於序東,大夫士陳衣於房中,皆西領北上,絞紟不在列。(禮記·喪服大記)

(3) 君陳衣於庭,百稱,北領西上;大夫陳衣於序東,五十稱,西領南上;士陳衣於序東,三十稱,西領南上。(禮記·喪服大記)

(4) 祭服次,散衣次,凡十有九稱;陳衣繼之,不必盡用。(儀禮·士喪禮)

(5) 君襚、祭服、散衣、庶襚,凡三十稱。(儀禮·士喪禮)

(6) 乃屨綦結於跗,連絇,乃襲三稱,明衣不在筭。(儀禮·士喪禮)

(7) 設褻衣,襲三稱,縉紳而無鉤帶矣。(荀子·禮論)

劉世儒先生認爲:"發展到南北朝就也漸有被淘汰之勢。因爲它也總是出現於特種'文體'的,不但口語中看不到,就是在特種'文體'中,常見的也大都是祇用'襲',不用'稱'了。"② 其實量詞"稱"並未消

---

① 劉世儒:《魏晉南北朝量詞研究》,中華書局1965年版,第217頁。
② 同上。

亡，如宋祁《宋景文公笔记·治戒》："右置米麴二畚，朝服一稱，私服一稱。"但"領"等專用衣物量詞出現后，其使用頻率就很低了。

2. 襲

本義是死者所穿的衣服，衣襟在左邊，《説文·衣部》："襲，左衽袍。"《釋名·釋喪制》："衣屍曰襲。襲，匝也，以衣周匝覆之也。"《儀禮·士喪禮》："乃屨綦結於跗，連絇，乃襲三稱，明衣不在筭。"由此引申爲成套衣服、被褥的集體量詞，如：

（1）官牛畜爲帥，荀欣爲中尉，徐越爲内史，賜相國衣二襲。（史記·趙世家）

按，裴駰集解："單複具爲一襲。"《漢書·匈奴傳》："馬十五匹，黄金二十斤，錢二十萬，衣被七十七襲。"顔師古曰："一稱爲一襲，猶今人之言一副衣服也。"又如：

（2）乃賜叔孫通帛二十匹，衣一襲。（史記·劉敬叔孫通列傳）
（3）令郡縣常以正月賜羊酒。有不幸者賜衣被一襲，祠以中牢。（漢書·昭帝紀）
（4）明年，呼韓邪單于復入朝，禮賜如初，加衣百一十襲，錦帛九千匹，絮八千斤。（漢書·匈奴傳）
（5）文侯於是遣倉唐賜太子衣一襲，敕倉唐以雞鳴時至。（説苑·奉使）
（6）天子文繡衣各一襲到地，諸侯覆跗，大夫到踝，士到髀。（説苑·修文）

兩漢時期，稱量衣物的集體量詞"襲""稱"應當是並用的，但從用例來看，"襲"用作名詞義"左衽袍"時衹能用"稱"來稱量，而被褥則多用"襲"來稱量。此後，"在南北朝這個量詞還可以看到，但範圍已有縮小：不但不再適用於'被'，就是'衣服'一般也多不這麽説了。"①

3. 真

表示鎧甲的集體量詞，傳世先秦兩漢文獻未見用例，僅見於楚簡。首

---

① 劉世儒：《魏晉南北朝量詞研究》，中華書局1965年版，第217頁。

先多見於《曾侯乙墓簡》中，凡 17 例，如《曾侯乙墓簡》61："二真吴甲，紫縢。"整理者認爲，"真"是鎧甲的量詞，或疑當讀爲"領"，但字音未能密切，待考，陳偉等讚同此説①。按《莊子·山木》"見利而忘其真"陸德明釋文："司馬云：'真，身也。'"我們認爲用作量詞當由"身"義引申而來。又如：

（1）大旆：二真楚甲，素，紃（紫）鞁（布）之縢；胄，韔䫙。一真楚甲，紃（紫）鞁（布）之縢；胄，韔䫙，櫜䫙。乘馬之彤甲，胄，彌䫙，屯玄組之縢。乘𨊠：晶（參）真吴甲。（曾侯乙墓簡 122）

（2）一真吴甲，紃（紫）組之縢；縛椎犀塹胄。（曾侯乙墓簡 123）

（3）大屏（殿）：三真楚甲，胄，韔䫙。一革綢，三櫜。鸞=（乘馬）彤甲，黃紡之縢；胄，彌䩯（塹）䫙。黃貴馭左旆：二真吴甲，紃（紫）纑之縢；胄，韔䫙。一吴甲，紃（紫）市之縢；縛唯胄，韔䫙，赾（櫜）䫙。（曾侯乙墓簡 125）

包山楚簡中也有 2 例，但諸家隸定不同，如：

（4）馭右二貞（真）象皋。（270）②
（5）馭右二貞（真）象皋。（270）

按，以上二例爲原整理者之釋文，"象皋"即用牛皮做的甲。但其中"真"的隸定多有爭議，湯余惠（1993）、李家浩（1993）隸定爲"貞"，認爲讀爲"領"；李守奎（2003）則隸定爲"鼎"，陳偉等讚同此説③。但細審圖版並結合曾侯乙墓簡中的使用情況來看，我們讚同湯余惠、李家浩之説可以隸定爲"貞"，但讀爲"真"，用爲稱量鎧甲的量詞。

4. 具

《説文·丌部》："具，共置也。"本義是動詞"備辦"，引申爲形容

---

① 陳偉：《楚地出土戰國簡册［十四種］》，經濟科學出版社 2009 年版，第 356 頁。
② 按，"象皋"即用牛皮做的甲。
③ 以上諸説引自李明曉：《戰國楚簡語法研究》，武漢大學出版社 2010 年版，第 285 頁。

詞"完備"義，由此形容詞義引申爲稱量"成套齊備"物品的集體量詞。
量詞"具"早在西周晚期的函皇父諸器中已見用例，如：

（1）函皇父乍（作）琱妘盤盉尊器鼎簋一具，自豕鼎降十又一、簋八、兩罍、兩壺。（函皇父盤，集成 16.10164）

從銘文可見，函皇父爲夫人琱妘所作的"一具"尊器中包括了十一個鼎、八個簋、兩個罍和兩個壺。從先秦兩漢文獻來看，先秦文獻中卻未見用例，而是直到西漢早期簡牘方可見，而且傳世兩漢文獻用例也很少見，如：

（2）甲冑一具。（漢書・王莽傳）
（3）安車一乘，鞍勒一具，馬十五匹，黄金二十斤，錢二十萬。（漢書・匈奴傳）
（4）便房、黄腸題湊各一具，樅木外臧槨十五具。（漢書・霍光金日磾傳）
（5）出錢卌四，買車鈎一具，鍵卅枚。（金關漢簡 73EJT7：20）
（6）右頰有黑子，簪、杈各二，珥一具。（敦煌漢簡 681）
（7）鐵錧，一具。……革鞅鞘，二具。（敦煌漢簡 690）
（8）尺卑一具；會卑一具；食檢（奩）一具；櫝一具；小于（盂）一具。（鳳凰山 10 號墓漢簡 1 正）
（9）柯一具，赤杯三具。（同上）

在兩漢時期，量詞"具"的適用範圍就非常廣泛了，幾乎所有成套的器物都可以稱量，例不贅舉。吉仕梅認爲"（具）表示完整對象的單位，相當於'件'"[①]，並將其歸入個體量詞，但我們認爲上述用例中其實均不能替換爲個體量詞"件"，只能相當於集體量詞"套"。而且由於觀察事物的視角不同，有些器物後世認爲是一個整體，而用個體量詞來稱量的，當時人也可將其看做由不同構件組成的一個系統，而用集體稱量"具"來稱量，如"弓"後世一般用個體量詞"張"稱量，"弩"則用個

───────────────
① 吉仕梅：《秦漢簡帛語言研究》，巴蜀書社 2004 年版，第 138 頁。

體量詞"張"或"把",兩漢時期一般都用量詞"具",例如：

(10) 角弩一具,象幾(機)一,旅(游)豹盾(幡),緹裏,續掾(緣)。(馬王堆三號墓漢簡·遣策235)
(11) 柧(弧)弩一具,象幾(機)一。(同上237)
(12) 弓一具,矢八十二枚。(居延漢簡334.30)

又如《居延新簡》EPT51.25："輪一具,梜柔福七,擔福一,折,佐爰完。軸完。""輪"古今文獻中一般都是看做一個整體的,但這裏具體分析其各部件輻、軸等的保存完好情況,因此將其看成一個系統,而使用了集體量詞。又,《尹灣漢簡》M6D613反："交刀一具。"交刀,即剪刀；現代漢語一般用個體量詞"把",而漢代將其視爲兩個獨立部分所構成的,因此則用集體量詞"具"。其他如"甑""盦"等器物,當時也是看成器、蓋配合的一套,均用集體量詞"具"來稱量。可見,早在兩漢時期量詞"具"已經發展成熟,在後來的發展中隨著其他專用量詞的興起,其適用範圍逐漸縮小。

(二) 家庭類集體量詞

"家""户""室"這三個量詞稱量的對象都是"人",都是一種大概的數量,並無一定之制；其來源亦均很明確,並都一直沿用到現代漢語中仍廣泛使用。

1. 户

從甲骨文來看像一扇門,《説文·户部》："户,護也。半門曰户,象形。"本義爲名詞"單扇的門",由此引申可以指人家、住户,再用爲稱量家庭的集體量詞,先秦文獻已見,如：

(1) 人三百户,無眚。(易經·訟)
(2) 乃與之萬户之邑,智伯大悦。(韓非子·説林上)
(3) 齊宣王爲大室,大益百畝,堂上三百户。(吕氏春秋·驕恣)

兩漢文獻一直沿用,用法穩定,如：

（4）其以二千户封地士將軍大爲樂通侯。（史記·封禪書）
（5）論定策功，益封大將軍光萬七千户，車騎將軍光禄勳富平侯安世萬户。（漢書·宣帝紀）
（6）舜無立錐之地，以有天下；禹無十户之聚，以王諸侯。（説苑·正諫）
（7）長沙乃纔二萬五千户耳，力不足以行逆。（新書·過秦）

量詞"户"現代漢語仍多見。
2. 家
《説文·宀部》："家，居也。"本義爲"住所"，由此引申爲稱量家庭的集體量詞，早在西周金文中已見，如：

（1）巳夕，厌（侯）易（賜）者（赭）虢（踝）臣二百家。（麥方尊，集成11.6015）
（2）因付毕且（祖）僕二家。（蠆鼎，集成5.2765）

先秦文獻多見，如：

（3）五家爲軌，軌爲之長。（國語·齊語）
（4）國之閑士待臣而後舉火者數百家。（晏子春秋·内篇雜下）
（5）故爵五大夫，皆有賜邑三百家，有賜税三百家。（商君書·境内）
（6）因令使者致萬家之縣一於知伯。（韓非子·十過）
（7）夫今樊將軍，秦王購之金千斤、邑萬家。（戰國策·燕策三）

兩漢文獻亦多沿用，如：

（8）所舉於晉國管庫之士七十有餘家，生不交利，死不屬其子焉。（禮記·檀弓下）
（9）一家失燁，百家皆燒。（淮南子·説林）
（10）其家不知其所在，傳賣十餘家。（論衡·吉驗）

先秦時期其語義已經進一步虛化，可以指學術或藝術的流派，如《荀子·解蔽》："今諸侯異政，百家異説，則必或是或非，或治或亂。"後世一直沿用，如：

（11）乃論六家之要指。（史記·太史公自序）
（12）取故事二十五，行事二十五家。（太平經·丙部之十六）

這個量詞也一直沿用到現代漢語。

3. 室

《説文·宀部》："室，實也。"徐鍇繫傳："室、屋皆從至，所止也。"本義是"房間"，引申有"家庭"義，由此用作稱量家庭的集體量詞。先秦文獻已常見，《左傳·宣公十五年》："晉侯賞桓子狄臣千室。"楊伯峻注："狄臣，狄人之爲奴隷者。室爲其居住之處，故用作計算單位。"又如：

（1）施氏之宰有百室之邑。（左傳·成公十七年）
（2）子曰："十室之邑，必有忠信如丘者焉，不如丘之好學也。"（論語·公冶長）
（3）禹見耕者耦，立而式；過十室之邑，必下。（荀子·大略）
（4）夫子治十室之邑亦樂，治萬室之邦亦樂。（上博簡·君子爲禮11）

兩漢文獻亦多見，略舉數例如下。

（5）十室之邑，可以逃難；百室之邑，可以隱死。（谷梁傳·莊公九年）
（6）十步之澤，必有香草；十室之邑，必有忠士。（説苑·談叢）
（7）東郭姜殺一國君而滅三室，又殘其身，可謂不祥矣。（列女傳·孽嬖傳）
（8）夫子居晉不容，去之三室之邑，又不容於三室之邑，是於夫子不容也，不如受之。（列女傳·仁智傳）

（9）古者，千室之邑，百乘之家，陶冶工商，四民之求，足以相更。（鹽鐵論·水旱）

(三) 群體類集體量詞

"群""輩""曹"三個量詞雖然語源各有不同，但用作量詞其語義非常相近，表示群體的量，故彙爲一組，共同討論。

1. 群

《説文·羊部》："群，輩也。"徐鉉等注："羊性好群，故從羊。"其本意是獸或牲畜的群體，由此引申爲集體量詞，如：

（1）譬如群獸然，一個負矢，將百群皆奔，王其無方收也。（國語·吴語）

但是上例中，"群"的名詞性仍然很明顯，仍處在語法化的初始階段，到漢代文獻中典型的集體量詞"群"纔可見，如：

（2）始皇之末，班壹避墜于樓煩，致馬牛羊數千群。（漢書·序傳）

（3）六月內懷二刑，二群衆叛；七月內懷三刑，三群衆叛；八月內懷四刑，四群衆叛；九月內懷五刑，五群衆叛；十月內懷六刑，六群衆叛。（太平經·丙部之十）

（4）是故十一月內懷一德，一群衆入從；十二月內懷二德，二群衆入從；正月內懷三德，三群衆入從；三月內懷五陽盛德，五群衆賢者入從。（太平經·丙部之十）

總體來看"群"用作集體量詞，先秦兩漢文獻仍罕見，而且其名詞義仍很強。

2. 輩

《説文·車部》："輩，若軍發車百兩爲一輩。"按段玉裁注："若軍發車百兩爲輩，蓋用司馬瀘故言。故以若發聲，今司馬瀘存者尟矣。"但《六韜·均兵》則言："三十騎爲一屯，六十騎爲一輩。"按《六書故·工事三》："輩，車以列分爲輩。"因此推測其本義不一定是"車百兩"，而

是"分行列的車";由此成爲集體量詞,表示"批"或"批次",但先秦文獻未見,始於漢代,如:

(1) 而天子好宛馬,使者相望于道,諸使外國一輩大者數百,少者百餘人,所齎操大放博望侯時。(史記·張騫李廣利列傳)
(2) 漢率一歲中使多者十餘,少者五六輩,遠者八九歲,近者數歲而反。(史記·張騫李廣利列傳)
(3) 乘傳使者經歷郡國,日且十輩,倉無見穀以給,傳車馬不能足,賦取道中車馬,取辦於民。(漢書·王莽傳)
(4) 羌虜瓦解,前後降者萬七百餘人,及受言去者凡七十輩。(漢書·趙充國辛慶忌列傳)
(5) 時侍中董賢方貴,上使中黄門發武庫兵,前後十輩,送董賢及上乳母王阿舍。(漢書·蓋諸葛劉鄭孫毋何傳)
(6) 使者往十輩皆死,若何以能得王?(漢書·張耳陳餘列傳)

出土文獻中也很常見,如:

(7) 今豫爲責備,不到十一、二日,即羸瘦困亟,閒以當與第一輩兵俱去,以私泉獨爲糴穀,即聞第一輩起居,雖從後遣橐佗馳告之,竊慕德義,少罷,馬但食枯葭飲水,恐盡死。(敦煌漢簡38)
(8) 臣私幸得還,且從第一輩兵出。(敦煌漢簡972)

輩,引申而有同類之義,《玉篇·車部》:"輩,類也。"《山海經·西山經》:"其十輩神者,其祠之,毛一雄雞,鈐而不糈;毛采。"郭璞注:"輩,類也。"但僅此一見,且《山海經》其他各處皆作"十神",不用量詞"輩";而且結合上文文意來看,"十輩神"當指"十個神"。集體量詞"輩"表示同類事物,直到漢末譯經纔多見用例,如:

(9) 佛告比丘,有四輩雲:第一但有雷無有雨;……(安世高譯《七處三觀經》)
(10) 人亦有四輩:一者人但有雷無有雨;……(安世高譯《七處三觀經》)

（11）如彼四輩人。（支曜譯《成具光明定意經》）

魏晉以後，稱量同類事物的集體量詞"輩"纔更爲通行。此外值得注意的是漢簡中的部分用例，如：

（12）南書八輩，十六封。（金關漢簡 73EJT23：391）

這裏的"輩"顯然是集體量詞，即八批信件總計十六封，又如：

（13）南書一輩一封，張掖肩侯。（居延漢簡 505.2）
（14）南書一輩一封，潘和尉印。（居延漢簡 506.6）

以上兩例中，一批只有一件，則量詞"輩"就有從集體量詞轉向爲個體量詞的趨勢。又，《居延新簡》EPF16.44："見塞外虜十餘輩，從西方來入第十一隧天田屯。止虜四五。"其中的"輩"從文意來看，也可能是個體量詞，相當於"個"，疑莫能定，姑列於此。

3. 曹

《玉篇・曰部》："曹，輩也。"用作集體量詞由其同類之義引申而來，《後漢書・班超傳》："卿曹與我俱在絶域。"李賢注："曹，輩也。"用作量詞，相當於現代漢語的"輩"或"隊"等，如：

（1）謁者侍令門外，爲二曹，夾門坐，鋪食更，無空。（墨子・迎敵祠）
（2）今富者鐘鼓五樂，歌兒數曹。（盐铁论・散不足）

先秦兩漢文獻用例不多。

4. 部

《説文・邑部》："天水狄部。从邑，音聲。"其本義當爲地名，因此有部落之義，由此語法化爲稱量部落、部伍的集體量詞，如：

（1）莽新即位，怙府庫之富欲立威，乃拜十二部將率，發郡國勇士，武庫精兵，各有所屯守，轉委輸于邊。（漢書・匈奴傳）

（2）南越、東甌咸伏其辜，西蠻北夷頗未輯睦，朕將巡邊垂，擇兵振旅，躬秉武節，置十二部將軍，親帥師焉。（漢書·武帝紀）

劉世儒先生說："'部落'、'部伍'是有組織的集體，因此，用作量詞，它所量的對象也總是經過'部署'，有組織可說的。"① 又如：

（3）虜知罪當夷滅，故遣猛將分十二部，將同時出，一舉而決絕之矣。（漢書·王莽傳）

"部"與"剖"是同源詞，故也有動詞"區分""分類"之義，因此用于稱量可分類的事物的一部分，則是動狀集體量詞；但這種用法其語法化程度一直不高，組成的數量結構是自足的，一般不能修飾名詞，在辭書中或置於名詞中，或置於量詞中，如：

（4）帝曰：何謂三部？岐伯曰：有下部、有中部、有上部，部各有三候；三候者，有天、有地、有人也。（素問·三部九候論）
（5）又爲天子守蕃，不可頓空也，故分爲三部：有始死先奔者，有得中來盡其哀者，有得會喪奉送君者。（白虎通義·崩薨）
（6）天之格法，分爲六部。（太平經·戊部之一）

但值得注意的是，在先秦兩漢文獻中量詞"部"和數詞結合構成的"Num+Cl"結構所修飾的名詞一般是不出現的，具有很強的獨立性，這也反映了其語法化程度還低。

第三節 小結

在漢語史的研究中，王力、李佐豐等諸先生往往將個體量詞和集體量詞共同稱之爲天然量詞，共同構成量詞系統的核心部分②。集體量詞的產

---

① 劉世儒：《魏晉南北朝量詞研究》，中華書局1965年版，第218頁。
② 李佐豐：《〈左傳〉量詞的分類》，《內蒙古大學學報》（哲學社會科學版）1984年第3期。

生，稍早於典型的個體量詞，在殷商時期量詞的萌芽時代，個體量詞只有並不典型的拷貝型個體量詞，而典型的集體量詞"丙""朋"就已產生了，相比而言先秦兩漢時期集體量詞的發展更爲成熟，但也體現出量詞語法化初期的諸多獨有特點。[1]

第一，體系齊備，數量眾多。

先秦兩漢時期集體量詞總計達到了61個之多，遠遠超出了以前研究所見之數量。其中外形特徵類集體量詞20個，以動狀集體量詞爲主，其他只有線狀集體量詞已經產生，叢簇狀等均未見；非外形特徵類集體量詞41個，其中特約型集體量詞達到30個之多，專指型集體量詞則只有11個。

第二，時代特徵明顯，大量量詞隨著社會的發展而消失。

與個體量詞相比，集體量詞的時代性更爲明顯；基於相約性的特約型集體量詞更是如此：一是專用類量詞如絲織類、禾麻類與當時的經濟制度關係密切，樂器類則與當時的禮制相關，因此隨著這些具體制度的改變，這些集體量詞在後世就很罕見了；二是特定數量類集體量詞，也是與當時各種具體制度相適應的，絕大多數量詞也隨著制度的變化而被其他與新制度相適應的新興量詞所取代；在多達30個特約型量詞中只有"兩""雙"兩個一直沿用到現代漢語中。

第三，量詞分工的初步發展。

先秦兩漢時代的集體量詞雖然數量較多，但多爲與具體制度相關的特約型量詞，其實總體來看其發展還是很初步的，這也限制了量詞分工的發展，但畢竟量詞的分工也有了一定程度的發展，例如線狀量詞中"列""行"多用於器物，"隊""伍"多用於人，而"貫"則只能用於珍珠，后專用於錢而成爲制度量詞；稱量成套衣物的集體量詞中，"稱"多用於禮服，"襲"多用於普通的衣物，"具"則專用於鎧甲。

第四，量詞的書寫形式尚未定型。

同個體量詞一樣，集體量詞的書寫形式也存在一定的不定性；但集體量詞在書寫形式上規律性更強：一是省寫形式和原型並存，如量詞"撮"在出土文獻中往往省寫爲"最"，但傳世文獻多作"撮"；二是古字和今字並存，如量詞"劑"在出土文獻中往往作古字"齊"，而傳世文獻則多

---

[1] 集體量詞語法功能等方面的具體特點和歷時發展詳參第七章，此不贅述。

作今字"劑";三是更換構件的異體字並存,如量詞"掊"後又從"不"聲作"抔",而且後者最終成爲主流的書寫形式;四是通假字的盛行,如"兩"亦可書作"良"等;部分字形的不確定性也帶來了諸多表義的混亂,如量詞"雙"往往省寫作"隻",在沒有明確語境的情況下往往很難弄清楚其具體所指。

第五,量詞語法化程度不高,體現出量詞發展初始階段的特點。

總體來看,先秦兩漢時期是集體量詞語法化的初始階段,主要體現在以下方面。

一是數量結構多後置於名詞。同個體量詞一樣,集體量詞和數詞組成的數量結構置於名詞之後時,其獨立性更強,只有當數量結構置於名詞之前,在這一特定的語法位置上量詞的語法化纔能更進一步。

二是量詞擇一過程的展開緩慢。同個體量詞一樣,在量詞語法化萌芽期的先秦兩漢時代,不同量詞開始了其語法化歷程,在發展中經過競爭與淘汰,稱量同一類型事物的量詞只有一個或幾個完成其語法化。如"秉"和"把"稱量的都是一手所握的長形之物,只有"把"完成了語法化;表示雙數義的諸多量詞中,"朋""穀""丙""偶""合""純"都被迅速淘汰,只有"兩"和"雙"完成了語法化,並發展出明確分工;更有諸多量詞,如表示兩手所捧之量"握"和"掊"、稱量成套衣物的"稱""襲"和"真"等在此後的語法化過程中,都被魏晉以後新興的集體量詞所取代。

第六,集體量詞表量的模糊性。

非定指集體量詞的表量往往是模糊的,原因在於往往並沒有準確表量的必要性和可行性,古今漢語皆是如此;但先秦兩漢時期定指類量詞的表量往往也可能由於存在不同的制度,而導致了表量的模糊和不定,當然也可能是後世對制度闡釋不同導致的訛誤,總之這都導致了對這些集體量詞準確闡釋的困難,如一"發"或以爲矢十二枚,或以爲矢四枚;一"束"或以爲矢十二枚,或以爲矢五十枚,或以爲矢百枚;一"朋"或以爲玉二枚,或以爲二系十枚;他如"穀"等量詞同樣如此。

爲了避免表量的模糊性,量詞"撮"採用短語"三指撮"來表示,同時又衍生出"三指一撮""三指大撮""三指小撮""三指撮到(至)節""三指三撮"等與之相關的更爲具體的表量方式,但都超出了詞的範疇,這也是量詞語法化過程中研究應當注意的問題。

第四章

借用量詞研究

所謂"借用量詞",是指借用某種容器或者載體等作爲計量單位來表示一種大略數量的量詞①。借用量詞往往衹是在特定的具體語境中臨時獲得了量詞的語法功能,離開這一特定語境也就不再具備量詞的功能,因此借用量詞並不屬於典型的量詞,從本質上看往往屬於名詞。但楊亦鳴通過對 Broca 失語症和混合性失語症患者量詞使用情況的考察,指出:"現代漢語量詞系統及其下位分類名量詞和動量詞具有一定的神經生理機制和心理現實性……在名量詞和動量詞內部分出的專用量詞和借用量詞兩類,既沒有相應的神經生理機制和心理現實性,也不能實現描寫充分性和解釋充分性對當代語言理論的要求。"② 在大型歷時辭書的編纂時,對借用量詞往往採取模棱兩可的態度,對常用的收錄量詞義,其他則只收錄名詞義,並無明晰的界限。

借用量詞同專有量詞一樣,是漢語量詞系統不可分割的重要組成部分,而且其產生早於個體量詞和集體量詞,特別是先秦兩漢時期作爲量詞系統的萌芽和初步發展時期,在簿籍類文獻中借用量詞的廣泛使用,對量詞語法化的發展具有重要的推動作用,因此我們認爲在上古漢語量詞研究中對借用量詞的發展應當予以重視。先秦兩漢文獻中,借用量詞數量豐富,適用範圍廣而且使用頻率高,因此本章根據借用量詞的語義特徵和名詞的雙向選擇關係,分爲泛指型、容器型、載體型三大部分分別展開考察。

---

① 因此也多有學者稱之爲"容載量詞",雖然容器和運載工具是這類量詞的主體,但也有部分量詞不屬於此二類,而且這一定義也不及"借用量詞"更能體現其本質特點,因此本書採用"借用量詞"這一術語。

② 楊亦鳴:《漢語量詞及其分類的神經機制與相關理論問題探討》,載《語言的神經機制與語言理論研究》,學林出版社 2003 年版,第 59 頁。

第一節　泛指型借用量詞

量詞"器""盛"可以用來代指其他諸多不同質地、不同形制的容器量詞，其具體所容之量當據所代指的量器而定，在這一功能上與泛指型個體量詞類似，而與其他借用量詞有明顯差異，因此本書將其稱爲泛指型借用量詞。

1. 器

《說文·品部》："器，皿也。"段玉裁注："器乃凡器統稱。"由此用爲量詞產生時代也很早，從出土文獻來看在西漢早期簡牘文獻中已經大量使用，其適用範圍非常廣，幾乎成了所有器物的泛指量詞。西漢早期的鳳凰山 167 號墓漢簡、馬王堆一號、三號墓漢簡中都已常見，如：

（1）肉醬一器；酤酒一器；藍器一；辦醬一器。（鳳凰山 167 號墓漢簡 47—50）

（2）牛乘炙一器。牛脅炙一器。犬幇劦（脅）炙一器。熬炙（鷚）姑（鴣）一器。犬載（截）一器。羊肩載（截）一器。牛肩一器。犬肩一器。象（豕）肩一器。牛濯（㿜）胃一器。濯（㿜）禺（藕）一器。牛濯（㿜）脾、含（胗）、心、肺各一器。牛脣（脤）、胳（胗）、虎（䖑—蹄）、濡（臑）各一器。牛瘡（膽）一器。羊瘡（膽）一器。鹿瘡（膽）一器。（馬王堆三號墓漢簡·遣策 206—221）

出土兩漢其他文獻中也可見，使用頻率很高，如：

（3）酒一器，陳次孺謹奉再拜助陽祠。（古人堤漢簡 17 正）
（4）□酒一器，□；□酒一器，□。（古人堤漢簡 79 正—背）
（5）醯一器。（敦煌漢簡 369）

傳世文獻中亦可見，例如：

（6）客有獻醇酒一器者，王使人注江之上流，使士卒飲其下流。

（列女傳·母儀傳）

（7）有酒者賜其各一器。（太平經·丙部之一）

（8）謹北面因使者獻白璧一雙，翠鳥千，犀角十，紫貝五百，桂蠹一器，生翠四十雙，孔雀二雙。（漢書·西南夷兩粵朝鮮傳）

從上述用例來看，量詞"器"顯然只是一種模糊的表量，在沒有具體語境時就無法判斷其所量事物的具體數量，甚至無法得知其所代指的是何類器物。由於特定情況下，人們對表量準確性的要求其實並不高，所以這個量詞在特定的時代反而獲得了迅速發展，使用頻率很高，甚至魏晉以後其使用頻率仍然很高，但該量詞畢竟不符合準確表量的要求，在後世發展中逐漸被淘汰；不過歷代仍有沿用，如《廣陵耆老傳》："晉元帝時有老姥，每旦獨提一器茗，往市鬻之，市人競買。"①

2. 盛

《說文·皿部》："盛，黍稷在器中以祀者也。"段玉裁注："盛者，實於器中之名也，故亦呼器爲盛。"本義是祭器中的穀物，由此轉指盛穀物的器皿，《禮記·喪大記》："食粥於盛。"鄭玄注："盛謂今時杯杆也。"由此借用爲量詞，傳世先秦文獻已見，如：

（1）旨酒一盛兮，余與褐之父睨之。（左傳·哀公十三年）

兩漢文獻亦可見，但其使用頻率始終不高，如：

（2）飯物故四五盛，美截膹炙，肉具醢醯。（新書·匈奴）
（3）二千石吏食䉛、粲、稬（糯）各一盛，醯、醬各二升，介（芥）一升。（張家山漢簡·二年律令298）②

---

①　按，《穆天子傳·卷五》："乃陳腥俎十二，乾豆九十，鼎敦壺尊四十器。"則其中的"器"有個體量詞的意味，但也可以分析爲"數+名"結構做謂語，且僅此一例，姑列於此。

②　值得注意的是漢簡中的以下用例，如《鳳凰山168號墓漢簡》979—984："赤繡橐一盛□；青奇橐一盛杯；青奇橐一盛芬；繡橐一盛八千金；五穀橐一繡；素繡橐一盛萬九千金。"均當在"盛"前斷句："赤繡橐一，盛□；青奇橐一，盛杯；青奇橐一，盛芬；繡橐一，盛八千金；五穀橐一，繡；素繡橐一，盛萬九千金。""盛+N"爲動賓結構表示所盛之物。又如《鳳凰山169號墓漢簡》46："䍃䍃一，盛澤；又一，盛□；又一，盛將（醬）。"也是如此。

量詞"器"與"盛"均用於代指其他容器,適用範圍都很廣,因此其適用範圍往往會有重合,如《左傳·哀公十三年》中有"旨酒一盛",《列女傳·母儀傳》中也有"醇酒一器";二者還可以連用,如《馬王堆一號墓漢簡·遣策》128—131:"黃粲食四器盛。白粲食四器盛。稻食六器,其二檢(匴),四盛;麥食二器盛。"但既云"稻食六器,其二檢(匴),四盛","六器"既包括"檢(匴)",又包括"盛",則其所代指的範圍可能大於"盛"。但總括的簡132:"右方食盛十四合,檢(匴)二合。"則又用"盛"來總括所有"檢(匴)"以外的器物。在此後的發展中,由於功能重合的原因量詞"盛"逐漸被量詞"器"所取代,因爲表量的模糊性量詞"器"的使用頻率也隨著量詞系統的發展而逐漸降低。

第二節　容器型借用量詞

容器型借用量詞是指借用容器名詞爲量詞,取決於名詞所代表事物與量詞所代表容器之間的可容性。根據容器量詞的性質和作用,本書分爲專用類和借用類兩大類分別展開考察分析。

一　專用類容器量詞

專用類容器量詞是指專用於特定類別對象的借用量詞,其適用對象一般是固定的,具有單一性;雖然在特定情況下亦可以用於其他事物,但並不能否定其專用性質,現代漢語中仍是如此;如借用容器量詞"碗"的適用對象是食物,但偶然亦可用於糧食、沙子等其他事物。

根據專用型借用量詞的適用範圍,可以分爲酒器類、食器類、糧食類、醫用類四大類,分述如下。

(一) 酒器類容器量詞

本類借用量詞其本義均爲盛酒之器,後借用爲量酒或者其他液體的容器量詞,隨著進一步發展,其適用範圍逐漸拓寬,有時也可以用來量其他事物。故滙爲一類,共同討論。

1. 卣

王國維《釋卣》認爲古文字"卣"象盛鬯之形,從甲骨文及出土實

物來看,"卣"是古代專門用以盛放祭祀用香酒"秬鬯"的青銅酒器,由此自然可以借用爲容器量詞,如:

(1)鬯五卣,有正?/十卣,有正?(合30815)
(2)王易(賜)呂鬯三卣,貝十朋。(呂方鼎,集成5.2754)

甲骨文中其使用頻率很低,稱量不可數的"鬯"一般不用量詞,如合00301:"大甲、祖乙百鬯、百羌,卯三百[牢]。"金文就很常見了,按潘玉坤先生統計,西周金文"(秬)鬯一卣"共11見①。傳世先秦早期文獻也多見,其稱量對象仍然是香酒"鬯",如:

(3)伻來毖殷,乃命寧予,以秬鬯二卣。(尚書·洛誥)
(4)用賚爾秬鬯一卣,彤弓一,彤矢百,盧弓一,盧矢百,馬四匹。(尚書·文侯之命)
(5)釐爾圭瓚,秬鬯一卣。(詩經·大雅·江漢)
(6)秬鬯一卣。(左傳·僖公二十八年)

但隨著其特定的稱量對象祭祀香酒"秬鬯"的逐漸退出歷史舞台,量詞"卣"此後也沒有得到繼承。即使有用例,往往也是追述上古三代制度或仿古等,如:

(7)五月丁未,獻楚俘於周,駟介百乘,徒兵千。天子使王子虎命晉侯爲伯,賜大輅,彤弓矢百,玈弓矢千,秬鬯一卣,珪瓚,虎賁三百人。(史記·晉世家)
(8)於是莽稽首再拜,受綠韍袞冕衣裳,瑒琫瑒珌,句履,鸞路乘馬,龍旂九旒,皮弁素積,戎路乘馬,彤弓矢、盧弓矢,左建朱鉞,右建金戚,甲冑一具,秬鬯二卣。(漢書·王莽傳)

戰國以後本來該器已經不再使用,例(8)是由於王莽"托古改制"纔導致了新用例的出現,但只是新莽時期的曇花一現而已。

---

① 潘玉坤:《西周金文語序研究》,華東師範大學出版社2005年版,第184頁。

2. 爵

古代酒器，青銅制，有流、鋬、兩柱、三足，用以盛酒和温酒，盛行於商代和周初。《説文·鬯部》："爵，禮器也。"段玉裁注："古説今説皆云爵一升。《韓詩》説爵、觚、觶、角、散，總名曰爵。"《禮記·禮器》："貴者獻以爵，賤者獻以散。"鄭玄注："凡觴，一升曰爵，二升曰觚，三升曰觶，四升曰角，五升曰散。"借用爲容器量詞，多用以盛酒，如：

（1）臣侍君宴，過三爵，非禮也。（左傳·宣公二年）
（2）君子之飲酒也，受一爵而色灑如也，二爵而言言斯，禮已三爵而油油。（禮記·玉藻）
（3）筐在南，實四爵，合巹。（儀禮·士昏禮）
（4）奉一爵酒不知於色，挈一石之尊則白汗交流，又況贏天下之憂，而海内之事者乎？（淮南子·修務）

3. 樽

《玉篇·木部》："樽，酒器也。"本義是盛酒之器，後可借用爲容器量詞，先秦文獻已見，但使用頻率很低，如：

（1）六四：樽酒簋貳，用缶，納約自牖，終無咎。（易經·坎·爻辭）
（2）湯其酒百樽。（山海經·西山經）

4. 卮（巵）

同"巵"。《正字通·卩部》："卮，本作巵，今作卮。"《説文·巵部》："巵，圜器也。一名觛。所以節飲食。像人，卩在其下也。《易》曰：'君子節飲食。'"段玉裁注："謂上體似人字橫寫也。"徐灝箋："蓋古人常用之物，所以節飲食，故造字從人，從卩。"借用爲容器量詞，先秦兩漢文獻多見，多用以盛酒，如：

（1）其友豎谷陽奉卮酒而進之。（韓非子·飾邪）
（2）妻使妾奉卮酒進之，妾知其藥酒也，進之則殺主父，言之則逐主母，乃陽僵棄酒。（戰國策·燕策一）

（3）人有遺其舍人一卮酒者，舍人相謂曰。（史記・楚世家）

（4）其攻戰，斬首虜賜一卮酒，而所得鹵獲因以予之，得人以爲奴婢。（史記・匈奴列傳）

（5）顯、覆衆强之，不得已召見，賜卮酒。（漢書・何武王嘉師丹傳）

（6）講論經義，日晏賜食，不過一肉卮酒相對。（漢書・匡張孔馬傳）

（7）其攻戰，斬首虜賜一卮酒，得鹵獲因以予之，得人以爲奴婢。（漢書・匈奴傳）

（8）太后怒，乃令人酌兩卮鴆酒置前，令齊王爲壽。（漢書・高五王傳）

（9）賤人希見長者，願復請一卮酒。（新序・善謀下）

用以量他物的很少見，如：

（10）太宰子朱侍飯於令尹子國，令尹子國啜羹而熱，投卮漿而沃之。（淮南子・人間）

《説文・水部》："漿，酢漿液。"是古代一種釀制的微帶酸味的飲料。《詩經・大東》："或以其酒，不以其漿。"

5. 觴

《説文・角部》："觴，觶實曰觴，虛曰觶。"可見其本義是盛滿酒的酒杯，後亦可泛指酒器。《玉篇・角部》："觴，飲器也。"先秦文獻多見，如《左傳・襄公二十三年》："（胥午）許諾，伏之二觴曲沃人。"《韓非子・十過》："平公提觴而起爲師曠壽。"後來借用作盛酒的容器量詞，如：

（1）觴酒豆肉，讓而受惡，民猶犯齒。（禮記・坊記）

（2）高瞻下視，絜言污行，觴酒豆肉，遷延相讓。（鹽鐵論・毀學）

（3）臣請薦脯，行酒二觴。（吳越春秋・勾踐入臣外傳）

（4）觴酒既升，請稱萬歲。（吳越春秋・勾踐入臣外傳）

(5) 觴酒二升，萬福無極。……觴酒二升，萬歲難極。（吳越春秋·勾踐伐吳外傳）

(6) 賜尊者之前，三觴而退，過於三觴，醉酗生亂。（論衡·語增）

由於"觴"泛指酒器，所以借用爲量詞時與之搭配的數詞往往是"一"，而這個數詞"一"卻又都是省略的，即"觴酒"，隨著使用頻率的提高，逐漸詞彙化，《大詞典》"觴酒"條："杯酒。"

6. 觛

《説文·角部》："觛，小觶也。"《急就篇》第十四篇："蠡升參升半卮觛。"顏師古注："觛，謂觶之小者，行禮飲酒角也。"按，段玉裁注將本條改爲："卮也。从角旦聲。"並提出："各本作小觶也。《廣韻》同，《玉篇》作小卮也，《御覽》引《説文》亦作小卮也。今按'卮'下云：'圜器也。一名觛。'則此當作卮也無疑，小徐本廁此，大徐本改廁於觶篆後，云：'小觶也。'殊誤，卮非觶也。《漢高紀》'奉玉卮爲大上皇壽'應劭曰：'飲酒禮器也。'古以角作，受四升。古卮字作觓，許云觶，《禮經》作觓，則觓字非卮古字，應仲遠誤合爲一，《三都賦序》舊注因之，遂有改《説文》者矣。今更正。"並指出二者的區别，認爲："古者簠簋爵觶，禮器也。敦牟卮匜，常用器也。"用例罕見：

(1) 寡人朝饑時，酒二觛，重裘而立，猶憪然有寒氣。（新書·諭誠）

從《新書·諭誠》用例來看，段玉裁説是正確的，"觛"是古代的日常常用之器，而"觶"多用作禮器，二者功能不同；但是否就是"卮"，從目前用例來看仍難以定論。又，《大字典·角部》："圓形小酒器。古代禮器的一種。……又爲古代常用器。"但前一義項書證只有《山海經·海外西經》："女祭女戚在其北，居兩水間，戚操魚觛，祭操俎。"袁珂校注："郭璞云：'鱓，魚屬。'王念孫云：'……魚觛，當爲角觶，'注内'鱓，魚屬'當爲'角觛，觶屬'。珂案：王校語中'角觶'疑當作'角觛'，始與上下文相應。據此，則女祭女戚當是女巫祀神之圖象也。"然而，僅《山海經》一例，且字形未能確實，因此我們仍採用段玉裁説，

"觛"當爲一種常用之酒器,並非《說文》所言用作禮器的"觶"。

(二) 食器類容器量詞

本類借用量詞本爲盛食物的容器,後借用爲容器量詞,以量食物爲主。在此後的發展中,部分量詞適用範圍進一步擴大,擴展到食物以外的其他事物。

1. 豆

《說文·豆部》:"豆,古食肉器也。從口,象形。"本義是古代食器,形似高足盤,或有蓋,用以盛食物。新石器時代晚期開始出現,盛行於商周時。多陶質,也有青銅制或木制塗漆的。《爾雅·釋器》:"木豆謂之豆,竹豆謂之籩,瓦豆謂之登。"郭璞注:"豆,禮器也。"借用爲容器量詞,如《說文·豆部》所言多用來量肉食,如:

(1) 觴酒豆肉,讓而受惡,民猶犯齒。(禮記·坊記)

(2) 食一豆肉,飲一豆酒,中人之食也。(周禮·冬官·考工記)

(3) 寡人甘肥周於堂,卮酒豆肉集於宮,壺酒不清,生肉不布,殺一牛遍於國中,一歲之功盡以衣士卒,其足以戰民乎?(韓非子·外儲說右上)

(4) 殺一牛,取一豆肉,餘以食士。(韓非子·外儲說右上)

(5) 在孤之側者,觴酒、豆肉、簞食,未嘗敢不分也。(國語·吳語)

(6) 文學言行雖有伯夷之廉,不及柳下惠之貞,不過高瞻下視,絜言汙行,觴酒豆肉,遷延相讓,辭小取大,雞廉狼吞。(鹽鐵論·褒賢)

也可以用來量醬、醢等其他食品,並非限於肉食,如:

(7) 醯醬二豆,菹、醢四豆,兼巾之;黍稷四敦,皆蓋。(儀禮·士昏禮)

(8) 饌兩豆菹醢於西楹之東,醢在西,一鉶亞之。(儀禮·士虞禮)

(9) 故舜受堯之天下,太公不避周之三公;苟非其人,簞食豆

羹猶爲賴民也。(鹽鐵論・毀學)

(10) 一簞食，一豆羹，得之則生，弗得則死。呼爾而與之，行道之人弗受；蹴爾而與之，乞人不屑也。(孟子・告子)

(11) 鄉飲酒之禮，六十者坐，五十者立侍，以聽政役，所以明尊長也；六十者三豆，七十者四豆，八十者五豆，九十者六豆，所以明養老也。(禮記・鄉飲酒義)

"豆"器流行於商周時代，故容器量詞"豆"自然也多見於先秦文獻，漢代早期文獻雖亦可見，但也多爲追述商周故事。

2. 敦

古代盛黍稷的器具。青銅制，蓋和器身都作半圓形，合成球形。蓋和器身有三足或圈足。由此借用爲容器量詞，見於《儀禮》，如：

(1) 醢醬二豆，菹、醢四豆，兼巾之；黍稷四敦，皆蓋。(儀禮・士昏禮)

(2) 主婦設兩敦黍稷於俎南，西上。(儀禮・特牲饋食禮)

(3) 主婦自東房執一金敦黍，有蓋。(儀禮・少牢饋食禮)

(4) 婦贊者執敦稷以授主婦。(儀禮・少牢饋食禮)

(5) 又興，受贊者敦黍，坐設於稷南；又興受贊者敦稷，坐設於黍南。(儀禮・少牢饋食禮)

(6) 上佐食取四敦黍稷，下佐食取牢一切肺。(儀禮・少牢饋食禮)

(7) 司士進一敦黍於上佐食，又進一敦黍於下佐食，皆右之於席上。(儀禮・少牢饋食禮)

"敦"器主要流行於戰國時代，因此後世隨著這一器物的少用，借用作容器單位自然也罕見。

3. 鑊

《說文・金部》："鑊，鑴也。"古時指無足的鼎，用以煮肉及魚臘等物。由此用爲食物的容量單位，如：

(1) 嘗一臠肉，而知一鑊之味，一鼎之調。(呂氏春秋・慎大・

察今）

  （2）夫一炬火一鑊水，終日不能熱也；（論衡·感虛）

《淮南子·說山》中亦有："嘗一臠肉，知一鑊之味。"總體來看，秦漢文獻中量詞"鑊"並不多見。

4. 鼎

《說文·鼎部》："鼎，三足兩耳，和五味之寶器也。"本爲炊器，亦可用作容器盛食物，上古時期使用廣泛，有青銅制、陶土制、木質漆器等，傳世先秦文獻多見，如：

  （1）乃升羊豕魚三鼎。（儀禮·有司徹）
  （2）繆公之於子思也，亟問，亟饋鼎肉；子思不悅。（孟子·萬章）
  （3）見瓶水之冰，而知天下之寒、魚鱉之藏也；嘗一脟肉，而知一鑊之味、一鼎之調。（呂氏春秋·察今）
  （4）亦曰乘壺酒、束脩、一犬，其以鼎肉，則執以將命。（禮記·少儀）

出土簡帛文獻中則更爲多見，如馬王堆一號、三號墓漢簡《遣策》中用例就很多。"鼎"的使用一般認爲盛行於商、周時代，但從兩漢遣策中的使用情況來看，至少在馬王堆漢墓下葬的西漢早期仍很常見。①

5. 壺

《說文·壺部》："壺，昆吾圜器也。"從甲骨文字形來看，爲有蓋容器，形制不一，《公羊傳·昭公二十五年》："國子執壺漿。"何休注："壺，禮器。腹方口圓曰壺，反之曰方壺，有爵飾。"由此借用爲量詞，用以量酒、醬或者糧食等。先秦兩漢文獻多見，多用作液體的容器量詞，如：

  （1）顯父餞之，清酒百壺。（詩經·大雅·韓奕）
  （2）寡人甘肥周於堂，巵酒豆肉集於宮，壺酒不清，生肉不布，

---

① 按，馬王堆漢墓出土的鼎多爲陶器或漆器，銅鼎少見。

殺一牛遍於國中，一歲之功盡以衣士卒，其足以戰民乎？（韓非子・外儲說右上）

（3）其以乘壺酒、束脩、一犬賜人；若獻人，則陳酒、執脩以將命，亦曰"乘壺酒、束脩、一犬"。（禮記・少儀）

（4）子路爲蒲令，備水災，與民春修溝瀆，爲人煩苦，故予人一簞食，一壺漿。（説苑・臣術）

（5）臣非敢以大王語爲戲也，臣笑臣鄰之祠田也，以一奩飯、一壺酒、三鮒魚，祝曰。（説苑・尊賢）

（6）生男二，賜之以壺酒、一犬；生女二，賜以壺酒、一豚。（吳越春秋・勾踐伐吳外傳）

（7）發簞飯，清其壺漿而食之。（越絕書・荊平王内傳）

（8）某以壺露、牛胙，爲先農除舍。（周家台秦簡・病方及其他348）

也可以用作食物的容量量詞，早在戰國已經産生，如：

（9）晉文公出亡，箕鄭挈壺餐而從，迷而失道，與公相失，饑而道泣，寢餓而不敢食。（韓非子・外儲說左下）

（10）狐父之盗曰丘，見而下壺餐以餔之。（吕氏春秋・介立）

（11）夫輕忍饑餒之患而必全壺餐，是將不以原叛。（韓非子・外儲說左下）

（12）吾以一杯羊羹亡國，以一壺餐得士二人。（戰國策・中山策）

（13）僖負羈以壺餐表其閭，趙宣孟以束脯免其軀。（淮南子・繆稱）

（14）負羈乃遺之壺飱，加璧其上。（列女傳・仁智傳）

（15）狐父之盗丘人也見之，下壺餐以與之。（新序・節士）

由於"壺"作爲器物歷代常見，因此這個量詞也一直沿用到現代漢語仍廣泛使用。

6. 盂（于）

《説文・皿部》："盂，飯器也。"段玉裁注作："飲器也。"並注：

"飲，大徐及《篇》、《韻》、《急就篇》注作'飯'，誤。"但從上古文獻用例來看，作爲容器，既是"飯器"，也是"飲器"。由此借用爲量詞，傳世兩漢文獻已見，如：

（1）見道旁有禳田者，操一豚蹄，酒一盂。（史記·滑稽列傳）

兩漢簡帛文獻亦可見，字作"于"，通"盂"：

（2）受甲渠君錢千。出二百五十，買羊一；出百八十，買雞五隻；出七十二，買駱（酪）四于（盂）。（居延新簡 EPT51.223）

但無論傳世文獻，還是出土文獻中，雖然名詞"盂"很常見，但用作量詞使用頻率都很低。

7. 囊

《説文·橐部》："囊，橐也。"本指袋狀容器，由此借用爲量詞。從傳世兩漢文獻看，用例較少，如：

（1）異日有獻一囊糗糒者，王又以賜軍士，分而食之。（列女傳·母儀傳）
（2）文籍雖滿腹，不如一囊錢。（趙壹《刺世疾邪賦》）

而出土兩漢簡帛文獻中常見，如：

（3）五穜（種）五囊，囊各盛三石，其三石黍。（馬王堆三號墓漢簡·遣策 204）
（4）坐綱一囊。（羅泊灣漢簡·從器志正 3 欄）
（5）黃卷一囊。版圖一。（張家山漢簡·遣策 8）

"囊"作爲名詞更爲多見，在稱量物品時在兩漢時期也是如此，如《張家山漢簡·遣策》中更常見的形式是"N+Num"構式，如簡 1："五種囊一。"簡 2："算囊一。"簡 4："秫米囊一。"簡 10："稻米囊一。"簡 30："食囊二。"簡 32："粱米囊一。"只有簡 8 作："黃卷一囊。"囊是古今常用的盛物器，後世使用也非常廣泛。

8. 橐

《説文·木部》："橐，囊也。"段玉裁注考證甚詳，兹録於下："按許云：'橐，囊也。''囊，橐也。'渾言之也。《大雅》毛傳曰：'小曰橐，大曰囊。'高誘注《戰國策》曰：'無底曰囊，有底曰橐。'皆析言之也。囊者，言實其中如瓜瓢也。橐者，言虛其中以待如木樗也。玄應書引《蒼頡篇》云：'橐，囊之無底者。'則與高注互異。許多用毛傳，疑云：'橐，小囊也。''囊，橐也。'則同異皆見。全書之例如此。此蓋有奪字，又《詩經》釋文引《説文》：'無底曰囊，有底曰橐。'與今本絶異。"橐的形制，或説爲"囊之小者"，或説爲"無底之囊"，莫衷一是；而作爲盛物之袋是確切無疑的，並由此借用爲量詞。雖然先秦兩漢文獻中其名詞義常見，但借用爲量詞僅見於漢簡，且用例不多見，如：

（1）卖絮三橐，直百五十。（居延新簡 EPT51·414）

（2）□□一橐……五采系一橐……五采絹一橐。（尹灣漢簡 M2D1 反）

（3）文華出塊糞，少一橐以上。（敦煌漢簡 2418A）

另，甲骨文合集 07694："丙辰卜，争貞：戌侑石一橐。"字作"𩫏"，僅此一例，研究者多未涉及，姑列於此。邗江漢簡"笥牌"中有大量"五種橐""粱米橐""黄芩橐""酒米橐"等名稱標記，可見其使用是非常廣泛的。囊、橐二者常連用，如《論衡·論死》："以囊橐盈粟米。米在囊中，若粟在橐中，滿盈堅强，立樹可見，人瞻望之，則知其爲粟米囊橐。"可見，二者都是當時常用之盛物器。

9. 椑

《説文·木部》："椑，圜榼也。"《急就篇》"榑、榼、椑、榹、匕、箸、簪"顔師古注："椑，圜榼也。"從出土實物來看，本爲一種扁圓形的盛酒器，[①] 借用爲容器量詞，最早見於漢簡，卻非盛酒，而是用於"芥"，如：

[①] 其形制詳參洪石《戰國秦漢漆器研究》"一〇榼"條，文物出版社 2006 年版，第 64—65 頁。

(1) 介（芥）一椑。（張家山漢簡·遣策 19）

先秦兩漢其他文獻未見量詞用例。

10. 勺

《說文·勺部》："勺，挹取也。象形。中有實，與包同意。"本義是一種有柄的舀東西的用具，古用以從樽中舀酒。故《玉篇·勺部》："勺，飲器也。"《周禮·考工記·梓人》："梓人爲飲器，勺，一升。"鄭玄注："勺，尊升也。"孫詒讓正義："段玉裁改'升'爲'斗'，云：'斗與科同，《說文》：科，勺也。尊科，爲挹取尊重之科也。今本作尊升，誤。"可借用爲容器量詞，但先秦兩漢文獻總體用例很少見，如：

(1) 今夫水，一勺之多，及其不測，黿鼉、蛟龍、魚鱉生焉，貨財殖焉。（禮記·中庸）

"勺"先秦兩漢文獻多用爲名詞，如《儀禮·鄉飲酒禮》："加二勺於兩壺。"而"勺"作量詞，則多用爲度量衡量詞。

11. 瓢

《說文·瓠部》："瓢，蠡也。"朱駿聲通訓定聲："一瓠劙爲二曰瓢。《三蒼》：'瓢，瓠勺也。'"

(1) 子曰："賢哉！回也。一簞食，一瓢飲，在陋巷。人不堪其憂，回也不改其樂。賢哉！回也。"（論語·雍也）

但"瓢"借用爲容器量詞先秦兩漢文獻很罕見，後來的《史記》《漢書》等文獻中雖有用例，但往往也是對《論語·雍也》一文中顏回事跡的轉述，如《史記·仲尼弟子列傳》中對該句話作直接引用，《漢書·貨殖傳》則是間接轉述："子貢既學於仲尼，退而仕衛，發貯鬻財曹、魯之間，七十子之徒，賜最爲饒，而顏淵簞食瓢飲，在於陋巷。"

12. 杯（桮/棓/䍃）

《說文·木部》："桮，㔶也。"《集韻·灰韻》："桮，蓋今飲器。或作杯。"本爲盛酒、水等液體的容器，借用爲容器量詞。先秦文獻已見，如：

（1）鳥乃眩視憂悲，不敢食一臠，不敢飲一杯，三日而死。（莊子·至樂）

（2）列禦寇爲伯昏無人射，引之盈貫，措杯水其肘上，發之。（莊子·田子方）

（3）次及晏子，晏子奉杯血，仰天嘆曰……（晏子春秋·內篇雜上）

（4）樂羊坐於幕下而啜之，盡一杯。（韓非子·説林上）

（5）吾以一杯羊羹亡國，以一壺餐得士二人。（戰國策·中山策）

（6）飲以美酒一杯。（素問·繆刺論）

（7）今之爲仁者，猶以一杯水救一車薪之火也，不熄，則謂之水不勝火。（孟子·告子上）

兩漢文獻則更爲常見，傳世文獻用例如：

（8）晏子捧杯血，仰天而嘆曰："惡乎！崔杼將爲無道而殺其君。"（韓詩外傳·卷二）

（9）非有大惡，争杯酒，不足引他過以誅也。（史記·魏其武安侯列傳）

（10）中山因烹其子而遺之，樂羊食之盡一杯。（説苑·貴德）

（11）仙人輒飲我以流霞一杯，每飲一杯，數月不飢。（論衡·道虛）

（12）如泰山失火，沃以一杯之水。（論衡·調時）

（13）右四味，以酒一杯，浸之一宿。（金匱要略·中風歷節病脈證並治）

（14）若下多不止，飲冷水一杯則定。（金匱要略·肺痿肺癰咳嗽上氣病脈證治）

（15）病在膈上必吐，在膈下必利，不利，進熱粥一杯，利過不止，進冷粥一杯。（傷寒論·辨太陽病脈證並治下）

從出土文獻來看，秦簡中多書作今字"杯"，如《周家臺秦簡·病方及其他》342："前置杯水女子前，即操杯米。"而兩漢簡帛中則多書作

"棓""音"或"梧",如《馬王堆帛書·五十二病方》249:"美醯一棓（杯）以歙（飲）之。"又,《五十二病方》2:"毀一垸（丸）音（杯）酒中,飲之。"亦可作"杯"。馬王堆漢墓帛書"梧""杯"兩種字形均可見,但以"梧"爲主,可能當時處在過渡階段。

13. 盞

淺而小的杯子。《大字典》云:"多指酒杯。"《方言》卷五:"盞,杯也。自關而東,趙魏之間曰㯭,或曰盞。"郭璞注:"盞,最小杯也。"後借用爲容器量詞,多用以量水,如:

（1）上銼麻豆大,每服四錢匕,水盞半,煮八分,去滓,溫服,有微汗,避風。（金匱要略·痙濕暍病脈証）

（2）上銼麻豆大,每抄五錢匕,生薑四片,大棗一枚,水盞半,煎八分,去滓,溫服,良久再服。（金匱要略·痙濕暍病脈証）

（3）上銼,每五錢,水一盞半,煎至八分,去滓,溫服,汗出愈。（金匱要略·瘧病脈証並治）

（4）右三味,銼,每五錢匕,薑五片,棗一枚。水盞半,煎七成,去滓,溫服。（金匱要略·中風歷節病脈證並治）

也可以量酒,如:

（5）右七味,以童子小便,量多少,煎成湯,內酒一大盞,次下大黃,去滓,分溫三服。（金匱要略·雜療方）

14. 櫳（黨）

《正字通·木部》:"櫳,《通雅》曰:櫳乃桶之轉聲。"則其本義是名詞"木桶",借用作容器量詞,如:

（1）越王乃使大夫種索葛布十萬,甘蜜九黨（櫳）,文笥七枚,狐皮五雙,晉竹十廋,以復封禮。（吳越春秋·勾踐歸國外傳）

《太平御覽》卷七百五十九引《吳越春秋》文作"櫳",因此張覺認爲:"此'黨'字黨爲'櫳'之音誤,故今據《太平御覽》引文改正。

'欓'是木桶，這裡用作量詞。"① 量詞"欓"用於該文中稱量甘蜜，正合。②

15. 鉶

鉶，本爲古代一種盛羹的小鼎，往往用於祭祀。《説文·金部》："鉶，器也。"段玉裁注："此禮器也。……鉶鼎，肉汁之有菜和者也。"《儀禮·公食大夫禮》："宰夫設鉶四於豆西東上。"鄭玄注："鉶，菜和羹之器。"由此借用作容器量詞，如：

（1）食四十簠、十豆、四十鉶。（周禮·秋官）

"鉶"用作量詞其他文獻未見，按宋聶崇義《三禮圖·鉶鼎》説："鉶受一斗，兩耳三足，高二寸，有蓋。士以鐵爲之，大夫已上以銅爲之，諸侯飾以白金，天子飾以黄金。"其容量制度爲"一斗"，然聶氏説不知何據，姑列於此。

（三）糧食類容器量詞

"囷""倉"二者都用於稱量糧食"禾"，先秦兩漢文獻中使用頻率都很低，但後世文獻多見。

1. 囷

《説文·囗部》："囷，廩之圜者。從禾在囗中。圜謂之囷，方謂之京。"本義是古代圓形穀倉，自然可以借用來稱量穀物、禾稼等，如：

（1）不稼不穡，胡取禾三百囷兮？（詩經·國風·伐檀）

按，鄭玄箋："圓者爲囷。"

2. 倉

《説文·倉部》："倉，穀藏也，倉黄取而藏之，故謂之倉。"從甲金

---

① 張覺：《吴越春秋全譯》，貴州人民出版社1990年版，第245頁。
② 劉世儒先生認爲："《韻會》引作'欓'，當做'甖'。"按《説文·瓦部》："甖，大盆也。"段玉裁注："盆者，盎也；甖，其大者也。"故劉先生又提出："但到了南北朝就改説'盆'，不説'甖'了。"《魏晉南北朝量詞研究》，中華書局1965年版，第235頁。若僅從文意來看，用於稱量"甘蜜"亦無不可；筆者按，該説徐天祜音注最早提出，但並無文獻證據，故今不取。

文字形來看，像倉庫之形，其本義是收藏穀物的倉庫，因此可以用作稱量穀物的借用單位，金文已見，如：

（1）禾二倉。（季姬方尊）

其中"倉"字的隸定學界或有爭議，此從李家浩①、趙鵬②等說。
（四）醫用類容器量詞

中醫文獻中對所用的藥物的數量都有一定之規，但不同於後世多用度量衡量詞來稱量，往往是用特定的用具來稱量，遺憾的是這些用具後世大多沒有繼承下來，出土實物或者有此類用具，但多未見自銘，因此這些用具所量具體情況，仍有待進一步考證。此外，隨著醫學的發展其計量逐漸精確化，則這些本來模糊標量的容器量詞就有發展爲度量衡量詞的趨勢。

1. 刀圭（刀）

《本草綱目·序例》引南朝梁陶弘景《名醫別錄·合藥分劑法則》："凡散云刀圭者，十分方寸匕之一，準如梧桐子大也……一撮者，四刀圭也。"本爲量藥之量器，借用爲量詞，僅見簡帛醫學典籍，共3例：

（1）凡三物，皆並冶，合和，伇（使）病者宿毋食，旦飲藥一刀圭。（武威醫簡44—45）
（2）冶，合和，以米汁飲一刀圭，日三、四飲，徵出乃止。（武威醫簡70）
（3）傷寒四物：烏喙十分，細辛六分，朮十分，桂四分。以溫湯飲一刀刲（圭），日三夜再，行解。不出汗。（居延醫簡89.20）

刀圭的具體形制，無實物可考，明周祈《名義考》"刀圭"條曰："蓋刀銳處如圭首，故曰'刀圭'，猶刀尖也。"程磐基先生認爲"刀圭"就是"圭"，因有柄如刀而得名，則按國家博物館藏新莽"始建國銅撮"銘文"容四圭"推算，一圭當容0.5毫升；明周祈說似更符合詞義發展

---

① 李家浩：《季姬方尊銘文補釋》，《黃盛璋先生八秩華誕紀念文集》，中國教育文化出版社2005年版，第145頁。

② 趙鵬：《西周金文量詞析論》，《北方論叢》2006年第2期。

規律。①

刀圭，亦可省作"刀"，僅1例：

（1）曾青一分，長石二分，凡二物，皆冶，合和，温酒飲一刀，日三，創立不愿。（武威醫簡13）

按，整理者注："'一刀'，應是'一刀圭'，簡文脱'圭'字。"但也有學者認爲二者並非一物，姑列於此。

2. 匕

《説文·匕部》："匕，亦所以用比取飯。一名柶。"段玉裁注："匕即今之飯匙也。"本爲一種曲柄、淺斗的取食器，類似於今之羹匙，先秦兩漢文獻常見，如《儀禮·公食大夫禮》："雍人以俎入陳於鼎南，旅人南面加匕於鼎，退。"由此借用爲量詞，多用以量藥，用例非常少見，如：

（1）取新乳狗子，盡煮之。即沐，取一匕以毂沐，長髮。（周家台秦簡·病方及其他314）

（2）先取雞子中黄者置梧〈桮（杯）〉中，撓之三百，取藥成（盛）以五分匕一置雞子中，復撓之二百，薄以塗其雍（癰）者。（武威醫簡59—60）

例（2）中的"五分匕一"爲分數表示法，即五分之一匕；但程磐基先生認爲是量具，並據國家博物館藏東漢"一分銅量"銘文"一分容黍粟六十四枚"等，推算"五分匕"當容6毫升②。亦見於傳世醫學文獻中，但很罕見，如：

（3）蜘蛛十四枚，熬焦；桂枝半兩；上二味，爲散，取八分一匕，飲和服，日再服。（金匱要略·跌蹶手指臂腫轉筋陰狐疝蚘蟲病脈證治）

---

① 程磐基：《中國量藥器探討》，《中華醫史雜誌》2000年第2期。
② 同上。

"八分一匕"指的自然是"八分之一"匕,與上文"五分匕一"相較而言,其清晰度自然更高,並消除了歧義。"匕"單獨用作容器量詞無論在傳世文獻還是出土文獻中使用都不是很多,而"方寸匕""錢匕"在醫學文獻中更爲常見一些。"匕"在先秦兩漢文獻中一般作爲名詞,並且常和"刀"連用,如《禮記·檀弓下》:"蕢也,宰夫也,非刀匕是共,又敢與知防,是以飲之也。"用"刀""匕"等日常生活用具作爲取藥的量具也合情合理。

3. 方寸匕

《本草綱目·序例》引南朝梁陶弘景《名醫別録·合藥分劑法則》:"方寸匕者,作匕正方一寸,抄散,取不落爲度。"方寸匕本是一種量藥器,借用爲稱量中藥散劑的量詞。從文獻使用情況來看,最早可能見於東漢早期,西漢以前醫書如馬王堆帛書《五十二病方》《黄帝內經》等均未見。從出土文獻來看,則多見於《武威醫簡》,如:

(1) 凡五物,皆冶,合,方寸匕酒飲,日三飲。皆冶,合,方寸匕酒飲,日三飲。(武威醫簡6—8)

(2) 皆冶,合,以淳酒和飲一方寸匕,日三飲。(武威醫簡11—12)

(3) 凡二物,冶,合和,半方寸匕一先餔飯酒飲,日三,以愈度。(武威醫簡81)

傳世兩漢文獻亦可見,如:

(4) 右六味,杵爲散,取方寸匕,酒和,日三服。(金匱要略·婦人妊娠病脈癥並治)

(5) 右四味,杵爲散,酒服方寸匕,日三服。(金匱要略·婦人妊娠病脈癥並治)

(6) 右二味爲散,以大麥粥汁和服方寸匕,日三服。病隨大小便去、小便正黄,大便正黑,是候也。(金匱要略·黄疸病脈癥並治)

(7) 右五味,搗爲散,以白飲和,服方寸匕,日三服,多飲暖水,汗出愈,如法將息。(傷寒論·辨太陽病脈證並治)

無論傳世文獻還是出土文獻醫籍中，"方寸匕"使用時多以"一方寸匕"爲主，"一"往往省略，即作"方寸匕"，當然也有其他數詞修飾的，祇是相對少見，如：

（8）若不能散服者，以水一升，煎七沸，内散兩方寸匕，更煎沸，下火令小冷，少少咽之。(傷寒論·辨少陰病脈證並治)

（9）泄利下重者，先以水五升，煮薤白三升，煮取三升，去滓，以散三方寸匕，内湯中，煮取一升半，分溫再服。(傷寒論·辨少陰病脈證並治)

然而對於其具體容量的考證仍衆說紛紜，趙有臣認爲："古方中所說的 1 方寸匕，等於當時的 10 刀圭，因此其現代折合量爲 5 毫升。"①《中醫名詞術語選釋》云："方寸匕者……其形狀如刀匕……一方寸匕約等於形狀的 2.74ml。"② 葉森、柏紅陽則認爲："方寸匕是容器爲 1 立方寸的立方形容器，其容量爲 $12.167cm^3$。"並提出："古人抄取散藥，最初借用了古代鏟布，隨著鏟布的消失，古人依據其形狀制作出方寸匕，從而成爲量取散藥的固定量器。"③

先秦兩漢文獻中，"方寸匕"僅見於醫學文獻，所適用的範圍自然也限於藥物，魏晉以後不僅醫學文獻如《肘後方》《千金方》《外臺秘要》等仍在使用，其適用範圍獲得了進一步擴展，如《抱朴子·内篇》："取鉛十斤於鐵器中銷之，二十日上下，更内銅器中，須鉛銷，内紫粉七方寸匕，攪之，即成黃金也。"又如《齊民要術》卷四："作酸棗法：多收紅軟者，箔上日曝令乾。大釜中煮之，水僅自淹。一沸即漉出，盆研之。生布絞取濃汁，塗盤上或盆中。盛暑，日曝使乾，漸以手摩挲，散爲末。以方寸匕，投一椀水中，酸甜味足，即成好漿。"

4. 錢匕

古代量取散藥的器具，《千金要方》卷一："錢匕者，以大錢上全抄之；若云半錢匕者，則是一錢抄取一邊爾，並用五銖錢也。錢五匕者，今五銖錢邊五字者以抄之，亦令不落爲度。"錢匕即"五銖錢"。如程磐基

---

① 趙有臣：《方寸匕考》，《江蘇中醫》1961 年第 7 期。
② 中醫研究院等：《中醫名詞術語選釋》，人民衛生出版社 1973 年版。
③ 葉森、柏紅陽：《方寸匕考》，《國醫論壇》1997 年第 2 期。

说："將'錢匕'釋爲'五銖錢',並用其抄藥已約定俗成。這與五銖錢自漢武帝元狩五年（公元前 118 年）創建,經兩漢、魏晉南北朝、隋至唐初歷時 700 多年廣泛流通有關。且五銖錢大小基本相同,適宜用於抄藥。"① 漢代醫學文獻多見,如：

(1) 右四味,杵爲散,酒服一錢匕,日三服,夜一服。（金匱要略·婦人妊娠病脈癥並治）

(2) 上銼麻豆大,每服四錢匕,水盞半,煮八分,去滓,溫服,有微汗,避風。（金匱要略·痙濕暍病脈證）

(3) 右三味,杵爲散,未發前以漿水服半錢匕。溫瘧加蜀漆半分,臨發時服一錢匕。（金匱要略·瘧病脈證並治）

(4) 右四味、杵爲散,酒服半錢匕,日三服,不知,稍增之。（金匱要略·血痹虛勞病脈證並治）

(5) 別搗甘遂末一錢匕。（傷寒論·辨太陽病脈證並治下）

(6) 强人服一錢匕,羸人服半錢,溫服之,平旦服。（傷寒論·辨太陽病脈證並治下）

(7) 取一錢匕。（傷寒論·辨太陽病脈證並治下）

由於並沒有出土實物,"錢匕"的形制等方面仍聚訟紛紜。日本江戶後期著名醫學家、考證學家森立之《枳園叢考》"錢五上考"一文中提出"錢匕"爲"錢上"之誤,郭秀梅、岡田研吉進一步考證"錢匕"爲宋人校改所誤②；程磐基則認爲"匕"爲"七"之誤,"七"爲"化"之古文,意爲"貨幣"③。

著名學者章太炎先生則提出："宋人所謂鈔五錢匕者,則是開通元寶五錢之重,實非錢匕。"程磐基進一步論證認爲："東漢的一兩約合今之 13.5—15.625 克,如是五銖錢的話約爲 2.85—3.25 克,這個重量也符合漢代的用藥劑量。筆者認爲一錢匕爲一錢匕重,可備立爲一說。"④

---

① 程磐基：《關於"錢匕"的探討》,《上海中醫藥雜誌》1998 年第 9 期。
② 郭秀梅、岡田研吉：《"錢匕"當爲"錢上"辨》,《醫古文知識》1996 年第 1 期。
③ 程磐基：《關於"錢匕"的探討》,《上海中醫藥雜誌》1998 年第 9 期。
④ 程磐基：《中國量藥器探討》,《中華醫史雜誌》2000 年第 2 期。

二 泛用類容器量詞

泛用類借用容器量詞是指可以泛用於多類事物的容器量詞，其適用對象沒有固定的範圍和界限。對於泛用類容器量詞可以根據該器物的質地進行分類，其質地往往也會限制其使用範圍的傾向性，但也有部分器物的質地和使用範圍是不固定的，因此本書將其分爲竹器類、陶器類和其他類三大類，分述如下。

（一）竹器類容器量詞

本類借用量詞的字形均從"竹"，大多本爲竹制物品，借用爲量詞。作爲竹制容器量詞，其適用範圍大多非常廣泛，並非如傳統辭書所言之限制，因此滙爲一組，共同討論。當然，有些從"竹"的器物後來並不一定用竹制成，如"籃""籠"本爲竹製品，但後來往往可以用柳條等編制，到現代甚至往往可以是塑料制品，但在古今漢語中作爲量詞則是相同的。以下各類同此。

1. 籩

古時祭祀和宴會用以盛乾食品的竹器。《說文·竹部》："籩，竹豆也。"段玉裁注："豆，古食肉器也。木豆謂之梪，竹豆謂之籩。"朱駿聲通訓定聲："豆盛濕物，籩盛乾物。豆重而籩輕。"借用爲容器量詞，如：

（1）婦贊者執二籩棗栗，授主婦。（儀禮·有司徹）
（2）選其馨香，潔其酒醴，品其百籩，秀其盛簋。（國語·周語中）

後世仍可見，如宋蘇軾《祭石幼安文》："永歸無憾，舉我一籩。"

2. 筐（匡）

《說文·匚部》："匡，飯器。……筐，匡或從竹。"但從上古文獻用例來看，"匡（筐）"本爲方形的盛物竹器，傳世先秦文獻常見，《詩經·采蘋》："於以盛之，維筐及筥。"毛傳："方曰筐，圓曰筥。"後借用爲容器量詞，從傳世文獻來看，字均作"筐"，如：

（1）米六筐，皆士牽羊以致之。（儀禮·聘禮）
（2）大夫餼賓大牢，米八筐。（儀禮·聘禮）

(3) 㷟黍稷各二筐。(儀禮·士喪禮)

(4) 㷟，君四種八筐，大夫三種六筐，士二種四筐，加魚、臘焉。(禮記·喪大記)

(5) 於是乎每朝設脯一束，糗一筐，以羞子文。(國語·楚語下)

但在戰國楚簡中可以書作其古字“匡”，如：

(6) 一匡䋎□。(望山楚簡·遣策8)

商承祚先生認爲：“匡，即筐，盛物竹器。”[①] 但僅此一見。

3. 筥

《説文·竹部》：“筥，箱也。”《急就篇》“笔、篅、篼、筥、籅、箅、篝”颜師古注：“竹器之盛飯者，大曰篼，小曰筥。筥，一名箱，受五升。”其本義是盛米飯等食物的竹制容器，後借用爲容器量詞，如：

(1) 米百筥，筥半斛，設於中庭，十以爲列，北上。(儀禮·聘禮)

按，十升爲一斗，十斗爲一斛，則“筥半斛”指每筥爲五十升；與颜師古説“五升”不合；因此本書認爲這裏的“筥”應該衹是容器單位，並没有固定制度。但先秦兩漢用例甚少，有待新材料的發現以進一步考證，暫列於此。

4. 笲（筤）

《玉篇·竹部》：“笲，竹器也。”《廣雅·阮韻》：“笲，竹器，所以盛棗脩。”從傳世先秦兩漢文獻看，多見於《儀禮》，如《士昏禮》：“婦執笲棗栗，自門入。”鄭玄注：“笲，竹器而衣者，其形差如今之筥。”本爲竹器，借用爲容器量詞，如：

(1) 降階，受笲服脩，升。(儀禮·士昏禮)

① 商承祚：《戰國楚竹簡彙編》，齊魯書社1995年版，第104頁。

（2）婦執笲菜，祝帥婦以入。（儀禮·士昏禮）
（3）婦降堂，取笲菜入。（儀禮·士昏禮）
（4）贊見婦於舅姑，執笲棗栗段脩以見。（儀禮·昏義）

例（4）陸德明釋文："笲，器名，以葦若竹爲之，其形如筥，衣之以青繒，以盛棗、栗、腵脩之屬。"但從出土簡帛文獻來看，其用途當更寬泛，還可用以盛飯食之類，多見於楚簡，字皆書作"貟"，如：

（5）四貟飯。（包山楚簡256）
（6）桃脯一貟，僻鵬一貟，炙雞一貟，一貟鷗。（包山楚簡258）

整理者注："讀如笲。"① 胡雅麗將楚墓出土之遣策、笥牌與出土實物對照，認爲該器當爲方形竹編容器②，確切無疑。

5. 簋（朹）

《說文·竹部》："簋，黍稷方器也。"段玉裁注："許云簋方簠圜，鄭則云簋圜簠方。不同者，師傳各異也。"字又作"朹"，從字形從竹或從木分析，早期當爲竹木製，后多陶製、青銅製。從出土實物來看，多爲圓腹、侈口、圈足，也有方形者，如亞丑方簋等。借用爲容器量詞，先秦兩漢文獻多見，如：

（1）於粲灑掃，陳饋八簋。（詩經·小雅·伐木）
（2）宰夫設黍、稷六簋於俎西，二以並，東北上。（儀禮·公食大夫禮）
（3）凡餕之道，每變以衆，所以別貴賤之等，而興施惠之象也，是故以四簋黍見其修於廟中也。（禮記·祭統）
（4）三牲之俎，八簋之實，美物備矣。（禮記·祭統）

簡帛文獻《詩經》可見，字書作"朹"：

---

① 湖北省荊沙鐵路考古隊：《包山楚簡》，文物出版社1991年版，第60頁。
② 胡雅麗：《箕、笲、籩名物辨》，《簡帛》第四輯，武漢大學出版社2009年版，第255頁。

（5）於粲灑騷，每食八朹。既有肥牡，以速者咎；寧是不來，微我有咎。（阜陽漢簡·詩經 S142）

《說文·竹部》："朹，古文簋。"今本作"簋"，漢簡用例可證《說文》古文之書寫形式。

6. 簞（單）

《說文·竹部》："簞，笥也。從竹，單聲。漢律令：'簞，小筐也。'《傳》曰：'簞食壺漿。'"段玉裁注："簞笥有蓋，如今之箱盒。"本爲圓形有蓋的竹或葦編容器，借用爲容器量詞，先秦文獻常見，如：

（1）與之一簞珠，使問趙孟。（左傳·哀公二十年）
（2）賢哉！回也。一簞食，一瓢飲，在陋巷。人不堪其憂，回也不改其樂。（論語·雍也）

按，出土文獻中往往可以書作"單"，如《定州漢簡·論語》120："雍也：子曰：賢哉，回也！一單食，一"整理者注："單，今本作'簞'。單借爲簞。"《史記·仲尼弟子列傳》引《論語》亦作"簞"。兩漢文獻則更爲多見，如：

（3）高子執簞食與四脡脯。（公羊傳·昭公二十五年）
（4）苟非其人，簞食豆羹猶爲賴民也。（鹽鐵論·毀學）
（5）子路爲蒲令，備水災，與民春修溝瀆，爲人煩苦，故予人一簞食，一壺漿。（說苑·臣術）
（6）漁者渡於於斧之津，乃發其簞飯，清其壺漿而食。（越絕書·荊平王內傳）
（7）非其道，則一簞食而不可受於人。（論衡·刺孟）

後世文獻亦沿用下來，如唐韓愈《薦士》："救死具八珍，不如一簞犒。"

7. 簣

本是盛土的竹器。《玉篇·竹部》："簣，土籠也。"如：

(1) 子曰："譬如爲山，未成一簣，止，吾止也！譬如平地，雖覆一簣，進，吾往也！"（論語·子罕）

何晏集解："包（咸）曰：'簣，土籠也。'"先秦兩漢文獻並不多見，又如：

(2) 譬如爲山，未成一簣而止，度功業而無繼成之理，是棄與胡而資强敵也。（鹽鐵論·西域）

8. 篋
《説文·匚部》："匧，藏也。篋，匧或從竹。"邵瑛《群經正字》："今經典從或體。"可見"匧""篋"當爲古今字。無論出土還是傳世先秦兩漢文獻，皆作今字。本爲竹器，借用爲量詞，先秦文獻已見，多用於絲織品、書籍等，如：

(1) 衛人使屠伯饋叔向羹與一篋錦。（左傳·昭公十三年）
(2) 賜之駿馬十六，綈紵三十篋。（穆天子傳·卷之五）
(3) 乃夜發書，陳篋數十。（戰國策·秦策一）
(4) 文侯示之謗書一篋。（戰國策·秦策三）

兩漢文獻更爲多見，如：

(5) 樂羊返而論功，文侯示之謗書一篋。（史記·樗里子甘茂列傳）
(6) 大奴美（？）謁，脯一篋。（鳳凰山8號墓漢簡46）
(7) 上行幸河東，嘗亡書三篋，詔問莫能知。（漢書·張湯傳）
(8) 賜金錢、繒絮、繡被百領，衣五十篋。（漢書·霍光金日磾傳）
(9) 通人積文十篋以上。（論衡·別通）

兩漢以後，量詞"篋"隨著該器物的廣泛使用而一直沿用下來，如《後漢書·皇后紀》："宮中亡大珠一篋，太后念，欲考問，必有不辜。"

又,《光武十王列傳》:"乃命留五時衣各一襲,及常所御衣合五十篋,餘悉分佈諸王主及子孫在京師者各有差。"

9. 笥(司)

笥,本是用竹或葦編制而成的方形箱子,借用爲容器量詞,《禮記·曲禮上》"凡以弓劍苞苴簞笥問人者"鄭玄注:"簞笥,盛飯食者,圓曰簞,方曰笥。"其實鄭注所言只是隨文釋義,解釋了在祭祀等特定情況下的用途,笥作爲盛物的箱子從出土文獻來看在先秦兩漢時期是常用物品,使用範圍非常廣,幾乎没有任何限制。

用作量詞最早見於先秦簡牘文獻中,無論楚簡還是秦簡中均書作"司",當爲"笥"的省寫形式,如:

(1) 一司(笥)翶珥,一司(笥)齒珥。(信陽楚簡·遣策2)
(2) 輪二;張(帳)一司(笥)。(里耶秦簡8—95)

但先秦文獻中使用頻率不高①,到兩漢文獻中借用量詞"笥"非常常見,如:

(3) 吾不願金,所願卿無有外意,妾亦無淫泆之志,收子之齎與笥金。(列女傳·節義傳)
(4) 肉一笥;脯一笥。(鳳凰山9號墓漢簡48—49)
(5) 魚肤(膚)一笥;牛膡一笥;鹿膡一笥;右方肤(膚)、膡四笥。(馬王堆一號墓漢簡·遣策30—33)
(6) 牛脯一笥;鹿脯一笥;弦(弦—胘)脯一笥;右方脯三笥。(馬王堆一號墓漢簡·遣策34—37)
(7) 牛炙一笥;牛匆(劦—脅)炙一笥。(馬王堆一號墓漢簡·遣策38—39)
(8) 祝衣兩笥。(馬王堆三號漢墓·簽牌37)
(9) 繒六十三四三丈,緒三,衣一笥,笥繒。(羅泊灣漢簡1458正1欄)

---

① 當然,這也可能與我們所見文獻的性質有關。

以上爲盛食物和衣物的，最爲常見，但用於其他事物的也很常見，如：

（10）蒽一筒；蕢一筒；右方土衡蕢三筒。（馬王堆一號墓漢簡·遣策 157—160）

（11）木文犀角、象齒一筒。木白璧（璧）、生（青）璧（璧）一筒。（同上 292—293）

（12）土金二千斤，二筒。菜（彩）金如大村（叔—菽）者千斤，一筒。（同上 295—296）

（13）□囊一，書一筒。（張家山漢簡·遣策 34）

張顯成師據長沙子彈庫戰國木槨墓、馬王堆 23 號漢墓、湖北江陵鳳凰山 168 號漢墓及鳳凰山西漢墓中的出土文獻材料及實物，提出："筒作爲一種盛器，其用途很廣，不光用以盛衣和盛飯食，還用以盛泥金版、絲織品、肉食品、畜禽、糧食、水果、藥品、香料、文具、量具、錢幣、裝飾品……簡直有些無所不裝了。"① 後世文獻仍常見，如《後漢書·光武十王傳》："初，光武微時，嘗以事拘於新野，瞱爲市吏，饋餌一筒，帝德之不忘，仍賜瞱御食，及乘輿服物。因戲之曰：'一筒餌得都尉，何如？'"

10. 籃（畀）

《説文·竹部》："籃，大篝也。"段玉裁注："今俗謂熏篝曰烘籃是也。"《廣雅·釋器》："籃，筐也。"本爲竹器，借用容器量詞。但先秦兩漢文獻罕見用例，楚簡多作"畀"，簡文中用作食物的容器量詞，如：

（1）䈞肉醢一畀，菽醢一畀，魚□一畀，醽（醯）一畀。（包山楚簡 255—256）

整理者認爲："與畀字古文形近。畀，借作籃。"又如：

（2）炭四籃。（羅泊灣漢簡·從器志 1458 正 4 欄）

---

① 張顯成：《"筒"器所指新解》，《文史雜誌》1994 年第 1 期。

雖然以上二例均爲借用量詞無疑，但由於同時代的其他文獻未見用例，所指是否是今天的籃仍有待考證。

11. 籫（簌/䉤）

本是竹籠，借用爲容器量詞。僅見於楚簡，用作盛食物的容器量詞，如：

（1）飤（食）室之飤（食）：脩一簌（籫），脀（脯）一䉤（籫）。（包山楚簡 255）

（2）篡魚一簌（籫）。（包山楚簡 256）

整理者注："䉤，對照上文可知應是簌字異體。"陳偉等將上述三處用例均徑釋作"籫"①。按《玉篇·竹部》："籫，箱類。"胡雅麗認爲是一種大長方形竹編容器②，符合簡文記載與出土實物情况。

12. 箕

本爲竹器，借用爲容器量詞，僅見於包山楚簡 257—258：

（1）飤（食）室所以飤箕：豕脀（脯）二箕，脩二箕，鬻（蒸）豬一箕，庶（炙）豬一箕，窨（蜜）飴（飴）二箕，白飴（飴）二箕，鬻（熬）鷄（雞）一箕，庶（炙）鷄（雞）一箕，鬻（熬）魚二箕，栗二箕，棗二箕，葷芷二箕，蓏二箕，菥（芝）二箕，菓二箕，薑（薑）二箕，蓏（苽）一箕，藹利（梨）二箕，樻（桃）脀（脯）一笲，䭹脩一笲，庶（炙）鷄（雞）一笲，一笲脩。（包山楚簡 257—258）

《龍龕手鑒·竹部》："箕，籢的俗字。"按整理者注："經與出土實物對照應是盛放食物的竹筒。"朱德熙、裘錫圭二先生認爲當讀爲"筆"③，《説文·竹部》："杯笭也。"胡雅麗結合出土實物進一步考證爲小長方形

---

① 陳偉：《楚地出土戰國簡册［十四種］》，經濟科學出版社 2009 年版，第 119 頁。

② 胡雅麗：《箕、笲、籫名物辨》，《簡帛》第四輯，武漢大學出版社 2009 年版，第 255 頁。

③ 朱德熙、裘錫圭：《信陽楚簡考釋（五篇）》，《考古學報》1973 年第 1 期。

竹編容器①，先秦兩漢其他文獻未見量詞用例。

13. 箈（笿）

揚雄《方言》卷五："梧箈，陳、楚、宋、魏之間謂之梧箈，又謂之豆筥，自關東西謂之梧箈。"郭璞注："盛杯器籠也。"本爲竹器，借用爲容器量詞；先秦文獻未見，見於漢簡，如：

(1) 魚一箈；鱓一箈；筍一箈；卵一箈。（鳳凰山9號墓漢簡 44—47）

(2) 白魚一箈；蒜一箈；薑一箈；藿一箈；李一箈；卵一箈；瓜一箈；鞠（麴）一箈。（張家山漢簡·遣策 21—28）

又，《説文·竹部》："笿，梧笿也。"桂馥義證："笿，又作箈。"漢簡中兩種書寫形式均可見。容器量詞"笿"的名詞性還是很強的，因此在計量的時候也可以採取"N+Num"的方式，例如《鳳凰山8號墓漢簡》148："茈，茈笿一。"又，簡 150："筍，筍笿一。"又，簡 155："魚，魚笿一。"此類數量表示法顯然不如用借用量詞表示更爲清晰明了，由此亦可見兩漢時期其適用範圍非常廣泛。

14. 箘（莆）

《説文·竹部》："箘，斷竹也。"《玄應音義》引《三蒼》："箘，竹管也。"本爲竹筒，借用爲容器量詞。僅見于《張家山漢簡》，字均書作"莆"，爲"箘"之異體字，如：

(1) 鹽一莆（箘）。吴（虞）人男女七人。鹽芥（芥）一莆（箘）。豉一莆（箘）。醬一莆（箘）。（16—19）

用作量詞先秦兩漢其他文獻未見，但其名詞用法可見，如劉向《新序·義勇》："抽弓於韔，援矢於箘，引而未發也。"

15. 笓

《集韻·齊韻》："笓，可以約物。或作箆。"《篇海類編·花木類·竹部》："笓，竹器。"本爲竹器，借用作容器量詞，僅一見：

---

① 朱德熙、裘錫圭：《信陽楚簡考釋（五篇）》，《考古學報》1973 年第 1 期。

(1) 李一篼。(大墳頭漢簡 1)

雖然僅此一見，但由於出土文獻的真實性，姑列於此。
16. 籠（竉）
《説文·竹部》："籠，舉土器也。"朱駿聲通訓定聲："籠如蕢與匧，以盛土，一人可何，竹爲之。"《周禮·地官·遂師》："共丘籠。"賈公彥疏："云'共丘籠'者，土曰丘，謂共爲丘之籠器以盛土也。"本爲竹器，借用爲量詞，僅一見：

(1) 蔣（槳）十五枚，菱席一束，苣一竉（籠）。（東牌樓漢簡·槳等器物账 110）

竉，通"籠"；苣，苯苣。先秦兩漢其他文獻未見量詞用例。
17. 篿（傷/桯）
《説文·竹部》："篿，大竹筩也。"本爲竹器，借用爲容器量詞，首先可以盛酒、醬之類，如：

(1) 芥一傷（篿）；□一傷（篿）；䰞醬一傷（篿）；肉醬一傷（篿）；甘酒一傷（篿）。（鳳凰山 8 號墓漢簡 159—163）

該字原整理者隸定为"傷"，彭浩亦隸定为"傷"①，並進一步解釋説："依簡一〇八之例，也許應是傷杯之省稱，在此處作量詞用，即芥一耳杯。"但其實彭浩（1982）已經指出該隸定有誤，而是隸定爲"篿"，提出該字當爲"篿"之別體："一六八號墓中曾發現過一些彩繪的竹提筒，一端開有小口，上書有'苦酒'、'鹽'、'月（肉）醬'。八號墓也有相似的竹提筒，用來盛調味品。對照竹簡的記載可知它們稱作'篿'或'器'。雲夢大墳頭一號墓的木方記有'竹篿四'，與之相對應的有三件竹筒。"②但從新公佈圖版來看"亻"部顯然在右，則當隸定爲"傷"，爲"篿"之別體，是一種大竹筒。

---

① 湖北省考古研究所：《江陵鳳凰山西漢簡牘》，中華書局 2012 年版，第 54—55 頁。
② 彭浩：《鳳凰山漢墓遣策補釋》，《考古與文物》1982 年第 6 期。

《説文》："桱，桱桯也，東方謂之蕩。"唐寫本《説文·木部》《繫傳》与之同。按裘錫圭①、蕭旭②、張顯成師、李建平③等説"桱桯""桯"即"篙"，異名同實。漢簡中可書作"桯"，如：

(2) 鼻寒呿足數臥起據犀之炊鼻，以四毒各一桯。（金關漢簡 73EJT21：24）

另，《韓詩外傳》中有"經程"，用以量酒：

(3) 齊桓公置酒，令諸侯大夫曰："後者飲一經程。"管仲後，當飲一經程，飲其一半，而棄其半。桓公曰："仲父當飲一經程而棄之，何也？"（韓詩外傳·卷十）

先秦兩漢其他文獻未見，但後世文獻仍可見，如《侯鯖錄》卷四："陶人之爲器，有酒經焉，……云酒一經或二經至五經焉。"劉世儒云："'經'即'經程'之省。"④

(二) 陶器類容器量詞

本組量詞字形均從"瓦""缶"或"土"，大多本爲陶制容器，借用爲量詞。作爲陶制容器量詞，先秦兩漢時期其適用範圍亦很廣。

1. 缶（碩/堉）

《説文·缶部》："缶，瓦器，所以盛酒漿；秦人鼓之以節謌。象形。"本義是一種盛酒漿的瓦器，大腹小口，有蓋；或爲銅制。借用爲容器量詞，如：

(1) 其歲，收田一井，出稯禾、秉芻、缶米，不是過也。（國語·魯語下）

---

① 裘錫圭：《鋞與桱桯》，《文物》1987 年第 9 期。
② 蕭旭：《〈説文〉"桱，桱桯也"補疏》，復旦大學出土文獻與古文字研究中心網，2012 年 12 月 4 日。
③ 張顯成、李建平：《簡帛量詞研究》，中華書局 2016 年版。
④ 劉世儒：《魏晉南北朝量詞研究》，中華書局 1965 年版，第 236 頁。

楚簡中有"硈""坫"二字形，戰國文字中多有增加構件的現象，因此我們推測亦當爲"缶"字之異體。"硈"在楚簡中用作"醯""菹"等醬、菜的容器量詞。凡5例，如：

（2）醯一硈，□一硈，蒽菹二硈，藕菹一硈，蓲茨之菹一硈。（包山楚簡255）

醯，即肉醬；菹，即醃菜。整理者注："從石從缶，讀如缶，此指陶罐。""坫"僅1例，簡文中用作食物"蜜某（梅）"的容器量詞：

（3）蜜某（梅）一坫。（包山楚簡255）

上古文字中從"石"、從"土"可通，因此我們認爲"硈""坫"爲異體字，讀爲缶，都是一種陶罐。又見於出土西漢文獻，如：

（4）赖（藾）苴（菹）一坫（缶）。元（杬）栂（梅）一坫（缶）。山兊（蔥）苴（菹）一坫（缶）。無（蕪）夷（荑）一坫（缶）。婪（醬）俞（酳）一坫（缶）。要（腰）襍（襍）一坫（缶）。（馬王堆三號墓漢簡・遣策127—131）

原整理者隸定爲"垎"，但該字《説文》及其他字書均未載，後世亦不見使用；周波認爲當隸定爲"坫"①；我們認爲該字從"土"，推測可能爲陶制容器。

2. 罌（甖）

《説文・缶部》："罌，缶也。"段玉裁注："罌，缶器之大者。"又，《玉篇・缶部》："罌，瓦器也。"《墨子・備穴》："令陶者爲罌，容四十斗以上。"可見，罌與缶一樣爲大腹小口的瓦器，但比缶更大一些，多用以盛酒、水等液體，借用爲容器量詞，如：

（1）厨酒十三罌。（羅泊灣漢簡・從器志1458背）

---

① 周波：《戰國時代各系文字間的用字差異現象研究》，復旦大學博士學位論文，2008年。

字或作"鈚",傳世文獻未見,僅1例:

(2) 鮐三鈚□(羅泊灣漢簡·從器志 1458 背)

傳世文獻中多用作名詞,亦有木制者,如《墨子·備城門》:"用瓦木罌,容十升以上者,五十步而十,盛水且用之。"孫詒讓閒詁:"《史記·韓信傳》以木罌瓴渡軍,是罌或瓦或木,皆可以盛水者也。"

3. 瓶（蚤）

《方言》卷五:"缶謂之瓿甊,其小者謂之瓶。"本爲陶質容器,一般比缶小一些,可用以汲水或盛醬、酒等。從簡帛文獻看,最早見於楚簡,書作"蚤",如:

(1) 一蚤食醬,一蚤苿醬。(信陽楚簡·遣策 17)

商承祚先生認爲"實即後世瓶字"①,傳世先秦兩漢文獻皆作"瓶",如:

(2) 見瓶水之冰,而知天下之寒、魚鱉之藏也;嘗一脟肉,而知一鑊之味、一鼎之調。(呂氏春秋·察今)
(3) 邾子在門台,臨廷,闇以瓶水沃廷,邾子望見之,怒。(左傳·定公三年)
(4) 卻從步涉,中路有人,奉酪一瓶。(曇果共康孟詳譯《中本起經》)

後世文獻直至現代漢語中亦常見。

4. 瓵

古代盛物的瓦器,借用爲容器量詞。《廣雅·釋器》:"瓵,瓶也。"王念孫疏證:"《史記·貨殖傳》:'漿千瓵。'集解:'徐廣曰:瓵,大罌也。'索隱云:'瓵,《漢書》作儋,孟康曰:儋,罌也。罌受一石,故曰儋石。'……案:諸說或訓瓵爲罌,或以爲大罌,或以爲小罌。古無定

---

① 商承祚:《戰國楚竹簡彙編》,齊魯書社 1995 年版,第 32 頁。

訓，疑莫能明也。"借用爲容器量詞，使用頻率也很低，《史記》1 例：

（1）通邑大都，酤一歲千釀，醯醬千瓨，醬千甔，屠牛羊彘千皮。（史記·貨殖列傳）

《漢書》引此文中宇書作"儋"：

（2）通邑大都酤一歲千釀，醯醬千瓨，漿千儋，屠牛羊彘千皮。（漢書·貨殖傳）

按《集韻·闞韻》："甔，罌也。或作儋。"
5. 瓨
《説文·瓦部》："瓨，似罌，長頸，受十升。"《廣雅·釋器》："瓨，瓶也。"本義是長頸的瓦器，借用爲容器量詞，用例先秦兩漢文獻亦罕見，如：

（1）通邑大都，酤一歲千釀，醯醬千瓨，醬千甔，屠牛羊彘千皮。（史記·貨殖列傳）

裴駰《集解》引徐廣曰："長頸罌。"《漢書·貨殖傳》與此同。
6. 坽
本指陶質容器，借用爲量詞，見於馬王堆漢墓，如：

（1）馬醬一坽；魴一坽；鱋一坽；豉（豉）一坽。（馬王堆一號墓漢簡·遣策 98—101）
（2）肉魷一坽；魚魷一坽；鱋一坽；魴一坽；豉（豉）一坽。（馬王堆三號墓漢簡·遣策 111—115）

該借用量詞僅見於馬王堆一號墓和三號墓出土遣策文獻中，原整理者隸定爲"坽"，認爲從土從旃省聲，通"儋"，《史記·貨殖列傳》"漿千儋"《索隱》引孟康曰："儋，石罌也。"或釋爲"坑"，同"瓨"；結合出土實物來看，可能是一種陶壺。

唐蘭（1980）釋爲"坑"，認爲即"瓨"字，《方言》卷五："甖也，靈桂之郊謂之瓨。"郭璞注："今江東呼大甕爲瓨。"《廣雅·釋器》："瓶也。"陳劍（2010）引王念孫《疏證補證》："《晉書·五行志》：訇如白坑破，合集持作瓯。坑與瓨同。"指出此"坑"字皆與見於《玉篇》、《廣韻》等的"阬"字俗體（《説文》大徐本"阬"字下説"今俗作坑"）無關，而是著眼於"（陶）土製"器物角度爲"瓨"所造的異體字。《集成》鄭曙斌、蔣文新釋文採用唐蘭、陳劍等説隸定爲"坑"，通"瓨"①。細審圖版，結合漢簡中"亢""瓦""丹"等構件的書寫情況，我們認爲原整理者隸定爲"坍"更符合漢簡實際情況。或以爲與"甒""瓨"相近，但二者在先秦兩漢文獻中用作容器量詞罕見，而"坍"則多見於馬王堆出土簡牘文獻，因此我們認爲"坍"與"甒""瓨"二者形制可能均不同，故分別處理。

7. 甌

《説文·瓦部》："甌，小盆也。"桂馥義證："《三蒼》：'甌，瓦盂也。'"《方言》卷五："㼖，陳、魏、宋、楚之間謂之㼜，自關而西謂之㼖，其大者謂之甌。"本來是小型的盆、盂類瓦器，借用爲量詞，僅一例：

（1）㕻者二甌，即並煎□孰（熟），以布捉，取出其汁。（馬王堆帛書·五十二病方 18）

原整理者注："甌，小盆。"雖然簡文殘缺，但從其語法位置看"甌"用作容器量詞無疑。

8. 甕

《玉篇·瓦部》"甕"，同"瓮"。又，《説文·瓦部》："瓮，罌也。"《易經·井》："井谷射鮒，甕敝漏。"陸德明釋文引鄭玄曰："甕，停水器也。"本爲一種小口大腹的陶器，多用以盛液體的水、醬、酒等，借用爲量詞，先秦兩漢文獻多見，如：

（1）醬用百有二十甕。（周禮·天官·膳夫）

---

① 各家之説轉引自湖南省博物館、復旦大學出土文獻與古文字研究中心：《長沙馬王堆漢墓帛書集成》第六冊，中華書局 2014 年版，第 187 頁。

(2) 醯醢百甕，夾碑，十以爲列。（儀禮·聘禮）

(3) 宋襄公葬其夫人，醯醢百甕。（禮記·檀弓上）

字亦可書作"罋"，同"甕"。如：

(4) 一，穿地□尺，而煮水一罋（甕）。（馬王堆帛書·五十二病方 77）

先秦兩漢文獻中，"甕""罋"用作名詞非常常見，而借用作量詞使用頻率並不高。

9. 資

僅見於馬王堆漢墓出土遣策文獻中，可能是一種帶釉的硬質陶罐，借用爲量詞，如：

(1) 魚魷（䱦）一資；肉魷（䱦）一資；魚脂（鮨）一資；肉醬一資；爵（雀）醬一資；穛然一資（瓷）；彊鮨一資（瓷）；孝楊（餳）一資（瓷）；䤆一資（瓷）；鹽（鹽）一資（瓷）；澶一資（瓷）；醬一資（瓷）右方䤆醬四資（瓷）；白酒二資（瓷）；温酒二資（瓷）；助酒二資（瓷）；米酒二資（瓷）。（馬王堆一號墓漢簡·遣策 90—111）

(2) 魚脂一資（瓷）；瓜醬一資（瓷）；瓜苴（菹）一資（瓷）；筍苴（菹）一資（瓷）。（馬王堆三號墓漢簡·遣策 122—126）

先秦兩漢其他文獻未見用例，唐蘭先生認爲"資"即"瓷"字，是瓷器之前身①；《集成》簡 90 注二云："一號墓報告：簡 141 有'瓦資一'三字，可見資是陶器，與陶質無關。出土印紋硬陶罐有二木牌，一書'鹽一資'，另一書'□資'，説明'資'就是硬陶罐。又簡 139：'元梅二資，其一楊梅'，133、229 號硬陶器内分别盛有楊梅和梅，皆可爲證。"

---

① 唐蘭：《長沙馬王堆漢軑侯妻辛追墓出土隨葬遣策考釋》，《文史》第十輯，中華書局 1980 年版，第 23 頁。

並由此認爲："唐說似不可信。"① 按，簡 141 所言"瓦資一"並不能否定唐先生說，《玉篇·瓦部》："瓷，瓷器也。"《玉篇·瓦部》："瓷，陶器之緻堅者。"可見"瓷"不僅表示質地，而且可以用作名詞指陶器；"瓷"從瓦，爲瓦器之一種，則用作名詞時亦可加"瓦"表示其質地。

結合馬王堆漢墓出土各種陶器、瓦器實物來看，特別是簡 139："元枏（梅）二資。"出土印紋有釉硬陶罐內正有梅；又，簡 155："筍苴一資。"出土印紋有釉硬陶罐內正有筍，可以推測"資"爲陶器。資，精母脂部；瓷，從母脂部；二者音近亦可通。

10. 甒

古代盛酒的瓦器。《玉篇·瓦部》："甒，盛五升小罌也。"《集韻·噳韻》："甒，《方言》：'罌'，周魏之間謂之甒。"由此借用爲容器量詞，先秦兩漢文獻中見於《儀禮》，如：

（1）側尊一甒醴，在服北。（儀禮·士冠禮）
（2）席於戶牖間，側尊甒醴於房中。（儀禮·士昏禮）

其稱量對象主要是"醴"，即甜酒。先秦兩漢文獻中多用作名詞，如《逸周書·器服》："食器，甒迤膏侯屑。"朱右曾校釋："甒，酒器，中寬、下直、上銳，平底，陶瓦爲之，容五斗。"借用爲量詞後亦可脫離量酒的限制，如唐段成式《酉陽雜俎·壺史》："有錢一甒，覆以板。"②

（三）其他類容器量詞

先秦兩漢文獻所見借用容器的量詞除以上五大類外，還有一些借用量詞，其語源、適用對象等各個方面與上文所列均相別甚遠，各自之間共同點也較少，不便逐一分類，因此姑列於下，以便考察。

1. 櫝

《說文·木部》："櫝，匱也。"《論語·季氏》："龜玉毀於櫝中。"何晏集解引馬融曰："櫝，匱也。"本爲木質器物，借用爲量詞，僅見於漢簡，如：

---

① 湖南省博物館、復旦大學出土文獻與古文字研究中心：《長沙馬王堆漢墓帛書集成》第六冊，中華書局 2014 年版，第 186 頁。
② 李建平《隋唐五代量詞研究》，山東人民出版社 2016 年版，第 156 頁。

（1）研筆刀二櫝；一笥，繒緣。（羅泊灣漢簡·從器志 1458 正 3 欄）

先秦兩漢文獻中"櫝"多用作名詞，如上引《論語》例，又如《居延漢簡》176.54："餘梓櫝六具，帛六匹。"借用爲量詞的用例非常罕見。

2. 奩

本是盛物用的匣子。《説文·竹部》："籢，鏡籢也。"清朱駿聲通訓定聲："籢，字亦作匲。"《廣韻·鹽韻》："匲，俗作奩。"其本義是盛放梳妝用品的匣子，後來可以泛指盛物的匣子，由此借用作容器量詞，兩漢文獻已見，如：

（1）臣笑臣鄰之祠田也，以奩飯與一鮒魚。（説苑·復恩）
（2）臣非敢以大王語爲戲也，臣笑臣鄰之祠田也，以一奩飯，一壺酒，三鮒魚，祝曰。（説苑·尊賢）

後世文獻中亦常見，如三國魏曹植《謝賜柰表》："即夕殿中虎賁宣召，賜臣等冬柰一奩。"

3. 函

"函"，甲骨文作"𢎘"，按王國維説像"盛矢之器"，即"矢箙"；後來泛指各種容器，如《燕丹子》卷下："良久，無奈何，遂函盛於期首，與燕督亢地圖以獻秦。"《居延漢簡》中"函"用作"表火""蓬火"的量詞，相當於"盒"，如：

（1）出亡人赤表火一函。（居延漢簡 212.9）
（2）蓬火四函，吁呼。（居延漢簡 258.16）

此類用例傳世兩漢文獻未見，但從漢簡中的句法位置來看，"函"作量詞無疑；當然作爲借用量詞，其名詞性非常明顯，如《居延漢簡》502.3："出亡人赤表函一，北。""函"用作量詞後，在後世的發展中詞義範圍縮小了，衹用來計量書函，如《資治通鑒》卷八十九："吾威名已著，何事遣兵！但一函紙自定耳。"又如《資治通鑒》卷一百四十三："近遣天虎往荆州，人皆有書。今叚乘驛甚急，止有兩函與行事兄弟……"等等。

4. 栝

字書未見，僅見於漢簡，且僅1例：

（1）繳四栝，栝十發。（羅泊灣漢牘1458正4欄）

"栝"當爲盛繳的盒子，具體形制不詳。

5. 棺

《說文·木部》："棺，關也，所以掩屍。從木，官聲。"其本義是"棺材"，或可借用爲容器量詞，僅見於《淮南子》，1例：

（1）吾生也有七尺之形，吾死也有一棺之土。（淮南子·精神）

後世亦多用作名詞。

6. 畚

《廣韻·混韻》："畚，草器。"《左傳·宣公二年》："殺之，寘諸畚，使婦人載以過朝。"杜預注："畚，以草索爲之，筥屬。"從先秦文獻看，本爲竹或草編之器，借用爲容器量詞，見於秦簡：

（1）官府受錢者，千錢一畚，以丞、令印印。（睡虎地秦簡·秦律十八種·金布律64）

雖然用作量詞罕見，但作爲容器"畚"先秦兩漢多用，因此借用爲量詞後世文獻也很常見，直到現代漢語仍在沿用。

7. 隉

僅見於西周金文，1例：

（1）隹（唯）五月初吉，王纔（在）周，令乍（作）册內史易（賜）免鹵百隉。（免簋，集成16.10161）

"易（賜）免鹵百隉"意爲"賜予免（人名）鹽鹵百隉"。隉，從金文字形看，像人手持容器狀，當爲盛鹽鹵的容器①。但文獻所限，制度未詳。

8. 枅（管）

僅見於西周金文，1 例：

（1）王蔑庚嬴（嬴）曆，易（賜）貝十朋又丹一枅。（庚嬴卣，集成 10.5426）

枅，當爲左形右聲，郭沫若認爲："疑即管之異文。丹砂之單位以枅言，猶貝以朋言、車以輛言、馬以匹言。"② 但文獻所限，其具體形制不詳。

9. 襜

《爾雅·釋器》："衣蔽前謂之襜。"郭璞注："今蔽膝也。"即系在身前的圍裙，可以兜物，故可借用爲集體量詞，如：

（1）终朝采蓝，不盈一襜。（诗经·小雅·采绿）

10. 虆（累/蘽）

虆，《集韻·戈韻》："虆，盛土籠。或作蘽。"《正字通·艸部》："虆，同蘽，俗省。"《淮南子·説山》"針成幕，虆成城"高誘注："虆，土籠也。" 由此借用爲集體量詞，多用以量土石類事物。傳世文獻中多書作"累"，同"虆"。

今本《老子》第六十四章："九層之臺，起於累土。"累，馬王堆帛書《老子》甲本中作"羸"，當爲假借字；乙本則書作"蘽"，簡帛文獻中手寫體的"竹"部和"艸"部往往無別，故即"虆"字。又如：

（1）夫賜其猶一累壤也，以一累壤增大山，不益其高，且爲不知。（説苑·善説）

（2）越王候干戈人一累土以葬之。（越絕書·吴地傳）

---

① 潘玉坤：《西周金文語序研究》，華東師範大學出版社 2005 年版，第 184 頁。
② 郭沫若：《兩周金文辭大系圖錄考釋》，上海書店出版社 1999 年版，第 43 頁。

以上用例中的"累",均當通"蔂","一累土(壤)"意即"一籠土",但其材質不一定是竹器,故列於此。

第三節　載體型借用量詞

同容器型借用量詞一樣,載體型借用量詞是指借用車輛等運載工具名詞爲量詞,也是取決於名詞所代表事物與量詞所代表運載工具之間的可容性。車輛是重要的載物工具,除了名詞"車"以外,上古漢語中動詞"載""乘"也可以引申出名詞"車輛"義,表示"車廂"的"輿"也可以引申指"車輛",共同構成了車輛類借用量詞。隨著量詞擇一過程的發展,量詞"車"逐漸固定成爲唯一的車輛類借用量詞。

1. 車

《說文・車部》:"車,輿輪之總名也。夏后時奚仲所造。"段玉裁注:"故倉頡之制字、但象其一輿、兩輪、一軸。"本爲一種交通運輸工具,借用爲載物之量詞,早在西周金文已見,如:

(1) 戎獻金於子牙父百車。（屖敖簋蓋,集成 8.4213）

西周金文中量詞"車"罕見,但傳世先秦文獻常見,如:

(2) 見豕負塗,載鬼一車,先張之弧,後說之弧。（易經・睽）
(3) 惠施多方,其書五車,其道舛駁,其言也不中。（莊子・天下）
(4) 仁之勝不仁也,猶水之勝火。今之爲仁者,猶以一杯水救一車薪之火也。（孟子・萬章下）
(5) 得慶氏之木百車於莊。（左傳・襄公二十八年）
(6) 門外米禾皆二十車,薪芻倍禾。（儀禮・聘禮）
(7) 乃獻食馬九百,牛羊七千,穄米百車,天子使逢固受之。（穆天子傳・卷二）

到兩漢文獻中就更爲常見,如:

（8）米三十車，禾三十車，芻薪倍禾，皆陳於外。（禮記·聘義）

（9）救一車之任。（淮南子·泛論）

（10）晉人輟城，楚獻晉賦三百車。（説苑·權謀）

（11）無異以一鉤之金權於一車之羽，云金輕於羽也。（中論·夭壽）

雖然後世車之制度與形制發展各不相同，但一直是日常常用的交通運輸工具，借用爲量詞也一直沿用到現代漢語中。

2. 載

《説文·車部》："載，乘也。"本義是動詞"乘坐"義，由此引申爲車船等交通工具，如《左傳·僖公三十三年》："鄭穆公使視客館，則束載、厲兵、秣馬矣。"由此引申爲量詞，一車所載稱爲一載，如：

（1）赤烏之人其獻酒千斛於天子，食馬九百，羊牛三千，穄麥百載，天子使祭父受之。（穆天子傳·卷二）

但先秦兩漢文獻亦不多見，後世仍沿用，如《齊民要術·種葵》："一畝得葵三載，合收米九十車。"

3. 乘$_3$

"乘"有名詞"車"義，如《韓非子·内儲説下》："晉獻公伐虞、虢，乃遺之屈産之乘，垂棘之璧，女樂二八，以榮其意而亂其政。"故亦可借用爲量詞，如：

（1）天子於是攻其玉石，取玉版三乘，玉器服物，載玉萬隻。（穆天子傳·卷二）

（2）貧民萬七千家，用粟九十七萬鐘，薪萬三千乘；懷寶二千七百家，用金三千。（晏子春秋·内篇諫上）

（3）以魚五十乘賜弦章。（晏子春秋·外篇下）

（4）出錢百，稟二乘……出錢卅，茭一乘。（金關漢簡73EJT10：219A）

總體來看，由於借用量詞"車"的廣泛使用，先秦兩漢文獻中"乘"多用爲個體量詞，用爲借用量詞的使用頻率很低。

4. 輿

《說文·車部》："輿，車輿也。"本義是車廂，由此借用爲量詞，如：

（1）金重於羽者，豈謂一鉤金與一輿羽之謂哉？（孟子·告子下）

由於借用量詞"車"的強勢，因此先秦兩漢文獻中"載""乘""輿"用作借用量詞均很少見。

第四節　小結

借用容器、載體等表示事物的數量，相關名詞在特定情況下臨時具備了量詞的語法功能，其本質上還是名詞，這是世界語言所普遍存在的，並非量詞語言所獨有，但在量詞的語法化過程中借用量詞也起到了重要的推動作用，因此也是量詞歷時研究的重要一環。同個體量詞和集體量詞一樣，先秦兩漢時期借用量詞雖然獲得了迅速發展，但也體現出量詞發展初期的一些重要的時代特徵。

第一，量詞數量眾多，使用頻率較高。

借用量詞是最早產生的一類量詞，早在甲骨文時代就產生了最早的容器量詞"卣"；到西周金文中不僅"卣"在稱量"鬯"時成爲必須，又產生了"車""倉"等量詞；春秋戰國以後，借用量詞獲得迅速發展，先秦兩漢時代借用量詞總計達到70個之多。而且，借用量詞不僅數量多，而且使用頻率很高，特別是在遣策等簿籍類文獻中，往往必須使用借用量詞來表示相關事物數量，如馬王堆一號漢墓出土遣策、鳳凰山九號漢墓遣策、羅泊灣漢墓遣策等等，皆是如此。借用量詞的廣泛使用，對其他量詞語法化的發展也起到了重要推動作用。

第二，泛指類借用量詞的廣泛使用。

先秦兩漢文獻中有兩個泛指類的借用量詞"器""盛"，特別是前者使用頻率非常高；反映出量詞產生初期，人們在表量時對借用量詞的迫切需要，以及這一時代量詞發展的不穩定性；漢代以後量詞"器""盛"的使用頻率就迅速下降，隋唐以後文獻雖然仍可見，但總體使用頻率很低，而現代漢語中則不再使用。

第三，量詞借用範圍的局限性。

現代漢語中的借用量詞包括可容型和可附型兩大類，前者是借用容器或運載工具名詞爲量詞，取決於名詞所代表事物與量詞所代表容器之間的可容性，如卣、車等；後者是借用事物所附處所的名詞爲量詞，取決於名詞所代表事物與量詞所代表處所的可附性，如"一臉汗水""一頭白髮""一身正氣"等①。先秦兩漢時期，借用量詞只有可容型量詞，可附型量詞還沒有產生，其借用範圍還有局限。

第四，量詞具有明顯的時代性。

先秦兩漢時代借用量詞本質上都是容器名詞，而相關容器的使用，特別是禮器往往隨著時代的改變而改變，如專用於"鬯"的容器量詞"卣"在殷商到西周時期廣泛使用，此後便迅速消亡了；又如竹器類中"籩""筥""簠""筭""簞"等大量器物隨著時代發展不再使用，其量詞義也就失去了物質基礎，只有"籃""簀""籠"等少數幾個量詞隨著該器物的沿用而流傳下來。

第五，量詞字形的複雜性。

同個體量詞、集體量詞一樣，早期量詞往往會有不同的書寫形式：一是古今字的中古字和今字的混用，如古字"匡"和今字"筐"、古字"缶"和今字"硈/塯"等等；二是爲了書寫方便而導致省寫形式的流行，如"笥"省寫作"司"，"簞"省寫作"單"，"盂"省寫作"于"，"櫺"省寫作"黨"等；三是異體字較多，如"瓶"又作"垩"，"杯"又作"桮""棓"，"簵"又作"筶"，"簠"又作"杋"等，手寫體中從艸與從竹之字往往混同，如"箐"與"菁"；四是通假字的流行，如"筍"通"筭"。甚至一個量詞的書寫形式往往會有不同情況交錯出現，如"杯"可以更換聲符做"桮"或"棓"，而"棓"又可省寫作"音"。

借用量詞的不同書寫形式往往也會造成語義理解的混亂，從而構成量詞研究中的障礙，如《老子》："九層之臺，起於累土。"傳統訓釋徑將"累"釋爲"堆積""積聚"，從出土文獻看其本字當爲"虆"或"蔂"，

---

① 邵敬敏：《量詞的語義分析及其與名詞的雙向選擇》，《中國語文》1993年第3期。

所指當爲"土籠"。

第六，量詞的擇一過程還處於初期階段。

容器量詞同其他量詞一樣，在發展的初期往往也會有不同的相關名詞借用爲量詞，造成一系列所指相同的借用量詞，如量詞"車""載""乘""輿"所指的都是一車所載之量，在此後的發展中後三個被淘汰，只有"車"一個量詞沿用下來。

第五章

制度量詞研究

　　制度量詞是指由人工制定的、有具體數量標準和固定進制的一類量詞，其語用功能是精確計量，具有一定的科技性，這類量詞在世界多數語言中都是廣泛存在的。雖然在不同時代、不同地域，制度量詞的具體所指往往都是不一樣的（當然，這些具體制度及其沿革是歷史學與考古學研究的範疇），但其語法功能則基本沒有區別。與其他各類量詞相比，制度量詞的另一個特點是雖然無疑屬於量詞，但卻沒有經歷語法化的過程，而是人爲制定的。但正如劉世儒先生所言："爲了綜觀歷史，弄清源流，對於這類量詞也就不無考察的必要。"① 根據制度量詞的適用對象及其語義特點，可以分爲度量衡量詞、面積量詞、貨幣量詞、布帛量詞及其他三大類。②

第一節　度量衡制度量詞

　　度量衡量詞包括度制量詞、量制量詞、衡制量詞三大類，是一種包含有固定進制的制度量詞，大多有嚴格的法定規約。度量衡量詞雖然自古就有，但是隨著歷代的制度沿革，不同時代或不同地域各有特色，紛紜複雜。

---

　　①　劉世儒：《魏晉南北朝量詞研究》，中華書局1965年版，第225頁。
　　②　制度量詞沿革的研究已有較多成果，本書僅從量詞發展史的角度進行簡要考察，故例句儘量少舉，一般情況僅列二三例即止；此外，軍隊編制單位和地方行政編制單位同時間量詞一樣，和數詞組成的數量結構一般都是自足的，不修飾名詞，具有較強的名詞性，而且在特定文獻中其使用頻率很高以致容易影響對稱數構式統計的結果，因此本書對時間量詞、軍隊編制單位和地方行政編制單位均不納入考察範圍。

一　度制量詞

先秦兩漢時期，度制單位已經較爲齊備，達到 20 個之多。當然，不同時期、不同地域其度制量詞也各有不同。

1. 分$_1$

一寸的十分之一。《説文·寸部》："寸，十分也。"《孫子算經》："十釐爲一分，十分爲一寸。"如：

(1) 古者百里，當今百二十一里六十步四尺二寸二分。(禮記·王制)

(2) 九針之名，各不同形：一曰鑱針，長一寸六分；二曰員針，長一寸六分；三曰鍉針，長三寸半；四曰鋒針，長一寸六分；五曰鈹針，長四寸，廣二分半；六曰員利針，長一寸六分；七曰毫針，長三寸六分；八曰長針，長七寸；九曰大針，長四寸。(靈樞·九針十二原)

2. 寸

十分爲一寸。《説文·寸部》："寸，十分也。"又，《禾部》："十髮爲程，十程爲分，十分爲寸。"漢賈誼《新書·六術》："十分爲寸，十寸爲尺。"如：

(1) 齊子淵捷從洩聲子，射之，中楯瓦，繇胸汏輈，匕入者三寸。(左傳·昭公二十六年)

(2) 繒幅廣廿二寸，袤十寸，賈廿三錢。今欲買從利廣三寸、袤六十寸，問積寸及賈錢各幾何？曰：八寸十一分寸二，賈十八錢十一分錢九。(張家山漢簡·算數書61—62)

(3) 筐大三圍半，左右有鈎距，方三寸，輪厚尺二寸，鈎鉅臂博尺四寸，厚七寸，长六尺。(墨子·備高臨)

或曰一指寬爲"寸"，《公羊傳·僖公三十一年》："觸石而出，膚寸而合。"何休注："側手爲膚，案指爲寸。"《大戴禮記·主言》："布指知寸，布手知尺。"《禮記·投壺》"室中五扶"漢鄭玄注："鋪四指曰扶，一指案寸。"

3. 尺

十寸爲一尺。《説文·尺部》："尺，十寸也。人手卻十分動脈爲寸口，十寸爲尺。"《玉篇·尺部》亦曰："尺，尺寸也。十寸爲尺。"如：

(1) 平地尺爲大雪。(左傳·隱公九年)

(2) 材得二尺，長四尺，廣五寸，九枚，凡六十七枚。(港大簡·河堤簡 224 背)

(3) 大女及使小男，冬袍五丈六尺、絮三斤，綺（袴）丈八尺、絮二斤；未使小男及使小女，冬袍二丈八尺、絮一斤半斤。(張家山漢簡·二年律令 419)

4. 丈

十尺爲一丈。《説文·十部》："丈，十尺也。"段玉裁注："周制：八寸爲尺，十尺爲丈。"《左傳·哀公元年》："里而栽，廣丈，高倍。"如：

(1) 槨中繡帷一，褚（緒—紵）續掾（緣），素掾，袤二丈二尺，廣五尺。(馬王堆漢簡 366)

(2) 賜衣者六丈四尺、緣五尺、絮三斤，襦二丈二尺、緣丈、絮二斤，綺（袴）二丈一尺、絮一斤半，衾五丈二尺、緣二丈六尺、絮十一斤。(張家山漢簡 282)

5. 尋

古籍多以八尺爲尋，但仍有爭議，或説七尺爲尋，或説六尺爲尋。《説文·寸部》："度人之兩臂爲尋，八尺也。"朱駿聲通訓定聲："程氏瑶田云：'度廣曰尋，度深曰仞。皆伸兩臂爲度，度廣則身平臂直，而適得八尺；度深則身側臂曲，而僅得七尺'。其説精覈。尋、仞皆以兩臂度之，故仞亦或言八尺，尋亦或言七尺也。"《廣韻·侵韻》："六尺曰尋。"《詩經·魯頌·閟宮》："是斷是度，是尋是尺。"毛傳："八尺曰尋。"鄭玄箋："八尺曰尋。或云七尺、六尺。"《史記·張儀列傳》："秦馬之良，戎兵之衆，探前趹後蹄間三尋騰者，不可勝數。"司馬貞索隱："七尺曰尋。"先秦兩漢文獻常見，但其具體制度仍待考證，如：

(1) 殷人重屋，堂修七尋，堂崇三尺。(周禮·考工記)
(2) 引心痛，係纍長五尋，繫其衷（中），令其高丈。(張家山漢簡·引書 67)

6. 仞

古籍多以八尺爲仞，或説七尺爲仞，五尺六寸爲仞。《説文·人部》："仞，伸臂一尋，八尺。"《山海經·西山經》："又西六十里，曰太華之山……其高五千仞。"郭璞注："仞，八尺也。"《廣韻·震韻》："仞，七尺曰仞。"《論語·子張》"夫子之牆數仞"何晏集解引苞氏曰："七尺曰仞也。"《儀禮·鄉射禮》："杠長三仞。"鄭玄注："七尺曰仞。"《尚書·旅獒》："爲山九仞，功虧一簣。"孔傳："八尺曰仞。"鄭玄注："七尺曰仞。"《漢書·食貨志上》："神農之教曰：有石城十仞，湯池百步，帶甲百萬而亡粟，弗能守也。"顔師古注："應劭曰：'仞，五尺六寸也。'師古曰：'此説非也。八尺曰仞，取人申臂之一尋也。'"又，《小爾雅·廣度》："四尺謂之仞。"清陶方琦《説文"仞"字八尺考》云："許君所用周尺也，故主八尺之説。鄭君所用漢尺也，故主七尺之説。《漢書·食貨志》應劭注謂'五尺六寸曰仞'，似漢末之尺。"先秦兩漢文獻常見，但多用作虛指，如：

(1) 以三十萬之衆，守梁七仞之城。(史記·穰侯列傳)
(2) 夫一仞之墻，民不能踰；百仞之山，童子登遊焉。(韓詩外傳·卷三)

出土文獻中可書作"仁"，通"仞"，如：

(3) 萬乘之國，郭方七里，城方九［里，城高］九仁（仞）。(銀雀山漢簡 768—769)

7. 咫

周制八寸曰咫，《説文·尺部》："咫，中婦人手長八寸謂之咫，周尺也。"《國語·魯語下》："有隼集於陳侯之庭而死，楛矢貫之，石砮，其長尺有咫。"韋昭注："八寸曰咫。"如：

（1）上固閉內扃，從室視庭，參咫尺已具，皆之其處。（韓非子·揚權）

（2）雖有高世之名，無咫尺之功者不賞。（戰國策·秦策五）

（3）君子無行咫步而忘之。余忘孝道，是以憂。（呂氏春秋·孝行）

8. 步₁

上古一舉足爲跬，即半步；兩足各跨一次爲一步，相當於今天的兩步。《小爾雅·廣度》："跬，一舉足也。倍跬謂之步。"後來用作度制量詞，歷代制度不同；先秦已經常用，如《莊子·庚桑楚》："步仞之丘陵，巨獸無所隱其軀。"陸德明釋文："六尺爲步，七尺曰仞。"《禮記·王制》："古者以周尺八尺爲步，今以周尺六尺四寸爲步。"《史記·秦始皇本紀》："數以六爲紀……六尺爲步。"漢承秦制，如：

（1）爲宮，方三百步。（儀禮·覲禮）

（2）或百步而後止，或五十步而後止。以五十步笑百步，則何如？（孟子·梁惠王上）

（3）守望亭北平第九十三町，廣三步，長七步，積廿一步。（居延漢簡 303.17）

量詞"步"還可以用作面積量詞，指"平方步"，詳參"步₂"。

9. 跬

度制量詞，半步爲跬。古時稱人行走，舉足一次爲"跬"，舉足兩次爲"步"。如：

（1）故墨子見衢路而哭之，悲一跬而繆千里也。（新書·審微）

（2）半步爲跬。（方言·卷十二）

（3）使吳失與而無助，跬步獨進，瓦解土崩，破敗而不救者，未必非濟北之力也。（漢書·鄒陽列傳）

10. 武

度制量詞，半步爲武。如：

(1) 夫目之察度也，不過步武尺寸之間；其察色也，不過墨丈尋常之間。（國語·周語下）

按韋昭注："六尺爲步，賈君以半步爲武。"則三尺爲武。

11. 墨

度制量詞，五尺为墨。如：

(1) 夫目之察度也，不過步武尺寸之間；其察色也，不過墨丈尋常之間。（國語·周語下）

按韋昭注："五尺爲墨，倍墨爲丈。

12. 常

度制量詞，八尺爲尋，倍尋爲常。如：

(1) 夫目之察度也，不過步武尺寸之間；其察色也，不過墨丈尋常之間。（國語·周語下）

按韋昭注："五尺爲墨，倍墨爲丈，八尺爲尋，倍尋爲常。"

13. 扶（膚）

度制量詞，併攏四指的寬度爲一扶。如：

(1) 籌，室中五扶，堂上七扶，庭中九扶。（禮記·投壺）

按鄭玄注："鋪四指曰扶。"孔穎達疏："四指曰扶，扶廣四寸……通作'膚'。"又，《公羊傳·僖公三十一年》："膚寸而合。"何休注："側手爲膚，案指爲寸。"

14. 里

度制量詞，多用於里程，歷代制度不同。上古以三百步爲里，《穀梁傳·宣公十五年》："古者三百步爲里。"後世則以三百六十步爲里。《正字通·里部》："又路程以三百六十步爲一里。"清顧炎武《日知錄》卷三十二："《穀梁傳》：'古者三百步爲里。'今以三百六十步爲里。"如：

（1）五百里甸服：百里賦納總，二百里納銍，三百里納秸服，四百里粟，五百里米。（尚書·禹貢）

（2）六人迹，八月丁亥盡廿九日，四百五十五里八十步；其五人，行八十里。一人五十五里六十步。（敦煌漢簡 1706）

（3）難鄉廥靡隉，凡十里廿步，積四萬三千八百步。（港大漢簡 202）

15. 毫

度制量詞，按《新書·六術》："是故立一毫以爲度始，十毫爲髮，十髮爲釐，十釐爲分，十分爲寸，十寸爲尺，備於六。"如：

（1）黃帝曰："窘乎哉！聖人之爲道也。明於日月，微於毫釐，其非夫子，孰能道之也。"（靈樞·逆順肥瘦）

（2）恍惚之數，生於毫釐，毫釐之數，起於度量，千之萬之，可以益大，推之大之，其形乃制。（素問·靈台秘典論）

16. 髮

度制量詞，按《新書·六術》："是故立一毫以爲度始，十毫爲髮，十髮爲釐，十釐爲分，十分爲寸，十寸爲尺，備於六。"如：

（1）承光武，襲孝明，有浸酆溢美之化，無細小毫髮之虧，上何以不逮舜、禹？（論衡·自然）

（2）天地之與皇后相應者，比若響之與聲，於其失小亦小，失大亦大，若失毫髮之間，以母不相得志意。（太平經·丁部之五）

從以上用例來看，這個量詞其實祇是用於虛指，並未見實指的用例。

17. 釐

度制量詞，按《新書·六術》："是故立一毫以爲度始，十毫爲髮，十髮爲釐，十釐爲分，十分爲寸，十寸爲尺，備於六。"又，《孫子算经》卷上："十釐爲一分，十分爲一寸。"如：

（1）故知者決之斷也，疑者事之害也；審毫釐之小計，遺天下之

大數，智誠知之，決弗敢行者，百事之禍也。(史記·淮陰侯列傳)

(2) 天道失之若毫氂，其失千里，粟粟相從從聚，迺到滿太倉數萬億斛。(太平經·丙部之八)

(3) 天地雖廣大，不遺失毫氂，賢知自養，比與神俱語，是乃陰陽之統，天地之樞機也。(太平經·丁部之一)

18. 舍

古代行軍以三十里爲一舍。《左傳·僖公二十八年》："微楚之惠不及此，退三舍辟之，所以報也。"賈逵注："三舍，九十里也。"杜預注："一舍，三十里。"如：

(1) 晉楚治兵，遇於中原，其辟君三舍。(左傳·僖公二十三年)

(2) 宋景公有熒惑守心之憂，星爲徙三舍。(新論·譴非)

(3) 今夕，星必徙三舍，君延命二十一年。(論衡·書虛)

19. 圍（韋）

計量圓周的度制量詞。但與其他單位不同的是，"圍"可以用於實指，也可用爲虛指。用作實指，則直徑一尺謂之圍。《莊子·人間世》："匠石之齊，至乎曲轅，見櫟社樹，其大蔽牛，絜之百圍。"陸德明釋文："百圍，李云徑尺爲圍，蓋十丈也。"① 如：

(1) 宋有荆氏者，宜楸柏桑。其拱把而上者，求狙猴之杙者斬之；三圍四圍，求高名之麗者斬之；七圍八圍，貴人富商之家求樿傍者斬之。故未終其天年，而中道夭於斧斤，此材之患也。(莊子·人間世)

"圍"用作制度量詞傳世文獻所見用例往往存在爭議，但出土秦簡、

---

① 按，《莊子》此例中的"圍"或以爲是虛指，指的是兩臂合圍的長度；劉武校正："如李説，圍十丈，安能蔽數千牛？'求高名之麗'句下，引崔云'環八尺爲一圍'，方與蔽牛義不戾。""環八尺爲一圍"當即源於兩臂合圍的長度。具體制度與書寫形式問題詳參張顯成、李建平《簡帛量詞研究》，中華書局 2016 年版。

漢簡提供了確切的例證，如：

　　（2）五步乘之爲實，直（置）二圍七寸，耤令相乘也，以爲法，如法一步。（嶽麓秦簡 51/0912 正）
　　（3）取枲程十步三韋（圍）束一，今乾之廿八寸，問幾何步一束？（術）曰：乾自乘爲法，生自乘有（又）以生一束步數乘之爲實，實如法得十一步有（又）九十八分步（四十）七而一束。（張家山漢簡·算數書 91—92）

特別是《張家山漢簡·算數書》用例，彭浩按"徑尺爲圍"驗算正合[①]；可見在秦漢時期量詞"圍"確實存在度制量詞用法。
用作虛指更爲常見，有兩種計量方式：一是指兩隻胳膊合圍起來的長度，如：

　　（4）夫十圍之木，始生如蘖，足可搔而絕，手可擢而拔。（漢書·枚乘傳）
　　（5）大風壞甘泉竹宮，折拔時中樹木十圍以上百餘。（漢書·郊祀志）

二是指兩隻手的拇指和食指合圍的長度，更爲常見，如：

　　（6）柱大二圍半，必固其負土，無柱與柱交者。（墨子·備穴）
　　（7）有奇士，長丈，大十圍，來至臣府，曰欲奮擊胡虜。（漢書·王莽傳）

從簡帛文獻來看，字多書作"韋"。量詞"圍"魏晉以後，一直沿用。
20. 程
度制量詞，十髮爲程，十程爲分。《説文·禾部》："十髮爲程，十程爲分，十分爲寸。"或説一程爲分。徐鍇繫傳："一程爲分。"段玉裁注：

---

①　彭浩：《張家山漢簡算數書注釋》，科學出版社 2001 年版，第 82 頁。

"一,俗本作十,誤。大、小徐舊本漢制。考《小學紺珠》皆不誤;百髮爲分,斷無是理。"

此外,先秦兩漢文獻中往往還可以借用一些具體的有定制的事物來計量長度,如:

(1) 國君不乘奇車,車上不廣欬,不妄指;立視五嶲,式視馬尾,顧不過轂。(禮記·曲禮上)

按,"嶲"通"規",車輪轉一周爲嶲。鄭玄注:"嶲猶規也。謂輪轉之度。"陸德明釋文:"嶲,本又作'寯'。車輪轉一周爲嶲。一周,丈九尺八寸也。"又如:

(2) 侯道五十弓,弓二寸以爲侯中。(儀禮·鄉射禮)

按,"弓"長六尺,與步長等,五十弓即五十步。《儀禮·大射儀》:"先待於物北一笴。"《廣韻·哿韻》:"笴,箭莖也。"《儀禮·鄉射禮》:"箭籌八十,長尺有握,握素。"《周禮·考工記·車人》:"半矩謂之宣,一宣有半謂之欘,一欘有半謂之柯,一柯有半謂之磬折。"鄭玄注:"伐木之柯,柄長三尺。"① 此類情況,不再贅述。

二 量制量詞

先秦兩漢文獻所見量制量詞也非常豐富,總計有21個,分述如下。②

1. 石$_2$(大石、小石)

十斗爲一石。《正字通·石部》:"石,量名。《漢志》:'十斗曰石。'"本爲衡制量詞,但兩漢文獻中往往用來代量制單位"斛"。陳夢

---

① 按,《周禮·考工記·車人》:"車人之事:半矩謂之宣,一宣有半謂之欘,一欘有半謂之柯,一柯有半謂之磬折。"或以爲"矩""宣""欘""柯""磬折"均爲表角度的量詞,按清人程瑤田考證"矩"爲90度,"宣"爲45度,"欘"爲67又1/2度,"柯"爲101又1/4度,"磬折"爲151又5/8度。鄭玄則認爲均爲長度單位。暫列於此,待考。參劉興均:《〈周禮〉物量詞初探》,載《漢語史研究集刊》第三輯,巴蜀書社2000年版。

② 按,楚簡中所涉及的一些疑似量制單位由於具體情況未明,因此放到附錄待考量詞,以待進一步研究。

家先生曰："《史記·滑稽列傳》述淳于髡之語曰'臣飲一斗亦醉，一石亦醉'，審其下文，一石即十斗，是以重量之石代容量之斛，由來已久。漢簡記廩食，亦往往以石代斛。"① 先秦文獻常見。字或可書作"檐"。《呂氏春秋·異寶》："荆國之法，得五員者，爵執圭，禄萬檐，金千鎰。"漢高誘注："萬檐，萬石也。"

值得注意的是，漢代石有大石、小石之別，由漢簡可知 1 小石合 0.6 大石，如：

（1）用粟大石四石五斗，爲小石七石五斗，九月食。（港大漢簡·奴婢廩食粟出入簿 131 正）

（2）大石一石七斗四升，以食吏一人，十月壬辰朔壬辰盡庚申廿九日。（居延漢簡 88.10）

（3）已入大石四石一斗少大。（敦煌漢簡 2165）

（4）出穀大石六石，其一石☐（金關漢簡 73EJT29：51）

（5）出麥小石五石四斗。（居延漢簡 88.20）

（6）入，麥小石十三石五斗。（敦煌漢簡 285）

（7）牛車一兩，爲鱳得騎士功歲里孫青弓就載肩水穀小石卌五石，輸居延。（金關漢簡 73EJT27：5）

張顯成師、李建平經考證認爲，漢代文獻中用"石"來稱量糧食時一般情況下指"小石"，但也可以指"大石"，並無明確標識，因此需要具體情況具體分析。② 又，《九店 56 號墓楚簡》1："［䈭一秭又五來，敓秫之］三檐（擔）。䈭二秭，敓秫之四檐（擔）。䈭二秭又五來，敓秫之五檐（擔）。䈭三秭，敓秫之六檐（擔）。""檐（擔）"，楚簡中制度不詳，一說同"石"，則爲量制量詞。

2. 斛（大斛）

一斛爲十斗。《說文·斗部》："斛，十斗也。"《儀禮·聘禮》："十斗曰斛。"先秦兩漢文獻常見，如：

---

① 陳夢家：《關於大小石、斛》，載《漢簡綴述》，中華書局 1980 年版，第 149 頁。
② 張顯成、李建平：《簡帛量詞研究》，中華書局 2016 年版。

（1）爲之斗斛以量之，則並與斗斛而竊之。（莊子·胠篋）
（2）彭越復下昌邑旁二十餘城，得谷十余萬斛，以給漢王食。（史記·彭越列傳）
（3）關中大饑，米斛萬錢。（漢書·高祖紀）
（4）第二隊長史臨十一月食三斛。（居補簡 231.63）

字亦可書作"觓"，1951—1952 年間湖南省長沙市北郊伍家嶺 201 號漢墓出土西漢晚期封檢 9 枚，其中一枚墨書"魚鮓一觓"。

從漢簡來看，斛亦有"大斛""小斛"之分，但由於簡文中多用"石"，因此未見"小斛"之用例，"大斛"也很罕見，例如：

（5）☐爲大斛二斗六升☐（居延漢簡 77.24）
（6）☐凡大斛二百五十六斛。（居延漢簡 306.2）

"大斛""小斛"之分，傳世文獻未見用例。

3. 斗（大斗、小斗）

十升爲一斗，十斗爲一斛（一石）。《說文·斗部》："斗，十升也。"不同時代、不同地域，往往也有不同的制度。先秦兩漢文獻常見，如《墨子·雜守》："五食，終歲十四石四斗。"漢代"斗"也有"大斗""小斗"之別，由漢簡可知 1 小斗等於 0.6 大斗。如：

（1）餘穀小斗二斗二升。（居延漢簡 273.4）
（2）府食以八月出穀，到征和四年二月十五日度盡，餘有小斗二斗。（居延漢簡 273.25）
（3）君告根稟得家大奴一人，大婢一人，小婢一人，凡三人，用粟大石四石五斗，爲小石七石五斗，九月食。（港大漢簡·奴婢廩食粟出入簿 131 正）
（4）斗五斗二升爲大斗。（居延漢簡 308.11）

按，《史記·田敬仲完世家》："以大斗出貸，以小斗收。"《漢書·貨殖傳》："荅布皮革千石，黍千大斗。"顏師古注："大斗者，異於量米粟之斗也。今俗猶有大量。"這裏的"大斗""小斗"之別，我們推測並非如顔師古注所言，而是當與漢簡制度一致。

4. 參

量制量詞，合大石之二升，即三分之一小斗。《廣雅·釋言》："參，三也。"由數詞"三"義引申可以表示分數三分之一，由此用爲量制單位特指"三分之一斗"。傳世文獻未見，多見於兩漢簡帛文獻中。根據港大漢簡中的《奴婢稟食粟出入簿》，我們能夠清晰地看到"參"其實是將大石換算成小石後的餘數單位。① 如：

(1) 在稟大石五石，爲小石八石三斗一參，已，大奴一人，大婢一人，使奴一人，凡三人。(港大漢簡·奴婢稟食粟出入簿 151)

(2) 根稟昌邑家大奴一人，大婢一人，使婢一人，七月食，用粟大石五石五斗五升，爲小石九石二斗一彖〈參〉半彖〈參〉。(港大漢簡·奴婢稟食粟出入簿 131 正)

(3) 一，以水一斗煮膠一參、米一升，孰(熟)而啜之，夕毋食。(馬王堆帛書·五十二病方 194)

5. 升

《説文·斗部》："斗，十升也。"《廣雅·釋器》："合十曰升。"先秦文獻兩漢文獻常見，如：

(1) 君豈有斗升之水而活我哉？(莊子·外物)

(2) 翟慮耕而食天下之人矣，盛，然後當一農之耕，分諸天下，不能人得一升粟。(墨子·魯問)

(3) 食三升，則鄉有正食而盜；食二升，則里有正食而盜；食一升，則家有正食而盜。(管子·輕重甲)

6. 合₂

一升的十分之一。《孫子算經》卷上："十抄爲一勺，十勺爲一合，十合爲一升。"漢劉向《説苑·辨物》："十龠爲一合，十合爲一升。"如：

---

① 李建平：《秦漢簡帛中的度量衡單位"參"》，《敦煌研究》2011 年第 1 期。

（1）口廣二寸半，唇至齒，長九分；齒以後至會厭，深三寸半，大容五合。（難經·四十二難）

（2）王莽敗，盜賊起，宗族在兵中，穀食饑貴，人民相食，宗家數百人，升合分糧。（東觀漢記·耿嵩傳）

（3）时粟五十斛三斗二升五合。（居延新簡 EPT49.31）

7. 龠

一合的二分之一。《廣雅·釋器》："龠二曰合，合十曰升。"從出土文獻來看，最早見於秦簡，如：

（1）用和桼（漆）六斗八升六籥（龠），□□□□桼（漆）九斗九升□凡十六斗七升六籥（龠）□（里耶秦簡 8—1900）

（2）升籥（龠）不正。（嶽麓書院秦簡 67/1505）

兩漢簡帛文獻中也常見，特別是《居延漢簡》《金關漢簡》等西北屯戍簡中常用以計量"鹽"的用量。但傳世文獻罕見用例，以致吳承洛先生認爲："龠之名祇有其制，並不見於實用"①。又如：

（3）千二百黍爲一龠，十龠爲一合。（說苑·辨物）

向宗魯《說苑校證》認爲："'十'字誤。《漢志》'合龠爲合。'《廣雅·釋器》：'二龠爲合。'則合龠者，合二龠也。《漢志》'合龠'，亦或誤爲'十龠'。"則一龠當爲一升的二十分之一。按，《漢書·律曆志》："量者，龠、合、升、斗、斛也，所以量多少也。本起於黃鐘之龠，用度數審其容，以子穀秬黍中者千有二百實其龠，以井水準其概。十龠爲合，十合爲升，十升爲斗，十斗爲斛，而五量嘉矣。"按向宗魯先生説，則此"十"亦當爲"二"之譌。

8. 撮₂

《説文·手部》："撮，四圭也。"從出土新莽始建國銅量、新莽銅圭、東漢銅龠等實物來看，《説文》所言無誤，四圭爲一撮，五撮爲一

---

① 吳承洛：《中國度量衡史》，商務印書館 1937 年版，第 103 頁。

龠。如：

　　（1）量多少者不失圭撮。（漢書·律曆志上）

　　撮，本來是用三根手指抓物，如《莊子·秋水》："鴟鵂夜撮蚤，察毫末。"後來用來計量，不同人用手指撮取的量不同，顯然是一種模糊的計量方式，但後來有了固定的制度，但也往往存在一些爭議，如或説十圭爲撮，《孫子算經》卷上："六粟爲一圭，十圭爲一撮，十撮爲一抄，十抄爲一勺。"《漢書·律歷志上》引此説。或説百二十黍爲撮，清俞正燮《癸巳類稿·藥量稱考》引《藏經·方藥》："四刀匕爲撮，十撮爲勺，兩勺爲合。則撮，百二十黍。"由於傳世文獻中沒有實際使用用例，因此聚訟紛紜，隨著出土實物的驗證，我們可以明確四圭爲撮；但歷代制度不一，走馬樓吳簡中一撮爲漢代制度的十分之一。

9. 圭
量制量詞，《説文·手部》："撮，四圭也。"如：

　　（1）量多少者不失圭撮。（漢書·律曆志上）

　　顔師古注引應劭曰："四圭曰撮，三指撮之也。"1956年河南陝縣出土新莽始建國銅撮，自銘"容四圭"，容今2.07毫升；1984年陝西旬陽出土的新莽銅圭即容0.5毫升，與《説文》正合。

10. 秉₃
　　一秉爲十六斛，合一百六十斗。《集韻·梗韻》："秉，或曰粟十六斛爲秉。"《儀禮·聘禮》："十斗曰斛，十六斗曰籔，十籔曰秉。"如：

　　（1）車秉有五籔。（儀禮·聘禮）
　　（2）雍也：冉子与之粟五秉。（定州漢簡·論語112）

　　秉，是目前所見上古時期稱量糧食的最大的量制單位，但未見量器實物出土，我們推測可能因爲這一單位過大而根本沒有實際的量器，用於計量事實上也不很方便，因此其使用頻率很低。

11. 籔
　　十六斗爲一籔。《儀禮·聘禮》："十斗曰斛，十六斗曰籔，十籔曰秉。"如：

（1）車秉有五籔。（儀禮・聘禮）

用於實際計量的，僅此一見。

12. 豆

戰國時期，姜齊所用的量制量詞，四升爲一豆。如：

（1）齊舊四量，豆、區、釜、鍾。四升爲豆，各自其四，以登於釜，釜十則鍾。（左傳・昭公三年）

又按，《小爾雅・廣量》："一手之盛謂之溢，兩手謂之掬，掬四謂之豆，豆四謂之區。"

13. 區$_3$

姜齊所用的量制量詞，四升爲一豆，四豆爲一區。《左傳・昭公三年》："齊舊四量，豆、區、釜、鍾。四升爲豆，各自其四，以登於釜，釜十則鍾。"又如：

（1）夫田成氏甚得齊民，其於民也，上之請爵禄行諸大臣，下之私大斗斛區釜以出貸，小斗斛區釜以收之。（韓非子・外儲説右上）

14. 釜（鬴）

量制量詞，六斗四升爲釜。《左傳・昭公三年》："齊舊四量，豆、區、釜、鍾。四升爲豆，各自其四，以登於釜。"杜預注："四豆爲區，區斗六升。四區爲釜，釜六斗四升。"按國家博物館藏戰國齊子禾子銅釜容20460毫升，上海博物館藏戰國齊陳純銅釜容20580毫升。如：

（1）吾及親仕三釜而心樂，後仕三千鍾不洎，吾心悲。（莊子・寓言）

（2）子華使於齊，冉子爲其母請粟。子曰："與之釜。"（論語・雍也）

(3)此其大曆也。鹽百升而釜。令鹽之重升加分强,釜五十也。升加一强,釜百也。升加二强,釜二百也。(管子·海王)

字或作"䉛",《正字通·䉛部》:"䉛,量名。"《周禮·考工記·㮚氏》:"量之以爲䉛,深尺,内方尺,而圜其外,其實一䉛。"鄭玄注:"以其容爲之名也。四升曰豆,四豆曰區,四區曰䉛。䉛,六斗四升也。"

15. 鍾

量制量詞,合六斛四斗。之後亦有合八斛及十斛之制。《左传·昭公三年》:"齊舊四量:豆、區、釜、鍾。四升爲豆,各自其四,以登於釜,釜十則鍾。"杜預注:"六斛四斗。"如:

(1)今先生設爲不宦,訾養千鍾,徒百人。(戰國策·齊策四)
(2)曾子再仕而心再化,曰:"吾及親仕,三釜而心樂;後仕,三千鍾不洎,吾心悲。"(莊子·寓言)
(3)景公燕賞於國内,萬鍾者三,千鍾者五,令三出,而職計莫之從。(晏子春秋·内篇諫上)

16. 庾

量制量詞,二斗四升爲一庾。一説十六斗爲一庾。《周禮·考工記·陶人》:"庾實二觳,厚半寸,脣寸。"孫詒讓正義注引戴震曰:"量之數:斗二升曰觳,十斗曰斛,二斗四升曰庾,十六斗曰籔。"《左傳·昭公二十六年》:"粟五千庾。"杜預注:"庾,十六斗,凡八千斛。"如:

(1)子華使於齊,冉子爲其母請粟。子曰:"與之釜。"請益。曰:"與之庾。"(論語·雍也)
(2)夏,齊景公將内公,令無受魯賂。申豐、汝賈許齊臣高齕、子將粟五千庾。(史記·魯世家)

17. 筲

或一斗二升,或一斗,一説容五升。《儀禮·既夕禮》:"苞二筲三。"鄭玄注:"筲,畚種類。"如:

（1）斗筲之人，何足算也。（論語·子路）

何晏集解引漢鄭玄曰："筲，竹器，容斗二升。"從先秦兩漢文獻來看，往往用作虛指，未見實指用例。

18. 桶（甬）

六斗爲一桶。《説文·木部》："桶，木方，受六升。"段玉裁注："疑當作方斛，受六斗。"由於傳世文獻中未見實際使用之用例，因此《説文》和段注的説法莫衷一是。但秦簡提供了相關制度記錄，如睡虎地秦簡《效律》3—4："甬（桶）不正，二升以上，貲一甲；不盈二升到一升，貲一盾。"在製作量器"桶"時，如果容量只有六升，則誤差不可能達到二升；若容量爲一百升，誤差在百分之二，是合情合理的。如：

（1）日夜分，則同度量，鈞衡石，角斗桶，正權槩。（逸周書·月令）

（2）平斗桶，權衡丈尺。（史記·商鞅列傳）

19. 鬵

《周禮·考工記·陶人》："鬲實五鬵。"鄭玄注："鄭司農云：'鬵讀爲斛'……玄謂豆實三而成鬵，則鬵受斗二升。"如：

（1）庾实二鬵，厚半寸，唇寸。（周禮·考工記）

20. 帣（卷/券）①

量制量詞。《説文·巾部》："帣，囊也。今鹽官三斛爲一帣。"《集韻·僊韻》："囊有底曰帣。"本爲一種有底的布囊，多用以盛物，後來有了固定的制度，成爲量制量詞。按《敦煌漢簡》1227："入粟小石二百五十石，爲券八十三枚奇一石。十二月庚戌，受敦煌倉長都車六兩。"② 按該簡文驗算，三斛爲一帣符合當時的制度。又如：

---

① 本條詳參李建平《漢代"帣"之制度補正》，《農業考古》2010 年第 1 期。
② 該簡簡文原整理者釋文不確，我們覆核圖版，採用了何雙全先生的改釋，參何雙全：《敦煌新出簡牘輯錄》，載《簡帛研究》第一輯，法律出版社 1993 年版。

（1）士吏尹忠，糜一卷三斗三升，自取。又二月食糜一卷三斗三升，卒陳襄取。（居延漢簡 57.20）

漢簡中字或作"䄍"，通"䄍"：

（2）卒陳偃，粟一卷（䄍）三斗三升。（居延漢簡 57.19）

或作"券"，如：

（3）五石券卅二券。（居延新簡 EPT53.144）

21. 盆

量制量詞，容量爲古制十二斗八升。《周禮·考工記·陶人》："盆，實二鬴。"鄭玄注："量六斗四升曰鬴。"則一盆當爲十二斗八升。如：

（1）子墨子仕人於衛，所仕者至而反。子墨子曰："何故反？"對曰："與我言而不當。曰：待女以千盆。授我五百盆，故去之也。"子墨子曰："授子過千盆，則子去之乎？"對曰："不去。"（墨子·貴義）①

（2）瓜桃棗李，一本數以盆鼓。（荀子·富國）

按，楊倞注："鼓，量也。數以盆鼓，謂數度以盆量之也。"

三　衡制量詞

與度制量詞和量制量詞相比，先秦兩漢文獻中的衡制單位數量較少，共 12 個。其原因主要在於由於文獻性質等原因，在計量糧食、金屬等與社會生活密切相關的事物時，上古時期多用量制量詞，而衡制量詞的使用頻率總體較低。

1. 石₃（秅）

衡制量詞，一百二十斤爲一石。《小爾雅·廣衡》："鈞四謂之石。"

---

① 按，或以爲《墨子》此例中的"盆"爲"益（鎰）"之誤，此不取。此處"盆"當用以量粟，指俸祿。

清黃生《字詁·石》："《說文》百二十斤爲秱，後人省作石。"《漢書·律曆志上》："三十斤爲鈞，四鈞爲石。"先秦兩漢文獻常見，首先是計量糧食或麻、荍等農作物的，如：

（1）麻廿六斗六升重一石。叔（菽）廿斗五升重一石。（嶽麓秦簡 106/0852）

（2）馬日二鈞囗斤，食一石十六斤。（張家山漢簡·二年律令421）

（3）爲千六百一十七石二鈞，率人荍四石一鈞。（敦煌漢簡816）

其次是用來計量弓弩的力量強度，更爲常見，如：

（4）齊宣王好射，說人之謂己能用強弓也。其嘗所用不過三石，以示左右。左右皆試引之，中關而止，皆曰："此不下九石，非王，其孰能用是？"宣王之情，所用不過三石，而終身自以爲用九石，豈不悲哉？非直士其孰能不阿主？世之直士，其寡不勝衆，數也。故亂國之主，患存乎用三石爲九石也。（呂氏春秋·壅塞）

（5）弩力五石，引以三石，筋絕骨折，不能舉也。（論衡·效力）

（6）三石具弩一，完。（金關漢簡 73EJT26：217）

（7）戍卒伯人宣利里董安世，四石具弩一。（金關漢簡 73EJT28：6）

量詞"石"在兩漢時期既可以用作衡制量詞，也可以用作量制量詞，容易造成混亂，因此魏晉以後衡制量詞就逐漸被淘汰，只用作量制量詞。

2. 鈞（勻）

衡制量詞，《說文·金部》："鈞，三十斤也。"西周中期之《非余鼎》已見："賜金六勻（鈞）。"金文中或以"勻"爲"鈞"。傳世先秦文獻多作"鈞"，如《左傳·定公八年》："顏高之弓六鈞。"杜預注："三十斤爲鈞。"如：

（1）有人於此，力不能勝一匹雛，則爲無力人矣；今日舉百鈞，則爲有力人矣。（孟子·告子）

（2）夫齊，罷國也，以天下擊之，譬猶以千鈞之弩潰癰也。（戰國策·秦策二）

（3）雷霆之所擊，無不摧折者；萬鈞之所壓，無不糜滅者。今人主之威，非特雷霆也；勢重，非特萬鈞也。（漢書·賈山列傳）

（4）見茭五萬四千九百七十三石七鈞廿八斤：其二千一百五十二石二鈞廿斤積□□□食；五萬二千石五鈞廿斤□食。（金關漢簡73EJT25：10）

3. 斤

衡制量詞，十六兩爲一斤。《漢書·律曆志上》："十六兩爲斤……十六兩成斤者，四時乘四方之象也。"先秦兩漢文獻常見，如：

（1）傷甚者……予醫給藥，賜酒日二升，肉二斤。（墨子·號令）

（2）説秦王書十上而説不行，黑貂之裘弊，黄金百斤盡，資用乏絶，去秦而歸。（戰國策·秦策一）

（3）乃資車百乘，金千斤，衣以其衣，冠舞以其劍。（戰國策·秦策五）

4. 鎰（益/溢/泆）

衡制量詞。一説二十兩爲鎰，《玉篇·金部》："鎰，二十兩。"如：

（1）今有璞玉於此，雖萬鎰，必使玉人雕琢之。（孟子·梁惠王下）

趙岐注："二十兩爲鎰。"

（2）黄金四十鎰，白玉之珩六雙。（國語·晉語二）

韋昭注："二十兩爲鎰。"

（3）禄萬擔，金千鎰。（呂氏春秋·異寶）

高誘注："二十兩爲一鎰。"
一説二十四兩爲鎰。《集韻·質韻》："鎰，二十四兩爲鎰。"如：

（4）於宋，餽七十鎰而受。（孟子·公孫丑下）

趙岐注："古者以一鎰爲一金，一鎰是爲二十四兩也。"

（5）又賞之黄金，人二鎰。（墨子·號令）

孫詒讓間詁："鎰，二十四兩也。"

（6）於是使射千鎰之重。（文選·枚乘《七發》）

李善注引賈逵《國語》注曰："一鎰二十四兩。"
字或書作"益"，如《包山楚簡》110："鄙連嚻競愯、攻尹賠、波尹宜爲鄙貣（貸）賊異之黄金七益（鎰）以翟（糴）穜（種）。"亦可書作"溢"，如《銀雀山漢簡·孫子兵法》35—36："勝兵如以溢（鎰）稱朱（銖），敗兵如以朱（銖）稱溢（鎰）。"今本字均作"鎰"。

5. 兩₃

衡制量詞。《説文·网部》："兩，二十四銖爲一兩。"其制度歷代不一，作爲基本的衡制量詞之一，先秦兩漢文獻常見，如：

（1）肝重二斤四兩，左三葉，右四葉，凡七葉，主藏魂。心重十二兩，中有七孔三毛，盛精汁三合，主藏神。脾重二斤三兩，扁廣三寸，長五寸，有散膏半斤，主裹血，温五藏，主藏意。肺重三斤三兩，六葉兩耳，凡八葉，主藏魄。腎有兩枚，重一斤一兩，主藏志。膽在肝之短葉間，重三兩三銖，盛精汁三合。（難經·四十二難）

（2）葛根四兩，桂枝三兩，芍藥三兩，生薑三兩，甘草二兩，大棗十二枚，麻黄三兩。（金匱要略·痙濕暍病脈證治）

（3）從生至死，無銖兩罪。（潛夫論·述赦）

6. 銖

衡制量詞，二十四銖爲一兩。《說文·网部》："兩，二十四銖爲一兩。"《漢書》："高后二年，行八銖錢。"應劭曰："本秦錢，質如周錢，文曰'半兩'，重如其文，即八銖也。"如果以此推論，那麼秦時一兩爲十六銖，與漢代二十四銖爲一兩有異。但從出土文獻來看，秦代可能也是二十四銖爲兩，《嶽麓秦簡》18/1835+1744："五爲法，如法一兩，不盈兩者，以一爲廿四，乘之，如法一朱（銖），不盈朱（銖）者，以法命分。"作爲基本衡制單位之一，先秦兩漢文獻常見，如：

（1）近文章，砥厲廉隅。雖分國，如錙銖。（禮記·儒行）
（2）臣聞之，王者不絕世，而霸者無強敵，千鈞之重，加銖而移。（吳越春秋·夫差內傳）
（3）如此，則天下之吏民，雖有賢良辯慧，不敢開一言以枉法；雖有千金，不能以用一銖。（商君書·定分）

7. 分₂

衡制量詞，十二分爲一銖。《說文·禾部》"稱"條："十二粟爲一分，十二分爲一銖。"但並非基本的衡制量詞，用例罕見：

（1）☐近倉，穀里三銖五分。五家相證任，伍中☐（居延漢簡29.8）

8. 錘（垂）

衡制量詞，八銖爲一錘。《說文·金部》："錘，八銖也。"《淮南子·說山》"而無錙錘之礛諸"高誘注："八銖曰錘。"一說十二兩爲錘。《淮南子·詮言》"雖割國之錙錘以事人"高誘注："六兩曰錙，倍錙曰錘。"或曰六銖爲錘。《一切經音義》卷七五引漢應劭《風俗通義》："銖六則錘，二錘則錙。"由於傳世文獻中沒有實際用例，多爲虛指，所以諸說莫衷一是，秦簡爲問題的解決提供了新材料。如：

（1）資一甲直（值）錢千三百卌四，直（值）金二兩一垂，一盾直（值）金二垂。贖耐，馬甲四，錢七千六百八十。（嶽麓秦簡

82/0957）

（2）馬甲一，金三兩一垂，直（值）錢千九百廿，金一朱（銖）直（值）錢廿四，贖死，馬甲十二，錢二萬三千卌。（同上83/0970）

根據簡文驗算可知：八銖爲一錘。兩漢文獻未見實際使用用例，因此我們推測可能秦代以後量詞"錘"已經不再使用，以致東漢高誘已經不明其制度。

9. 錙

古代重量單位。其説不一，或謂六銖，或謂八銖，或謂六兩，或謂八兩。一般從《説文》，謂六銖，即一兩的四分之一。《禮記·儒行》"雖分國如錙銖"鄭玄注："八兩曰錙。"《淮南子·説山》："有千金之璧而無錙錘之礛諸。"高誘注："六銖曰錙。"《淮南子·詮言》"雖割國之錙錘以事人"高誘注："六兩曰錙。"如：

（1）今割國之錙錘矣，而因得大官，且何地以給之？（呂氏春秋·應言）

（2）我有道也。五六月累丸二而不墜，則失者錙銖；累三而不墜，則失者十一；累五而不墜，猶掇之也。（莊子·達生）

（3）割國之錙銖以賂之，則割定而欲無厭。（荀子·富國）

10. 鍰（鋝/寽/垸）

古重量單位，一説爲六兩，一説爲十一銖二十五分之十三，一説爲六兩大半兩。如：

（1）内史尹氏册命楚赤環市鑾旂，去遄五寽（鋝）。（楚簋，集成8.4246）

（2）墨辟疑赦，其罰百鍰，閱實其罪。（尚書·呂刑）

（3）是故倨句外博，重三鋝。（周禮·考工記）

字又可作"垸"，如：

（4）冶氏爲殺矢，刃長寸，圍寸，鋌十之，重三垸。（周禮・考工記・冶氏）

鄭玄注引鄭衆云："垸，量名。"清朱駿聲《說文通訓定聲・乾部》："垸，假借爲鍰。"又，戴震云："十一銖二十五分銖之十三。"程瑤田從其説。

11. 鼓

古代量器或衡器名。其容量大小或重量輕重説法不一。多以四百八十斤爲一鼓。《禮記・曲禮上》："獻米者操量鼓。"鄭玄注："量鼓，量器名。"孔穎達疏："量是斗斛之數，鼓是量器名也。《隱義》曰：'東海樂浪人呼容十二斛者爲鼓，以量米，故云量鼓。'獻米者執器以呈之。"孫希旦集解："鼓，量名，其容受之數未聞。疏謂'樂浪人呼容十二斛者爲鼓'，然器容十二斛則不可執以將命，非也。"如：

（1）遂賦晉國一鼓鐵，以鑄刑鼎。（左傳・昭公二十九年）

楊伯峻注："鼓爲衡名，亦爲量名。《禮記・曲禮上》，'獻米者操量鼓'；《管子・地數篇》，'武王立重泉之戍，令曰，民有百鼓之粟者不行'，《注》云，'鼓，十二斛'，此鼓爲計容量之單位詞與器皿。《孔子家語・正論篇》亦載此事，《注》云'三十斤爲鈞，鈞四爲石，石四爲鼓。'則以鼓爲重量單位，當時之四百八十斤。《小爾雅》説同。許慎《五經異義》以四十斤爲斛，若如此，則十二斛亦四百八十斤，衡量與容量相合。倪倬《讀〈左〉瑣言》略明此而不敢肯定。"

12. 絫$_2$

衡制單位。《說文・厽部》："絫，十黍之重也。"《孫子算經》卷上："稱之所起，起於黍，十黍爲一絫。"《漢書・律曆志上》："權輕重者不失黍絫。"顏師古注引應劭曰："十黍爲絫，十絫爲一銖。"因爲這個量制單位太小，所以在實際使用中未見用例。

第二節　面積制度量詞

先秦兩漢文獻中面積量詞很豐富，總計達到 19 個之多，但其中僅有頃、畝等幾個量詞沿用到現代漢語中，其餘如畛、畹、石、步等中古以後即從實際使用中消失了。

1. 頃

土地面積量詞，百畝爲頃。《玉篇·頁部》："頃，田百畝也。"《青川木牘》："百畝爲頃。"先秦兩漢文獻常見，如：

（1）百乘爲耕田萬頃，爲户萬户，爲開口十萬人，爲當分者萬人，爲輕車百乘，爲馬四百匹。（管子·揆度）

（2）即治郡國緡錢，得民財物以億計，奴婢以千萬數，田大縣數百頃，小縣百餘頃，宅亦如之。（史記·平準書）

（3）初，衡封僮之樂安鄉，鄉本田提封三千一百頃，南以閩佰爲界。（漢書·匡衡傳）

2. 畝

土地面積量詞，歷代制度有別。周代規定六尺爲步，橫一步，直一百步爲一畝；商鞅變法後規定五尺爲步，橫一步，直二百四十步爲一畝。先秦兩漢文獻常見，如：

（1）五畝之宅，樹之以桑，五十者可以衣帛矣。（孟子·梁惠王上）

（2）不易之地，家百畝。一易之地，家二百畝。再易之地，家三百畝。乃分地職，奠地守。（周禮·地官·司徒）

（3）魏氏之行田也以百畝，鄴獨二百畝，是田惡也。（吕氏春秋·樂成）

3. 町

土地面積量詞。《廣韻·迥韻》："町，田畝。"如：

（1）町原防，牧隰皋，井衍沃。（左傳·襄公二十五年）

按杜預注："隄防地，不得方正如井田，別爲小頃町。"孔穎達疏："原防之地，九夫爲町，三町而當一井。"《龍崗秦簡》4例：

(1) 盜田二町，當遺三程者，□□□□□□□☒（簡 126）
(2) 一町，當遺二程者，而□□□□□□☒（簡 127）
(3) 程田以爲賊，與同法。田一町，盡□盈□希☒（簡 133）
(4) 租不能實□，□輕重於程，町失三分☒（簡 136）

整理者認爲："秦代町的面積今已不得而知。"①

4. 畛

土地面積量詞。《説文·田部》："畛，井田間陌也。"本義是疆界，後來用作稱量土地的面積量詞，不同時代、不同地域制度不一，先秦文獻多見，如：

(1) 田邑千畛，人阜昌只。(楚辭·大招)
(2) 葉公子高，食田六百畛，故彼崇其爵，豐其禄，以憂社稷者，葉公子高是也。(戰國策·楚策一)

5. 畹

土地面積量詞。一説三十畝爲畹，《説文·田部》："畹，田三十畝也。"《文選·左思〈魏都賦〉》："右則疎圃曲池，下畹高堂。"劉逵注引班固曰："畹，三十畝也。"一説十二畝爲畹，《説文》"畹"桂馥義證："《離騷》：'余既滋蘭之九畹兮，又樹蕙之百畝。'王注：'十二畝爲畹。'《玉篇》：'秦孝公二百三十步爲畝，三十步爲畹。'馥謂三十步即田之長也。"② 如：

(1) 笵、中行是（氏）制田，以八十步爲婉（畹），以百六十步爲畛，而伍税之。其□田陕（狹），置士多，伍税之，公家富。公家富，置士多，主喬（驕）臣奢，冀功數戰，故曰先[亾（亡）]。☒公家富，置士多，主喬（驕）臣奢冀功數戰，故爲笵、中行是（氏）

———

① 按，"町"還可以用作個體量詞量土地，相當于"塊"，如《走馬樓吳簡·竹簡壹》4.38："佃畝二町，凡廿五畝。"但《龍崗秦簡》中的這幾例，由于出現在律文中，從律文文意看土地的面積當是明確的，因此本書認爲當爲面積量詞。

② 按秦制，寬一步，長二百四十步爲畝，《玉篇》云"二百三十步"不知其所據，古文三、三（四）均爲積畫，或因形近而誤。

次。韓、巍（魏）制田，以百步爲𡋪（畹），以二百步爲畛，而伍稅
[之]。其□田陜（狹），其置士多，伍稅之，公家富。公家富，置士
多，主喬（驕）臣奢，冀功數戰，故爲智是（氏）次。趙是（氏）
制田，以百廿步爲𡋪（畹），以二百卌步爲畛，公无稅焉。（銀雀山
漢簡·孫子兵法 155—160）

按整理者注："𡋪，借爲畹，古代地積單位。……本篇所説的畹相當
於半畛，實爲五十畝。"從簡文也可以看到，當時其制度並不固定。

6. 石₄

土地面積量詞，其制未詳。僅見於《東牌樓漢簡》：

（1）母妵有田十三石，前置三歲，田稅禾當爲百二下①石。……
張、昔今强奪取田八石；……宗無男，有餘財，田八石種。……以上
广二石種與張，下六石悉畀還建。張、昔今年所畀建田六石，當分稅
張、建、昔等。（東牌樓漢簡 5）

或認爲"石"爲一石種子所種之田的畝數，而作物種子不同，面積
也就無法確定，因此方言中或以十畝爲一石，或以一畝爲一石。但上引漢
簡用例爲法律文書，則其中"石"應當是有固定制度的，但文獻不足以
明之，姑列於此。

7. 畦

土地面積，五十畝爲畦。《莊子·天地》："見一丈人方將爲圃畦。"
陸德明釋文："李云：'埒中曰畦。'《說文》云：'五十畝曰畦。'"但實
際使用的用例先秦文獻未見，常見於兩漢文獻中，如：

（1）遂見齊俗奢侈，好末技，不田作，乃躬率以儉約，勸民務
農桑，令口種一樹榆、百本薤、五十本蔥、一畦韭，家二母彘、五
雞。（漢書·循吏列傳）
（2）及名國萬家之城，帶郭千畝畝鐘之田，若千畝巵茜，千畦

---

① 按，該簡文文意難以通讀，疑爲"下"字當爲"十"字之訛，但細審圖版，其中"下"
字清晰可辨，隸定無誤，姑存疑於此。

薑韭：此其人皆與千户侯等。(漢書·貨殖列傳)
　　(3) 城官中亭治園条：韭三畦，葵七畦，葱三畦，凡十二畦。其故多过条者，勿減。(居延漢簡 506.10A)

《史記·貨殖列傳》："若千畝卮茜，千畦薑韭：此其人皆與千户侯等。"司馬貞索隱引劉熙曰："今俗以二十五畝爲小畦，五十畝爲大畦。"按，章太炎先生曰："畦轉爲頃，猶赺步轉爲頃步，支、青對轉。頃爲百畝，據全數言也。畦爲五十畝，以再易之田言之也，合之亦爲百畝。《孟子》'圭田'，即畦田。"① 則如蕭旭所言，"畦"用作量詞，指田五十畝；"頃"作量詞，指田一百畝，二字同源，皆取田埒爲義，而所指有別。②

8. 步₂

土地面積量詞，即"平方步"。先秦兩漢文獻常見，如：

　　(1) 鄉嬰陿，凡廿二里一百五十步，積四萬八千一百步。率廣七步，少半步，積四萬七千九百五十步，畸少，實百五十步，不率。(港大漢簡·河堤簡 212)
　　(2) 鄉厭蒹陿，凡十五里卅步，積三萬一千一十步。率廣六步，大半步，積二萬二百步，大半步，畸少，實八百一十步，不率。(港大漢簡·河堤簡 213)
　　(3) 田一畝租之十步一斗，凡租二石四斗。(張家山漢簡·算數書 43)

9. 堵₂

墙壁面積量詞。《説文·土部》："堵，垣也。五版爲一堵。"傳世先秦文獻常見，如：

　　(1) 之子於垣，百堵皆作。(詩經·小雅·鴻雁)

毛傳："一丈爲版，五版爲堵。"鄭箋："《春秋傳》曰：'五版爲堵，

---

① 王寧整理：《章太炎説文解字授課筆記》，中華書局 2010 年版，第 572 頁。
② 蕭旭：《〈説文〉"頮"字校正》，未刊稿。

五堵爲雉。'雉長三丈，則版六尺。"到秦漢時代，或皆爲一方丈。如：

　　（2）卒歲而或決壞，過三堵以上，縣葆者補繕之；三堵以下，及雖未盈卒歲而或盜決道出入，令苑輒自補繕之。（睡虎地秦簡·秦律十八種·徭律 118—119）

整理者注："墻面一方丈爲一堵，《家語·相魯》注：'高丈長丈曰堵。'"但傳世文獻未見實際使用用例。

10. 版（板）
城牆面積量詞。一版長一丈，或八尺，或六尺，高二尺。《詩經·小雅·鴻雁》："之子於垣，百堵皆作。"毛傳："一丈爲版，五版爲堵。"鄭箋："《春秋傳》曰：'五版爲堵，五堵爲雉。'雉長三丈，則版六尺。"《史記·趙世家》"城不浸者三版"張守節正義引何休曰："八尺曰版。"先秦兩漢文獻均可見，如：

　　（1）鄴人之以兩版垣也，吳起變之而見惡，賞罰易而民安樂。（呂氏春秋·易樂）
　　（2）築十版之牆，鑿八尺之牖，而以日始出時加之其上而觀。（韓非子·外儲説左上）

字或作"板"，如：

　　（3）雉者何？五板而堵，五堵而雉，百雉而城。（公羊傳·定公十二年）

11. 成$_2$
指十里見方的土地。《周禮·考工記·匠人》："方十里爲成。"《左傳·哀公元年》："有田一成。"杜預注："方十里爲成。"如：

　　（1）地方一里爲井；井十爲通，通十爲成。成方十里。（漢書·刑法志）
　　（2）虞思妻以二妃，而邑諸綸，有田一成，有眾一旅，能布其

德，而兆其謀，以收夏眾，撫其官職。(潛夫論・五德志)

12. 終₂

十成爲終，合一千井。《周禮・地官・小司徒》："乃經土地而井牧其田野，九夫爲井，四井爲邑。"漢鄭玄注引《司馬法》："十成爲終。終千井，三千家，革車十乘，士百人，徒二百人。"又，《漢書・刑法志》："地方一里爲井；井十爲通，通十爲成，成方十里；成十爲終。"但從先秦兩漢文獻來看，未見實際使用的用例。

13. 井

地方一里爲井。《周禮・地官・小司徒》："九夫爲井，四井爲邑。"《孟子・滕文公上》："方里而井。"《漢書・刑法志》："地方一里爲井，井十爲通，通十爲成。成方十里。"如：

（1）其歲，收田一井，出稷禾、秉芻、缶米，不是過也。(國語・魯語下)

（2）其男口不盈八，而田過一井者，分余田予九族鄰里鄉黨。(漢書・王莽傳)

14. 通

十井爲通。《周禮・地官・小司徒》"九夫爲井，四井爲邑"鄭玄注引《司馬法》："夫三爲屋，屋三爲井，井十爲通。通爲匹馬，三十家，士一人，徒二人。"《漢書・刑法志》："地方一里爲井，井十爲通。"如：

（1）地方一里爲井，井十爲通，通十爲成。(漢書・刑法志)

15. 同

方百里爲同。《左傳・昭公二十三年》："無亦監乎若敖蚡冒至於武文，土不過同，慎其四竟，猶不城郢。"杜預注："方百里爲一同。"如：

（1）地方一里爲井，井十爲通，通十爲成，成方十里；成十爲終，終十爲同，同方百里。(漢書・刑法志)

16. 圻

方圓千里之地。如：

（1）今土數圻，而郳是城，不亦難乎！（左傳·昭公六年）

按杜預注："方千里爲圻。"

17. 邑

四井爲邑。如：

（1）九夫爲井，四井爲邑，四邑爲丘。（周禮·地官·小司徒）

按鄭玄注："四井爲邑，方二里；四邑爲丘，方四里。"

18. 丘

四邑爲丘。《周禮·地官·小司徒》："九夫爲井，四井爲邑，四邑爲丘。"鄭玄注："四井爲邑，方二里；四邑爲丘，方四里。"如：

（1）因井田而制軍賦。地方一里爲井……有稅有賦。稅以足食，賦以足兵。故四井爲邑，四邑爲丘。丘，十六井也。有戎馬一匹，牛三頭。（漢書·刑法志）

19. 雉

古代計算城牆面積的單位。長三丈，高一丈爲一雉。《禮記·坊記》："古制國不過千乘，都城不過百雉。"鄭玄注："雉，度名也。高一丈，長三丈爲雉。百雉爲長三百丈。"如：

（1）祭仲曰："都城過百雉，國之害也。"（左傳·隱公元年）

按杜預注："方丈曰堵，三堵曰雉。一雉之牆，長三丈，高一丈。"又如：

（2）孔子行乎季孫，三月不違，曰："家不藏甲，邑無百雉之城。"於是帥師墮郈，帥師墮費。雉者何？五板而堵，五堵而雉，百

雉而城。(公羊傳·定公十二年)

(3) 故制國不過千乘，都城不過百雉。(禮記·坊記)

第三節　貨幣制度量詞

　　貨幣量詞有嚴格的規定標準和進制，也是一種制度量詞。不同時代、地域，貨幣制度各有不同，但用作量詞其語法功能無別；先秦兩漢文獻中貨幣量詞主要有錢（泉）、布、金、分、貫五個，其中錢、金最爲常見，布多見於秦簡中，分、貫用例仍罕見，但卻有很強的生命力而爲後世沿用。①

1. 錢（泉）

　　貨幣量詞。《國語·周語下》："景王二十一年，將鑄大錢。"韋昭注："錢者，金幣之名，所以貿易買物、通財用者也。古曰泉，後轉曰錢。"如：

(1) 五人盜，臧（贓）一錢以上，斬左止（趾），有（又）鯨以爲城旦；不盈五人，盜過六百六十錢，黥劓以爲城旦；不盈六百六十到二百廿錢，黥爲城旦；不盈二百廿以下到一錢，遷之。(睡虎地秦簡·法律答問 1—2)

(2) 貲不滿千錢者，賦貸種、食。(漢書·元帝紀)

(3) 載沙便橋下，送致方上，車直千錢，延年上簿詐增僦直車二千，凡六千萬，盜取其半。(漢書·酷吏傳)

或稱爲"泉"，《廣韻·仙韻》："泉，錢別名。"清徐灝《〈說文解字注〉箋》："泉，借爲貨泉之名，取其流布也。"如：

(4) 今齊西之粟釜百泉，則鏂二十也。(管子·輕重下)

(5) 出泉百廿，糴米粟三☐ (居延漢簡 110.35)

---

① 甲骨文中的"朋"，既是稱量"貝"之數量的集體量詞，同時也是貨幣量詞，此不贅述。

2. 布

貨幣量詞。按秦制長八尺、寬二尺五寸爲一布，作爲貨幣單位一布合十一錢。《詩經·衛風·氓》："抱布貿絲。"毛傳："布，幣也。"《史記·平準書》："虞夏之幣……或錢，或布，或刀，或龜貝。"按睡虎地秦簡《秦律十八種·金布律》67："錢十一當一布。其出入錢以當金、布，以律。"又，簡66："布袤八尺，福（幅）廣二尺五寸。布惡，其廣袤不如式者，不行。"據此二簡可知，秦代布是常用的通行實物貨幣，同錢有明確換算制度，也有長寬的嚴格規約。先秦文獻常見，如：

（1）今士之用身，不若商人之用一布之慎也。（墨子·貴義）
（2）顧門，成之，三歲中日入一布；三歲中弗更，日出一布。（睡虎地秦簡·日書甲114正三）

兩漢簡帛中也有一例：

（3）三歲弗更，日出一布，爲闕。（孔家坡漢簡·日書291壹）

該簡寫成時代爲東漢末期，但由於其性質爲《日書》，而非當事人記錄當時事的"共時文獻"，因此並無法確定東漢時期"布"是否仍然可以作爲貨幣流通使用；傳世兩漢文獻中未見用例。

3. 金

貨幣量詞，不同時代、不同地域制度不一。戰國至秦以一鎰爲一金，合二十兩。《戰國策·齊策一》："公孫閈乃使人操十金而往卜於市。"高誘注："二十兩爲一金。"《史記·燕召公世家》："子之因遺蘇代百金。"張守節正義引臣瓚曰："秦以一溢爲一金。"漢代以一斤爲一金。《史記·平準書》："一黃金一斤。"裴駰集解引臣瓚曰："漢以一斤爲一金。"《文選·班彪〈王命論〉》："所願不過一金。"李善注引韋昭曰："一斤爲一金。"戰國秦漢文獻常見，如：

（1）江淮之菁茅，坐長而十倍其賈，一束而百金。（管子·輕重丁）
（2）宋之富賈有監止子者，與人爭買百金之璞玉，因佯失而毀

第五章　制度量詞研究

之，負其百金，而理其毀瑕，得千溢焉。（韓非子·説林下）

4. 分₃
貨幣量詞，十分爲一錢，僅一例：

（1）出錢八，就十月盡十二月，月二錢七分。（居延新簡 EPT51.214）

根據簡文文意，三個月共用"八錢"，則每月爲二錢七分；可見其進制爲十無疑，用例罕見。
5. 貫
貨幣量詞，千錢爲一貫。如：

（1）子貸金錢千貫。（史記·貨殖列傳）

《説文·毌部》："貫，錢貝之貫。"本義是穿錢貝的繩索，後用作貨幣量詞，《六書故·動物四》："貫，今以千錢爲一貫。"《漢書·武帝紀》"初算緡錢"唐顔師古注引李斐："一貫千錢，出算而是也。"

第四節　布帛制度量詞及其他

布帛在先秦兩漢時期社會生活中具有極其重要的地位，布帛不僅僅是用以製作衣物的材料，還可以成爲貨幣單位，如秦制規定一布的標準爲長八尺、寬二尺五寸，價值爲十一錢。因此也產生了諸多計量布帛長度、寬度、數量的量詞，這些量詞往往都由人爲規定了其相關標準，成爲制度量詞。先秦兩漢文獻中布帛量詞總計六個，其中量詞"匹""兩""純"都源自其雙數之義，所指相同，其認知視角都是布帛的長度；量詞"幅"的認知視角則是其寬度；量詞"束"則是古代聘問、饋贈時作爲禮物的捆爲一束的五匹帛；量詞"制"則是用於行吉凶禮的特製的布帛。另，表示度數的量詞"度"附列於此，分述如下：
1. 匹₂
四丈爲匹，用於量布帛。《説文·匸部》："匹，四丈也。"王筠句讀：“古之布帛，自兩頭卷之，一匹兩卷，故古謂之兩，漢謂之匹也。”又，《漢書·食貨志下》：“布帛廣二尺二寸爲幅，長四丈爲匹。”可見，量詞"匹"源自其匹配義，布帛自兩端舒卷，故用作布帛量詞，如：

(1) 長庚，如一匹布著天。此星見，兵起。(史記·天官書)

《漢書·天文志》引文於此同，荀悦《前漢紀·高祖皇帝紀》中也有："是時枉矢西流如火，流星蛇行，若有首尾，廣長如一匹布著天。"又如：

(2) 國用不足，民人騷動，自公卿以下，一月之禄十緵布二匹，或帛一匹。(漢書·王莽傳)

(3) 責故樂哉隧長張中實皁(皂)練一匹，匹直千二百。(居延漢簡 35.6)

2. 兩₂

"兩"用作量詞，相當於"匹"。《周禮·地官·媒氏》："凡嫁子娶妻，入幣純帛，無過五兩。"鄭玄注："五兩，十端也。必言兩者，欲得其配合之名。……然則每端二丈。"賈公彦疏："古者二端相向卷之，共爲一兩。"布帛量詞"兩"早在金文中就以經出現了，如：

(1) 舍矩姜帛三兩。(九年衛鼎，集成 2831)
(2) 抽絺綌五兩以授子貢，曰："爲之酹。"(列女傳·辯通)

又，《左傳·昭公二十六年》："夏，齊侯將納公，命無受魯貨，申豐從女賈，以幣錦二兩，縛一如瑱，適齊師。"杜預注："二丈爲一端，二端爲一兩，所謂匹也。"

3. 純

"純"用作量詞，所指與量詞"匹""兩"相同。按《大戴禮記·投壺》"二算爲純"孔廣森補注："凡物偶曰純。""純"用作量詞正是由其雙數之義引申而來，《説文》"純"字徐灝注箋："帛兩卷謂之匹，亦謂之純，引申之，凡物之兩者皆曰純。"即布帛兩卷爲"一匹"，也就是"一純"。《國語·晉語七》"輅車十五乘"董增齡正義："蓋一匹分兩端，相對相合，故曰兩，亦曰純。"《穆天子傳》卷三："錦組百純。"郭璞注："純，疋端名也。"傳世先秦兩漢文獻亦多見，又如：

（1）乃封蘇秦爲武安君，飾車百乘，黃金千鎰，白璧百雙，錦繡千純，以約諸侯。（戰國策·趙策二）
（2）乃飾車百乘，黃金千溢，白璧百雙，錦繡千純，以約諸侯。（史記·蘇秦列傳）
（3）乃以文繡千純，婦女百人遺義渠君。（史記·張儀列傳）
（4）明日使人奉黃金百斤，文織百純，進之張先生。（説苑·善説）

《戰國策·秦策一》："綿繡千純，白璧百雙，黃金萬溢。"鮑彪注："四端曰純。"但從上文分析可見，當爲"二端爲純"。

4. 端

二丈爲端，二端爲匹。《小爾雅·廣度》："倍丈謂之端，倍端謂之兩，倍兩謂之匹。"《集韻·桓韻》："端，始也。"《周禮·地官·媒氏》："凡嫁子娶妻，入幣純帛，無過五兩。"鄭玄注："五兩，十端也。必言兩者，欲得其配合之名。……然則每端二丈。"從鄭玄注可見，量詞"端"源自其端頭之義，漢代已見。

但先秦兩漢文獻未見實際使用的用例，魏晉以後文獻常見。《抱樸子·黃白篇》："請致兩端縑，縑即無故而至前。"劉世儒先生認爲："'端'是大於'丈'的度制單位。"[1] 但量詞"端"只能用於布帛。

5. 幅

二尺二寸爲幅，用於量布帛，《説文·巾部》："幅，布帛廣也。"段玉裁注："凡布帛廣二尺二寸。其邊曰幅。"《漢書·食貨志下》："布帛廣二尺二寸爲幅，長四丈爲匹。"又，《儀禮·士喪禮》："亡則以緇長半幅，經末長終幅。"鄭玄注："半幅一尺，終幅二尺。"如：

---

[1] 劉世儒：《魏晉南北朝量詞研究》，中華書局1965年版，第226頁。

（1）布帛精麤不中數，幅廣狹不中量，不粥於市。（禮記·王制）

（2）使其妻織組而幅狹於度，吴子使更之。（韓非子·外儲說右上）

（3）布帷一，長丈四，二福（幅）。（鳳凰山10號墓漢簡1正）

6. 束$_3$

布五匹爲束。《左傳·襄公十九年》："賄荀偃束錦，加璧，乘馬。"杜預注："五匹爲束。"如：

（1）舅饗送者以一獻之禮，酬以束錦；姑饗婦人送者，酬以束錦；若異邦，則贈丈夫，送者以束錦。（儀禮·士昏禮）

（2）賓用束錦儐勞者，勞者再拜稽首受。（儀禮·聘禮）

（3）河宗伯夭逆天子燕然之山，勞用束帛加璧。（穆天子傳·卷一）

又《儀禮·聘禮》："釋幣，制玄纁束，奠於几下。"鄭玄注："凡物十曰束。"《禮記·雜記下》："納幣一束。"鄭玄注："十箇爲束，貴成數。"按，鄭注所言"十個爲束"意思是説"十端爲束"，一匹爲兩端，則仍是五匹爲束。

7. 制

古代稱布帛長寬的法定尺度爲"制"，《禮記·王制》："八政：飲食、衣服、事爲、異別、度、量、數、制。"鄭玄注："制，布帛幅廣狹也。"後來用作量詞，則是用於行吉凶禮的特製的布帛，長一丈八尺、寬二尺四寸爲"制"。《儀禮·既夕禮》："贈用制幣玄纁束。"鄭玄注："丈八尺曰制，二制合之，束十制五合。"如：

（1）終歲，布帛取二制焉。（韓非子·外儲說右上）

（2）吴赤市使於智氏，假道於衛，甯文子具紵絺三百制，將以送之。（説苑·復恩）

《周禮·天官·内宰》："凡建國，佐后立市……出其度量淳制。"鄭玄注："故書淳爲敦。杜子春讀敦爲純，純謂幅廣也；制謂匹長。玄謂：純制，天子巡守禮所云'制幣丈八尺，純四咫（㕙）'與。"王國維《釋幣上》提出："或廣三尺二寸，長三丈六尺是爲制幣。"其實賈公彥疏已引鄭志云："趙商問云：'天子巡守禮，制丈八尺，純四咫，何？'答云：'巡守禮，制丈八尺，咫，八寸，四咫，三尺二寸，又大廣。四當爲三，三八二十四，二尺四寸，幅廣也。古三、四積畫，是以三誤爲四也。'"錢玄、錢興奇《三禮辭典》亦取此説[1]。

8. 度

古代特指"躔度"，即日月星辰運行的度數。古人把周天分爲三百六十度，劃爲若干區域，辨别日月星辰的方位。如：

（1）日行一度，月行十三度而有奇焉。（素問·六節藏象論篇）

按，《尚書·堯典》："朞三百有六旬有六日，以閏月定四時成歲"孔穎達疏："周天三百六十五度四分度之一，而日日行一度。"後世沿用。

第五節　小結

制度量詞是人工制定的，不存在語法化的歷程，因此制度量詞與社會制度的聯繫更爲密切，隨著社會制度的改變而改變，因此制度量詞系統更體現出明顯的時代特徵和地域特徵。由於先秦兩漢時期研究資料的缺乏，對各時代、地域制度量詞整體面貌的研究往往不夠系統，甚至由於不同文獻記載的差異而導致了諸多觀點不一。總體來看，先秦兩漢制度量詞系統的發展體現出以下諸多特點。

第一，制度數量眾多，體系逐漸完備。

先秦兩漢時期，制度量詞總數達到了85個之多（還不包括部分制度未能考定的制度量詞，如楚地的諸多量詞等，參待考量詞），但從殷商到戰國，其實制度量詞系統並不完備，很多制度沒有構成統一體系，如度量衡制度、貨幣制度等，當然這也可能是目前我們所見資料範圍的限制所

---

[1]　錢玄、錢興奇：《三禮辭典》，江蘇古籍出版社1998年版，第451頁。

致；但秦簡中制度顯然更爲清晰，到秦統一後統一度量衡制度，制度也就更爲明晰與完善；漢承秦制，並進一步發展了制度量詞系統，體系趨於完善定型。

第二，制度量詞的發展體現出明確的地域色彩。

西周大一統以後，隨著春秋戰國時期不同諸侯國建立起自己的制度系統，制度量詞也就體現出明晰的地域色彩。如戰國時期楚地和秦地分別形成了自己的度量衡體系，當然東方的齊國也早已建立起了自己的度量衡體系；由於資料的缺乏，對其他諸侯國制度量詞系統的研究還遠遠不夠。

第三，制度量詞書寫形式的複雜性。

同其他量詞一樣，先秦兩漢時期同一制度量詞也往往存在不同的書寫形式：一是通假字的使用，如"絭"又作"卷"和"券"，"圍"又作"韋"，"扶"又作"膚"等；二是古今字中古字和今字的並行，如"勻"和"鈞"；三是異體字的流行，如"釜"又作"鬴"；四是爲書寫簡易而省去部分構件，如"錘"書作"垂"，"桶"書作"甬"等；當然也存在不同關係交錯出現的情況，如"鋖"與"鋅"爲異體字，"鋅"又可省作"寽"，又可以用通假字"垸"；"益"的今字爲"鎰"，又可用通假字"溢"或"泏"。

第四，部分制度量詞具體制度的難以考定。

先秦兩漢時期的很多制度量詞，由於不同文獻記載的差異，或者同一文獻記載由於後世學者理解角度的不同，往往會導致其具體相關制度訓釋的混亂，如衡制量詞"益"，一說二十兩爲鎰（《玉篇·金部》、《孟子》趙岐注、《國語》韋昭注、《呂氏春秋》高誘注）；一說二十四兩爲鎰（《集韻·質韻》、《孟子》趙岐注、《墨子》孫詒讓間詁、枚乘《七發》李善注引賈逵《國語》注）；又如"大石"和"小石"的具體進制，古今文獻訓釋多有訛誤，今據出土簡帛文獻方得以釐清。

第五，制度量詞的規範化和擇一過程。

殷商時代和西周時期，制度量詞剛剛獲得發展，數量較少，使用頻率也不高，其規範化並未提上日程；到春秋戰國時期隨著制度量詞的迅速發展和廣泛使用，其制度的混亂就凸顯出來，雖然秦統一后採取了統一度量衡的制度，爲制度量詞的規範化做出了重要貢獻，但兩漢時期制度量詞的使用仍未能完全統一，如布帛量詞"匹""兩""純"在兩漢文獻中都在使用，但其所指是相同的，在此後的擇一過程中纔逐漸統一爲"匹"。

第六章

動量詞研究

　　動量詞是表示動作行爲數量的量詞，在量詞的兩大類系中名量詞早在殷商時代就已經萌芽了，但動量詞的産生則晚至秦漢時代。動量詞晚於名量詞産生與人類思維的發展順序是一致的，人類對量範疇的認識必然是先有静態的、直觀的"物量"，然後纔有動態的、可變的"動量"。

　　關於動量詞起源的研究上世紀六十年代以來學界研究成果豐碩，但對於其産生的時代問題卻仍聚訟紛紜，莫衷一是，目前學界主要有四種觀點：

　　一是魏晉南北朝説。劉世儒先生認爲："漢語量詞的完整體系是在這一時代（筆者按：魏晉南北朝時期）形成的；在此之前，縱使動量詞偶已出現，但那畢竟都還是零星的、偶見的、不穩定的，還不能形成一種範疇，一種體系。"① 王力先生在《漢語史稿》中提出："唐代以後，表示行爲單位的單位詞如'回''次'等，逐漸出現了。"② 但在《漢語語法史》中據劉世儒説修正了自己的觀點，認爲："行爲單位詞大約起源於南北朝時代，盛行在唐宋以後。"③

　　二是東漢説。洪誠先生最早提出，並舉出"遍""下""通"三個動量詞，前二者例證均很典型④。潘允中諸先生贊同此説，其中"通"之例證出自《後漢書》，而該書成書於南朝，是否爲東漢語料尚須斟酌⑤。

　　三是西漢説。唐鈺明認爲"真正的動量詞在兩漢還是出現了"，舉出"遍""下"2個，"遍"例證爲《黄帝内經》和《説苑》，"下"例證爲

---

① 劉世儒：《魏晉南北朝量詞研究》，中華書局1965年版，第9頁。
② 王力：《漢語史稿》，商務印書館1980年版，第243頁。
③ 王力：《漢語語法史》，商務印書館1989年版，第35頁。
④ 洪誠：《王力〈漢語史稿〉語法部分商榷》，《中國語文》1964年第3期。
⑤ 潘允中：《漢語語法史概要》，中州書畫社1982年版，第120頁。

《風俗通義》和《居延漢簡》①。楊劍橋據《居延漢簡》（及新簡）用例提出："漢語的動量詞在西漢中期確實已經開始萌芽，衹是一直到東漢末期，動量詞的發展一直處在十分緩慢的過程中，等到魏晉以後，這種情況纔有了比較大的改觀。"②

四先秦說。傅銘第③、楊伯峻、何樂士④、葉桂郴、羅智豐⑤諸先生認爲動量詞在先秦時代早已萌芽，但先秦至西漢動量詞僅零星可見。從具體例證來看，傅銘第舉出"周""匝"兩個，列例句五；楊伯峻、何樂士二先生又舉出秦漢時的《左傳》《莊子》《呂氏春秋》《禮記》《淮南子》《史記》《漢書》中的動量詞各1例。

總之，學界先後提出的先秦時期動量詞有"匝""周""巡""成""終""行""發""徧（遍）"八個，我們逐一細緻分析其全部用例，認爲均非動量詞，有以下三類情況。

一是將名量詞混同於動量詞，包括"匝""終"兩個。匝，《莊子·秋水》："孔子游於匡，衛人圍之數匝，而弦歌不絕。"劉世儒認爲："這個字眼兒是有兩面性的。在漢代，説它是動量詞，勿寧説它還是名量詞（如'圍三匝'其實就是'圍成三匝；如同説'圍成三重'，都是'成動式'中的名量足語，不是一般動補結構中的動量補語。）"動量詞稱量動作行爲的次數，而"匝"稱量的是圍繞的層數，當爲名量詞；可見，在量詞研究中應當嚴格區分字形相同的名量詞和動量詞。

終，多見於《禮記》，學界多引該書用例，如《大射儀》："小樂正立於西階東，乃歌《鹿鳴》三終。"亦見於《逸周書·世俘》："王入，進《萬》，獻《明明》三終。"從出土文獻來看，此類用法早在戰國楚簡已見，字多書作"夂"，通"終"，如《清華簡·耆夜》："王夜爵酬畢公，作歌一夂（終）曰《藥（樂）藥（樂）旨酉（酒）》……王夜爵酬周公，作歌一夂（終）曰《輶乘》……周公或夜爵酬王，作祝誦一夂（終）曰《明明上帝》。"李學勤認爲："古時詩均入樂，演奏一次爲一

---

① 唐鈺明：《古漢語動量表示法探源》，《古漢語研究》1990年第1期。
② 楊劍橋：《漢語動量詞不產生與先秦說》，《語言研究》2009年第4期。
③ 傅銘第：《關於動量詞"匝"和"周"》，《中國語文》1965年第1期。
④ 楊伯峻、何樂士：《古漢語語法及其發展》，語文出版社2001年版，第204頁。
⑤ 葉桂郴、羅智豐：《漢語動量詞形成的原因》，《古漢語研究》2007年第3期。

終，'作歌一終'便是作詩一首的意思。"① 黃懷信也認爲："一終，猶一曲、一首。"② 江林昌則提出："樂舞一次爲'一終'或'一成'，其於詩則爲一章。'作歌一終'即是樂舞一成，也是作詩一章。"③ 方建軍認爲："'終'是音樂作品的一個獨立單位，'一終'可以是一首獨立的音樂作品，也可以是一部音樂作品之中的一個組成部分，在音樂上都是一個完整的單樂段結構。"④ 綜合出土和傳世文獻"Num+終"結構，我們贊同方先生的觀點，無論是詩歌之一首還是詩歌的一個段落，"終"用作名量詞是無疑的。

二是將動詞混同於動量詞，包括"巡""行""發""周""成"五個。這情況也可再分爲兩類，首先是語意理解和動量詞判斷上的"以今律古"。巡，《左傳·桓公十二年》："使伯嘉諜之，三巡數之。"杜預注："巡，徧也。"學界或以爲相當於"徧"的動量詞，其實孔穎達疏："謂巡繞徧行之。"沈玉成譯爲："三次徧數了楚軍的人數。"可見"三巡"爲先秦常見的"Num+V"結構。行，《呂氏春秋·孝行覽·長攻》："觸數行。"同"巡"一樣，"數行"也是"Num+V"結構。發，《左傳·哀公十六年》："必使先射，射三發，皆遠許爲。"何樂士認爲"'發'在這裏可以理解作動詞，也可理解作量詞。"⑤ 從歷時的角度來看，同時代文獻"發"未見動量詞用法，且"三發"視爲"Num+V"結構也文從字順。其次是句讀判斷問題。周，《禮記·昏義》："降出，御婦車，而婿授綏，御輪三周。"《小戴禮》四十九篇的作者如孔穎達說"未能盡知所記之人也"，上起春秋，下迄西漢，所反映的語言下限當在西漢。楊劍橋認爲這類句子即使先秦已有，"周"也還具有動詞性。而且從語義來看動量詞"周"並不能與動詞"御"搭配，則該句當句讀作："降出，御婦車，而婿授綏；御，輪三周。"劉世儒所列類似用例《左傳·定公九年》"親推之三"杜預注："齊侯自推喪車輪三轉。"亦當句讀爲："齊侯自推喪車，輪三轉。"顯然，"周"與"轉"均爲動詞。成，《呂氏春秋·長攻》：

---

① 李學勤：《清華簡〈耆夜〉》，《光明日報》2009年8月3日。
② 黃懷信：《清華簡〈耆夜〉》，《文物》2012年第1期。
③ 江林昌：《清華簡與先秦詩樂舞傳統》，《文藝研究》2013年第8期。
④ 方建軍：《清華簡"作歌一終"等語解義》，《中國音樂學》2014年第2期。
⑤ 何樂士：《〈左傳〉的數量詞》，載《古漢語語法研究論文集》，商務印書館2000年版，第343頁。

"先具大金斗，代君至，酒酣，反斗而擊之一成，腦塗地。"當句讀作："反斗而擊之，一成，腦塗地。"則"一成"相當於"一擊"，爲"Num+V"結構。

三是對語料寫成時代的分析有誤，將漢代文獻誤作先秦語料，包括"徧（遍）"。《墨子·備穴》："居版上，而鑿其一徧，已而移版，鑿一徧。"《備娥傅》："以束輪，徧徧塗其上。"王力先生認爲："《墨子·備城門》以下諸篇非墨子所作，當系後人所僞託。"特別是從量詞的使用上來看，《墨子》一書《備城門》以前諸篇罕見，而之後的篇目中卻多有量詞使用，且往往爲先秦文獻所未見，可見《備城門》以下當爲漢代語料無疑。

上述八個疑似動量詞較多爲學界引用，爭議也較大，故逐一辨明之，主張先秦說的學者還提出了其他一些例證，雖然都處在"V+Num+Cl"結構中，但大多未被接受，如《左傳·僖公十五年》："晉侯圍原……退一舍而原降。"古以三十里爲一舍，"舍"当爲度制量詞。正如劉世儒先生所言："任何個別字眼兒的解釋，都不能超越這個時代的整個語法體系，否則'以今代古'，弄錯時代，就不免是'乘興作说明'了。"[1] 此外還應當注意的是，傳世文獻往往經過多次輾轉傳抄，會有一定程度的"失真"，對於祇出現在某種文獻、甚至是某一篇目中的個別例證，應當慎之又慎。

總之，"東漢說"在洪誠先生提出後，由於例證充分而爲學界廣泛接受；楊劍橋先生提出的"西漢說"，所舉量詞僅有《居延漢簡》所見"下""通""周""發"四個，但它們是動量詞無疑；而"先秦說"由於沒有找到確切的例證，受到了廣泛質疑。我們通過對先秦兩漢文獻中的動量詞系統的考察認爲：動量詞在先秦確已萌芽，兩漢獲得了初步發展，並成爲一種範疇、一種體系，而非晚至魏晉六朝。按照動量詞的性質，可以分爲專用的動量詞和借用的動量詞兩大類，以下分別論述。

第一節　專用型動量詞

與借用動量詞相比，專用動量詞使用頻率較高，語法化程度也更強。

---

[1]　劉世儒：《魏晉南北朝量詞研究》，中華書局1965年版，第265頁。

因此，劉世儒先生認爲："專用的動量詞，是動量詞這一範疇得以形成的決定性環節，所以對於它的產生和發展最應該注意。"① 根據動詞與動量詞的語義特徵及其適用範圍，本書將動量詞分爲計數類動量詞、伴隨類動量詞、短時類動量詞、中醫及其他類動量詞四大類，分別予以討論。

一　計數類動量詞

"通""遍""度""過""反""發"六個量詞，其適用範圍較廣，生命力也都比較強，其語義大略相近，相當於現代漢語中的動量詞"次"，強調其計數功能。故彙爲一組，共同討論。

1. 通

《説文・辵部》："通，達也。"引申爲稱量動作行爲次數的動量詞。劉世儒先生認爲："'通'作動量，大約在東漢期間就已經萌芽。"② 但所舉最早例證爲東漢末年曹操的《船戰令》用例。但綜合兩漢傳世文獻和出土文獻來看，動量詞"通"早在西漢時期就已經產生了，到東漢時期在特定的文獻中已廣泛使用，如：

（1）孟嘗君將西入秦，賓客諫之百通，則不聽也。（説苑・正諫）

"諫之百通"即"諫之百次""諫之百遍"之意。兩漢簡帛文獻更爲常見，主要用于烽火制度，例如：

（2）十日、廿日、晦日夜舉苣火各一通。　（額濟納漢簡2000ES7SH1：4）
（3）虜犯入塞，隨河下行，夜舉火二通。　（居延新簡EPF22.392）
（4）下餔時，受居延蓬一通，夜食時，堠上苣火一通，居延苣火。（居延漢簡332.13）

---

① 劉世儒：《魏晉南北朝量詞研究》，中華書局1965年版，第8頁。
② 同上書，第259頁。

但簡文中"通"是名量詞還是動量詞,學界還有爭議。黃盛璋認爲"旁蓬一通"中的"通"爲名量詞①,魏兆惠、華學誠也認爲:"《居延漢簡》中出現的'舉火一通','舉旁蓬一通'等中的'通'均爲名量詞,其實就是指燃燒火把的數量,不同通數預示的敵情不同。"② 陳練軍③、陳近朱④等学者均認爲是動量詞。我們結合漢代三烽三苣制的烽燧制度,同意陳夢家先生所云:"一通似應即滅,二通、三通乃二應滅與三應滅。"⑤

但傳世兩漢文獻未見此類動量詞用例,直到漢末道教文獻《太平經》中纔常見,如:

(5) 真人欲知其效,今年所付歸,因書一通自置之,亦教吏民自記一通置之,視善惡多少,名爲天券;來年付歸,復置一通,視善惡多少;來年復付歸,置一通,視善惡多少,下疏與上所記置,當緜相應,名爲天征合符。(太平經·丙部之十四)

(6) 自是之後,德君詳察思天教天文,爲得下吏民三道所共集上書文,到八月拘校之,分處爲三部:始校書者,於君之東;已一通,傳校於君之南;已再通,傳校於君之西;已三通,傳校者棄去於君之北。(太平經·己部之六)

(7) 天君有所勞賜,有簿署,天君前自復數通,藏金室。(太平經·庚部之八)

(8) 太陽明堂,録籍數通,復得部主神亦數通。(太平經·庚部之十)

(9) 文辭數通,定其死名,安得復脱?(太平經·庚部之十二)

(10) 急者即以時應天法則上之,刺一通付還本事。(太平經·經鈔辛部)

從先秦兩漢文獻用例來看,這一時期動量詞"通"所稱量的動作主要有"諫""書""刺""舉""出""受"等,適用範圍較爲寬泛,可見

---

① 黃盛璋:《兩漢時代的量詞》,《中國語文》1961 年第 8 期。
② 魏兆惠、華學誠:《量詞"通"的歷史發展》,《漢語學報》2008 年第 1 期。
③ 陳練軍:《試析〈居延新簡〉中的動量詞》,《龍岩師專學報》2002 年第 5 期。
④ 陳近朱:《〈居延新簡〉中物量詞和稱數法探析》,華東師範大學碩士學位論文 2004 年。
⑤ 陳夢家:《漢簡綴述》,中華書局 1980 年版,第 160 頁。

"通"作爲動量詞的用法在漢末已經開始泛化，劉世儒認爲"（動量詞）'通'的一般用法是南北朝以後的事"，其實不然。值得注意的是，魏晉以後很長一段時間中動量詞"通"主要用來稱量"擊鼓"一類動作的次數，因此金桂桃認爲："'通'本爲動詞'通達'、'通括'義，由此義發展出量詞用法，因此作爲量詞，它就含有'渾指'的意味兒。……動量詞'通'，最早開始用來稱量擊鼓類動作，'擊鼓一通'，統括若干槌數。"① 但今從兩漢簡帛文獻和道教文獻用例來看，事實顯然並非如此。

2. 遍

《廣韻·綫韻》："徧，周也。《說文》：帀也。遍，俗。"由此引申爲動量詞，表示從頭到尾經歷一次，相當於"次""回"。《白虎通義·五祀》："天地四時山川五祀，歲遍；諸侯方祀，山川五祀，歲遍；卿大夫祭五祀，士祭其先，非所當祭而祭之名曰淫祀，淫祀無福。"在這裏，"遍"無疑是周遍之義；又："祭五祀所以歲一遍何？"這裏的"遍"就具有動量詞的意味了，雖然其本義還很清晰，但其動量詞義正是在這一語法構式中產生的。

劉世儒先生認爲動量詞"遍"的這種發展是"在南北朝纔完成的，在此以前還看不到"②，其實兩漢文獻已經可見，如：

（1）太子擊前誦恭王之言，誦三遍而請習之。（説苑·敬慎）
（2）和蜜揚之，二百四十遍。（金匱要略·嘔吐噦下利病脈證治）
（3）以綿纏筯如繭，浸湯瀝陰中，日四遍。（金匱要略·婦人雜病脈證並治）

總體來看，"遍"用作動量詞無疑在兩漢已經產生了，但使用頻率仍較低，到魏晉南北朝時期纔獲得了廣泛使用。

3. 度

動量詞"度"在兩漢文獻中仍不多見，至於其語源亦不甚明確。或說由動詞"度過"之義引申而來，度過一次即稱一度；或說起源於天文

---

① 金桂桃：《宋元明清動量詞研究》，武漢大學出版社 2007 年版，第 250 頁。
② 劉世儒：《魏晉南北朝量詞研究》，中華書局 1965 年版，第 255 頁。

學中的經緯度數，即制度量詞"度"，這種用法在兩漢文獻中很常見，因此劉世儒認爲"這也有可能"①。漢代文獻中"度"用作動量詞的用例，如：

(1) 太陽病，得之八九日，如瘧狀，發熱惡寒，熱多寒少，其人不嘔，清便欲自可，一日二三度發，脈微緩者，爲欲愈也。(傷寒論·辨太陽病脈證並治上)
(2) 昏亂百度則生疾。(申鑒·俗嫌)
(3) 興隆六度無極卻。(安玄譯《法鏡經》)

總體來看，漢代文獻中"度"用作動量詞使用頻率很低。
4. 過
《說文·辵部》："過，度也。"由此引申爲動量詞，相當於"遍""次"。動量詞"過"的產生時代也很早，如：

(1) 行奇恒之法，以太陰始。行所不勝曰逆勝，逆則死。行所勝曰從，從則活。八風四時之勝，終而復始，逆行一過，不可復數，論要畢矣。(素問·玉版論要)

按，唐王冰注："過，謂遍也。"

(2) 病風且寒且熱，炅汗出，一日數過，先刺諸分理絡脈；汗出且寒且熱，三日一刺，百日而已。(素問·長刺節論)
(3) 一過服人，即有重罪，長吏遂〈逐〉之不止也。(太平經·己部之八)

按，俞理明先生注："一過，一經，一次。"
5. 反（返）
《說文·又部》："反，覆也。"本義是動詞"翻轉"義，引申爲"返回""往返"義，仍是動詞，后作"返"。由此引申爲動量詞，早期只能

---

① 劉世儒：《魏晉南北朝量詞研究》，中華書局 1965 年版，第 268 頁。

用來稱量"往返一次"義的動作行爲,如:

(1)(越)遂興師伐吳,至於五湖,吳人聞之,出而挑戰,一日五反,王弗忍,欲許之。(國語·越語下)
(2)嚴仲子至門請,數反,然後具酒自暢轟政母前。(史記·刺客列傳)
(3)今有負籠重一石一十七斤,行七十六步,五十返。今負籠重一石,行百步,問返幾何?答曰:四十三返六十分返之二十三。(九章算術·均輸)
(4)三人負廩步昌,人二反,致六橐。反復百八十里百廿步,率人行六十二里二百卅步。(敦煌漢簡1693)
(5)今載太倉粟輸上林,五日三返。(九章算術·均輸)
(6)吳王默然。請成,七反,越王不聽。(吳越春秋·夫差內傳)
(7)晏子出,公使梁丘據遺之輅車乘馬,三返不受。(説苑·臣術)
(8)使者三返,遂辭不受也。(説苑·臣術)
(9)謝戰者五父〈反〉。(越絕書·請糴內傳)

以上各例中的"反(返)"的"往返"義仍很明顯,劉世儒先生舉出《魏書》三例,也都還是"往返"之義。其實漢代部分用例中,"反(返)"已經開始擺脫了動詞"往返"義,如:

(1)吳王止秦餘杭山,呼曰:"公孫聖!"三反呼,聖從山中應曰:"公孫聖。"三呼三應。(吳越春秋·夫差內傳)

特別是到了漢末譯經中,動量詞"反"迅速發展,幾乎成爲一個通用的動量詞,相當於"遍",如:

(2)菩薩得是真本無如來名,地爲六反震動。(支婁迦讖譯《道行般若經》)
(3)佛以手撫阿難肩三反。(支婁迦讖譯《道行般若經》)
(4)於迦葉佛所,一返聞經道心意樂喜,即時五百人自説言。(支婁迦讖譯《遺日摩尼寶經》)

（5）一反得聞不復二，是三昧者譬如海。（支婁迦讖譯《般舟三昧經》）

（6）時魔因緣數興起，初未曾得一反聞。（支婁迦讖譯《般舟三昧經》）

（7）地爲六反震動。（支婁迦讖譯《阿闍世王經》）

（8）日三反持是施與。（支婁迦讖譯《阿闍世王經》）

（9）是三千大千刹六反震動。（支婁迦讖譯《阿闍世王經》）

（10）上爲天帝，下爲聖王，各三十六反，終而復始，欲度人故。（竺大力共康孟詳譯《修行本起經》）

（11）住空現變，出没七反。（曇果共康孟詳譯《中本起經》）

（12）三千大千刹土，六反震動。（舊題支婁迦讖譯《伅真陀羅所問如來經》）

但漢譯佛經以外的文獻此類用例罕見，劉世儒先生認爲："南北朝時代還没有'遭'（'趟'更不用説），'遭'作量詞大約是到了唐宋時代纔開始産生的。"① "遭""趟"等空間動量詞産生後，動量詞"反（返）"便逐漸被少用了。

6. 發

《説文·弓部》："發，射發也。"本義爲動詞"發射"義，由此引申爲發射類動作行爲的動量詞。又，段玉裁注："引申爲凡作起之偁。"即動詞"發生"之義，由此用作動量詞則可以稱量其他動作行爲的次數。《左傳·哀公十六年》："必使先射，射三發，皆遠許爲。"何樂士認爲這裏的"發"既可以理解爲動詞，也可理解作量詞，這也正表明有些動量詞是由動詞發展變化而來的②。結合動量詞系統的歷時發展來看，《左傳》時代動量詞系統還没有産生，其中的"發"應視爲動詞，則可句讀爲："必使先射。射，三發，皆遠許爲。"但此後文獻中，隨著"發"在"V（+N）+Num+Cl"構式中經常出現，很多情况下已經可以明確爲動量詞了，如：

---

① 劉世儒：《魏晉南北朝量詞研究》，中華書局1965年版，第265頁。
② 何樂士：《〈左傳〉的數量詞》，載《古漢語語法研究論文集》，商務印書館2000年版，第343頁。

(1) 武王答拜，先入。適王所，乃克射之三發。而後下車……適二女之所，乃既縊。王又射之三發。（逸周書·克殷）

(2) 武王自射之三發，而後下車，以輕劍擊之，以黃鉞斬紂頭，懸大白之旗。已而至紂之嬖妾二女，二女皆經自殺。武王又射三發，擊以劍，斬以玄鉞。（史記·周本紀）

兩漢簡帛文獻亦可見，如：

(3) 卜學童能風（諷）書史書三千字，徵卜書三千字，卜九發中七以上，乃得爲卜，以爲官処（？）。其能誦三萬以上者，以爲卜上計六更。缺，試修法，以六發中三以上者補之。（張家山漢簡·二年律令 478）

該例中心動詞爲"卜"，說明動量詞"發"已經開始擺脫"發射"義的束縛，適用範圍開始擴大，但動詞義仍很明顯。在這一時代這種例子並不多見，主要還是稱量"發射"義動詞的，又如：

(4) 第八隊攻候鄣君，與主官譚等格射各十餘發，虜復並塞百騎，亭但馬百餘匹，橐他四五十匹，皆備賀並塞來南燔。（居延新簡 EPF16.47—48）

"發"是用來計量"格射"次數的動量詞。從該簡文意看，"格射各十餘發"當即"各射十餘箭"，並非名量詞中的定數集合。可見，兩漢時期"發"用作動量詞已經獲得了相當的發展。

二　伴隨類動量詞

"匝""周""重"三個動量詞所修飾的中心動詞都有"環繞"之義，其語源也相近，故彙爲一組，強調伴隨動作的結果共同討論。

1. 匝（帀₂）

《說文·帀部》："帀，周也。從反屮而帀也。"本義是動詞"環繞"義，由此用作名量詞，如《莊子·秋水》："孔子游於匡，衛人圍之數帀，而弦歌不惙。""圍之數帀"意思是圍成數周、圍成數重之義，再進一步發展，其稱量的重點成爲動作的數量，就語法化爲動量詞了，多見於漢代佛經中，如：

(1) 遶八百匝，已作是言。(支婁迦讖譯《道行般若經》)
(2) 前爲佛作禮，遶竟三匝，各住一面。(支婁迦讖譯《道行般若經》)
(3) 皆前以頭面著佛足，繞三匝而去。(支婁迦讖譯《道行般若經》)
(4) 遶身三匝，從頭上入。(支婁迦讖譯《般舟三昧經》)
(5) 一光繞佛三匝，光照三千大千刹土，莫不得所，還從頂入。(竺大力共康孟詳譯《修行本起經》)
(6) 飛來繞菩薩，三匝悲鳴去。(竺大力共康孟詳譯《修行本起經》)
(7) 繞佛三匝，於是別去。(曇果共康孟詳譯《中本起經》)
(8) 右繞三匝，禮畢自陳。(曇果共康孟詳譯《中本起經》)

以上各例中的"匝"，其中心動詞多爲"繞（遶）"，都不能理解爲繞成幾重之義，而是環繞幾次，稱量的是動作的次數。①

2. 周

《小爾雅·廣言》："周，帀（匝）也。"由此引申爲動量詞，主要稱量環繞類動作行爲。《左傳·成公二年》："齊師敗績，逐之，三周華不注。"從動量詞系統的歷時發展來看，在這一時代"周"仍然是動詞，而不能視爲動量詞。動量詞"周"的產生應當是在漢代，如：

(1) 畫地三周，宿其中。(居延新簡 EPT59.137)
(2) 以朱絲縈社十周。(春秋繁露·止雨)
(3) 必親迎，御輪三周，下車曲顧者，防淫佚也。(白虎通義·嫁娶)

---

① 從書寫形式來看，先秦兩漢文獻多作"帀"，按冀小軍說因"帀"之字義與行走有關，俗書遂加"辶（辵）"旁作"迊"；又因"匸"旁之"乚"或作"辶"，"迊"字的結構也被誤認爲從"匸"之字，而回改爲"匝"；參李學勤主編：《字源》，天津古籍出版社 2012 年版，第 548 頁。則"匝"字產生時代較晚；兩漢譯經中多作"匝"，疑爲後世刻印時改。

（4）是故天自力行道，日一周。所以一周者，凡物之生，悉法六甲五行四時而生，一氣不至，物有不具，則其生不足不調矣。（太平經·庚部之十七）

（5）帶脈者，起於季脅，回身一周。（難經·二十八難）

當然，兩漢時期的諸多用例中"周"的動詞意味還很濃，其進一步語法化應當是魏晉以後的事情了。

3. 重

"重"的動量詞用法來源於其"重疊"義，《玉篇·壬部》："重，疊也。"《廣韻·鍾韻》："重，複也，疊也。"用作動量詞，其稱量的中心動詞主要是"圍繞"義動詞，如：

（1）項王軍壁垓下，兵少食盡，漢軍及諸侯兵圍之數重。（史記·項羽本紀）

（2）須臾，越兵至，圍吳三重。（吳越春秋·夫差內傳）

（3）邑曰："百萬之師，所過當滅，今屬此城，喋血而進，前歌後舞，顧不快邪！"遂圍城數十重。（漢書·王莽傳）

（4）衆兵追之，圍數百重。（漢書·王莽傳）

當然，這裏的"重"還有很強的名量詞的意味，但在這個時代將其視爲動量詞也是符合量詞語法化的發展的。

三　短時類動量詞

"伐""下"用作動量詞稱量的中心動詞都有向下的意味，後均強調"短時距"，因此彙爲一組，共同討論。

1. 伐

《説文·人部》："伐，擊也。"由此引申爲動量詞，用來稱量擊打類動作行爲。僅見於《張家山漢簡》中，如：

（1）誠獨盜牛，初得□時，史騰訊毛謂盜犯牛，騰曰：誰與盜？毛謂獨也，騰曰非請（情），即笞毛北（背），可六伐。……騰曰：毛不能獨盜，即磔治（笞）毛北（背）臀股，不審伐數，血下汙池

〈地〉。(奏讞書 112)

按，"可六伐"意思是大約擊打六下；"不審伐數"意思是不清楚擊打了多少下。"伐數"這種量名複合詞的出現，也説明了動量詞"伐"在這一時代的發展；在此後的發展中，"伐"用作動量詞較爲罕見，但敦煌醫學文獻亦可見[①]。

2. 下

《説文·上部》："下，底也。"引申而有從高到低之義，由此用作動量詞，多稱量擊打類動作行爲。劉世儒認爲是由方位詞"下"引申而來的[②]；但王紹新認爲是由動詞"從高處到低處"發展而來的[③]；金桂桃贊同王先生説："動量詞'下'最初主要是用來稱量'擊打'義類動詞，因爲這類動詞往往是自上而下進行的，所以從詞義虛化、發展的角度來看，我們認爲動量詞'下'由動詞'從高處到低處'發展而來更能讓人信服。"[④] 通過對早期用例的全面整理分析來看，無論在出土文獻還是傳世文獻中，在動量詞"下"產生初期的兩漢時代，其稱量的動詞均有"自上而下"之義，如：

(1) 莽立載行視，親舉築三下。(漢書·王莽傳)
(2) 汝南張妙會杜士。士家娶婦，酒後相戲，張妙縛杜士，捶二十下，又懸足指，士遂至死。(風俗通義·窮通)
(3) 內臼中，與蜜杵二千下。(金匱要略·跌蹶手指臂腫轉筋陰狐疝蛔蟲病脈證治)
(4) 內臼中，與蜜杵二千下，丸如梧桐子大。(傷寒論·辨厥陰病脈證並治)

兩漢簡帛亦可見，但使用頻率很低，如：

---

① 李建平：《隋唐五代量詞研究》，山東人民出版社 2016 年版，第 217 頁。
② 劉世儒：《魏晉南北朝量詞研究》，中華書局 1965 年版，第 261 頁。
③ 王紹新：《隋唐五代的動量詞》，載《課餘叢稿》，北京語言文化大學出版社 2000 年版，第 167 頁。
④ 金桂桃：《宋元明清動量詞研究》，武漢大學出版社 2007 年版，第 170 頁。

(5) ☐所持鈹，即以疑所持胡桐木丈從後墨擊意項三下，以辜一旬內立死。按：疑賊殺人，甲辰病心腹☐☒（居延新簡 EPF22.326）

(6) 根前所白候爰書，言敞後不欲言，今乃言。候擊敞數十下，多所☒（居延新簡 EPT52.178）

(7) 敞辭曰：初欲言，候擊敞數十下，脅痛，不耐言。（居延漢簡 123.58）

兩漢時期顯然還是動量詞"下"的初生期，使用頻率還很低，魏晉以後其使用頻率漸高，適用範圍也進一步擴大，並發展出表短時量的語法功能。

四 中醫及其他類動量詞

"壯""行""合"都是專用的動量詞。量詞"壯"多用於中醫針灸；量詞"行"雖然最早見於道教文獻中，但後世使用多見於中醫文獻；量詞"合"則僅用於兩軍對壘。總體來看，這三個量詞的適用範圍都很窄，但正因爲如此而具有極强的生命力，在特定文獻中長期沿用下來。

1. 壯

中醫針灸，一灼稱爲一壯。《字彙補·士部》："壯，陸佃云：'醫用艾灸，一灼謂之一壯。'"因此多見於中醫文獻，如：

(1) 犬所齧之處灸之三壯，即以犬傷病法灸之。（素問·骨空論）

(2) 灸寒熱之法，先灸項大椎，以年爲壯數；次灸橛骨，以年爲壯數。（素問·骨空論）

(3) 灸其核上各一壯。（金匱要略·奔豚氣病脈證治）

(4) 燒針令其汗，針處被寒，核起而赤者，必發奔豚。氣從少腹上沖心者，灸其核上各一壯。（傷寒論·辨太陽病脈證並治中）

(5) 少陰病，吐利，手足不逆冷，反發熱者，不死。脈不至者，灸少陰七壯。（傷寒論·辨少陰病脈證並治）

《説文·士部》："壯，大也。"引申可以表示成年人，中醫針灸時以成年人作爲標準，因此成年人之"一灼"謂之"一壯"。宋沈括《夢溪筆談·技藝》："醫用艾一灼謂之一壯者，以壯人爲法。其言若干壯，壯人當依此數，老幼羸弱，量力減之。"一直到現代漢語中，中醫用艾灸時仍稱"一灼"爲"一壯"。

2. 行

從甲骨文來看，"行"的本義是"道路"，引申爲動詞有"行走"之義，《釋名·釋姿容》："兩足進曰行。"由此引申而有"行動"之義，用作動量詞當由此而來。

動量詞"行"多見於漢末文獻，多見於《太平經》，如：

（1）今欲解此過，常以除日於曠野四達道上四面謝，叩頭各五行，先上視天，回下叩頭於地。(太平經·己部之十二)

（2）所以樂相氣微氣一行者，相氣微氣象中和人。(太平經·庚部十三)

（3）是故其次樂一行，相氣微氣少所而安人，德最少，不而若天地氣也。(太平經·庚部十三)

按俞理明先生注，"一行"即"一遍"。漢代醫學文獻亦可見，如：

（4）故平人日再至圊，一行二升半，一日中五升，七日五七三斗五升，而水穀盡矣。(難經·四十三難)

按，《爾雅·釋宮》："圊，廁也。"又如：

（5）傷寒中風，醫反下之，其人下利，日數十行，穀不化，腹中雷鳴，心下痞硬而滿，幹嘔，心煩不得安。(傷寒論·辨太陽病脈證並治下)

（6）至七八日，雖暴煩，下利日十餘行，必自止，以脾家實，腐穢當去故也。(傷寒論·辨太陰病脈證並治)

按，"下""利"均指腹瀉。又如：

（7）當問其小便日幾行。若本小便日三四行，今日再行，故知大便不久出。（傷寒論·辨陽明病脈證並治）

范崇峰認爲"行"是"稱量排泄大便的次數的專用量詞"①，從文獻用例來看，並非如此，首先《太平經》中的用例都不是稱量"大便次數"的；其次《傷寒論·辨陽明病脈證並治》中還可稱量"小便"。至於認爲"這個義項的源頭當來自於佛經"也可商榷，一是《難經》的成書應當不晚於早期漢譯佛經，二是東漢譯經中"行"沒有"大便""小便"之義，而動量詞"行"早已出現。②

3. 合

表示交戰的次數，起源於"相合"之義，古代兩軍對壘，交戰一次稱爲"一合"，兩漢文獻並不多見，如：

（1）項王令壯士出挑戰，漢有善騎射者接煩，楚挑戰二合。（史記·項羽本紀）

魏晉以後，這個量詞得到了迅速發展，但其適用範圍一直限於兩軍交戰。

第二節　借用型動量詞

借用的動量詞是從名詞或動詞等其他詞類借用而來的，先秦兩漢時期這類動量詞數量很少，使用頻率也很低。根據先秦兩漢借用動量詞的來源，可以分爲同源類動量詞和工具類動量詞兩大類。

一　同源類動量詞

從語源來看，"步""課"用作動量詞均爲"同源動量"，即借用自動詞的動量詞，且最初僅見於秦簡中。"課"用作動量詞後世罕見，"步"

---

① 范崇峰：《敦煌醫方量詞兩則》，《中國語文》2009 年第 5 期。
② 關於動量詞"行"，說詳李建平：《動量詞"行"產生的時代及其來源——兼論"大小行"的語源》，《中國語文》2011 年第 2 期。

則一直沿用下來。

1. 步

《説文・步部》："步,行也。"本義是動詞"行走"義,由此引申爲動量詞。《周家台秦簡》已見,用於稱量"禹步"之次數:

(1) 已齲方:見東陳垣,禹步三步,曰:"皋!敢告東陳垣君子,某病齲齒,笱(苟)令某齲已,請獻騩牛子母。"(病方及其他326—327)

禹步,是古代巫師作法時的一種行步方法,按《尸子・廣澤》："禹於是疏河決江,十年不窺其家,足無爪,脛無毛,偏枯之病,步不能過,名曰禹步。"其步法在《玉函秘典》中有載："禹步法,閉氣先前左足,次前右足,以左足並右足,爲三步也。"下同。又如:

(2) 操兩瓦,之東西垣日出所燭,先埋一瓦止(址)下,復環禹步三步,祝曰。(病方及其他329—330)

(3) 北向,禹步三步,曰。(376)

在《周家台秦簡・病方及其他》中,同樣情況下不用"步"的也很常見,如簡345："馬心:禹步三,鄉(向)馬祝曰。"相比而言,使用了動量詞顯然比不用的情況語義表達更爲明晰。但用作動量詞的"步"先秦兩漢文獻罕見,目前所見僅《周家台秦簡》6例,其中心動詞均爲"禹步";嶽麓書院秦簡中有1例,中心動詞爲"走",如:

(4) □□不敢獨前畏奊與偕環走十二步,反,寇來追者少皆止陳(?)共(?)射(?)□(嶽麓秦簡・綰等畏奊環走案1067正/238正)

雖然簡文有些殘缺,但基本文意可以通讀,"步"在"V+Num+Cl"結構中作動量詞無疑。但動量詞"步"先秦兩漢文獻罕見用例,直到漢末譯經纔又可見,如:

（5）夫人攀樹枝，便從右脇生墮地，行七步，舉手而言。（竺大力共康孟詳譯《修行本起經》）

（6）花中自然生師子王墮地，便行七步，舉頭而吼。（竺大力共康孟詳譯《修行本起經》）

總之，從周家臺秦簡和嶽麓書院秦簡來看，動量詞"步"早在秦代已經產生，但發展緩慢，直到漢末纔逐漸多用。

2. 課

僅 1 例，姑列於此：

（1）今課縣、都官公服牛各一課。（睡虎地秦簡·秦律十八種·厩苑律 19）

《說文·言部》："課，試也。"在這裏指官方的考核。王鍈先生認爲這里的"課"或可看做動量詞的萌芽①，我們認爲王先生所言甚確，後一個"課"處在"V+N+Num+Cl"結構中，其語法功能顯然與前一個動詞"課"有明顯區別，當爲動量詞之萌芽。

二　工具類動量詞

工具類動量詞，是指借用動作所憑藉的工具名詞而來的動量詞。從本質上來看，這些詞仍都還是名詞，但處在動量詞的語法位置上，臨時具有了動量詞的語法功能。先秦兩漢時期是動量詞產生的初級階段，專用動量詞的數量還很少，使用頻率也很低，即使是借用動量詞的借用範圍也很小，使用頻率低，故對此類量詞也逐一分析如下。

1. 針

本爲中醫針灸時所用針刺穴位之"針"，故可借用爲針刺的動量詞，如：

（1）刺癇驚脈五，針手太陰各五，刺經太陽五，刺手少陰經絡傍者一，足陽明一，上踝五寸刺三針。（素問·通評虛實論）

---

① 王鍈：《雲夢秦墓竹簡所見某些語法現象》，《語言研究》1982 年第 1 期。

2. 痏

《説文·疒部》："痏，疻痏也。"本義是毆傷，中醫針刺孔也稱爲"痏"，如《靈樞·邪氣藏府病形》："已發針，疾按其痏，無令其血出，以和其脈。"由此借用爲動量詞，針刺一次爲一"痏"。如：

(1) 陽明令人腰痛，不可以顧，顧如有見者，善悲，刺陽明於骭前三痏，上下和之出血，秋無見血。(素問·刺腰痛)

(2) 刺之三痏。(素問·刺腰痛)

(3) 刺之在郄陽筋之間，上郄數寸，衡居爲二痏出血。(素問·刺腰痛)

(4) 刺直陽之脈上三痏，在蹻上郄下五寸橫居，視其盛者出血。(素問·刺腰痛)

(5) 刺手中指次指爪甲上，去端如韭葉，各一痏。(素問·繆刺論)

(6) 刺足大指爪甲上，與肉交者，各一痏。(素問·繆刺論)

還可以組成"Cl+N"式，如：

(7) 凡痹往來，行無常處者，在分肉間痛而刺之，以月死生爲數，用針者隨氣盛衰，以爲痏數，針過其日數則脱氣，不及日數則氣不瀉。左刺右，右刺左，病已，止；不已，復刺之如法。月生一日一痏，二日二痏，漸多之，十五日十五痏，十六日十四痏，漸少之。(素問·繆刺論)

3. 拳

《説文·手部》："拳，手也。"借用爲動量詞，如：

(1) 扠之一拳，應持即死。(竺大力共孟康譯《修行本起經》)

名詞"拳"借用爲動量詞後世常見，但先秦兩漢文獻僅此一例。

第三節　小結

　　全面考察先秦兩漢文獻中的動量詞使用情況可見，動量詞"步"最初稱量的均爲動詞"禹步"，而"課"則同樣祇能稱量動詞"課"。由此可見，秦簡中的動量詞"步""課"可能是由動詞"步""課"借用而來的。由動詞借用而來的借用動量詞，學界往往稱之爲"同源動量"，因爲它同它所稱量的動詞是同源而異用的，這是漢語動量詞體系的一個重要的支系。值得注意的是，動量詞的這一來源方式此後並沒有繼承下來，兩漢文獻中借用的動量詞均來源於名詞。根據劉世儒先生的考察，漢語動量詞中專用的動量詞纔是動量詞這一範疇得以形成的決定性環節，而借用動量詞是在專用動量詞造句法的系統影響下纔產生的。"在南北朝動量詞可借用的範圍還相當狹窄，一般説來，它所能借用的還祇以名詞爲限。……至於動詞（如"笑一笑""看一看"類），在南北朝它還不能借用（由動詞轉成的動量詞當然是有的，如"過""度"等，已見前，但這是專用的動量詞，與中心動詞不同形，同'臨時借用'的與中心動詞同形的動量詞性質不同，不能併爲一談）。"[①] 即使在動量詞系統基本成熟的魏晉六朝時期，借用自動詞的同源動量也仍未出現，直到唐五代纔逐步成熟。但是，秦簡中的"步"和"課"是否可視作典型的動量詞雖然還值得懷疑，以上諸用例表示動量卻是可以確定的，這也透露出了動量詞開始語法化的信息，而這一時期專用動量詞纔剛剛萌芽，劉世儒先生關於"同源動量"產生的動因及其起源時代的論斷尚可商榷。因爲從秦簡透露的以上信息來看，"同源動量詞"的產生似乎比"專用動量詞"還要早，呈現出與拷貝型名量詞的產生早於其他名量詞這一相同的現象。

　　甲骨文、金文中，表示事物的名詞與借用量詞是同一個形式的情況比較常見，如"俘人十又六人"（合137反）"羌百羌"（合32042）"俘人萬三千八十一人，俘馬□匹，俘車三十兩，俘牛三百五十五牛，羊三十八羊。"（小盂鼎，集成5.2839）周法高認爲："大概覺得'名詞+數詞'的

[①] 劉世儒：《魏晉南北朝量詞研究》，中華書局1965年版，第270頁。

表現法還不夠明晰,有時爲了句法的整齊,便在數詞後復舉前面的名詞。"① 數詞後面加上一個與前面名詞相同的名詞,從而使它起到量詞的作用,這種現象可能是量詞的最早形式,我們一般稱之爲"拷貝型"量詞。但是,在討論所謂"拷貝型"量詞時,往往僅論名量詞,都沒有涉及動量詞。從簡帛文獻的用例看,"同源動量"的產生可能同樣也是當時的人覺得"V+Num"的稱數構式表意不夠明晰,還有些欠缺,從而產生了明確表達的需要。由於拷貝型名量詞的應用,在"類推"作用下同名量詞一樣採用復舉的方式成爲了最直接、最簡單的選擇。

從動量詞的性質上看,動量詞系統可以分爲兩大類:一是專用的動量詞;二是借用的動量詞。一般認爲,"專用的動量詞,是動量詞這一範疇得以形成的決定性環節",而"借用的動量詞就是在專用動量詞的影響下,服從句法需要,臨時從其他詞類中調用而來的"②。先秦兩漢文獻中,"步""課""針""痏""拳"爲借用的動量詞,其他爲專用的動量詞。從歷時的角度來看,借用動量詞"步""課"均最早見於秦簡,產生的時代略早於其他專用的動量詞。因此,原來認爲借用動量詞是由於專用動量詞的廣泛使用而在類推作用下產生的觀點,或可修正。

---

① 周法高:《中國古代語法·稱代編》,中華書局 1990 年版,第 429 頁。
② 劉世儒:《魏晉南北朝量詞研究》,中華書局 1965 年版,第 8 頁。

第七章

先秦兩漢量詞的特徵及其歷時發展研究

　　本書以上第二章至第六章分名量詞和動量詞兩大類系，從微觀的角度逐一整理並考察了先秦兩漢時期每一個量詞的語源及其在該時期的發展，本章則在微觀研究的基礎上，從宏觀的角度對先秦兩漢時期量詞的總體特徵進行共時和歷時的綜合考察。

第一節　先秦兩漢量詞特徵研究

　　漢語量詞的主要語法功能是同數詞結合組成數量短語來修飾限定名詞或動詞；量詞單獨使用時，則可以視爲數詞爲"一"時的省略形式。從詞法上來看，量詞可以採用重疊等方式構詞，但先秦兩漢時期量詞系統發展尚未成熟，名量詞系統仍處在發展時期，動量詞系統則剛剛萌芽，因此從歷時的角度來看無論量詞本身還是同數詞組成的數量結構的語法功能，都體現出量詞語法化初期的諸多特徵。無論古今漢語，量詞往往是先同數詞組成數量結構共同充當句子成分的，因此本節從先秦兩漢量詞本身的語法特徵和數量結構的語法特徵兩個方面分別展開考察。

　一　先秦兩漢量詞的語法特徵

　　對量詞語法特徵的考察，可以從句法功能和詞法特徵兩個層面分別展開。

　　（一）句法特徵

　　量詞的句法特徵主要包括量詞同其他詞類的組合能力和量詞本身在句子中充當句法成分的能力兩個方面，分別討論如下。

　　1. 量詞的組合能力

　　從量詞的組合能力來看，先秦文獻中量詞的組合能力已經較強，可以同數詞、形容詞、疑問代詞等組合，以同數詞結合爲主，同其他詞類組合的使用頻率往往比較低，而且這類組合也多限於量詞的某一小類，甚至限於某幾個特定量詞。到兩漢時期，量詞的組合能力進一步加強，先秦文獻中已經出現的同形容詞、疑問代詞等結合的情況更爲常見，使用頻率有了顯著增高。

第一，先秦兩漢量詞最常見的用法是同數詞結合組成數量短語，共同修飾或限定名詞或動詞，這是歷代量詞的普遍規律，用例非常常見，此處不再舉例説明。①

第二，同形容詞組合，尤其是集體量詞、制度量詞和借用量詞，由於其語法化程度低，往往可以受形容詞的修飾限定，而語法化程度更高的個體量詞則一般不能同形容詞組合，這是同現代漢語量詞用法基本一致的。現代漢語中借用量詞同形容詞組合的頻率很高，但先秦兩漢時期量詞和形容詞的組合仍然罕見，只有少數借用量詞和集體量詞、制度量詞可以被形容詞修飾，如：

（1）取弱（溺）五斗，以煮青蒿大把二。（馬王堆帛書·五十二病方 261—262）

又如，量詞"撮"可以加修飾語爲"三指撮""三指大撮"等；度量衡單位中的"大石""小石""大斗""小斗"等也是由"石""斗"等度量衡單位和形容詞"大""小"組合而來的，如：

（2）入粟大石二十五石。（居延漢簡 16.2）
（3）入粟小石卌五石十石。（居延漢簡 17.7）
（4）屑勺（芍）藥，以□半栖（杯），以三指大捽（撮）飲之。（馬王堆帛書·五十二病方 72）

第三，量詞還可以同疑問代詞組合，一般限於集體量詞和制度量詞，個體量詞同疑問代詞的組合則較爲罕見，如：

---

① 但先秦兩漢時期，數量結構同名詞組成的"N+Num+Cl"結構或"Num+Cl+N"結構中，"N+Num+Cl"結構佔據絶對優勢地位，詳參第八章。

（5）問鄉之良家其所牧養者幾何人矣？問邑之貧人債而食者幾何家？問理園容而食者幾何家？（管子·問）

（6）漁者幾何家？（史記·龜策列傳）

（7）今織有攻（功）五十尺，問各受幾何尺？（張家山漢簡·算數書54）

（8）田一畝方幾何步？曰：方十五步卅一分步十五。（張家山漢簡·算數書185）

（9）不知論語本幾何篇？（論衡·正說）

魏晉以後，量詞還可以同指示代詞結合，構成"指+量"結構①，先秦兩漢時代此類用法還沒有產生。

2. 量詞的句法功能

從量詞的句法功能來看，先秦兩漢時期量詞在句子中主要可以充當定語、狀語、主語、謂語等句法成分。

第一，量詞作定語。無論在古代漢語中還是現代漢語中，作定語是量詞單獨充當句子成分時的最常見的用法。如《公羊傳·僖公三十三年》："晉人與姜戎要之殽而擊之，匹馬隻輪無反者。"何休注："匹馬，一馬也；隻，踦也；皆喻盡。"又如：

（1）覆杯水於坳堂之上，則芥爲之舟。（莊子·逍遥遊）

（2）且君王以束帛乘馬取婢子於弊邑，寡君受之太廟也，不約死。（列女傳·卷五）

（3）寡人甘肥周於堂，卮酒豆肉集於宫，壺酒不清，生肉不布，殺一牛遍於國中，一歲之功盡以衣士卒，其足以戰民乎？（韓非子·外儲説右上）

（4）視爾如荍，貽我握椒。（詩經·國風·東門之枌）

古今漢語中量詞單獨做定語，其實也可以視爲"Num+Cl+N"結構中Num爲"一"時的省略形式，而且量詞作定語多限於借用量詞或度量衡量詞，而個體量詞和集體量詞均罕見出現於此類固定結構中，一直到兩漢

---

① 劉世儒：《魏晉南北朝量詞研究》，中華書局1965年版，第10頁。

都是如此。

第二，量詞作狀語。現代漢語中量詞一般不能作狀語，而在先秦兩漢文獻中量詞作狀語的情況還很常見，因爲這一時期量詞的語法化程度低，遺存有很強的名詞性，而名詞作狀語先秦兩漢時期是很普遍的。如：

（5）渠成而用漑注填閼之水，漑舄鹵之地四萬餘頃，收皆畝一鐘。（漢書·溝洫志）
（6）令吏民得買爵，賈級千錢。（漢書·成帝紀）
（7）米至石萬錢，馬至匹百金。（漢書·食貨志）
（8）天下馬少，平牡馬匹二十萬。（漢書·武帝紀）
（9）穀至石數錢，上下饒羨。（新論·離事）

同量詞作定語一樣，量詞單獨作狀語也往往可以視爲量詞之前隱含了數詞"一"或指示代詞"每"。

第三，量詞作主語。這自然也是量詞語法化初期所遺存的來源名詞的部分功能和用法，"形式上就好像它還是名詞似的"[①]。如：

（10）納幣一束，束五兩，兩五尋。（禮記·雜記下）

按鄭玄注："十個爲束，貴成數，兩兩合其卷，是謂五兩。八尺曰尋，一兩五尋，則每卷二丈也。"魏晉以後，隨著量詞語法化的進一步發展，這種用法就逐漸消失了。

第四，量詞作謂語。這種用法也是量詞語法化初期的典型特徵之一，如：

（11）成帝建始元年正月，有星孛于營室，青白色，長六七丈，廣尺餘。（漢書·五行志）
（12）天下太平，五穀成熟，或禾長丈餘，或一粟三米，或不種自生，或蠒不蠶自成。（漢書·王莽傳）
（13）有奇士，長丈，大十圍，來至臣府，曰欲奮擊胡虜。（同

---

① 劉世儒：《魏晉南北朝量詞研究》，中華書局1965年版，第13頁。

上）

(14) 魯人之贈也，三玄二纁，廣尺，長終幅。（禮記·雜記）

(15) 垣北去小堂北唇丈，垣東去內五步。（睡虎地秦簡·封診式 79）

同樣，以上數例中量詞的單獨充當謂語，也可以視爲數詞爲"一"時的省略，但現代漢語中這類情況量詞前都應加數詞"一"構成數量結構纔能夠充當謂語成分。

（二）詞法特徵

從詞法上看，後世常見的構詞法、構形法在先秦兩漢文獻中都出現了，分述如下。

1. 由量詞構成的複合詞已經產生。

量詞同量詞和其他詞類組合構成新的復合詞，包括"量+名"偏正式複合詞、"量+量"並列式複合詞、"名+量"式複合詞等情況，逐一分析如下。

第一，偏正式複合詞"量+名"構詞方式的產生。

關於"量+名"偏正式複合詞產生的時代，董玉芝所舉最早例證爲《抱朴子》中的"匹夫""束帛"等①，但我們認爲"匹夫"中的"匹"不是量詞，名詞"夫"不能用量詞"匹"來稱量，這裏的"匹"爲形容詞"單獨"之義。"束帛"中的"束"，則是制度量詞，因爲也可以視爲"一束帛"的省略形式，因此作爲"量+名"式複合詞也不典型。

其實這一構詞方式產生的時代很早，嶽麓書院秦簡《數》中常見，量詞多爲斤、兩、尺、寸、斗、升等度量衡制度量詞，名詞則限於"數"，如：

(1) 爲實，以所得禾斤數爲法，如法一步。（01/0956 正）

(2) 欲復之，復置一束兩數以乘兌（稅）田，而令以一爲八十一爲實。（30/0775）

(3) 以人數爲法，以食攻（功）丈數爲實。（129/1136）

(4) 半其袤以廣高乘之，即成尺數也。（193/0977）

---

① 董玉芝：《〈抱樸子〉複音詞構詞方式初探》，《古漢語研究》1994 年第 4 期。

（5）亦直（置）所新得寸數，楷令相乘也，以爲法。（34/0824）

（6）大枭五之，中枭六之，細七之，以高乘之爲實，直（置）十五，以一束步數乘之爲法。（16/0900）

（7）述（術）曰：各直（置）爵數而並以爲法，以所分斗數各乘其爵數爲實。（123/0950）

（8）述（術）曰：以受米爲法，以一斗升數乘取程步數。（07/2116）

其他文獻亦可見，但使用頻率不高，亦多限於度量衡量詞，如：

（9）程之，以其耗（耗）石數論負之。（睡虎地秦簡·效律24）

（10）説歲、月食之家，必銓功之小大，立遠近之步數。（論衡·言毒）

（11）取程七步四分步一一斗，今乾出（之）七升少半升，欲求一斗步數。（張家山漢簡·算數書86）

（12）今誤券二石五斗，欲益耎其步數，問益耎幾何？（張家山漢簡·算數書96）

（13）（賈鹽）朮（術）曰：三鹽出（之）數以爲法，亦三一石出（之）升數，以錢乘出（之）爲實。（張家山漢簡·算數書76—77）

甚至動量詞也可以用於這一結構了，但祇有中醫文獻中稱量針灸次數的特殊動量詞"壯"，名詞也往往只能是"數"，如：

（14）灸寒熱之法，先灸項大椎，以年爲壯數；次灸橛骨，以年爲壯數。（素問·骨空論）

（15）刺之深淺，灸之壯數，可得聞乎？（靈樞·經水）

第二，並列式複合詞"量+量"構詞方式的產生。

上古漢語中，往往可以借用制度量詞的連用來代指所稱量對象的數量的多少，從修辭上來看往往是一種誇張或比喻，而這些"量+量"結構在長期使用中逐漸詞彙化爲雙音節複合詞。這類複合詞早在先秦已見，到戰國末至秦時的文獻中已較爲多見，主要有"尋常""尋尺""斗筲""扶寸""錙銖""錙錘"等，如：

(16) 争尋常以盡其民。(左傳·成公十二年)
(17) 而無尋尺之禄，無大績於民故也。(國語·晉語八)
(18) 噫！斗筲之人，何足算也！(論語·子路)
(19) 故上失扶寸，下得尋常。(韓非子·揚權)
(20) 千鈞得船則浮，錙銖失船則沈，非千鈞輕錙銖重也，有勢之與無勢也。(韓非子·功名)
(21) 今割國之錙錘矣，而因得大官，且何地以給之？(呂氏春秋·應言)

到兩漢文獻中就更爲多見了，但仍多爲制度量詞，如：

(22) 一日數戰，無尺寸之功。(史記·淮陰侯韓信列傳)
(23) 言可採取者，秩以升斗之禄，賜以一束之帛。(漢書·楊胡朱梅雲傳)
(24) 彼尋常之汙瀆兮，豈容吞舟之魚！(賈誼《離騷賦》)
(25) 尋常之溝無吞舟之魚。(淮南子·謬稱)
(26) 故能分人之兵，疑人之心，則錙銖有餘。(淮南子·兵略)
(27) 善射者能射遠中微，不失毫釐，安能使弓弩更多力乎？(論衡·儒增)

這一時期甚至有可以用作謂語的，如：

(28) 故九州不可頃畝也，八極不可道里也，太山不可丈尺也，江海不可斗斛也。(淮南子·泰祖)

從這些例子可以看到"量+量"的構詞方式在漢代已經較爲成熟了，並非如劉世儒先生所說的晚至魏晉[1]。而且，兩個量詞的組合表示的語義

---

[1] 劉世儒：《魏晉南北朝量詞研究》，中華書局1965年版，第17頁。

並非量詞的簡單疊加，而是往往發展出新的語義，如"尋常""斗筲""錙銖""尺寸"等。這種構詞法所生成的名詞往往也有興替，有些則一直沿用下來，如"尋常""尺寸""錙銖"等，有些則在量詞發展過程中逐漸消亡。

第三，詞綴化構詞法的形成。

在"名+量"式複合詞中，量詞進一步語法化爲詞綴，組成的新詞一般是名詞性的，其產生與發展也是量詞研究中的重要課題之一。劉世儒先生認爲："（魏晉南北朝）以前，這種構詞法一般說還没有形成。偶然出現幾個零星的例子，也祇能說還是一種'萌芽'，因爲數量太少，又多有問題，還不能形成爲一種範疇。……但到了南北朝，情况就大不同。因爲這是量詞空前發展的時代，而由這種方式構成的合成詞又是如此之多，還說它仍然是'名+名'的構詞法，那顯然是說不通的。"① 王力先生《漢語語法史》接受了這一觀點②，成爲學界主流認識。黄盛璋則認爲《淮南子·氾論》"有輕罪者贖以金分"中的"金分"一例，另外還有"車輛""人口"兩詞，認爲早在漢代"名+量"複合詞已經產生③；但劉世儒提出了質疑④，分析其例證，並不典型，"金分"只是"金一分"的省略；"車輛"之"輛"當爲"軻"⑤。王力先生說："單位詞又可以轉變爲名詞的詞尾，使這個名詞成爲雙音詞。最早的這種雙音詞大概是'人口'。"⑥ "人口"一詞，傳世秦漢文獻已見，但"口"作爲量詞其名詞性很強，而事實上其他量詞用於這類雙音詞兩漢文獻、特別是兩漢簡帛文獻中已經較爲多見，主要有"書卷""車兩"等，如：

（29）此刺之大約，針之極也，神明之類也，口說書卷，猶不能及也，請言發蒙耳，尚疾於發蒙也。（靈樞·刺節真邪）

（30）卷投一善方，始善養性之術，於書卷下，使衆賢誦讀，此

---

① 劉世儒：《魏晉南北朝量詞研究》，中華書局 1965 年版，第 16 頁。
② 王力：《漢語語法史》，商務印書館 1989 年版，第 31 頁。
③ 黄盛璋：《兩漢時代的量詞》，《中國語文》1961 年第 8 期。
④ 劉世儒：《魏晉南北朝量詞研究》，中華書局 1965 年版，第 183 頁。
⑤ 按，先秦兩漢時代稱量車的量詞均用"兩"，後起字"輛"據目前所見文獻，當晚至魏晉纔出現，詳參本書第二章。
⑥ 王力：《漢語語法史》，商務印書館 1989 年版，第 31 頁。

當爲洞極之經竟者。(太平經·已部之三)

（31）書卷上下衆多，各有事，宜詳讀之，更以相足，都得其意，已畢備。(太平經·丙部之十六)

（32）賢聖之心當照其書卷，卷有戒識，惡人爲逆。(太平經·庚部之十)

（33）陽朔二年正月盡十二月吏病及視事書卷。（居延漢簡8.1A）

（34）建武叄年四月以來，府往來書卷。（居延新簡EPT22.409）

（35）告尉謂第廿三候長建國受轉穀到，☐言車兩石斗數。（居延漢簡145.2）

（36）倉穀車兩名籍。（居延新簡EPT52.548）

（37）所受適吏、訾家、部吏卒所輸穀車兩。（居延新簡EPT22.364）

（38）入襄豐車兩載穀石斗。（金關漢簡73EJT7：115）

（39）嗇夫爲出關卒轉車兩人數得米。（金關漢簡73EJT10：406）①

與量詞"分""口"相比，量詞"兩""卷"在當時使用頻率很高，作爲量詞也很典型，因此以上諸例中的"車兩""書卷"爲"名+量"式複合詞無疑。但是，兩漢時代文獻中量詞用於此類複合詞的還很少，祇有"口""兩""卷"幾個，因此量詞詞綴化構詞法獲得發展應當是魏晉以後了。②

2. "AA式"構形法的產生。

量詞的重疊形態"AA式"在漢末譯經中也已經產生了，但只有"處""種"兩個量詞可以用於重疊形式。量詞"處"的重疊形式見於《漢書》，如：

（1）然郡國豪傑處處各有，京師親戚冠蓋相望。（遊俠傳）
（2）自哀、平間，郡國處處有豪傑，然莫足數。（遊俠傳）

---

① 該簡較爲特殊，是一枚"削衣"。
② 《尹灣漢簡》中有"吏員"連用者，學界或將其視爲"名+量"複合詞，但從我們對先秦兩漢量詞的考察來看該時期量詞"員"僅1例，且仍有很強的源名詞"生員"之義，還沒有語法化爲詞綴的可能性，《說文·員部》："員，物數也。"這裏的"吏員"指的是官員的數量。

從所調查文獻來看，量詞"種"的重疊形式僅見於漢譯佛經文獻中，特別多見於後漢支婁迦讖譯經中，如：

（3）是蔡呵祇刹土四面種種人。（支婁迦讖譯《佛説兜沙經》）
（4）都人民種種各異語。（支婁迦讖譯《佛説兜沙經》）
（5）諸人民著無央數種種衣被。（支婁迦讖譯《佛説兜沙經》）
（6）中有稻米大麥小麥及種種穀。（支婁迦讖譯《阿閦佛國經》）
（7）譬如舍利弗種種諸寶其價甚重。（支婁迦讖譯《阿閦佛國經》）
（8）從大海采種種寶當先至誰手中。（支婁迦讖譯《阿閦佛國經》）
（9）是故種種音，受者如甘露。（竺大力共康孟詳譯《修行本起經》）

雖然數量少、使用頻率低，但量詞的重疊形式在句子中可以充當主語、定語、狀語等成份。

二　先秦兩漢數量結構的語法特徵

現代漢語量詞一般不能單獨使用，而是同数词組合成"Num+Cl"結构共同充當句子成分，因此量詞也往往被定義爲"能夠放在數詞後頭的粘著詞"[①]；古代漢語中也是如此，但"Num+Cl"結構的語法功能和現代漢語相比又體現出諸多不同特徵，特別是量詞系統尚未成熟的先秦兩漢時期。先秦兩漢時期數量詞的重疊形式，如"一 AA"式、"一 A 一 A"式等都没有産生，因此以下僅考察其句法特徵。

（一）數量結構的組合能力

與量詞單獨使用相比，數量結構的組合能力非常強，可以同指示代詞、形容詞、表示估量的助詞等組合，在量詞系統剛剛建立的先秦兩漢時期，數量結構已經可以同形容詞、助詞組合。

第一，數量結構與形容詞的組合。

由於諸多量詞是由名詞語法化而來的，遺存有大量來源名詞的特徵，因此往往可以受形容詞的修飾；其中最常見的自然是語法化程度最弱的借用量詞和制度量詞。例如：

[①] 朱德熙：《語法講義》，商務印書館 1982 年版，第 48 頁。

（1）去其滓，飲汁一小杯。（靈樞·邪客）
（2）［走］：非廉、方葵、石韋、桔梗、茋葳各一小束。（馬王堆帛書·養生方 173）

總體來看，先秦兩漢文獻中用例均很罕見。

第二，數量結構與表估量的助詞組合。

先秦兩漢文獻中可以同數量結構組合來表示估量的助詞，主要有"餘""許""所"等，如：

（3）從陳至梁，二百餘里。（戰國策·魏策一）
（4）其上有桑焉，大五十尺，其枝四衢，其葉大尺餘。（山海經·中山經）
（5）去縣十三里許。（越絕書·記地傳）
（6）河水大盛，增丈七尺，壞黎陽南郭門，入至堤下，水未逾堤二尺所。（漢書·溝洫志）
（7）未到匈奴陳二里所，止。（漢書·李廣傳）

表示估量的助詞"餘""許""所"同數量結構的組合均長期沿用。

(二) 數量結構的句法功能

古今漢語中量詞單獨充當句子成分的能力都不強，但"數+量"結構卻具有很強的組合能力，使用頻率很高，以下按照量詞的兩大部類分名量結構和動量結構分別考察。

1. 名量結構的句法功能

"數詞+名量詞"結構在古今漢語中都可以充當定語、述語、主語、賓語、同位語、補語、狀語等多種句子成分，但與現代漢語相比先秦兩漢時期仍具有其獨特之處。[①]

第一是作定語。名量結構結構充當定語修飾名詞，是現代漢語數量詞的主要語法功能，但在先秦兩漢文獻中這種用法還不常見，"Num+Cl+N"結構雖然先秦文獻中已經出現，但直到兩漢時期使用頻率一直很低。

[①] 本部分用例詳參本書第八章第二節，此不贅列；"數詞+動量詞"結構的句法功能用例亦參第八章第二節。

第二是作述語或補語。在先秦兩漢文獻中，充當述語是"Num+Cl"結構的主要句法功能，即"N+Num+Cl"構式；當在句子中"N+Num+Cl"構式位於動詞之後的時候，則"Num+Cl"結構充當句子的補語。無論先秦文獻，還是兩漢文獻中用例都非常多，使用頻率也是最高的。

　　第三是作主語或賓語。名量結構所稱量的中心名詞往往可以承前或因後省略，則該結構在語義上往往是自足的，相當於其稱量的中心名詞，因此在句子中可以充當主語或賓語成分；甚至部分名量結構因爲長期固定使用，而有了詞彙化的趨勢，如"千乘"可以代指小國，"萬乘"則代指大國等。

　　此外，先秦兩漢文獻中名量結構還可以充當狀語、同位語等其他句法成分，但使用頻率較低，顯然並非其主要句法功能。

2. 動量結構的句法功能

　　現代漢語中動量結構的主要句法功能是置於中心動詞之後充當補語，但先秦兩漢時期是動量詞萌芽並獲得初步發展的時代，動量結構不僅可以充當補語，還往往可以充當狀語。

　　第一，作補語。這是古今漢語動量詞同數詞組成的數量結構最爲常見的用法，先秦文獻中動量詞剛剛萌芽，絕大多數情況下祇能做補語。到兩漢時代，仍是如此。

　　第二，作狀語。動量詞發展到兩漢時代，尤其是東漢中葉以後，動量詞同數詞組成的數量結構作狀語的用例逐漸增多，尤其是在漢譯佛經文獻中，但作補語仍佔據主要地位。

　　一直到魏晉時期，動量結構都可以兼作補語與狀語，但前者一直牢牢佔據著主導地位，隨著動量詞語法化的進一步發展，動量結構的位置纔逐步開始固定。

第二節　先秦兩漢量詞歷時發展研究

　　從公元前1300年盤庚遷殷到公元220年曹丕篡漢長達1500多年的歷史發展歷程中，社會制度、經濟文化等各方面都發生了重大變化，語言也隨之迅速發展變化。漢語量詞作爲一個非先在的語法範疇，從無到有，從少到多，從實到虛，逐步發展成熟；更是語言系統中特殊的一類。但同後世尤其是現代漢語中的量詞系統相比較，先秦兩漢量詞系統顯然還遠遠沒有達到完善的程度，語法化程度也還遠不夠深入，多數量詞與源詞類之間仍存在千絲萬縷的聯繫，從而體現出量詞萌芽期和發展期的鮮明時代特色。因此，我們將先秦兩漢量詞系統放在漢語發展史、特別是量詞發展史的歷史長河中進行研究，主要考察以下三個內容：其一，考察漢語量詞在先秦兩漢這一時段的發展；其二，與後世量詞系統，即魏晉南北朝量詞系統和現代漢語量詞系統相比，考察先秦兩漢時期量詞發展的局限性；其三，以出土文獻資料爲核心，參考傳世文獻資料，考察先秦兩漢量詞系統發展的地域性。

一 先秦兩漢量詞的歷時發展

從殷商到漢末的漫長歷史中，漢語量詞系統經歷了從萌芽到發展，再到初步成熟的發展過程，主要體現在以下幾個方面。

（一）名量詞與動量詞兩大類系發展齊備。

名量詞和動量詞是漢語量詞系統的兩大類系。名量詞系統早在商代甲骨文就已經萌芽，但量詞數量少，使用頻率也很低；到西周時期名量詞的數量大幅度增加，使用頻率也大大提高了，直到秦漢時代名量詞系統獲得長足發展，可以說到東漢中葉以後漢語的名量詞系統已經相當成熟。動量詞系統的產生很晚，直到秦代典型的、無可置疑的動量詞仍未見，但到兩漢時代，尤其到了漢末的佛經文獻中，無論專用動量詞還是借用動量詞都較多產生了，動量詞的使用從此開始逐漸成爲一種規範。總之，到兩漢時代漢語量詞的兩大類系已經發展齊備，魏晉時代及其以後的發展祇是在這一框架下進一步豐富、深化與完善。

（二）量詞數量的迅速增加

現代漢語量詞的數量，按郭先珍《現代漢語量詞手冊》中所列量詞爲170個，其中對借用量詞祇收常用的一部分，對時間量詞也祇收了常見幾個。從量詞數量的發展來看，甲骨文中的量詞還很不發達，陳夢家[①]、黃載君[②]、張玉金[③]等都進行了較爲深入詳細地考察。由於各家對量詞的

[①] 陳夢家：《殷虛卜辭綜述》，中華書局1988年版，第94頁。

[②] 黃載君：《從甲文、金文量詞的應用，考察漢語量詞的起源與發展》，《中國語文》1964年第6期。

[③] 張玉金：《甲骨文語法學》，學林出版社2001年版，第19—22頁。

界定、對文意理解等諸多方面的差異，各家的統計也不盡相同，按黄載君統計爲 10 個，按張玉金統計爲 9 個，李若暉①統計爲 7 個，甘露②則統計爲 15 個。如果不包括時間量詞和軍隊編制單位，其實以上各家的研究與統計差別並不大。殷商甲骨文時代，量詞應有 10 個左右。到西周金文中，量詞在數量上獲得了初步發展，按管燮初③統計，西周金文中共有量詞 33 個，大大超過了甲文中量詞的數量。從總體來看，先秦兩漢文獻中量詞的總數達到 339 個之多，其中名量詞 320 個，動量詞 19 個。先秦兩漢量詞數量如此龐大，我們認爲主要有以下四個方面的原因。

第一，先秦兩漢時期是漢語衆多量詞萌芽與興起的時期。在量詞初生的時代，處在特定句法結構中的諸多名詞、動詞等源詞同時開始了向量詞的語法化歷程，但並非所有源詞都具有繼續語法化的條件，如拷貝型量詞在甲骨文中最早產生，到金文中獲得了一定發展，但由於其自身的局限性並沒有進一步語法化的可能性，隨著個體量詞的發展西周以後該類量詞就迅速退出了歷史舞台。有些量詞則是因爲受到本身的語義等諸多因素的限制，也沒有進一步語法化的條件，同樣沒有太強的生命力，在產生之初就往往使用頻率很低，在量詞史中祇是曇花一現，迅速消失了，如漢代產生稱量動物的"足""蹄""蹄蹴""蹄角"，稱量童僕的"手指"等量詞，複雜的表示方式既不符合語言表達明晰性的要求，也不符合簡潔性的要求，所以這類量詞使用頻率一直很低，沒有進一步語法化的基礎，很快就消亡了。④

第二，先秦兩漢時期量詞的擇一過程（specialization）剛剛開始。語法化中的擇一過程（specialization），是指在語法化動因萌生以後在特定語法位置上兩個或兩個以上成分同時開始了語法化，並展開競爭，最終經過篩選后多數被逐漸淘汰，只剩下一個或幾個完成了語法化歷程。在量詞產生之初，由於對量詞所稱量對象觀察角度的不同、採用稱量方式的不同等原因，對同一對象往往可以採用不同的量詞，但語言表達的簡潔性要求同

---

① 李若暉：《殷代量詞初探》，《古漢語研究》2000 年第 2 期。
② 甘露：《甲骨文數量範疇研究》，載《語言文史論叢》，西南師範大學出版社 2000 年版，第 256—258 頁。
③ 管燮初：《殷虛甲骨刻辭的語法研究》，中國科學院 1953 年版，第 25 頁。
④ 但這類量詞也並非徹底不再使用，後世文獻仍偶爾可見，不過是後人仿古或特定修辭需要，並不存在於實際口語中。

類事物最好使用一個量詞，以減少人們記憶的負擔，其他在漫長的歷史發展過程中逐漸不再使用，如稱量"車"的量詞在殷商甲骨文中只能用"丙"，到西周金文中則用"兩"，同時量詞"乘"也產生了，於是量詞"兩"和"乘"展開了競爭；由於戰車制度的原因，在先秦到兩漢的漫長時間中量詞"乘"佔據了主導地位，甚至用於稱量"馬"的量詞"駟"也類推用於稱量"車"，但使用頻率很低，到漢代"兩"用於稱量"牛車"的使用頻率逐漸增加；而隨著戰車退出歷史舞臺，量詞"乘"也喪失了其語義基礎，逐漸被"兩"所取代，魏晉以後增加了形符"車"的新造字"輛"逐漸發展成為漢語中稱量"車"的專用量詞。

第三，量詞的興替。量詞的興替，是指在語法化過程中原有的佔據主要地位的量詞被新興的量詞所取代。如表集體的"把"義的量詞，上古漢語中多用"秉"，而後世逐漸為新興量詞"把"所取代；表示"層次"義的量詞"成"逐漸為新興量詞"層"所取代，等等。詞彙興替的動因一直是漢語史研究的重點和難點，但很多詞彙興替的動因學界仍莫衷一是。

第四，獨特的社會歷史條件原因。語言隨著社會的發展而發展，量詞所修飾的中心名詞如果隨著社會的發展而改變了，那麼往往會影響到量詞的語法化進程。如魏晉以前文獻多是用毛筆書寫在竹簡和縑帛之上的，因此產生了一系列與此相關的量詞，如"簡""牒""編""篇""卷"等，但隨著紙張的發明與廣泛應用，雖然"編""篇""卷"等部分量詞由於習慣使用而流傳下來，但其他一些量詞則隨著簡帛文獻的消亡而消亡了；借用量詞更是如此，如"卣""鼎""匕"等器物不再使用，自然其量詞用法也就消失了。

(三) 量詞內部小類的完善

名量詞早在甲骨文中就產生了，但王力[①]、周秉鈞[②]二先生認為僅限於度量衡單位、容量單位和集體單位，還沒有天然量詞。但發展到兩漢時代，先秦兩漢文獻中自然量詞達到165個，其中語法化程度最高的個體量詞104個，集體量詞61個，名量詞內部系統也完備了。

動量詞雖然產生較晚，但發展到漢末，數量也達到了19個之多。而

[①] 王力：《漢語語法史》，商務印書館1989年版，第25頁。
[②] 周秉鈞：《古漢語綱要》，湖南人民出版社1981年版，第351頁。

且不僅專用動量詞已經產生了，共 14 個；借用的動量詞也有 5 個，動量詞內部系統也完備了。

(四) 量詞的語法化的發展

在殷商甲骨文中，量詞仍搖擺於名詞、量詞之間，尤其是"拷貝型"量詞，如合 00137 反："'俘人十又五人……俘人十又六人。'"又，32042："卯于大甲羌百羌。"又，35211："甲辰，气骨十骨。"對於"N+Num+N"結構中後一個名詞的認識，學界一直存在爭議，王力先生認爲："'人'是一般名詞，不是特別用來表示天然單位的。"① 管燮初則認爲："後面一個人字的詞性已介乎名詞和量詞之間。"② 黃載君也認爲"數詞後加'人'就祇能屬於量詞了"③。我們認爲，以上用例中後面的名詞用以表示事物的計量單位，其語法功能和前面的名詞已經有了明顯的區別，具有了一定量詞的性質，是量詞語法化的初始階段，因此按李宇明說可稱之爲"拷貝型量詞"④，又可以稱之爲"反響型量詞"或"反身量詞"。這一時期數量結構祇能後置於名詞構成"N+Num+Cl"結構，但是畢竟甲骨文中的量詞已經開始了其語法化進程，一方面後一個名詞的語義趨於抽象化，特別是量詞"人"的稱量對象並不限于"人"，而是可以和"羌""伐"等其他名詞配合使用；另一方面後一個名詞句法的自由性也大大減弱了，其位置只能處在數詞之后，不会受形容词的修饰。

到西周金文中，量詞可以直接置於名詞之前，組成"Cl+N"結構。按管燮初先生的統計，西周金文中共有 6 例，因此学界往往认为這種格式可能是數詞加量詞前置於名詞用法，即"Num+Cl+N"結構的開始，值得引起研究者的注意。⑤ 另外值得注意的是西周金文中出現了 1 例疑似"Num+Cl+N"結構，《賢簋》："百畝糧。"但是"畝"屬於度量衡量詞，其稱量對象是土地，而不是糧食，因此"百畝糧"意爲一百畝土地所出

---

① 王力：《漢語史稿》，商務印書館 1980 年版，第 234 頁。
② 管燮初：《殷虛甲骨刻辭的語法研究》，中國科學院 1953 年版，第 25 頁。
③ 黃載君：《從甲文、金文量詞的應用，考察漢語量詞的起源與發展》，《中國語文》1964 年第 6 期。
④ 李宇明：《拷貝型量詞及其在漢藏語系量詞發展中的地位》，《中國語文》2000 年第 1 期。
⑤ 按，黃載君（1964）較早提出了這一觀點，後來李宇明（2000）讚同此說，張延俊（2002）則作了詳細論證；但由於早期用例尚少，該說之證據還有待充實，參張延俊：《也論漢語 "數·量·名"形式的產生》，《古漢語研究》2002 年第 2 期。

產的糧食，可見這還不是真正意義上的"Num+Cl+N"結構。同時，語法化程度不高的"拷貝型"量詞在這一時期不僅仍然存在，甚至比甲骨文中數量更多，使用頻率也更高了，如集成 19.35："俘人萬三千八十一人，……俘牛三百五十五牛，羊廿八羊。"但由於拷貝型量詞在使用中顯然具有很大的局限性，一個名詞使用一種量詞很不經濟，量詞和名詞同形同音既模糊了名量兩種不同詞類之間的界綫，也不合一般的語言聽感。因此，到東周金文中隨著典型的名量詞的發展"拷貝型"量詞就日趨消亡了，僅有 1 例，可見西周時期既是拷貝型量詞的發展期，也是拷貝型量詞向典型量詞過渡的重要時期。

到東周時期，量詞的語法化程度更進一步，雖然"N+Num+Cl"稱數構式在使用量詞的數量表示法中佔據著統治地位，但"Num+Cl+N"結構畢竟已經產生了，如"一簞食，一瓢飲"（論語・雍也）、"一杯羊羹""一壺餐"（戰國策・中山策）、"一甒醴"（儀禮・士冠禮）、"一豆肉"（韓非子・外儲說右上）等，尤其是在寫成於戰國至秦的楚簡中更是達到了 60 多例，而且不限於借用量詞和制度量詞，語法化程度更高的個體量詞和集體量詞佔據了絕大多數。數量結構置於名詞之後作述語時，同名詞的關係往往是不密切的，中間往往可以插入其他修飾性成分，量詞的實詞意味也更強，而前置於名詞時其語法關係就密切起來，量詞的語法化也獲得了飛躍。

到兩漢時期，"Num+Cl+N"結構大量出現，但在數量表示法中"N+Num+Cl"仍佔據絕對優勢。但使用量詞在數量表示法中逐漸佔據了優勢地位，如兩漢簡帛使用量詞的頻率很高，我們對成書時代明確的 23 種漢代簡牘文獻中的稱數構式進行了窮盡性統計，1191 例稱數結構中使用量詞的 597 例，不用的 594 例，用與不用平分秋色。陳近朱對《居延漢簡》中的數量表示法也進行了窮盡性統計，不使用量詞的情況總計 1534 例，而使用量詞的情況則達到了 2746 例[①]。在遣策類文獻中，量詞的運用更爲普遍，如《鳳凰山 167 號墓漢簡》"遣策"簡共有簡 70 枚，其中滙列物品 81 種，其中 1 例物品僅一件而未使用數量詞，7 例採用了"N+Num"構式，其餘 73 例均用量詞；可見量詞的使用在文帝至景帝的西漢早期就獲得了迅猛發展，經過兩漢時期的發展，到漢末文獻中量詞的語法化更進

---

① 陳近朱：《居延新簡》中物量詞和稱數法探析》，華東師範大學碩士學位論文 2004 年。

一步，爲魏晉南北朝時期量詞的繁榮奠定了基礎。

此外值得注意的是，在口語性更强的漢末佛教譯經類文獻中"Num+Cl+N"結構的使用頻率也很高，如"八種道""五種斷意""十種直"（安世高譯《長阿含十報法經》）、"五種苦""六種持""八種道"（安世高譯《佛説四諦經》）等等，但是能夠進入這一結構的量詞數量卻較少；這也表明在實際口語中漢末量詞的語法化程度可能要高於目前所見文獻中的情況。

（五）量詞分工的發展

量詞一旦產生，由於其語源的差異及語法化中的語義滯留，本身就有一定的分工。但在量詞語法化的初期，由於量詞語法化程度不高，量詞數量較少，類推作用導致很多量詞具有一些兼職；隨著量詞語法化的發展，新興的專用量詞的產生，其兼職逐漸被專用量詞替代，量詞的分工也就日趨明晰。

早在甲骨文、金文中，這種分工的趨勢就已經體現出來了，如甲骨文中馬、車均用"丙"來稱量，到金文中馬稱"匹"、而車則多用"乘"；但由於量詞本身不豐富，使用頻率又很低，量詞的分工體現還不清晰。到了兩漢時代，量詞數量大大增加，爲量詞的分工與進一步細化創造了條件，如"條""塊""片"分别稱量不同形狀的物體；"莖""枝"稱量草木的不同部分；"頭""匹""峰（封）"稱量不同的動物，等等。

（六）泛指量詞的迅速發展

在量詞系統中，泛指量詞的語法化程度最高，其源詞義基礎幾乎完全消失，以致其適用對象最爲廣泛，甚至到了幾乎無所不能適應的程度；泛指量詞的發展成熟也是漢語量詞系統的發展成熟的重要標誌之一。

商代甲骨文、西周金文中都没有出現泛指量詞，泛指量詞"枚"的廣泛應用是在漢代初年，如西漢初年的《鳳凰山167號墓漢簡》中凡37見，寫成於西漢文帝至武帝間的《鳳凰山8號墓漢簡》中出現了稱量有生之物"魚"的用例；到兩漢文獻中，泛指量詞"枚"可以稱量"人"以外的各種有生與無生之物。雖然由於文獻性質的原因，泛指量詞"枚"同數詞的組合仍多置於名詞之後，即"N+Num+Cl"構式，但毫無疑問"枚"的實詞性已經消失殆盡，完全語法化爲典型的量詞；同時，另一個泛指量詞"個（个、箇）"也開始了其語法化歷程，雖然在兩漢時期使用頻率很低，但無疑是最有生命力的量詞之一。①

二 先秦兩漢量詞的局限性

量詞並非先在的語法化範疇，先秦兩漢時期量詞系統從無到有，特別是戰國以後漢語量詞系統獲得了迅速發展，部分量詞的語法化也發展迅速。但是，同後世量詞系統相比而言，這一時期的量詞系統還遠遠沒有達到完善的程度。以下我們結合前人及時賢對魏晉南北朝以後量詞系統的研究成果，將先秦兩漢量詞系統置於漢語量詞發展史的框架中，從歷時角度來考察先秦兩漢時期漢語量詞系統的局限性。

（一）名量詞系統的局限性

與動量詞系統相比，先秦兩漢名量詞系統無疑發展迅速，更爲成熟，語法化程度更高，但其局限性也還是非常明顯的。

其一，傳世文獻中量詞的使用頻率還很低。

通過對成書於兩漢時代的《禮記》《論衡》《公羊傳》《穀梁傳》《鹽鐵論》五種文獻中稱數結構的窮盡性調查調查來看，雖然同時代的出土文獻中量詞的用與不用已經平分秋色，但從上表統計數據可以看到，在五種傳世兩漢文獻中使用量詞的比例僅僅佔21.64%，尤其是"Num+Cl+N"結構的使用頻率還很低，2070例稱數結構中僅有17例，僅佔總數的0.8%。如前所述數量結構置於名詞之後作述語時，同名詞的關係往往是不密切的，中間往往可以插入其他成分，可見量詞的語法化程度仍然不高，其實詞性仍然很強，而當數量結構前置於名詞時其關係就密切起來，其語法化也獲得了進一步發展。

表 7-1　　　　傳世兩漢文獻五種數量表示法統計情況

	Num+N	N+Num	NUM 單用	Num+Cl	N+Num+Cl	Num+Cl+N	Num+Cl+之+N	Cl 單用	總計
總計	1244	89	289	317	59	17	19	36	2070
分類總計		1622				448			2070
比例		78.36%				21.64%			100%

---

① 可參李建平、張顯成：《泛指量詞"枚/個"的興替及其動因》，《古漢語研究》2009年第4期；中國人民大學複印報刊資料《語言文字學》2010年第5期全文轉載。

第二，借用量詞的借用範圍較窄。

借用自名詞或其他詞類的借用量詞可以分爲可容型和可附型兩大類型，先秦兩漢時期只有可容型借用量詞，即在這一時代只能借用容載類名詞爲量詞；可附型借用量詞還沒有出現，這也表明借用量詞系統仍未成熟。

第三，量詞的組合能力還較弱。

從句法特徵來看，量詞還不能受指示代詞修飾，即現代漢語常見的"指量"結構還沒有出現；從詞法特徵來看，量詞的重疊形式、詞綴化構詞法剛剛萌芽，適用範圍很小，使用頻率也很低，諸多用例往往也還不典型。

第四，量詞分工還不夠細緻。

雖然總體數量上來看先秦兩漢時期量詞總數已經非常龐大，但從微觀的角度來看其中包括了很多曇花一現的量詞，在實際使用過程中量詞往往還是不敷所需的，而量詞的分工則首先依賴與量詞數量的發展。如現代漢語中稱量"魚"的專用量詞"尾"還沒有產生，因此只能用與牛等其他動物共用量詞"頭"。

第五，綜合稱量法的使用導致表義不清。

在兩漢文獻中，採用劉世儒所謂的"詞彙的稱量法"，如量詞"足"，動物有四足，則"千足羊"（《史記·貨殖列傳》）實際上指的是羊二百五十隻，但顯然這種稱量法容易造成表量的混亂，後世有注解認爲"千足羊"爲羊一千隻；又如用於計牛的量詞"蹄角"，一頭牛有四蹄二角，則蹄角六爲牛一頭，《漢書·貨殖傳》中作："牛千蹄角。"孟康注："百六十七頭也。"顏師古注："百六十七頭牛，則爲蹄與角凡一千二也。言千者，舉成數也。"牛蹄角千，當爲166.7頭牛，約爲167頭，因此顏師古又特別解釋説"言千者，舉成數也"，亦可見其表量的複雜與模糊；其他還有量詞"蹄""蹄角""手指"等。隨著量詞語法化的發展，這類量詞在漢代以後迅速消亡了。[①]

（二）動量詞系統的局限性

先秦兩漢時期動量詞系統的局限表現在三個方面：一是動量詞本身數

---

① 部分文獻中仍然偶見此類用法，則是作者的仿古或者特定修辭用法，實際口語中並不使用。

量還較少，後世常見的很多動量詞還沒有開始其語法化歷程；二是已有的動量詞使用頻率還很低，很多動量詞雖然已經開始了語法化，但往往祇見於特定文獻之中，如中醫文獻、佛教譯經、道教文獻等，使用頻率非常低，甚至很大一部分動量詞僅有寥寥數例而已。無論在出土文獻還是傳世文獻中，數詞和動詞直接結合的稱數構式一直牢牢佔據著絕對優勢的地位；三是動量詞的語法化程度還很低，源詞義的滯留很大程度上限制了量詞的適用範圍，如動量詞"下"雖然已經產生，但僅適用於擊打類具有向下語義的動詞；動量詞"發"多用於與發射義相近的射箭類動詞等。以上各種情況，都可以看出直到東漢末期漢語動量詞的語法化還是很初步的，動量詞語法化真正獲得長足發展當在魏晉南北朝以後。

三 先秦兩漢量詞發展的地域性

傳世先秦兩漢文獻寫成的地域、最終成書的時代往往都很難確定，再加之經過長期輾轉傳抄，對於語言發展地域性的研究一直缺乏可靠的令人信服的資料，而出土文獻特別是簡帛文獻中的簿籍文獻等，由於出土地域及寫成時代的確定性，爲上古漢語發展史的地域性研究提供了嶄新的"同時資料"或"準同時資料"，使得這一研究在今天具備了一定的可能性與可行性。

先秦簡帛文獻從地域上來看，主要有秦簡、楚簡兩大類，而它們寫成的戰國時期則是各國割據的時代，在量詞的發展上特別體現出了較強的地域差異。從楚簡帛和秦簡中量詞的數量來看，楚簡帛所見量詞總計42個，秦簡所見量詞總計爲47個，差異不大。但從其內部分類及其發展來看，其實存在較大差異。

（一）動量詞發展的差異

楚簡中祇有名量詞，沒有動量詞，動量均用數詞和動詞結合來表示，數詞可以置於動詞之前，也可以置於動詞之後；而秦簡中動量詞已經開始萌芽，有"步""課"兩個，雖然還不典型，但卻預示著動量詞系統的產生。

（二）楚簡帛、秦簡中度量衡量詞幾乎完全不同

從秦簡來看，秦地度量衡量詞系統完備，進制明確，使用頻率很高；而楚地簡帛文獻中度量衡量詞所見較少，僅見於《九店楚簡》等幾批特殊的文獻中。形成這種差異的原因主要有兩個方面：其一，秦簡多法律類

文獻，在法律條文中特別強調度量衡量詞的準確性；而楚簡多遣策類文獻和典籍類文獻，前者一般更多涉及個體量詞、集體量詞和借用量詞，而非度量衡單位；後者則往往與數量無關，較少出現稱數結構。其二，春秋戰國時期楚國和秦國分別採用了不同的制度量詞系統，而由於秦國統一全國以後採用統一度量衡制度的原因秦國的制度長期沿用下來，今天我們對此更爲明確[①]。

(三) 數量表示法發展的差異

從數量表示法的發展來看，秦楚兩地最爲明顯的是後世常用的"Num+Cl+N"結構在秦簡中未見，而楚簡中則達到了62例之多。從對稱數構式的統計來看，楚簡雖然"Num+Cl+N"結構大量出現，但總體說來使用量詞的情況其實僅佔數量表示法總數的20.2%，數詞和名詞或形容詞直接結合的稱數構式仍然牢牢佔據著絕對優勢的地位。而秦簡中雖然"Num+Cl+N"結構僅有2例，但在數量表示法中使用量詞的情況居然佔據了49.1%，和不用量詞的情況持平。可見在標誌著量詞語法化發展的"Num+Cl+N"結構上雖然楚簡更爲多見，但在量詞的使用頻率上秦簡則發展更快，反映出秦地和楚地量詞的發展並非同步的，而且各有特色，而不同地域量詞語法化的速度並沒有可比性。[②] 兹將其稱數方式對比如下：

表 7-2　　　　　先秦簡帛文獻物量表示法對照情況

稱數構式	Num+N	N+Num	Num+adj	Num單用	Num+Cl	N+Num+Cl	Num+Cl+N	Cl單用	Cl+N	總計
楚簡帛	1095	67	21	3	24	192	62	0	23	1487
秦簡	328	62	5	38	273	106	2	29	7	850

兩漢時期是國家大一統的時代，傳世文獻資料的地域色彩更不明顯，從出土文獻來看也缺乏足夠的支持地域性研究的資料。出土地域明確簡帛文獻如出土於湖南長沙的馬王堆漢墓帛書、出土于湖北的江陵鳳凰山漢

---

① 楚秦簡帛文獻量詞發展的地域性問題，詳參李建平《從楚秦簡帛文獻看先秦漢語數量詞發展的地域特徵》，《廣西社會科學》2010年第2期。

② 秦簡包括戰國秦簡和秦統一后的秦簡，後者的寫成時代自然略晚於戰國楚簡，但我們認爲這部分簡牘數量較少，且和前者之間的時間跨度並不大，因此不影響地域性對比研究的結論。

簡、出土于山東臨沂的銀雀山漢簡等，多爲書籍和法律類文獻，其語言特徵本身與出土地域沒有關係。學界研究較多的西北漢簡，或有學者認爲可以作爲西北方言的研究資料，但這些文獻性質多爲簿籍，其作者多爲戍守西北的軍人，由於往往涉及到日常用品的數量而有較多量詞使用，從而爲量詞史研究提供了豐富的可靠的資料，但是值得思考的是兩漢國家大一統的歷史背景下大量西北簡能否反映西北地區的語言呢？我們認爲答案是否定的，原因在於：其一，當時的戍守西北地區的士兵並非西北地區本地人，絕大多數從中原各地調配到西北戍守邊疆的，出土簡牘中也可見戍守官兵和原籍家人朋友的來往書信，即使從這些口語性很強的書信來看也沒有太多的方言色彩；其二，戍守的官兵和本地人聯繫可能並不密切，軍隊系統自身具有相對的獨立性，從現代漢語方言來看往往會形成相對獨立的方言島，其語言受西北本地方言的影響較小；其三，簡牘文獻所使用的語言雖然會有較強的口語色彩，但並非西北本地（即駐扎地）的方言，而是一般會使用當時的通語系統。

附：先秦兩漢量詞總表

（總計 339 個）

一　先秦兩漢名量詞總表（320 個）

表 1　　　　　　　　先秦兩漢個體量詞總表（104 個）

個體量詞	泛指型 （2 個）		1. 枚（攰）2. 個（个/介/箇）
	外形 特徵型 （29 個）	點狀	1. 顆（果）2. 丸（完/垸）
		綫狀	1. 條（攸）2. 梃（挺）3. 脡（挺）4. 朐 5. 膊 6. 給
		面狀	1. 片（半）2. 丿 3. 鈑（反）
		塊狀	1. 塊（塊）2. 欚（胯）
		動狀	1. 封$_1$ 2. 通 3. 張 4. 合$_1$ 5. 編 6. 篇（扁）7. 卷 8. 章 9. 闋 10. 終$_1$（夂）11. 騎 12. 被（披）13. 裁（戈）14. 乘$_1$（轏/軿）15. 就（㫃）16. 帀（匝）

續表

個體量詞	非外形特徵型(65個)	替代型	1. 頭 2. 元 3. 足 4. 蹄 5. 皮 6. 口 7. 封$_2$（峰）8. 本 9. 莖 10. 枝 11. 領（令）12. 媵（滕/鍒）13. 錞 14. 蹄躈 15. 蹄角 16. 手指 17. 樹 18. 木 19. 衣 20. 桓
		憑藉型	1. 牒 2. 簡 3. 札 4. 所 5. 處 6. 區$_1$
		專指型	（一）運載類 1. 兩$_1$（輛）2. 馴 3. 丙 4. 艘（榜/槱/廋） （二）人員類 1. 人 2. 夫 3. 伯（白）4. 員 （三）動植物類 1. 匹$_1$ 2. 章 （四）等級類 1. 等 2. 級 3. 石$_1$ （五）層次類 1. 成$_1$ 2. 層 3. 重 4. 辟 5. 襲 6. 增 7. 絫$_1$ （六）言語類 1. 首 2. 句 3. 言 （七）種類類 1. 品 2. 種（稺）3. 類 4. 畤 5. 般 6. 名 7. 科 8. 門 （八）片段類 1. 斷（節）2. 節 （九）物品類 1. 物 2. 事 3. 味 4. 件 5. 款（叙）6. 隻
	拷貝型(8個)		1. 羌 2. 骨 3. 羊 4. 牛 5. 田 6. 旅（櫓）7. 諴 8. 邑

表 2　　　　　先秦兩漢集體量詞總表（61個）

集體量詞	外形特徵型(20個)	動狀(15個)	手動類	1. 秉$_1$ 2. 把 3. 匊 4. 握 5. 掊 6. 撮（附：三指撮、三指一撮、三指大撮、三指小撮、三指撮到節、三指撮至節、三指三撮）
			飲服類	1. 哈 2. 服
			包束類	1. 裹 2. 束$_1$ 3. 菐
			其他類	1. 積 2. 分 3. 劑 4. 算（筭）
		線狀(5個)		1. 列 2. 行 3. 隊 4. 佾 5. 貫
	非外形特征型(41個)	特約型(30個)	特定數量類	"二"類：1. 朋 2. 縠 3. 兩$_1$ 4. 丙 5. 雙 6. 偶 7. 合 8. 純 "四"類：9. 乘$_2$ 10. 馴$_2$ "十"類：11. 秉$_2$ 12. 緷 13. 區$_2$ "十二"類：14. 發 15. 束$_2$
			專用類	絲織類：1. 襚 2. 升 3. 稯$_1$ 4. 纑 5. 絨 6. 紀 7. 紽 8. 緎 禾麻類：9. 筥 10. 稯$_2$ 11. 秅 12. 秭 13. 絜 樂器類：14. 堵 15. 肆
		專指型(11個)	套組類	1. 稱 2. 襲 3. 真 4. 具
			家庭類	1. 戶 2. 家 3. 室
			群體類	1. 群 2. 輩 3. 曹 4. 部

表3　先秦兩漢借用量詞總表（70個）

借用量詞	泛指型（2個）			1. 器 2. 盛
	容器型（64個）	專用類（27個）	酒器類（6個）	1. 卣 2. 爵 3. 樽 4. 卮 5. 觴 6. 觚
			食器類（15個）	1. 豆 2. 敦 3. 鑊 4. 鼎 5. 壺 6. 盂（于） 7. 簋 8. 槀 9. 椑 10. 勺 11. 瓢 12. 杯（桮/棓/音） 13. 盞 14. 櫼（黨） 15. 銂
			糧食類（2個）	1. 囷 2. 倉
			醫用類（4個）	1. 刀圭（刀） 2. 匕 3. 方寸匕 4. 錢匕
		泛用類（37個）	竹器類（17個）	1. 簹 2. 筐（匡） 3. 筥 4. 筹 5. 簧（杭） 6. 簞（單） 7. 簀 8. 篋 9. 笥（司） 10. 籃（甹） 11. 籲（籔/籔） 12. 箕 13. 落（客） 14. 筲 15. 篚 16. 籠（寵） 17. 筥（傷/桎）
			陶器類（10個）	1. 缶（砪/坯） 2. 罌 3. 瓶（甁） 4. 甂 5. 瓪 6. 垳 7. 甌 8. 甕 9. 瓷 10. 甑
			其他類（10個）	1. 樻 2. 奤 3. 函 4. 柏 5. 棺 6. 畚 7. 隩 8. 枰 9. 襫 10. 蘽（絫/纍）
	載體型（4個）			1. 車 2. 載 3. 乘₃ 4. 輿

表4　先秦兩漢制度量詞總表（85個）

制度量詞	度量衡量詞（53個）	度制量詞	1. 分₁ 2. 寸 3. 尺 4. 丈 5. 尋 6. 仞 7. 咫 8. 步₁ 9. 跬 10. 武 11. 墨 12. 常 13. 扶（膚） 14. 里 15. 毫 16. 髮 17. 釐 18. 舍 19. 圍（韋） 20. 程
		量制量詞	1. 石₂（大石、小石） 2. 斛 3. 斗（大斗、小斗） 4. 參 5. 升 6. 合₂ 7. 龠 8. 撮₂ 9. 圭 10. 秉₃ 11. 籔 12. 豆 13. 區₃ 14. 釜（鬴） 15. 鍾 16. 庾 17. 筲 18. 桶（甬） 19. 敠 20. 桊（卷/券） 21. 盆
		衡制量詞	1. 石₃（秬） 2. 鈞（勻） 3. 斤 4. 鎰（益/溢） 5. 兩 6. 銖 7. 分₂ 8. 錘（垂） 9. 錙 10. 鍰（鋝/垸） 11. 鼓 12. 絫₂
	面積量詞（19個）		1. 頃 2. 畝 3. 町 4. 畛 5. 畹 6. 石₄ 7. 畦 8. 步₂ 9. 堵 10. 版（板） 11. 成₂ 12. 終 13. 井 14. 通 15. 同 16. 圻 17. 邑 18. 丘 19. 雉
	貨幣量詞（5個）		1. 錢（泉） 2. 布 3. 金 4. 分₃ 5. 貫₂
	布帛及其他量詞（8個）		1. 匹₂ 2. 兩₂ 3. 純 4. 端 5. 幅 6. 束₃ 7. 制 8. 度

二　先秦兩漢動量詞總表（19個）

專用動量詞 （14個）	計數類	1. 通 2. 遍 3. 度 4. 過 5. 反（返） 6. 發
	伴隨類	1. 匝 2. 周 3. 重
	短時類	1. 伐 2. 下
	中醫類	1. 壯 2. 行 3. 合$_3$
借用動量詞 （5個）	同源類	1. 步 2. 課
	工具類	1. 針 2. 痏 3. 拳

第八章

先秦兩漢數詞與數量表示法研究

　　現代漢語中，量詞最突出的語法特點是一般不能單獨使用，而是先跟數詞組合成爲數量短語，或跟指示代詞組成指量短語，共同來充當句子成分；因此往往被稱爲"放在數詞後頭的粘著詞"①。邢福義先生也認爲"數詞和量詞的定型組合，相互規約，決定了數量詞系統的'數不離量，量不離數'的基本面目，決定了數量詞系統的'數量相伴，共同外向'的基本功能"②，可見數詞是和量詞緊密相關的一個詞類，特別是先秦兩漢時期指量結構還沒有產生，和數詞組成數量短語是量詞的主要語法功能，因此該時期數詞系統的研究以及數詞、量詞及其所修飾限定的名詞或動詞之間的相互組合關係的研究，對量詞語法化的程度、量詞的語源乃至漢語量詞起源動因的研究都具有決定性作用，本章對先秦兩漢時期的數詞和數量表示法系統展開全面整理與研究。

第一節　先秦兩漢數詞研究

　　先秦兩漢時期是漢語數詞系統從萌芽、發展到基本成熟的時代，正如王力先生所說："漢語的數詞屬於基本詞彙之列，所以幾千年來很少變化。但是，也不能說是一成不變的。有些數詞和稱數法曾經起過變化。"③從歷時的角度來看，早在甲骨文中漢語就有了較爲完整的基數詞系統，在後世發展中雖然總體沒有太大變化，但歷代也存在一些差異，如從殷商時

---

① 朱德熙：《語法講義》，商務印書館 1982 年版，第 48 頁。
② 邢福義：《現代漢語數量詞系統中的"半"和"雙"》，《語言教學與研究》1993 年第 4 期。
③ 王力：《中國語法理論》，商務印書館 1947 年版，第 82 頁。

代到戰國時期連接成份"又/有"的消亡,後世連接成分"單""零"的興起與更替等;序數詞、複數表示法、序數表示法、分數表示法等則更是豐富多彩、變化紛呈。

僅就先秦兩漢時期來看,從殷商甲骨文到西周金文、再到春秋戰國時期,數詞從簡單的形式逐漸變得豐富多彩起來,基數、復數、序數、倍數、分數等表達方式都逐一產生、發展並逐步成熟起來,直到兩漢時期漢語的數詞系統已經基本定型了。

一 基數詞

所謂基數,是指普通的整數。漢語從商代甲骨文時期開始,就有了較爲完整的基數詞體系,常用的數詞從"一"到"十"以及"百""千""萬"等均已齊備,總體來看和後世差別不大,先秦兩漢時期基數詞中最重要的發展變化是連接成份"有(又)"的消亡。

甲骨文中,下位數和上位數之間常常使用連接成份"有(又)"或"㞢",例如合 324:"甲午卜,鼎(貞):翼(翌)乙未㞢于且(祖)乙羌十㞢(又)五,卯牢㞢(又)一牛。"但是這個連接成分卻不是必不可少的,甲骨文中往往也可以不用連接成分,如合 32504:"辛卯卜:又十五伐且(祖)乙。"劉利[1]、向熹[2]、郭錫良[3]諸先生考察了傳世先秦文獻中數詞的發展情況,認爲這種使用連接成分的表數方式笨重而原始,殷代以後就逐漸減少,到戰國時期的實際口語中已經少用。但張顯成師、李建平根據秦簡和楚簡中的情況考察提出其實連接成分的發展有地域差異,在戰國至秦統一后的秦簡中連接成分已經完全消失,而楚簡中卻大量使用,甚至在數詞同名詞或量詞直接結合的時候佔據了絕大多數,而在"上位數+名詞/量詞+下位數+名詞/量詞"格式中連接詞的使用就大大減少了,說明正是在這種繁瑣笨重的格式中連接詞逐漸少用乃至消亡的。連接成分的消失在秦地發展更爲迅速,而秦統一后的書同文政策以及漢承秦制,使得連接成分在兩漢時期無論傳世文獻還是出土文獻中就幾乎徹底消失了。[4]

---

[1] 劉利:《〈國語〉稱數法研究》,《徐州師範學院學報》1993 年第 4 期。
[2] 向熹:《簡明漢語史》,高等教育出版社 1998 年版,第 35 頁。
[3] 郭錫良:《先秦稱數法的發展》,載《漢語史論集》,商務印書館 2005 年版,第 4 頁。
[4] 從出土文獻來看,在基數詞中連接詞的用與不用、數詞別體(包括積畫、合文、繁寫等)的發展也值得研究,詳參張顯成、李建平《簡帛量詞研究》,中華書局 2016 年版。

二　序數詞

上古早期，後世常用的表序數的詞頭"第"並沒有產生，因此常用的序數表示法大多使用基數詞表示、或者基數詞同其他詞語配合來表示。從出土文獻看，序數詞"第"當產生於秦統一前後，但它從產生到廣泛應用則經歷了一個較爲長期的過程。

1. 常見序數表示法

在序數詞"第"產生之前，上古漢語中常見的序數表示法主要有以下幾種：

一是"數詞+曰"，往往用於列舉中的序數表示，如：

（1）一曰貌，二曰言，三曰視，四曰聽，五曰思。（尚書・洪範）

（2）故政不可不慎也，務三而已：一曰擇人，二曰因民，三曰從時。（左傳・昭公七年）

（3）以荒政十有二聚萬民：一曰散利，二曰薄征，三曰緩刑，四曰弛力，五曰舍禁，六曰去幾，七曰眚禮，八曰殺哀，九曰蕃樂，十曰多昏，十有一曰索鬼神，十有二曰除盜賊。（周禮・地官・大司徒）

二是直接用基數詞來表示序數，用途更爲廣泛，如：

（4）五月南巡守，至於南嶽，如岱禮。八月西巡守，至於西嶽，如初。十有一月朔巡守，至於北嶽，如西禮。（尚書・堯典）

（5）爵：一級曰公士，二上造，三簪嫋，四不更，五大夫，六官大夫，七公大夫，八公乘，九五大夫，十左庶長，十一右庶長，十二左更，十三中更，十四右更，十五少上造，十六大上造，十七駟車庶長，十八大庶長，十九關內侯，二十徹侯。（漢書・百官公卿表）

三是用"初/次+數詞"來表示序數，亦多用於列舉中的序數，如：

（6）初一曰五行，次二曰敬用五事，次三曰農用八政，次四曰

協用五紀，次五曰建用皇極，次六曰乂用三德，次七曰明用稽疑，次八曰念用庶征，次九曰向用五福，威用六極。(尚書·洪範)

四是用"伯""仲""叔""季"等表示兄弟排行中長幼的次第，如：

(7) 予一二伯父尚胥暨顧，綏爾先公之臣服於先王。(尚書·顧命)

(8) 王曰："嗚呼！念之哉。伯父、伯兄、仲叔、季弟、幼子、童孫，皆聽朕言，庶有格命。"(尚書·呂刑)

五是用"大（太）上""其次"等詞來表示序數，如：

(9) 大上，下知有之。其次，親而譽之。其次，畏之。其次，侮之。(老子·第十七章)

(10) 大上有立德，其次有立功，其次有立言。(左傳·襄公二十四年)

(11) 大上無敗，其次敗而有以成，此之謂用民。(墨子·親士)

此外，還可以用"上、中、下"表示，如《老子》第四十一章："上士聞道，勤而行之；中士聞道，若存若亡；下士聞道，大笑之，不笑不足以爲道。"又，"初""正""上""元"等詞也可以用來表示"第一（次）"，此不贅述。

2. 詞頭"第"的來源及其產生時代①

現代漢語表示序數時，一般要使用序數詞"第"，上古漢語則用基數詞直接表示序數，而不用序數詞"第"。關於序數詞"第"產生時代及其語法化歷程問題一直是漢語語法史研究的重點和熱點之一，但卻仍聚訟紛紜，學界目前有先秦說、漢代說、晉代說三種觀點：

一是先秦說。潘允中最早提出："（詞頭"第"）來源很古，如《論語》的編排'學而第一'、'爲政第二'、'八佾第三'、'里仁第四'等

---

① 本節部分刊發於《序數詞"第"產生的時代及其語法化——兼論"第一"詞彙化的時代與動因》，《古漢語研究》2014年第4期；此處增加了湖南里耶秦簡等部分新出文獻材料。

等。"① 但王力先生指出:"先秦諸子每篇標題,往往標爲某某第一,某某第二。這恐怕是後人所加,不足爲據。"② 潘先生在《漢語語法史綱要》中接受了王力先生的觀點,認爲:"古書如《論語》《墨子》《呂氏春秋》等的目錄中也有第一、第二、第三……字樣,但這究竟是原有的還是後人加的一時無法弄清,所以暫不爲據。"③ 從出土文獻來看,定州漢墓竹簡《論語》是目前所發現的最早的《論語》抄本,總計 620 多枚,録成釋文總計 7576 字,約爲今本《論語》的二分之一,殘存最多的爲《衛靈公》,凡 694 字(今本該篇爲 904 字),可達今本的 77%,各篇均無篇名,更無次第標示,可見傳世先秦文獻中的這些序數詞用例,的確是不可靠的。

二是漢代説。向熹先生提出:"到了漢代,表示序數的'第'產生,漢語開始有了固定的序數形式。"④ 最早例證爲《史記·陳丞相世家》:"於是孝文帝乃以絳侯勃爲右丞相,位次第一;徙平爲左丞相,位次第二。"其次爲班固《漢書·叙傳》:"我德如風,民應如草,國富刑清,登我漢道,述文紀第四。"但王力認爲《史記》一例中"第"仍是名詞"次第"義⑤,潘允中也認爲:"'第一'的本義是位次排在最先的意思,還不一定就是序數。"但又指出:"可是像《史記·太史公自序》中的'作五帝本紀第一'、'作夏本紀第二'、'作殷本紀第三'、'作周本紀第四'等,就顯然用'第'字爲序數的標誌了。"⑥《大字典·竹部》:"詞綴。用在整數數詞前邊,表示順序。"書證也正用《史記》此例。

三是晉代説。王力先生認爲上古的用例多不足爲據,提出:"'第'字真正用作序數的詞頭,大約在晉代以後(或較早)。"⑦ 例證爲《世説新語·方正》:"尚書郎正用第二人。"《品藻》:"我何如卿第七叔。"

綜合傳世文獻和出土文獻用例來看,其實表序數的詞頭"第"在秦代就已經產生了,西漢中葉進一步語法化,到東漢初期臻於成熟,在東漢文獻中已經獲得了廣泛使用。序數詞"第"是由其名詞"次第"義語法

---

① 潘允中:《漢語語法史概要》,中州書畫社 1982 年版,第 110 頁。
② 王力:《漢語語法史》,商務印書館 1989 年版,第 22 頁。
③ 潘允中:《語法史剛要》,中華書局 2008 年版,第 249 頁。
④ 向熹:《簡明漢語史》(修訂本下),商務印書館 2010 年版,第 58 頁。
⑤ 王力:《漢語語法史》,商務印書館 1989 年版,第 22 頁。
⑥ 潘允中:《語法史剛要》,中華書局 2008 年版,第 249 頁。
⑦ 王力:《漢語語法史》,商務印書館 1989 年版,第 22 頁。

化而來的，王力先生提出："'第'最初是個名詞（次第），表示功勳的名次，或爵位的位次。"① 對於序數詞"第"的語源及其語法化的動因與機制，學界一般認識是一致的：由於"第"用作名詞"次第"義時，往往和數詞連用，在這一語法位置、特定的語言環境或語篇中"第"的實詞義逐漸弱化，"第+數"結構由"名詞+數詞"結構被重新分析爲"序數詞+數詞"結構。

由於語法化的漸變性和漢語缺乏明確形態標誌，早期諸多用例中"第"的性質往往很難界定，如《史記·陳丞相世家》："於是孝文帝乃以絳侯勃爲右丞相，位次第一；徙平爲左丞相，位次第二。"向熹先生認爲是序數詞，而王力、潘允中二先生則認爲仍然是名詞。從語境來看，"第"同"位次"連用，其名詞"次第"義還是很明顯的，如《史記·平津侯主父列傳》："太常令所征儒士各對策，百餘人，弘第居下。策奏，天子擢弘對爲第一。"這裏"第一"中的"第"顯然同"弘第居下"的"第"都是名詞"次第"之義。又如《史記·蕭相國世家》："列侯畢已受封，奏位次，皆曰：'平陽侯曹參身被七十餘創，攻城掠地，功最多，宜第一。'""第一"中的"第"同前面的"位次"相呼應，顯然也是"次第"之義。

但當"第+數"結構用於列舉而獨立使用表示序數時，"第"的"次第"義弱化，就開始語法化爲序數詞了，如潘允中先生認爲《論語》"學而第一""爲政第二"等文中的"第"爲序數詞，而王力先生則認爲"後人所加，不足爲據"，但另一方面也就都承認了這種結構中的"第"爲序數詞。根據這一判定標準，目前所見序數詞"第"最早見於秦簡中，嶽麓書院藏秦簡中的"内史郡二千石官共令"簡共8枚，分別標注了干支編序，即"第甲"（0355）至"第庚"（0617），這種編序中的"第"自然爲序數詞無疑，如：

（1）内史郡二千石官共令。第甲。（簡0355）内史郡二千石官共令。第乙。（簡0690）内史郡二千石官共令。第丙。（簡0522）内史郡二千石官共令。第丁。（簡0351）内史郡二千石官共令。第戊。（簡0465）内史郡二千石官共令。第己。（簡0316）内史郡二千石官

---

① 王力：《漢語語法史》，商務印書館1989年版，第22頁。

共令。第庚。(簡 0617)

又,《嶽麓秦簡》1521:"內史户曹令。第甲。"但未見其他相關簡牘公佈。2002 年出土於湖南里耶的《里耶秦簡》中也有類似用例,如簡 8—1363:"第一:人病少氣者惡聞人聲。"1993 年於河南省永城市芒碭山西漢早期梁國王陵永城梁孝王李后墓出土塞石近三千塊,共刻一萬餘字,或表示宮室方位,或表示施工程式等等,如:"西宮東北旁第二二。/第二北。/第二北。/西宮東北旁第二一。/第一北,/第一北。/西宮東北旁第一三。"此外,成書於西漢晚期成帝時的《尹灣漢簡》中的《元延二年日記》的簡首編緺上面部分,也寫有順序編號"第一""第二""第三""第四"等。總之,"第"用作序數詞,秦簡用例是目前所見之最早用例,西漢早期用例已經逐漸多見。

值得注意的是,戰國早期的曾侯乙墓出土的鐘磬銘文中有 20 多個序號,都是用基數詞直接表示序數的,如"十三"(C.53.上.10 首)、"十八"(C.53.上.11 首)、"廿"(C.53.上.12 首)等等。可見序數詞"第"的產生應當是在秦末漢初以前,戰國早期以後。

當"第+數"結構後面出現名詞時,"第"的詞頭性質就更爲無可置疑了,潘允中先生認爲:"序數後而直接接上名詞,如'第一人'、'第二名'之類的用法,卻起源於中古漢魏六朝時期。"所舉最早例證爲《焦仲卿妻》:"云有第三郎,窈窕世無雙。"① 王力先生所舉最早則是晉代《世説新語》中的"第二人"(方正)、"第七叔"(品藻)②。向熹先生所舉最早爲成書於東漢中葉的王充《論衡·吉驗》:"光武帝,建平元年十二月甲子,生於濟陽宫後殿第二内中。"③ 太田辰夫先生所舉最早則爲寫成時代約在東漢明帝、章帝時期的《吴越春秋·勾踐陰謀外傳》:"乃行第一術。""善哉第二術也。"④

其實"第+數+名"結構早在西漢也已經出現了,但更多見於出土文獻中,只是傳世文獻較爲少見。出土文獻最早見於西漢武帝元鼎元年

---

① 潘允中:《漢語語法史概要》,中州書畫社 1982 年版,第 110 頁。
② 王力:《漢語語法史》,商務印書館 1989 年版,第 22 頁。
③ 向熹:《簡明漢語史》(修訂本下),商務印書館 2010 年版,第 58 頁。
④ 太田辰夫:《中國語歷史文法》,蔣紹愚、徐昌華譯,北京大學出版社 2003 年版,第 142 頁。

（公元前 116 年）的《徐州龜山楚王墓塞石刻銘》："第百上石。楚古屍王通於天。述葬棺郭，不布瓦鼎盛器，令群臣已葬去服，毋金玉器。後世賢大夫，幸視此書。目此也，仁者悲之。"據考證，刻銘所説的楚王爲西漢時楚國第六代諸侯王劉注，該例也是目前我們所見最早用例。傳世文獻則最早見於寫成時代約在武帝征和二年（公元前 91 年）的《史記·張丞相列傳》："（車丞相）有男四人，使相工相之，至第二子，其名玄成。"

從簡帛文獻來看，西漢時期"第+數+名"式使用已經非常廣泛，僅從有明確紀年的簡牘文獻看，最早爲武帝征和年間（公元前 92 年至公元前 89 年）到西漢末，均很常見，如：

（2）出糜小石十二石，征和三年十月丁酉朔丁酉，第二亭長舒付第七亭長病已，食吏卒四人。（居延漢簡 275.20）

（3）入糜小石十二石爲大石七石二斗，征和五年正月庚申朔庚，通澤第二亭長舒受部農第四長朱。（居延漢簡 273.9）

（4）入糜小石十四石五斗，始元二年十一月戊戌朔戊戌，第二亭長舒受代田倉監都、丞延壽臨。（居延漢簡 273.24）

（5）入糜小石十四石五斗，始元三年正月丁酉朔丁酉，第二亭長舒受代田倉監。（居延漢簡 148.47）

（6）第廿六、廿五倉五鳳五年正月穀出入簿。（居延漢簡 101.1）

（7）陽朔元年三月乙亥，第十候長博謂第十六隧長良府調卒隧一人詣殄北。（額濟納漢簡 99ES16SF3：1）

（8）建平五年九月乙亥，第七隧卒周詡。（額濟納漢簡 2000ES7SF1：1.A）

"第+數+名"結構在寫成於西漢中期到東漢前期的漢代簡帛文獻中使用是非常普遍的，特别是大量烽燧的序數，均用"第+數+隧"的形式，没有用基數詞直接表序數的，如"第十三隧長王良"（額濟納漢簡 99ES16ST1：13）、"第十五隧長李嚴"（居延漢簡 3.26）、"第十八隧長田惲"（居延新簡 EPT6.81）等等。可見早在東漢前期，"第"從名詞到序數詞的語法化過程已經初步完成。

"第+數+量"式是在"第+數+名"式影響下而產生的，向熹先生認爲産生於中古，最早例證爲東晉法顯《法顯傳》三："第二層作師子形，有四百間；第三層作馬形，有三百間。"① 其實這一結構在西漢中期到東漢前期的簡帛文獻中也已經出現了，如：

（9）守望亭北平第九十三町，廣三步，長七步，積廿一步。（居延漢簡 303.17）
（10）□言不敬，譙，非大不敬。在第三卷五十。（居延新簡 EPF22.416）
（11）即聞第一輩起居，雖從後遣橐佗馳告之，竊慕德義。（敦煌漢簡 40）
（12）即轉中，至第三節。（敦煌漢簡 1545）

甚至時間量詞也已經可以進入這一結構，如《居延漢簡》70.7："入茭十束，第十日付屯君。"《居延新簡》EPT49.49："第十三、廿三日庚寅，十一日癸卯。"

隨著量詞的語法化，數量詞作定語的"第+數+量+名"結構早在西漢也已經産生了，向熹先生認爲産生於中古，最早例證爲南朝齊求那毗地譯《百喻經·三重樓喻》："不造第二，云何得造第三重屋？"從有明確紀年的簡牘文獻看，最早見於西漢元帝建昭二年（公元前 37 年），如：

（13）第四積茭四百一石廿五斤，建昭二年□（居延新簡 EPT50.162）
（14）第廿二積茭千石，永始二年伐。（居延漢簡 4.35）

寫成於西漢中期到東漢前期的簡帛文獻中就已較爲多見，如：

（15）出第廿五積茭六百五十三石。（居延漢簡 59.3）
（16）第廿六兩帛五匹二尺，直千。（居延漢簡 522.2）
（17）羸瘦困亟，閒以當與第一輩兵俱去，以私泉獨爲糶穀。（敦煌漢簡 39）

---

① 向熹：《簡明漢語史》（修訂本下），商務印書館 2010 年版，第 311 頁。

(18) 促信第一輩兵天滅，往令戍部，吏士饑餒，複處千里，艱水草，食死畜，因（敦煌漢簡 148）

(19) 第一輩兵出千八十人。（敦煌漢簡 155）

(20) 臣私幸得還，且從第一輩兵出。（敦煌漢簡 972）

從傳世文獻看，"第+數+名"結構在傳世東漢文獻如《新論》《潛夫論》《太平經》等較爲多見，而"第+數+量"結構、"第+數+量+名"結構均仍很罕見，這與出土簡帛、石刻文獻的口語化程度更高是相適應的。

3. "第一"的詞彙化

隨著序數詞"第"的語法化，"第+數"式的使用頻率越來越高，尤其是"第"和數詞"一"的組合，本來表示"等第次序居首位或首位的"，由於綫性序列上的相連和長期反復的使用，二者之間的界限逐漸模糊，可以表示"程度最深""最重要"之義，正如索緒爾在討論粘合現象產生的心理機制時所言："當一個複合的概念用一串極其慣用的帶有意義的單位表達的時候，人們的心理就會像抄小路一樣對它不作分析，直接把概念整個附到那組符號上面，使它變成一個單純的單位。"①《大詞典》"第一"條："形容程度最深；最重要。"書證爲北魏賈思勰《齊民要術·養羊》："常以正月、二月預收乾牛羊矢，煎乳第一好：草既灰汁，柴又喜焦；幹糞火軟，無此二患。"

從簡帛文獻來看，從西漢末到東漢早期開始，"第一"已經開始了其詞彙化歷程，如：

(1) 出都內第一七稯布廿八。（居延漢簡 520.19）

(2) 第一皁（皂）單衣八百領。（居延漢簡 504.19）

(3) 官第一六石具弩一，今力四石卌三斤，射百八十五步，完。（居延漢簡 36.10）

(4) 官六石第一弩，今力四石卌斤，傷兩淵，可繕治。（居延漢簡 36.11）

---

① 索緒爾：《普通語言學教程》，高名凱譯，岑麒祥、葉蜚聲校注，商務印書館1980年版，第249頁。

以上用例中"第一"的"等第"義還較明顯,其中心詞祇能是名詞,但其語義已經開始重新分析(reanalysis),既可以理解爲"等第居於首位的",也可以理解爲形容詞"最好的"。

東漢末年,"第一"開始修飾形容詞,相當於副詞"最",多見於口語化程度較高的道教文獻,如:

(5)此第一善得天之壽也。(太平經·經鈔乙部)

俞理明先生注:"最。"① 又如:

(6)上第一善者,去其邪辭,以爲洞極之經,名爲天洞極政事。(太平經·己部第六)
(7)帝王屍〈乃〉上皇天之第一貴子也,皇后乃地之第一貴女也。(太平經·戊部)
(8)但觀此,故理之第一善者,莫若樂生。(太平經·壬部)
(9)是其第一堅志士也。(太平經·丙部之十五)

"第一"和後面所修飾的形容詞之間還可以插入結構助詞"之",如:

(10)是故太古上皇帝第一之善臣民,其行如此矣。(太平經·丙部之十三)

而且,"第一"往往可以和"最"連用,如:

(11)得天地心,第一最善。(太平經·丙部之五)

甚至可以修飾動詞或動詞性短語,這就更接近副詞的語法功能了,如:

(12)此上士是尚第一有志者也。(太平經·丙部之十五)

---

① 俞理明:《太平經正讀》,巴蜀書社2001年版,第27頁。

綜上所論，隨著"第"的語法化，從西漢末到東漢"第一"也開始了詞彙化，並逐漸擺脫了"次第"義，表示"程度最深""最重要"之義，其語法功能也進一步拓展，既可以修飾名詞，也可以修飾形容詞和動詞；到東漢末年的《太平經》中，"第一"的詞彙化已經基本完成。

從書寫形式上來看，《大詞典·竹部》《辭源·竹部》等權威語文辭書都認爲序數詞"第"本作"弟"，如《墨子·迎敵祠》："舉屠酤者，置廚給事，弟之。"畢沅注："言次第居之，古次第字衹作弟。"《呂氏春秋·原亂》："亂必有弟。"高誘注："弟，次也。"畢沅注："弟，古第字。"但從出土文獻來看，嶽麓書院藏秦簡"內史郡二千石官共令"中"第"字皆從"艸"，書作"苐"。秦漢簡帛文獻中從"竹"從"艸"往往可以混用，而以從"艸"爲多見，如寫成於西漢文帝至景帝之間的漁陽墓木楬中字亦從"艸"，《居延漢簡》（包括《新簡》與《補編》）、《敦煌漢簡》均作從"艸"。《大詞典》"苐"條無書證，《大字典》該字既無書證，也無字形，可據簡帛用例補之。而楚簡中"兄弟"之"弟"，往往可以加形符"亻"作"俤"，如《包山楚簡》227："與禱兄俤（弟）無後者卲良、卲乘、縣貉公。"又如《九店 56 號墓楚簡》25："生子，無俤（弟）；女（如）又（有）俤（弟），必死。"《大字典·人部》《大詞典·人部》皆認爲"俤"是日本"和字"，即日本在借用漢字的基礎上自己創造的方塊字，事實上這是中國古代早已有之的字形。

三　倍數表示法

倍數是語言中普遍存在的，但在殷代甲骨文還沒有出現，《尚書·周書》中已見，《呂刑》："墨辟疑赦，其罰百鍰，閱實其罪。劓辟疑赦，其罰惟倍，閱實其罪。剕辟疑赦，其罰倍差，閱實其罪。"單用"倍"字表示兩倍，"倍差"指一倍半。總體來看，先秦兩漢文獻中倍數表示法豐富多彩，茲擇其要者簡介如下。

一是用基數詞和"倍"來表示，這是古今漢語最常見的倍數表示法，如：

（1）絕聖棄智，民利百倍。（老子·第十九章）
（2）藉臧也死而天下害，吾持養臧也萬倍，吾愛臧也不加厚。（墨子·大取）

(3) 貴酒肉之價，重其租，令十倍其樸。(商君書·墾令)
(4) 然而用馬數倍，此非御下之道也。(晏子春秋·內篇諫上)

二是直接用基數詞表示，通過具體語境體現出其倍數之義，如：

(5) 小國寡民，使有什伯之器而不用，使民重死而不遠徙。(老子·第八十章)
(6) 有人於此，百子，子能終身譽亓善，而子無一乎？(墨子·公孟)
(7) 故用兵之法，十則圍之，五則攻之，倍則分之。(孫子兵法·謀攻)

不同的倍數表示法可以一起使用，如：

(8) 夫治之法，將日至者也，日以治之，日不什修；知以治之，知不什益。而予官什倍，則此治一而棄其九矣。(墨子·尚賢中)
(9) 嬰無倍人之行，而有參士之食，君之賜厚矣！(晏子春秋·內篇雜下)

此外，上古還有一些專用的表示倍數的詞語，如五倍用"蓰"，十倍用"什"，百倍用"佰"，如：

(10) 夫物之不齊，物之情也。或相倍蓰，或相什佰，或相千萬，子比而同之，是亂天下也。(孟子·滕文公上)

按，趙歧注："蓰，五倍也。"又，《集韻·紙韻》："蓰，物數也，五倍曰蓰。"

四 分數表示法

上古早期文獻，如甲骨文、《尚書》中都還沒有出現分數，但春秋戰國時期的文獻中分數表示法已經豐富多采，可見它一旦產生就獲得了迅速發展，到兩漢時代就基本穩定下來。

一是"分母+分子"。這是較早出現的分數表示法，如：

(1) 累丸二而不墜，則失者錙銖；累三而不墜，則失者十一；累五而不墜，猶掇之也。(莊子·達生)
(2) 馬之死者十二、三矣。(莊子·馬蹄)
(3) 故爲國任地者，山林居什一，藪澤居什一，溪谷流水居什一，都邑蹊道居什四。(商君書·算地)
(4) 山陵處什一，藪澤處什一，溪穀流水處什一，都邑蹊道處什一，惡田處什二，良田處什四。(商君書·徠民)

二是"分母+分+分子"。這種分數表示法也很常見，如：

(5) 齊衰之絰，斬衰之帶也，去五分一以爲帶。大功之絰，齊衰之帶也，去五分一以爲帶。小功之絰，大功之帶也，去五分一以爲帶。緦麻之絰，小功之帶也，去五分一以爲帶。(儀禮·喪服)
(6) 管仲會國用，三分二在貴客，其一在國，管仲懼而復之。(管子·中匡)

當"分"後的數詞是"一"時，"一"字似乎可以省略，1例：

(7) 度禾、芻稾而不備十分一以下，令復其故數；過十分以上，先索以稟人，而以律論其不備。(睡虎地秦簡·秦律十八種·效167)

整理者注："十分，即十分之一。"
三是"分母+之+分子"。使用頻率也較高，如：

(8) 其季於今，三之一也。(左傳·襄公三十年)
(9) 夫不待法令繩墨而無不正者，千萬之一也。故聖人以千萬治天下。(商君書·定分)
(10) 諸子之地，封疆方二百里，其食者四之一；諸男之地，封疆方百里，其食者四之一。(周禮·地官·司徒)
(11) 郡有四鄙，大縣立城，方王城三之一，小縣立城，方王城

九之一。(逸周書·商誓)

四是"分母+分+之+分子"。這是後世最常見的分數表示法，如：

(12) 其稼亡三分之一者，命曰小凶。(管子·八觀)
(13) 魯梁之民歸齊者十分之六。(管子·輕重戊)
(14) 將不勝其忿而蟻附之，殺士三分之一，而城不拔者，此攻之災。(孫子兵法·謀攻)
(15) 勁者先，疲者後，其法十一而至；五十里而爭利，則蹶上將軍，其法半至；三十里而爭利，則三分之二至。(孫子兵法·軍爭)

五是"分母+取+分子"。這種表示法後世逐漸消亡了，如：

(16) 田租百取五，市賦百取二，關賦百取一。(管子·幼官)
(17) 耕者十取一焉。(商君書·內篇雜下)

六是"分母+分+取+分子"。先秦兩漢文獻用例不多，後世也就消亡了，如：

(18) 及隸臣妾有亡公器、畜生者，以其日月減其衣食，毋過三分取一。(睡虎地秦簡·秦律十八種·金布律77—79)

七是"分母+分+量詞/名詞+分子"。亦不多見，如：

(19) 逆，日行七分度一。(漢書·律曆志)
(20) 御史卒人使者，食粺米半斗，醬駟(四)分升一，采(菜)羹，給之韭蔥。(睡虎地秦簡·秦律十八種·傳食律180)
(21) 上造以下到官佐、史毋(無)爵者，及卜、史、司御、寺、府，糲米一斗，有采(菜)羹，鹽廿分升二。(睡虎地秦簡·秦律十八種·傳食律182)
(22) 錢徑十分寸八以上，雖缺鑠，文章頗可智(知)，而非殊

折及鉛錢也，皆爲行錢。（張家山漢簡·二年律令 197）

八是"分母+分+量詞/名詞+之+分子"。亦不多見，如：

（23）歲行三十度十六分度之七，十二歲而周。（淮南子·天文）
（24）方今大王之兵，不能十分吳楚之一。（史記·淮南衡山列傳）
（25）歲行三十度十六分度之七，率日行十二分度之一，十二歲而周天。（史記·天官書）

九是"分母+名詞+之+分子"。使用頻率也不高，如：

（26）大都不過參國之一。（左傳·隱公元年）

十是當分子爲"一"時，可以祇用"分母"來表示，如：

（27）城旦之垣及它事而勞與垣等者，旦半夕參；其守署及爲它事者，參食之。其病者，稱議食之，令吏主。城旦舂、舂司寇、白粲操土攻（功），參食之；不操土攻（功），以律食之。（睡虎地秦簡·秦律十八種·倉律 55—56）
（28）居官府公食者，男子參，女子駟（四）。（睡虎地秦簡·秦律十八種·司空 133—134）

參，三分之一；駟，四分之一。
十一是當分母是"十"時，可以祇用分子來表示，如：

（29）二，吾猶不足，如之何其徹也？（論語·顏淵）
（30）君子謹避之，故不八九死也。（管子·度地）

十二是用特定的數詞來表示，包括半、大半/泰半、少半、參、駟、馱等。"半"表示二分之一，這是歷代文獻常見的。"大半/泰半"可以表示三分之二，"少半"表示三分之一，這種用法傳世文獻往往誤解爲現代漢語中表示模糊量的大半、小半，其實上古漢語中多爲準確表量。"參"表示三分之一，"駟"表示四分之一，"駃"表示六分之一，這是秦簡法律文獻所獨有的，各舉一例如下：

（31）免隸臣妾、隸臣妾垣及爲它事與垣等者，食男子旦半夕參，女子參。（睡虎地秦簡·秦律十八種·倉律59）
（32）稻、麻畝用二斗大半斗，禾、麥畝一斗，黍、荅畝大半斗，尗（菽）畝半斗。（睡虎地秦簡·秦律十八種·倉律38）
（33）米少半升爲粺十分升㞢（之）三，九㞢（之），十而一。（張家山漢簡·二年律令98）
（34）積卅九日，日三升泰半半升。（里耶秦簡8—925+8—2195）
（35）一人斗食，一人半食，一人參食，一人駟食，一人駃食，凡五人。（嶽麓秦簡139/1826+1842）

五　概數表示法

先秦兩漢文獻中的概數表示可以分爲三大類：
一是用兩個數詞連用來表示，如：

（1）用肇造我區夏，越我一、二邦以修我西土。（尚書·康誥）
（2）自時厥後，亦罔或克壽，或十年，或七八年，或五六年，或四三年。（尚書·無逸）
（3）王乃校劍士七日，死傷者六十餘人，得五六人，使奉劍於殿下，乃召莊子。（莊子·說劍）

二是用"數""若干""幾何"等代指數詞來表示，如：

（4）多言數窮，不如守中。（老子·第五章）
（5）曰吾攻國覆軍殺將若干人矣。（墨子·天志下）
（6）人之生乎地上之無幾何也，譬之猶馳駟而過隙也。（墨子·兼愛下）

（7）此醨也，吾已爲子先更之，幾何中於此大邪矣。（太平經·戌部之三）

三是用"餘""所""許""左右""有餘"等詞放在數詞或名詞之後來表示，如：

（8）秦帶甲百餘萬，車千乘，騎萬匹。（戰國策·韓策一）
（9）聞項梁在薛，從騎百餘往見之。（史記·高祖本紀）
（10）今慶已死十年所。（史記·扁鵲倉公列傳）
（11）嘗有所不曉百許寄余，余觀其事，皆略可見。（新論·閔友）
（12）語稱上世之人侗長佼好，堅強老壽，百歲左右。（論衡·齊世）
（13）今夫胡貉戎狄之蓄狗也，多者十有餘，寡者五六，然不相害傷。（晏子春秋·内篇諫下）

"奇"一般放在整數和餘數之間，因此可以用"有奇"置於整數之後表示有一定的餘數，如《漢書·食貨志》："而罷大小錢，改作貨布，長二寸五分，廣一寸，首長八分有奇。"按顏師古注："奇，音居宜反，謂有餘也。"

六　疑問數詞

先秦兩漢文獻中主要用"幾何""幾"來表示對未知數的疑問，後世亦常見，如：

（1）唯之與阿，相去幾何？善之與惡，相去若何？（老子·第二十章）
（2）且周軍之勝、華軍之勝、長平之勝，秦所亡民者幾何？民客之兵不得事本者幾何？臣竊以爲不可數矣。（商君書·徠民）
（3）管仲曰："今與幾何人來？"對曰："臣與三人俱。"（説苑·貴德）
（4）天下凡人行，有幾何者大急？有幾何者小急？有幾何者日

益禍凶而不急乎？（太平經・丙部之二）
（5）諸臣之委室而徒退者，將與幾人？（國語・晉語六）
（6）將軍度羌虜何如，當用幾人？（漢書・趙充國傳）

從出土文獻來看，戰國至秦時數詞的發展體現出了明顯的地域不平衡性，特別是楚地和秦地的發展尤其如此。但漢代國家大一統以後，如前文所述限於研究語料的不確定性，對其發展地域性的考察仍然文獻不足以證。

第二節　先秦兩漢數量表示法研究

根據所稱量對象的性質不同，數量表示法可分爲事物數量表示法和動作數量表示法兩大類。先秦兩漢文獻中，量詞的兩大類系已經齊備，量詞數量衆多，尤其在漢末文獻中，量詞豐富多彩，量詞從不用到使用，再到使用頻率日益提高，數量表示法也構式衆多，一直到漢末還沒有固定下來；而現代漢語中佔據統治地位的"Num+Cl+N"結構地位的確立應當是在中古以後了。

根據先秦兩漢漢語數量表示法的特點，以下分物量表示法和動量表示法兩大部分，重點從數詞、量詞的單獨運用和相互配合的各種稱數結構來考察其產生時代及其在該時期的發展情況。①

一　物量表示法

漢語中的物量表示法主要有數詞同名詞直接結合、數詞單用、量詞單用、"Cl+N"結構、"Num+Cl"結構、"N+Num+Cl"結構、"Num+Cl+N"結構七種情況，古今漢語皆是如此，但是在不同時代不同結構的使用頻率大大不同，反映了量詞系統語法化的發展情況，分述如下。

---

① 如前文所述，時間量詞是世界語言所普遍共有的，在古今漢語中其相關結構語法功能較爲簡單，數詞祇能置於量詞之前組成"Num+Cl"結構，語義上是自足的，而不與其他名詞配合使用，而且在部分文獻中由於時量結構具有非常高的使用頻率，因此本書在數量表示法的統計中對此類量詞不計在內，以避免此類數據影響進一步統計與分析。

（一）數詞同名詞或形容詞直接結合

數詞同名詞直接結合的時候，數詞可以位於名詞之前作定語，即"Num+N"結構；也可以位於名詞之後作述語，即"N+Num"結構；但當數詞同形容詞結合的時候，則祇能置於形容詞之前，即"Num+Adj"結構，而形容詞則轉指所修飾的名詞之義。

1. 數詞和名詞結合

數詞和名詞結合，可以採用"Num+N"結構，也可採用"N+Num"結構，但一般以前者更爲常見，其選擇主要基於語用因素，後者往往用於列舉類計數或者強調數量的重要性。但在甲金文等早期文獻中兩種結構並沒有嚴格的區分，而是並行不悖的。

（1）"Num+N"結構

數詞位於名詞之前作定語，修飾限定後面的名詞，表示所稱量對象的數量，在漢語量詞範疇成熟以前一直在數量表示法中佔據著優勢地位，直到現代漢語中仍然常見，如：

（1）釐降二女於媯汭，嬪於虞。（尚書·堯典）
（2）納於百揆，百揆時叙；賓於四門，四門穆穆。（尚書·堯典）
（3）一穀不收謂之饉，二穀不收謂之旱，三穀不收謂之凶，四穀不收謂之餽，五穀不收謂之饑。（墨子·七患）
（4）戶外有二屨，言聞則入，言不聞則不入。（禮記·曲禮上）
（5）然使十人樹楊，一人拔之，則無生楊矣。（戰國策·魏策二）
（6）父出應之，不見人，有一木杖植其門側。（論衡·吉驗）

此類用例先秦兩漢文獻隨處可見，兹不贅列。

（2）"N+Num"結構

數詞在名詞或名詞性短語之後作謂語，表示前面名詞的數量，早在殷代甲骨文中已非常常見，在量詞產生之前一直是列舉稱量事物時的主要稱數方式，特別是在遣策等簿記類文獻中更爲常見，如：

（1）翼日戊午，乃社於新邑，牛一，羊一，豕一。（尚書·召

誥）

（2）用賚爾秬鬯一卣，彤弓一，彤矢百，盧弓一，盧矢百，馬四匹。（尚書·文侯之命）

（3）或以不喪之間，誦詩三百，弦詩三百，歌詩三百，舞詩三百。（墨子·公孟）

（4）能攻城圍邑斬首八千已上則盈論，野戰斬首二千則盈論。（商君書·境內）

（5）晏子請左右與可令歌舞足以留思虞者退之，辟拂三千，謝於下陳，人待三，士待四，出之關外也。（晏子春秋·內篇諫上）

（6）智伯欲伐衛，遺衛君野馬四百，白璧一。（戰國策·中山策）

王貴元先生根據楚簡用例指出，"Num+N"結構和"N+Num"結構的使用有一定的規律性，兩者的轉換基本以十爲界限，十以下數詞用"Num+N"結構，而十以上的數詞用"N+Num"結構，當然也存在部分例外的情況①。從楚簡遣策類文獻來看，確實如此；但是，對秦簡中的使用情況調查來看，這兩種結構的使用較爲隨意，並不具備明顯的轉換界限，傳世先秦兩漢文獻也是如此。

2. 數詞和形容詞結合

在"Num+Adj"結構中，形容詞實際上轉指它所修飾的對象，因此學界往往稱之爲"名物化"，如：

（1）有扈氏威侮五行，怠棄三正，天用剿絕其命，今予惟恭行天之罰。（尚書·甘誓）

（2）域中有四大，而王居其一焉。（老子·第二十五章）

（3）管子有一美，嬰不如也；有一惡，嬰不忍爲也，其宗廟之養鮮也。（晏子春秋·內篇諫上）

形容詞位於數詞之後，同數詞結合表示事物的數量時，它往往有名詞

---

① 王貴元《楚簡遣策中的物量稱數法和量詞》，載張顯成主編《簡帛語言文字研究》（第一輯），巴蜀書社2002年版，第144頁。

的意味，或者説它代指了所修飾的名詞，因此爲便於討論與數理分析，本書也將此類歸入數詞和名詞結合的稱數結構之中。

（二）數詞單獨使用

數詞單獨一般可以視爲在特定語境中其所修飾限定中心語的省略，當然既可以是名詞，也可以是量詞；多數情況下可以根據語境補足其中心語，而有些情況下甚至很難補出其中心語但卻不影響語義的清晰表達，如：

（1）夫駕八，固非制也。（晏子春秋·内篇諫上）
（2）勞神明爲一而不知其同也，謂之朝三。何謂朝三？狙公賦芧，曰"朝三而暮四"，衆狙皆怒；曰"然則朝四而暮三"，衆狙皆悦。（莊子·齊物論）
（3）隕石記聞，聞其磌然，視之則石，察之則五。（公羊傳·僖公十六年）
（4）天子七廟，諸侯五，大夫三，士一。（禮記·禮器）

以上四例均可以補出數詞所修飾的中心語，又如：

（5）夫兩不相傷，故德交歸焉。（老子·第六十章）
（6）故自無適有以至於三，而況自有適有乎！（莊子·齊物論）

以上二例則不必補充其中心詞。此外，有時候數詞後面緊接名詞，但數詞和這個名詞之間並没有直接的語法關係，也應當視爲數詞單獨使用。

（三）量詞單獨使用

量詞單獨使用的數量表示法，往往可以理解作量詞之前隱含了表數的指示代詞"每"或數詞"一"，如：

（1）其浮氣在皮中者，凡五行，行五，五五二十五。（素問·氣府論）
（2）余有四十五石，石三十，爲錢千三百五十。（漢書·食貨志）
（3）城旦爲工殿者，治（笞）人百。（睡虎地秦簡·秦律雜抄

19)

(4) 米石致萬錢。(史記・平準書)
(5) 賜棺享（椁）而欲受齋者，卿以上予棺錢級千、享（椁）級六百；五大夫以下棺錢級六百、享（椁）級三百；毋爵者棺錢三百。(張家山漢簡・二年律令289)

以上諸例中量詞單獨使用均用作狀語，可以理解爲量詞前省略了指示代詞"每"，表示逐指；又如：

(6) 堪上可道終索，地堅不可智（知）人迹，索袤丈。(睡虎地秦簡・封診式67—68)
(7) 人毋（無）故而心悲也，以桂長尺有尊（寸）而中折。(睡虎地秦簡・日書甲67背壹)

而以上二例則僅是省略了量詞前的"一"，仍是實指。

(四)　"Cl+N"結構

"Cl+N"結構學界一般認爲可以視爲"Num+Cl+N"結構中數詞是"一"時的省略形式，但從數量表示法發展的歷程來看這一結構也有可能是"N+Num+Cl"結構中數詞是"一"而省略的情況下換位而來，後來纔補足爲"Num+Cl+N"結構[①]，因此爲便於進一步考察量詞的語法化歷程，在對數量表示法的整理與統計時本書把"Cl+N"結構獨立爲一大類，如：

(1) 揚之水，不流束薪。……揚之水，不流束楚。……揚之水，不流束蒲。(詩經・國風・揚之水)
(2) 視爾如荍，貽我握椒。(詩經・國風・東門之枌)
(3) 婦執笲棗栗，自門入，升自西階。(儀禮・士昏禮)
(4) 觴酒豆肉，讓而受惡，民猶犯齒。(禮記・坊記)
(5) 列禦寇爲伯昏無人射，引之盈貫，措杯水其肘上，發之。(莊子・田子方)
(6) 次及晏子，晏子奉杯血，仰天歎曰。(晏子春秋・內篇雜

[①] 張延俊：《也論漢語"數+量+名"形式的產生》，《古漢語研究》2002年第2期。

上）

（7）寡人甘肥周於堂，卮酒豆肉集於宮，壺酒不清，生肉不布，殺一牛遍於國中，一歲之功盡以衣士卒，其足以戰民乎？（韓非子・外儲説右上）

（8）苟非其人，箪食豆羹猶爲賴民也。（鹽鐵論・毀學）

（9）今夫蘭本三年，湛之以鹿醢，既成則易以匹馬，非蘭本美也。（説苑・雜言）

（10）王子賜之乘車四馬。（逸周書・太子晉）

（11）請無敢費御府銖金尺帛。（新書・匈奴）

（12）收子之齎與笥金。（列女傳・節義傳）

對比來看，很多情況下"一"的省略很明顯，如：

（13）臣笑臣鄰之祠田也，以奩飯與一鮒魚。（説苑・復恩）

（14）臣非敢以大王語爲戲也，臣笑臣鄰之祠田也，以一奩飯，一壺酒，三鮒魚，祝曰。（説苑・尊賢）

可以説"奩飯"，也可以説"一奩飯"，語義並没有什麽區别。

（五）"Num+Cl"結構

"Num+Cl"結構在先秦兩漢文獻中也很常見，往往可看作是在特定語言環境中與之結合的名詞的省略。多數情況往往實在特定語境中，名詞在前面或後面出現了，因此"Num+Cl"結構所修飾限定的名詞就可以承前或因後而省略，如：

（1）席於賓東，公三重，大夫再重。（儀禮・鄉飲酒禮）

（2）六十者三豆，七十者四豆，八十者五豆，九十者六豆，所以明養老也。（禮記・鄉飲酒義）

（3）背上之毛，腹下之毳，益一把，飛不爲加高，損一把，飛不爲加下。（韓詩外傳・卷六）

（4）關中離宮三百所，關外四百所。（説苑・反質）

（5）通書千篇以上，萬卷以下。（論衡・超奇）

（6）一卷得一善，十卷得十善，百卷得百善，千卷得千善，萬

卷得萬善，億卷得億善。（太平經·丙部之七）

（7）凡春秋之記災異也，雖畝有數莖，猶謂之無麥苗也。（春秋繁露·竹林）

（8）越前來獻三枚，闔閭得而寶之，以故使劍匠作爲二枚。（吳越春秋·闔閭內傳）

有些情況是由於部分量詞往往專用於稱量某個或某類名詞，如"乘""兩"用於"車"，"口"用於"人"，"石"用於"粟"等，因此"Num+Cl"結構可以表達"Num+Cl+N"的語義而不會造成語義混淆，如：

（9）之子於歸，百兩御之。（詩經·國風·鵲巢）
（10）故制國不過千乘，都城不過百雉，家富不過百乘。（禮記·坊記）
（11）一車千石，一衣十鐘。（鹽鐵論·國疾）
（12）皇帝立駕千乘萬騎，空左方，自行迎太后黃陽宮，歸於咸陽。（説苑·正諫）
（13）則是歲三百萬口受其饑也。（潛夫論·愛日）

這種情況下"Num+Cl"結構在長期使用過程中甚至往往有詞彙化的傾向，如用"千乘"代指小國，"萬乘"代指大國；漢代用"數詞+石"來稱量官員的俸祿，而"數詞+石"則可以代指不同級別的官職，如《史記·樊噲列傳》："得丞相一人，將軍十二人，二千石已下至三百石十一人。"《新書·等齊》："秩加二千石之上，天子列卿秩二千石，諸侯列卿秩二千石。"有些情況是因爲量詞本身有自足性，除時間量詞以外又如貨幣量詞、土地量詞、稱量藥物的量詞等，其中心名詞也可以不出現，如：

（14）齊人有東郭敞者，猶多願，願有萬金。（商君書·徠民）
（15）治之以雞矢醴，一劑知，二劑已。（素問·腹中論）
（16）服一劑盡，病證猶在者，更作服。（傷寒論·辨太陽病脈證並治上）
（17）空腹酒服一丸，一百丸爲劑。（金匱要略·血痹虛勞病脈證並治）

（18）煎爲丸，如梧子大，空心服七丸。（金匱要略·瘧病脈證並治）

（19）蒯通者，善爲長短説，論戰國之權變，爲八十一首。（史記·田單列傳）

（20）最凡有二十一首，其初二首尚知貴敦也，其二首有申重可舉者。（申鑒·時事）

（21）余既滋蘭之九畹兮，又樹蕙之百畝。（楚辭·離騷）

（六）"N+Num+Cl"結構

量詞用於"N+Num+Cl"結構，早在殷商時代就已經產生，此後隨著量詞系統的發展而使用頻率漸高。先秦兩漢文獻在使用量詞的稱數結構中，"N+Num+Cl"結構一直佔據著絕對優勢的地位，雖然隨著"Num+Cl+N"結構的興起並在一些情況下逐漸開始取代這一結構，但一直到東漢末年這一稱數結構在絕大多數文獻中仍然佔據著絕對優勢地位。

對於"N+Num+Cl"結構內部語法關係的分析，學界一直多有爭議，管燮初先生認爲"數詞和後一類量詞連用，修飾名詞時修飾語在中心詞之後"[1]，即認爲數量結構是用來修飾限定前面的名詞的，二者的關係是定中關係；廖序東先生也認爲"數量詞作定語是往往放在中心語之後的"[2]；蘇寶榮[3]等學者在諸多著作中多采取此觀點，也是學界普遍的認識；但廖振佑先生提出應當分別對待，當"N+Num+Cl"結構獨立成句時數量結構作名詞的謂語，而其他情況下則爲定中結構[4]；郭攀等也主張分別看待[5]，但處理方式各家又有一些差異。

管燮初先生對甲骨文和西周金文中的修飾語進行了系統考察，提出殷商時代"修飾語修飾中心語，位於中心語之先，沒有例外"[6]。如果"N+Num+Cl"結構視爲定中結構，那麼顯然與漢語修飾語在前、中心語在後的語法體系是矛盾的，因此本書讚同將該結構分別對待，當獨立成句時

---

[1] 管燮初：《殷虛甲骨刻辭的語法研究》，中國科學院1953年版，第25頁。
[2] 廖序東：《文言語法分析》，上海教育出版社1981年版，第66頁。
[3] 蘇寶榮：《古漢語特殊語序與原始思維心態》，《古漢語研究》1990年第3期。
[4] 廖振佑：《古代漢語特殊語法》，內蒙古人民出版社1979年版，第73頁。
[5] 郭攀：《古漢語"數（量）·名"形式二論》，《古漢語研究》2001年第3期。
[6] 管燮初：《西周金文語法研究》，商務印書館1981年版，第91頁。

"Num+N"結構作前面名詞的謂語，即"N+Num+Cl"結構爲主謂結構，這是其基本結構關係；當這一結構進入句子成爲其中一部分時，則應當具體情況具體分析。

首先，當"N+Num+Cl"結構獨立成句或位於主語部分的，均可應當視爲主謂關係。"N+Num+Cl"結構獨立成句最爲常見，如：

(1) 生芻一束，其人如玉。(詩經·小雅·白駒)
(2) 水蛭二十個，虻蟲二十個。(傷寒論·辨太陽病脈證並治中)
(3) 羹菽藿，則必旄象豹胎，旄象豹胎必不衣短褐而食於茅屋之下，則錦衣九重，廣室高臺。(韓非子·喻老)

特別是在出土遣策類文獻中，最爲常見，如：

(4) 流黄丸複衣一領。皂複衣一領。皂複襜褕一領。縹丸合衣一領。相縠合衣一領。流黄冰合衣一領。白縷襌衣一領。緗襌衣一領。縝紕襌衣一領。(陶灣漢牘2)
(5) 漿罋二枚；竈一枚；囷一枚；盎二枚；酒罋二枚；釜一枚；甗一枚。(鳳凰山167號墓漢簡40—46)

"N+Num+Cl"結構作主語的情況，如：

(6) 米三十車，禾三十車，芻薪倍禾，皆陳於外。(禮記·聘義)
(7) 衣三領，足以朽肉；棺三寸，足以朽骸。(墨子·節用中)
(8) 黃金四十鎰，白玉之珩六雙，不敢當公子，請納之左右。(國語·晉語二)
(9) 甲二十領，鈇屈盧之矛，步光之劍，以賀軍吏。(史記·仲尼弟子列傳)

其次，當"N+Num+Cl"結構位於謂語之後充當謂語支配或補充説明成分的，可看作是(述)賓補形式，如：

(10) 賚爾秬鬯一卣，彤弓一，彤矢百，盧弓一，盧矢百，馬四匹。（尚書·文侯之命）

(11) 今簡子之家，飾車數百乘，馬食菽粟者數百匹，婦人衣文繡者數百人。（墨子·貴因）

(12) 唯橋姚已致馬千匹，牛倍之，羊萬頭，粟以萬鍾計。（史記·貨殖列傳）

(13) 吳王聞其美且有行，使大夫持金百鎰、白璧一雙以聘焉，以輜軿三十乘迎之，將以爲夫人。（列女傳·貞順）

(14) 昔蔡昭公朝於楚，有美裘二枚，善珮二枚，各以一枚獻之昭王。（吳越春秋·闔閭內傳）

(15) 面色赤者，加蔥九莖。（傷寒論·辨少陰病脈證並治）

(16) 病在膈上必吐，在膈下必利，不利，進熱粥一杯，利過不止，進冷粥一杯。（傷寒論·辨太陽病脈證並治下）

值得注意的是，"N+Num+Cl"這一結構中名詞和數量短語之間往往還可以插入名詞或副詞等其他成分，表明數詞和量詞之間的關係更爲密切。

（七）"Num+Cl+N"結構

"Num+Cl+N"結構在數量表示法中出現的時代最晚，是漢語量詞語法化發展成熟的重要標誌之一，也是漢語量詞研究的重點所在。王力先生較早明確提出了這一問題，指出"在上古時代，單位詞是放在名詞後面的"，"但同時我們也注意到，就在先秦時代，容量單位詞已經可以用於名詞前面了。到了漢代，不但度量衡單位詞可以放在名詞的前面，連天然單位詞也可以放在名詞的前面"[1]；郭錫良先生也特別強調在先秦典籍中"Num+Cl+N"結構中的量詞只限於容量單位量詞[2]。

綜合考察先秦文獻，"Num+Cl+N"結構中的量詞大多數爲借用容器量詞，如：

(1) 子曰："賢哉！回也。一簞食，一瓢飲，在陋巷。人不堪其

---

[1] 王力：《漢語語法史》，商務印書館1989年版，第32頁。
[2] 郭錫良：《從單位名詞到量詞》，載《漢語史論集》，商務印書館1997年版，第31頁。

憂，回也不改其樂。賢哉！回也。"（論語・雍也）
　　（2）吾以一杯羊羹亡國，以一壺餐得士二人。（戰國策・中山策）
　　（3）側尊一甒醴，在服北。（儀禮・士冠禮）
　　（4）主婦設兩敦黍稷於俎南，西上。（儀禮・特牲饋食禮）
　　（5）司士進一敦黍於上佐食，又進一敦黍於下佐食，皆右之於席上。（儀禮・少牢饋食禮）
　　（6）殺一牛，取一豆肉，餘以食士。（韓非子・外儲說右上）

但並不限於容器量詞，度量衡量詞也往往可以用於這一結構，如：

　　（7）翟慮耕而食天下之人矣，盛，然後當一農之耕，分諸天下，不能人得一升粟，籍而以爲得一升粟，其不能飽天下之飢者，既可睹矣。（墨子・魯問）
　　（8）歠粥，朝一溢米、夕一溢米。（儀禮・喪服）
　　（9）八益□，益一朱。（信陽楚簡・遣策29）
　　（10）十斗粲，毇米六斗大半斗。（睡虎地秦簡・秦律十八種・倉律43）

以上兩類，傳世先秦文獻多見，例不贅列；值得注意的是自然量詞用於這一結構的用例也已經出現了，但不多見，使用頻率很低，如：

　　（11）君三重席而酢焉。（禮記・郊特牲）
　　（12）嘗一脟肉，而知一鑊之味，一鼎之調。（呂氏春秋・慎大・察今）
　　（13）代四十六縣，上黨七十縣，不用一領甲，不苦一士民，此皆秦有也。（韓非子・初見秦）
　　（14）上與病者粟，則受三鍾與十束薪。（莊子・人間世）
　　（15）然則不買五雙珥。（戰國策・楚策四）

尤其值得注意的是，在楚地簡帛文獻中"Num+Cl+N"結構更爲常見，總計達到62例之多，其中度量衡單位僅1例，借用的容器量詞7例，而自然量詞達到 54 例，其中個體量詞 44 例，集體量詞 10 例①，如：

(16) 三鴎（匹馬）畫甲。（曾侯乙墓簡 131）
(17) 三匹駒騽。（曾侯乙墓簡 148）
(18) 二真楚甲，素。（曾侯乙墓簡 122）
(19) 裹定馭左殿：三真楚甲。（曾侯乙墓簡 127）
(20) 旅公三乘路車。（曾侯乙墓簡 119）
(21) 一兩緣繹屨；一兩絲紅屨；一兩䣼緹屨；一兩䚯屨；一兩綴屨。（信陽楚簡·遣策 2）

楚簡中"Num+Cl+N"這一稱數結構多出現於遣策類文獻材料中，"Num+Cl+N"結構在遣策中往往可以獨立成句，如：

(22) 五秉矢。（曾侯乙墓簡 72）
(23) 二乘路車。（曾侯乙墓簡 116）

但這種用例並不多見，此類列舉式結構從量詞出現以後至今都是以"N+Num+Cl"結構爲常的。"Num+Cl+N"結構在遣策中還可以作主語，作爲介紹和描述的對象，如：

(24) 一真楚甲，素，紫組之縢。（曾侯乙墓簡 124）
(25) 一坎（枚）韋之趙，有二環。（仰天湖楚簡·遣策 15）

"Num+Cl+N"結構作賓語，也較爲多見，如：

(26) 是乎作爲九成之臺。（上博簡·容成氏 44）
(27) 太子鵲三乘路車，其一乘駟，其二乘皆麗。（曾侯乙墓簡 190）

---

① 李建平：《先秦兩漢吳晉簡帛文獻稱數法研究》，《簡帛研究二〇一〇》，廣西師範大學出版社 2012 年版。

還可以用作名詞性謂語，如：

（28）陽城君三路車，鄴君一乘，旅公三乘路車。（曾侯乙墓簡119）

值得注意的是，同時代的秦簡中"Num+Cl+N"結構卻非常罕見，能夠進入這一結構的只有度量衡量詞"寸"和"斗"，如《睡虎地秦簡·秦律十八種·倉律》43："十斗粲，毇米六斗大半斗。"其他用例多因簡文殘缺而難以通讀。

到兩漢文獻中，無論傳世文獻還是出土文獻，這一稱數結構就較爲多見了，但仍然是制度量詞和借用量詞較多。制度量詞用於"Num+Cl+N"結構的用例，如：

（29）又欲予子一鐘粟者，得珠者不得粟，得粟者不得珠，子將何擇？（説苑·反質）
（30）矯僞者出幾拾萬石粟，賦六百余萬錢。（新書·俗激）
（31）於是倉無秕而求易於民，二石粟而易一石秕。（新書·春秋）
（32）握一斤金與千萬之珠以示野人，野人必取金而不取珠也。（春秋繁露·身之養重於義）
（33）以小角角之，如孰（熟）二斗米頃。（馬王堆帛書·五十二病方257）

借用量詞用於"Num+Cl+N"結構更爲常見，如：

（34）奉一爵酒，不知於色。（淮南子·修務）
（35）臣非敢以大王語爲戲也，臣笑臣鄰之祠田也，以一奩飯，一壺酒，三鮒魚，祝曰。（説苑·尊賢）
（36）子路爲蒲令，備水災，與民春修溝瀆，爲人煩苦，故予人一簞食，一壺漿。（説苑·臣術）
（37）故人與一簞食、一壺漿。（説苑·臣術）
（38）賤人希見長者，願請一卮酒。（新序·善謀下）

(39) 夫一炬火一鑊水，終日不能熱也。（論衡·感虛）
(40) 文籍雖滿腹，不如一囊錢。（趙壹《刺世疾邪賦》）

值得注意的是，到這一時期個體量詞和集體量詞用於"Num+Cl+N"結構的使用頻率也逐漸升高。個體量詞用於"Num+Cl+N"結構，如：

(41) 上取江陵木以爲船，一船之載當中國數十兩車。（史記·淮南衡山列傳）
(42) 故曰陸地牧馬二百蹄，牛蹄角千，千足羊，澤中千足麑。（史記·貨殖列傳）
(43) 淮北常山已南，河濟之間千樹萩。（史記·貨殖列傳）
(44) 朱公不得已而遣長子，爲一封書遺故所善莊生。（史記·越王勾踐世家）
(45) 安邑千樹棗；燕、秦千樹栗；蜀、漢、江陵千樹橘。（史記·貨殖列傳）
(46) 樸消味苦寒。主百病，除寒熱邪氣，逐六府積聚，結固，留癖，能化七十二種石。（神農本草經·卷二）
(47) 治九種心痛。（金匱要略·胸痹心痛短氣病脈證治）
(48) 婦人六十二種風，及腹中血氣刺痛，紅藍花酒主之。（金匱要略·婦人雜病脈證並治）
(49) 越使諸發執一枝梅遺梁王。（説苑·奉使）
(50) 惡有以一枝梅，以遺列國之君者乎？（説苑·奉使）
(51) 如使讀一卷書，必且不信之也。（太平經·己部之十一）

集體量詞用於"Num+Cl+N"結構，如：

(52) 夫人受琮，取一兩屨以履女，正笄，衣裳而命之曰。（説苑·修文）
(53) 訟而不勝者出一束矢。（淮南子·氾論）
(54) 十二月甲辰，官告千秋隧長，記到，轉車、過車，令載十束葦，爲刻，有教。（敦煌漢簡1236A）
(55) 與國家萬雙璧玉。（太平經·丙部之十二）

（56）今齋萬雙之璧玉以歸國家。（太平經・丙部之十二）
（57）夫地，一撮土之多，及其廣厚，載華嶽而不重，振河海而不泄，萬物載焉。（禮記・中庸）

此外，數量結構和名詞之間往往還可以加入結構助詞"之"，這時數量結構和名詞的關係往往是修飾關係，並不一定確切表示名詞的數量，如：

（58）宋之富賈有監止子者，與人爭買百金之璞玉。（韓非子・説林下）

"百金"並非稱量璞玉，而是修飾強調其價值。又如：

（59）可以托六尺之孤，可以寄百里之命，臨大節而不可奪也，君子人與？（論語・泰伯）
（60）仲尼之門，五尺之竪子，言羞稱乎五伯。（荀子・仲尼）

"數詞+尺"表示的是人的身高。但在更多情況下，"Num+Cl+之+N"結構既可以表示名詞的數量，又強調了修飾的意味。例如：

（61）或益之，十朋之龜，弗克違，元吉。（易經・益）
（62）故善戰人之勢，如轉圓石於千仞之山者，勢也。（孫子兵法・勢）
（63）夫十總之布，一豆之食，足於中免矣。（晏子春秋・内篇雜下）
（64）晏子相齊，衣十升之布，脱粟之食，五卯、苔菜而已。（晏子春秋・内篇雜下）
（65）西方有木焉，名曰射干，莖長四寸，生於高山之上，而臨百仞之淵。（荀子・勸學）
（66）設五寸之的，引十步之遠，非羿、逢蒙不能必全者，有常儀的也。（韓非子・外儲説左上）
（67）嘗試釋詹子之察，而使五尺之愚童子視之，亦知其黑牛而

以布裹其角也。(韓非子·解老)

  (68) 無異以一鉤之金權於一車之羽, 云金輕於羽也。(中論·夭壽)

  (69) 一尺之錦足以見其巧; 一仞之身足以見其治。 (中論·修本)

  (70) 夫九層之台一傾, 公輸子不能正。(鹽鐵論·救匱)

而"Num+Cl+之+N"結構中的"之"往往是可用可不用的, 如:

  (71) 五尺童子, 操寸之煙, 天下不能足以薪。(晏子春秋·內篇諫下)

  (72) 今齊國五尺之童子, 力皆過嬰。(晏子春秋·外篇上)

而有些情況若不能理解古代制度, 則很難弄清其所指, 如《鹽鐵論·詔聖》: "二尺四寸之律, 古今一也。"是指寫在二尺四寸長的竹簡上的法律條文。

總體來看, 先秦兩漢文獻中"Num+Cl+N"結構中的量詞還是以制度量詞和借用量詞為主的, 個體量詞和集體量詞用於該結構的使用頻率較低。

二 動量表示法

動量詞的發展遠遠滯後于名量詞, 直到秦代前後漢語動量詞纔剛剛萌芽, 因此先秦文獻中的動量表示法自然只有用數詞和動詞直接結合來表示, 而其中"Num+V"結構的使用頻率遠遠高於"V+Num"結構; 到兩漢時代, 動量詞剛剛產生, 雖然獲得了一定程度的發展, 但數量較少, 使用頻率也不高, 數詞和動詞直接結合的稱數結構仍然佔據了絕對優勢地位。

動量表示法主要有"Num+V"結構、"V+Num"結構、"Num單用"結構、"Num+Cl"結構、"Num+Cl+V"結構、"V+Num+Cl"結構、"V+N+Num+Cl"結構七種, 在先秦兩漢文獻中均已產生, 分別考察如下。

(一)"Num+V"結構

在動量詞廣泛使用之前, 數詞置於動詞之前來表示動作的次數, 是先秦兩漢文獻中使用頻率最高的動量表示法。例如：

(1) 三載考績，三考，黜陟幽明，庶績咸熙。(尚書·堯典)
(2) 簫韶九成，鳳凰來儀。(尚書·皋陶謨)
(3) 項子牛三侵魯地，而勝綽三從。(墨子·魯問)
(4) 公輸盤九設攻城之機變，子墨子九距之。(墨子·公輸)
(5) 四鄰之國一興事而已四興軍，故曰國危。(商君書·兵守)
(6) 一呼而不聞，再呼而不聞，於是三呼邪，則必以惡聲隨之。(莊子·山木)
(7) 三卜禮也，四卜非禮也。(公羊傳·僖公三十一年)
(8) 相與擊之，一夜而三敗吳人，復立。(穀梁傳·定公四年)

值得注意的是數詞置於動詞之前並不一定表示動量，需要根據語境具體分析。有時候是數詞所稱量的名詞或量詞省略了，或者單獨用數詞來作狀語，如睡虎地秦簡《日書》3："邦君得年，小夫四成。""四成"並非指"成熟四次"，而是"四年成熟"之意，此類結構則非"Num＋V"結構。

(二)"V+Num"結構

數詞置於動詞或動詞短語之後作句子的謂語，表示動作或行為的次數，先秦兩漢文獻中也較爲常見，如：

(1) 舞三，而涕下沾襟。(晏子春秋·外篇上)
(2) 即已，禹步三，出種所。(周家台秦簡·病方及其他350)
(3) 命加笞八百，要(腰)斬。(金關漢簡73EJT1：93)

"V+Num"結構中，往往還可以插入動詞的賓語，但在先秦兩漢文獻中並不多見，如：

(4) 即令病心者南首臥，而左足踐之二七。(周家台秦簡·病方及其他337)
(5) 先取雞子中黃者置梧〈桮(杯)〉中，撓之三百，取藥成(盛)以五分匕一置雞子中，復撓之二百，薄以塗其雍(癰)者。

（武威醫簡 59—60）

（三）Num 單用

數詞單獨使用表示動量，一般可以視爲中心動詞的省略，根據語境往往可以補出其中心動詞，如：

（1）我惟時其教告之，我惟時其戰要囚之，至於再，至於三。（尚書·多方）
（2）凡丁丑不可以葬，葬必參。（睡虎地秦簡·日書甲 31 正貳）
（3）飲汁一小杯，日三，稍益，以知爲度。（靈樞·邪度）

從"數+動"結構與"數詞單用"的比較，我們可以更清晰地看到二者的密切關係，如：

（4）有病者取大如羊矢，溫酒飲之，日三、四。（武威醫簡 17—18）
（5）以米汁飲一刀圭，日三、四飲。（武威醫簡 70）

二者對比來看，顯然數詞單用是動詞"飲"的省略形式，又如：

（6）日三夜一服。（金匱要略·肺痿肺癰咳嗽上氣病脈證治）

該文中"三"指"三服"，和"一服"在語義、語用等各方面都沒有什麼不同。

（四）"V+Num+Cl" 結構

兩漢時期，真正的動量詞産生以後，動量詞與數詞組成的數量結構置於中心動詞后作補語，在古今漢語中都是最爲常見的，如：

（1）皆前以頭面著佛足，繞三匝而去。（支婁迦讖譯《道行般若經》）
（2）太子擊前誦恭王之言，誦三遍而請習之。（説苑·敬慎）
（3）傷寒中風，醫反下之，其人下利日數十行，穀不化，腹中

雷鳴，心下痞硬而滿，幹嘔，心煩不得安。（傷寒論·辨太陽病脈證並治下）

（4）昏亂百度則生疾。（申鑒·俗嫌）

（5）八風四時之勝，終而復始，逆行一過，不可復數，論要畢矣。（素問·玉版論要）

（6）汝南張妙會杜士。士家娶婦，酒後相戲，張妙縛杜士，捶二十下，又懸足指，士遂至死。（風俗通義·窮通）

（7）内臼中，與蜜，杵二千下，丸如梧桐子大。（傷寒論·辨厥陰病脈證並治）

（五）"Num+Cl+V"結構

"Num+Cl"結構置於主語之後、動詞之前，作狀語，多見於漢末文獻中，如：

（1）太陽病，得之八九日，如瘧狀，發熱惡寒，熱多寒少，其人不嘔，清便欲自可，一日二三度發，脈微緩者，爲欲愈也。（傷寒論·辨太陽病脈證並治上）

（2）一過服人，即有重罪，長吏遂〈逐〉之不止也。（太平經·己部之八）

（3）菩薩得是真本無如來名，地爲六反震動。（支婁迦讖譯《道行般若經》）

（4）時魔因緣數興起，初未曾得一反聞。（支婁迦讖譯《般舟三昧經》）

"Num+Cl+V"結構雖然現代漢語中不再使用，但在動量詞發展初期的兩漢文獻中常見，到魏晉南北朝時期繼續發展，直到隋唐五代時期仍常見[①]。

（六）"Num+Cl"結構

"Num+Cl"結構單獨使用表示動量，往往可以視爲中心動詞的省略形式，根據語境其中心動詞往往可以補出，如：

---

① 李建平：《隋唐五代量詞研究》，山東人民出版社2015年版，第226頁。

（1）以綿纏筯如繭，浸湯瀝陰中，日四遍。（金匱要略·婦人雜病脈證並治）

（2）上爲天帝，下爲聖王，各三十六反，終而復始，欲度人故。（竺大力共康孟詳譯《修行本起經》）

（七）"V+O+Num+Cl"結構

在動量詞發展初期的先秦兩漢文獻中，這一結構也很多見，並一直沿用下來，如：

（1）莽立載行視，親舉築三下。（漢書·王莽傳）
（2）佛以手撫阿難肩三反。（支婁迦讖譯《道行般若經》）
（3）今欲解此過，常以除日於曠野四達道上四面謝，叩頭各五行，先上視天，回下叩頭於地。（太平經·己部之十二）

動詞後面的賓語往往還可以用代詞來替代，如：

（4）犬所齧之處灸之三壯，即以犬傷病法灸之。（素問·骨空論）
（5）孟嘗君將西入秦，賓客諫之百通，則不聽也。（説苑·正諫）
（6）和蜜揚之，二百四十遍。（金匱要略·嘔吐噦下利病脈證治）

這種用代詞充當動詞賓語的用例在先秦兩漢文獻中使用頻率很高，但一般多限於代詞"之"。

第三節 小結

以上對先秦兩漢時期的數詞和數量表示法的發展做了系統考察，本節重點從歷時的角度來考察數量表示法在先秦兩漢時期的系列特點，同時對在數量表示法和量詞語法化歷程中佔據重要地位的"Num+Cl+N"結構的產生時代做一歷時考察。

一 先秦兩漢稱數結構系統的特點

先秦兩漢文獻中的數量表示法豐富多采，已經形成了較爲完備的稱數法體系。通過對先秦兩漢文獻中稱數結構的考察，可以清晰地看到先秦兩漢稱數法的發展有以下幾個時代特點[①]：

第一，先秦時代是漢語量詞系統初步建立的時代，數詞同名詞或動詞直接結合的稱數方式佔據絕對優勢。

從物量表示法來看，先秦文獻中的名量詞總數不多，使用頻率更低，例如先秦簡帛文獻中表示物量的用例共 2337 例，其中數詞同名詞或形容詞直接結合的用例有 1619 例，佔總數的 69.28%，而使用量詞的情況有 718 例，僅佔總數的 30.72%。

從動量表示法來看，典型的動量詞在先秦時代還沒有產生，動詞和數詞直接結合是唯一的動量表示法，而其中"Num+V"結構佔據了絕對優勢地位，如《尚書》中動量表示法 17 例，"Num+V"結構 15 例，其餘 2 例是用數詞直接來表示；又如先秦簡牘文獻中表示動量的用例共 53 例，數詞和動詞直接結合或數詞單用的總計 46 例，佔總數的 86.79%；使用動量詞的情況僅有 7 例，佔總數的 13.21%；值得注意的是，在數詞和動詞直接結合的時候，數詞以位於動詞之前爲常，總共 30 例，數詞位於動詞之後的情況僅 14 例。

表 8-1　　　　　　　　先秦簡帛物量表示法簡表

	數+名	名+數	數+形	數詞單用	數+量	名+數+量	數+量+名	量詞單用	量+名	總計
楚簡	1095	67	21	3	24	192	62	0	23	1487
秦簡	328	62	5	38	273	106	2	29	7	850
總計	1423	129	26	41	297	298	64	29	30	2337
頻率	60.9%	5.5%	1.1%	1.8%	12.7%	12.8%	2.7%	1.2%	1.3%	100%
總計	1619				718					2337
頻率	69.28%				30.72%					100%

[①] 出土文獻部分情況可參李建平《先秦兩漢吳晉簡帛文獻稱數法研究》，《簡帛研究二〇一〇》，廣西師範大學出版社 2012 年版。

表 8-2　　　　　　　　　　先秦簡帛動量表示法簡表

	數+動	動+數	數詞單用	動+數+量	總計
楚簡	10	0	0	0	10
秦簡	20	14	2	7	43
總計	30	14	2	7	53
頻率	56.60%	26.42%	3.77%	13.21%	1
總計	46			7	53
頻率	86.79%			13.21%	100%

　　第二，兩漢時期是漢語量詞系統茁長時期，用量詞的稱數結構在稱數結構中，尤其是在物量表示法中迅速崛起，用與不用的情況非常接近；動量詞系統産生了，在使用量詞的動量詞表示方法中，"V+Num+Cl"結構佔絶對優勢。

　　從物量表示法來看，名量詞系統迅速發展。一是名量詞在數量上大大增加，大量新興量詞産生並進一步語法化；二是量詞的使用頻率上也大大提高了，先秦時期數詞同名詞直接結合的稱數方式佔據絶對優勢地位，而兩漢文獻中使用量詞的稱數結構大大增加，尤其在要求準確計量"遣策"類簡帛文獻中，量詞的使用已經逐漸變得必不可少了，例如成書於西漢早期的馬王堆三號墓漢簡中出現稱數結構總計524例，使用量詞的"N+Cl"結構6例，佔總數的1.2%；而"N+Num+Cl"結構則有314例之多，竟然已經佔總數的59.9%。可見早在西漢初年，量詞的發展已經達到了相當發達的程度，遠遠超出了我們以前的認識。陳近朱對《居延漢簡》（含新簡）中的稱數法也進行了窮盡性統計，不使用量詞的情況總計1534例，而使用量詞的情況則達到了2746例[①]。我們對成書時代明確的23種漢代簡牘文獻中的物量表示法進行了全面統計，在全部1191例物量表示法中，使用量詞的情況597例，同不使用量詞的594例，數量相當，平分秋色，可見使用量詞在漢代已經開始成爲一種規範。但值得注意的是，從傳世文獻中的數量表示法情況來看量詞的使用還是很低的，本書統計了《禮記》《論衡》《公羊傳》《穀梁傳》《鹽鐵論》五種傳世文獻，其中物量表示法凡2070例，使用量詞的僅448例，占總數的21.6%；遠遠沒有達到出土

[①] 陳近朱：《〈居延新簡〉中物量詞和稱數法探析》，華東師範大學碩士學位論文，2004年。

文獻中平分秋色的程度。①

　　從動量表示法來看，先秦文獻中典型的動量詞還沒沒有產生，兩漢文獻中的大多數動量詞已經較爲典型，使用頻率也遠遠超過了先秦時代。尤其值得注意的是，在漢譯佛經文獻中動量詞的使用已經逐漸變得必不可少起來，動量詞"反（返）"在佛經文獻中幾乎發展爲泛指性的動量詞，使用頻率很高，和數詞結合時可以做補語，也可以作狀語，用法靈活多變，這説明可能漢末口語中動量詞的使用已經較爲普遍，而非如劉世儒先生所言的魏晉南北朝以後。

　　總之，兩漢文獻中量詞系統趨於完備，名量詞更加豐富多彩，動量詞已經成爲一種範疇。相應地，在稱數法中使用量詞的稱數結構也迅速崛起。

　　第三，先秦時代稱數法發展體現出明顯的地域不平衡性。

　　如汪維輝先生説"揭示詞的時代性與地域性是詞彙史學科的重要任務之一"，"論證詞的時代性和地域性都是難度很大的工作，地域性比時代性更難"②。先秦兩漢漢語發展的地域性由於傳世文獻成書時代與地域的不確定性以及輾轉傳抄而難以定論，而正如王國維所言："古來新學問起，大都由於新發見。"簡帛文獻由於出土地及寫成時代的確定性，爲上古漢語發展史的地域性研究提供嶄新的"同時資料"或"准同時資料"，使得這一研究具備了可能性與可行性。通過對簡帛文獻中稱數結構的考察，我們可以清晰地看到在先秦簡帛文獻中稱數法的發展有很強的地域特徵。通過對楚、秦兩地出土簡帛文獻中稱數結構的共時考察，可以看到其發展不盡相同。

　　首先，在物量表示法中，現代漢語中最常見的"Num+Cl+N"結構，在秦簡中還很罕見，僅有 2 例，而且名詞前的"Num+Cl"結構都是描繪性質的；楚地簡帛文獻中則已經比較常見，凡 62 例，而且多爲個體量詞，大大超出了同時代傳世文獻用例，也遠遠超出了我們以前的對這一結構產生時代的認識。

---

　　① 甚至按筆者對唐五代時期 31 種筆記小說中數量表示法的統計，在總計 3717 例數量表示法中只有 980 例使用量詞，僅占總數的 26.36%，特別是"Num+Cl+N"結構，只有 149 例，占總數的 4.1%；我們推測這與文獻的性質關係密切。參李建平《隋唐五代量詞研究》，山東人民出版社 2016 年版，第 243—244 頁。

　　② 汪維輝：《論詞的時代性和地域性》，《語言研究》2006 年第 6 期。

其次，在動量表示法中，秦簡中動量詞已經萌芽，雖然僅有不太典型的 2 個，用例僅 7 見，均爲"V+Num+Cl"結構；但楚簡中均用數詞和動詞直接結合來表示，未見動量詞用例。①

二 "Num+Cl+N"結構產生的時代及其發展

在漢語稱數法的發展過程中，"Num+Cl+N"結構的產生是量詞語法化程度的一個重要標誌。如王力先生所說："因爲當數詞和單位詞放在普通名詞後面的時候，它們之間的關係是不夠密切的（左傳：'馬牛各十匹'，'各'字可以把單位詞和名詞隔開）；後來單位詞移到了名詞前面，它和名詞的關係就密切起來，漸漸成爲一種語法範疇。"② 因此對於"Num+Cl+N"結構產生時代及其來源的研究是漢語量詞史研究中的重要課題。

王力先生說："上古時代，單位詞是放在名詞後面的。先秦祇說'馬三百匹'，不說'三百匹馬'；祇說'幄幕九張'，不說'九張幄幕'。後代文言文也沿用這個詞序。但同時我們也注意到，就在先秦時代，容量單位詞已經可用用於名詞前面了。……到了漢代，不但度量衡單位詞可用可以放在名詞的前面，連天然單位詞也可以放在名詞前面了。……南北朝以後，這種詞序變爲正常詞序。"③ 但綜合考察先秦文獻看，此說尚可商榷。傳世先秦文獻中，這一結構其實也可以看到了，即使是量詞是自然量詞的情況也已經產生，祇是用例少見。從出土文獻來看，先秦簡帛文獻中尤其是楚地簡帛文獻中"Num+Cl+N"結構不僅已經產生，而且用例已經比較多見。在楚簡帛中 62 例，秦簡 2 例。可見，"Num+Cl+N"結構產生的時代當大大提前。"Num+Cl+N"結構的產生，標誌著漢語量詞範疇的初步形成，因爲此時量詞同一般名詞的語法功能、語法作用都有了明顯的區別，量詞開始逐步從名詞中分化出來了。但是，這一結構在先秦文獻中遠遠沒有佔據優勢地位，即使在使用頻率最高的楚簡物量表示法中僅佔

---

① 秦簡和楚簡中多有當時人記當時事的資料，而且作者應當多爲本地之人，因此爲地域性研究提供了一些可行性；但漢簡雖然很多也是當時人記當時事，但往往是屯軍的檔案資料，而軍人祖籍、生活環境不定，這些資料雖然能反映當時的語言，但其地域性卻無法確定。李建平：《從楚秦簡帛文獻看先秦漢語數量詞的地域特徵》，《廣西社會科學》2010 年第 2 期。

② 王力：《漢語史稿》，商務印書館 1980 年版，第 240 頁。

③ 王力：《漢語語法史》，商務印書館 1989 年版，第 32 頁。

2.74%，表明這一稱數結構在先秦文獻中仍然處於萌芽階段。

　　到兩漢文獻中，典型的"Num+Cl+N"結構逐漸變得多見起來，但在物量表示法中遠遠沒有佔據優勢。我們對 24 種兩漢簡牘文獻中數量表示法的統計，在 1719 例稱數結構中"Num+Cl+N"僅有 9 例，僅佔總數的 0.5%。但值得注意的是漢末佛經文獻中，這一稱數結構使用頻率非常高，其原因也還有待進一步探討。

　　綜上所述，"Num+Cl+N"結構這一具有遠大前途的稱數結構早在先秦文獻中就產生了，隨著漢語量詞系統的完善，其適用範圍逐漸擴大，使用頻率逐漸提高，但一直到漢末絕大多數文獻稱數結構中還遠遠沒有佔據優勢地位，其廣泛應用則應當是魏晉六朝以後的事情了，在稱數構式中佔據優勢則晚至兩宋[①]。

---

　　① 李建平、張顯成：《從簡帛文獻看漢語量詞系統建立的時代》，《古籍整理研究學刊》2011 年第 1 期。

第九章

漢語量詞語法化的歷程及其動因研究[①]

量範疇是世界語言普遍存在的語法範疇，但只有漢藏語系、南亞語系中諸多語言發展出了豐富的量詞，並成爲這些語言的重要特點。同多數量詞語言一樣，漢語中的量詞範疇並不是一個先在的語法範疇，而是經歷了長期而複雜的語法化（grammaticalization）過程，因此漢語量詞語法化的動因與機制一直是漢語研究的重點和難點。從殷商到現代豐富的文獻資料，爲漢語量詞語法化歷程和動因的研究提供了翔實的語料，使得漢語量詞研究成爲語法化研究中的重要課題之一。關於漢語量詞語法化的過程及其動因與機制，已有諸多學者做了有益的探討，成果豐碩，主要觀點如下。

1. 表量功能説。黃載君提出："個體量詞的産生，可能起於表貨幣單位。"[②] 貨幣單位的核心功能是表量，因此強調"表量功能"是漢語量詞起源的動因。但是，在漢語量詞系統中處於核心地位的個體量詞，其表量功能並不突出，如"一人"和"一個人"、"一頭牛"和"一牛"在表量功能上没有突出的差異；而且在量詞系統産生之前的甲骨文時代人們仍然是可以準確表量的；當然當今世界很多没有量詞的語言如印歐語系的諸多語言，其表量功能並無影響。另外，也有學者認爲個體量詞是受度量衡量詞"類化"而來，語法化中的類推作用在量詞系統的發展過程中的確起到了重要的推動作用，但度量衡單位是世界多數語言所共有的，這種觀點並不能解釋爲何祇有部分語言"類化"出了量詞範疇，而其他很多語言

[①] 本章以名量詞，特别是量詞系統中語法化程度最高的個體量詞爲核心展開探討，部分内容曾刊發於《西南大學學報》2016 年 5 期（李建平、張顯成）；人大複印報刊資料《語言文字學》2017 年 2 期全文轉載；《高等學校文科學術文摘》2016 年 6 期主體轉載。

[②] 黃載君：《從甲文、金文量詞的應用，考察漢語量詞的起源與發展》，《中國語文》1964 年第 6 期。

卻沒有"類化"出同樣的量詞範疇。

2. 個體標記說。大河内康憲①、戴浩一②認爲漢語中的名詞都是指物質的（stuff），在語義上是不可數的，要計數物質一定要把物質量化或離散成類似物體（body）的個體纔可數，數詞後的這個標記成分正是起到"個化"前一個名詞所指的作用。金福芬、陳國華③以及張赬④提出作爲"個體標記"是漢語量詞存在的根本原因，而"分類功能"是次要的原因。但是同表量功能說一樣個體標記說也無法解釋爲何在量詞成熟前的漫長時期仍可稱數，爲何祇有漢藏語系、南亞語系中的諸多語言量詞豐富，而印歐語系的諸多語言則沒有發展出這樣一個量詞範疇；爲何從源詞類到量詞經歷了一個漫長的語法化歷程。

3. 範疇化說。對客觀事物進行分類，將其範疇化是量詞的重要功能之一，如形狀量詞中的"條"用於稱量條狀物，"塊"用於稱量塊狀物，"點"用於稱量點狀物。因此 Erbaugh 提出量詞通過給中心名詞分類增加其信息量，從而與其他同音詞區分開來，同時強調中心名詞，是量詞範疇建立的根本動因⑤。但是，隨著量詞語法化的發展，語法化程度最高的泛指量詞選擇搭配的名詞達到數百個，而這些名詞卻並不具備共同特徵而成爲一類，可見範疇化並非量詞的根本功能，也不是量詞語法化的動因。

4. 修飾功能說。李若暉在對殷商時代量詞研究的基礎上，提出漢語量詞的產生是語言表達中修飾與表意要求綜合作用的結果⑥。同樣，這對量詞爲何爲漢藏語系、南亞語系諸語言所獨有也無法解釋，而且語法化程度最高的泛指量詞也不具備修飾作用，卻無論是在量詞產生之初的先秦兩漢時期，還是在量詞發展成熟的現代漢語階段，都獲得了廣泛應用。

5. 語言接觸說。Erbaugh 同時又認爲漢語量詞不是自源的，而是由於

---

① 大河内康憲：《量詞的個體化功能》，載《日本近現代漢語研究論文選》，北京語言學院出版社 1993 年版，第 426 頁。

② 戴浩一：《概念結構與非自主性語法：漢語語法概念系統初探》，《當代語言學》2002 年第 1 期。

③ 金福芬、陳國華：《漢語量詞的語法化》，《清華大學學報》2002 年第 S1 期。

④ 張赬：《類型學視野的漢語名量詞演變史》，北京大學出版社 2012 年版，第 55 頁。

⑤ Erbaugh M. Talking stock: the development of Chinese noun classifiers historiecally and in young children. Craig C, ed. Amsterdam: John Benjamins Publishing Company, 1986: 399-435.

⑥ 李若暉：《殷代量詞初探》，《古漢語研究》2000 年第 2 期。

與台語的語言接觸而產生的①。但是持這一觀點的學者往往自己也不太肯定，往往只是作爲一種可能性而提出來的；而且根據本書考察，該説與漢語量詞發展史的事實也明顯不符。

6. 清晰表意説。橋本萬太郎認爲漢語是單音節語言，同音詞多而又缺乏形態標記，使用量詞可以區別同音詞，並有一定的贅言性（redundancy）；同時認爲隨著漢語復音化的發展量詞逐漸"個化"，直至像東乾語一樣只剩下一個"個"字，量詞最終完全變爲"軀殼"②。橋氏認識到了音節結構與量詞系統的關係，但從漢語發展史來看量詞卻正是在漢語複音化的過程中產生的，"個化"趨勢並非量詞的消亡，而是量詞發達的標誌之一。

此外，李訥、石毓智提出句子中心動詞及賓語後謂詞性成分的變遷是量詞語法化的動因③，該文對漢魏時期至元代"Num+CL+N"結構的發展作出了解釋，但對量詞起源的動因卻沒有涉及。戴慶廈先生對近20種藏緬語數詞和量詞的調查分析，指出數詞爲單音節的語言，量詞一般比較發達，而數詞爲多音節的語言，量詞就不發達④，爲量詞研究開闢了新的途徑。石毓智贊同其觀點，認爲："漢語量詞的產生和發展的背後也有一個雙音化趨勢的動因。漢語的個體量詞，萌芽於兩漢，產生於魏晉，穩步發展於唐宋，牢固建立於宋元之際。"⑤ 但是，如前文所述漢語的個體量詞系統早在先秦時期已經產生，兩漢時期獲得了大發展，到魏晉南北朝時期已經趨於成熟。

先秦兩漢時期是漢語量詞從萌芽到初步成熟的時期，這一時期量詞的系統研究對於考察量詞起源的動因至關重要，但卻一直做得很不夠，對量詞起源動因的研究自然也還存在諸多問題。正如劉世儒先生所言："沒有材料，游談無根，要建立科學的漢語量詞發展史那是永遠也不會辦到

---

① Erbaugh M. Talking stock: the development of Chinese noun classifiecally and in young children. Craig C, ed. Amsterdam: John Benjamins Publishing Company, 1986: 399-435.

② 橋本萬太郎:《語言類型地理學》，余志鴻譯，北京大學出版社1985年版，第90頁。

③ 李訥、石毓智:《句子中心動詞及其賓語之後謂詞性成分的變遷與量詞語法化的動因》，《語言研究》1998年第1期。

④ 戴慶廈:《藏緬語族個體量詞研究》，載《彝緬語研究》，四川民族出版社1997年版，第60頁。

⑤ 石毓智:《語法化的動因與機制》，北京大學出版社2006年版，第196頁。

的。"① 近幾年來，大量出土文獻的發現與公佈，特別是文書、醫書類文獻，爲先秦兩漢量詞研究提供了空前良好的條件。我們借鑒前人及時賢的研究成果對先秦兩漢傳世文獻和出土文獻中的量詞系統進行了全面系統地整理研究，初步構建起上古漢語量詞發展史的脈絡；綜合考察量詞豐富的漢藏語系、南亞語系諸語言長期而複雜的歷時演變，我們認爲量詞的表量功能、分類功能、修飾功能、個體標記功能等諸多功能，在不同的歷時階段、從不同方面對漢語量詞系統的發展與成熟起到了重要的推動作用，但漢語雙音化的趨勢是誘發漢語量詞系統產生的根本動因，並在量詞語法化的漫長歷程中始終起著重要的推動作用。

第一節　漢語雙音化趨勢與量詞的發展

雙音化是漢語發展史的一條重要規律，王力先生把雙音化列爲漢語語法史上最重要的五大變化之一②。石毓智則進一步證明漢語雙音化趨勢的意義，遠遠超出了構詞法的範圍，對促使整個語法系統的改變起了關鍵作用③。漢語雙音化的進程早在殷商時期便已經開始萌芽，春秋戰國至秦時期獲得了初步發展，兩漢時期加快了發展的步伐，魏晉以後得到了長足的發展，雙音詞在漢語詞彙中也逐漸取得了絕對優勢的地位。

上古漢語詞彙是以單音節詞爲主的，隨著雙音化的發展，雙音節詞在漢語詞彙中逐漸佔據了優勢地位，隨之雙音節音步逐漸成爲漢語的標準音步，如馮勝利所言由於標準音步具有絕對優先的實現權，漢語中的"標準韻律詞"祇能是兩個音節④。現代漢語中雙音節詞佔據著絕對優勢，根據吕叔湘先生的統計，現代漢語中雙音詞佔到了75%以上，而且雙音詞在句法上也更爲自由⑤。但數詞中使用頻率最高的基數詞從一至十都是單音節的，因此在雙音節音步逐漸佔據主導地位後，單音節數詞構成的

---

①　劉世儒：《魏晉南北朝量詞研究》，中華書局1965年版，第3頁。
②　王力：《漢語語法史》，商務印書館1989年版，第2頁。
③　石毓智：《漢語發展史上的雙音化趨勢和動補結構的誕生》，《語言研究》2002年第1期。
④　馮勝利：《漢語的韻律、詞法和句法》，北京大學出版社1997年版，第3頁。
⑤　吕叔湘：《現代漢語單雙音節問題初探》，《中國語文》1963年第1期。

"蜕化"音步並不具備優先實現權。要順應漢語雙音化趨勢，數詞必須和其他成分組成雙音節的韻律詞纔能夠自由地使用，於是量詞系統就應運而生了。

考察漢語量詞系統從萌芽、茁長、發展到成熟，直至到現代漢語數量表示法中成爲必不可少的成分這一漫長的發展進程，可以發現這一歷程與漢語詞彙雙音化的發展有著幾乎相同的歷史發展軌迹。因此，我們認爲雙音化趨勢構成了漢語量詞萌生的動因，並在漫長的歷時演變中推動了量詞系統的建立和發展成熟。

一　殷商時期雙音化和量詞的萌芽

1. 雙音詞的萌芽

雖然上古漢語中單音詞佔據了絕對優勢地位，但雙音詞卻早在殷商甲骨卜辭中就已經存在了。郭錫良先生以徐中舒主編的《甲骨文字典》作爲對象，考察了甲骨卜辭的詞彙構成，指出甲骨卜辭中有字頭2857個，義項總計3899條，其中複音結構不到100個，僅僅占總數的2.6%；按殷代複音詞所表示的內容，大致可以分爲八類：神祇的名稱、宗廟和神主的名稱、宮室的名稱、方國的名稱、地名、職官名、人名、記時名稱等；而且這些複音詞大多數是專有名詞，幾乎都是偏正結構的[①]；可見，殷商時期是雙音化的萌芽時代。

2. 名量詞的萌芽

與雙音化的萌芽之趨勢相適應，殷商甲骨卜辭中量詞也已經萌芽，邁出了量詞發展史上的第一步。對於殷代量詞的發展狀況，前人及時賢都有較爲深入的研究，按黃載君[②]、李若暉[③]、甘露[④]、張玉金[⑤]諸學者的研究，總計有10個左右，茲列表於下：[⑥]

[①]　郭錫良：《先秦漢語構詞法的發展》，載《漢語史論集》，商務印書館2005年版，第143頁。
[②]　黃載君：《從甲文、金文量詞的應用，考察漢語量詞的起源與發展》，《中國語文》1964年第6期。
[③]　李若暉：《殷代量詞初探》，《古漢語研究》2000年第2期。
[④]　甘露：《甲骨文數量範疇研究》，載《語言文史論叢》，西南師範大學出版社2000年版，第256—258頁。
[⑤]　張玉金：《甲骨文語法學》，學林出版社2001年版，第19—22頁。
[⑥]　諸家研究中往往都涉及了時間量詞，如前文所述本書研究不涉及時間量詞，因此該表及相關統計皆不包括時間量詞。

表 9-1　　　　　　　　　　殷代量詞簡表

研究者	量詞
黃載君	升、卣、朋、珏、丰、乂、人、丙、）、㠯；
李若暉	卣、朋、玉、屯、丙、人、羌；
甘露	升、卣；朋；丙；師、旅、族、戍；人、羌；
張玉金	升、卣、朋、丙、屯、丿、骨、人、羌；

全面考察殷代量詞系統，具有量詞發展初期的三個方面的特點：

首先，數量詞修飾名詞一般位於名詞之後，組成"N+Num+CL"結構，如"鬯三卣"（合 1068）、"馬三十丙"（合 20790）。原始語言中"N+Num+CL"語序最先產生是可以找到理據的，任何稱數方式都源於記數行為，因此在列舉時往往採用"N+Num"結構的語序。在"Num+N"結構中，數詞和名詞的結合非常緊密，共同充當句子成分，而"N+Num"結構中當數詞單獨充當謂語時，數詞單音節的不和諧性便凸顯出來，如現代漢語可以説"一人"，也可以説成"一個人"，但"人一"卻顯然不符合語言習慣，必須説成"人一個"。因此量詞首先出現在"N+Num"結構之後構成"N+Num+Cl"結構，符合漢語雙音化的趨勢。

其次，語法化程度低，使用頻率低。甲骨文中雖然量詞已經出現，但使用頻率都很低，甚至多數只是只有一兩個辭例而已，因此很多量詞如"）""丿""骨"等很多學者仍不認爲是量詞，而是名詞；即使稱量不可數名詞的借用容器量詞"卣"，甲骨文中往往也是可以不用的，如合 301："大丁、大甲、且（祖）乙百鬯、百羌。"

再次，"拷貝型"量詞的产生，如"俘人十又六人"（合 137 反）、"羌百羌"（合 32042）等等。對後一個"人""羌"的性質的認識目前學界還存在爭議，王力先生認爲"'人'是一般名詞，不是特別用來表示天然單位的"。但多數學者認爲已有量詞的性質，管燮初先生認爲"後面一個人字的詞性已介乎名詞和量詞之間"，黃載君先生也認爲"第一個人是名詞，而數詞後加'人'就衹能屬於量詞了"。其語法化程度雖然還很低，卻顯示出了語法化的趨勢，而量詞正是在這一語法結構中開始了其語法化進程。

二　西周時期雙音化和量詞的初步發展

1. 雙音化的初步發展

程湘清考察了基本反映西周初期語言面貌的《尚書・周書》中公認

爲西周作品的《大誥》等十三篇、《詩經·周頌》《詩經·大雅》中的雙音詞情況，其所列雙音詞 5 類共計 132 個；西周末期《詩經·小雅》中則有 57 個。① 楊懷源則統計了西周金文中的情況，複音詞爲 412 個，其中雙音節詞 385 個②。從統計數字總體來看，西周時期的雙音詞明顯增多了，雙音化得到了初步發展。

2. 名量詞的初步發展

與雙音化的進程相適應，西周金文量詞系統也獲得了初步發展。從歷時的角度來看，西周時期量詞的發展有以下幾個特徵：

第一，西周量詞的數量大大超過了殷商甲骨文。按管燮初先生的統計，西周金文中共有量詞 33 個③；按潘玉坤先生的統計則爲 38 個④；按趙鵬的統計爲 39 個⑤；茲列表如下：

表 9-2　　　　　　　　　　　西周金文量詞簡表⑥

研究者	數量	量詞
管燮初	33	匹、品、夫、人、殳、兩、鏳、鈴、丰、白、穀、乘、朋、束、邦、家、陣、孚、枡、卣、陾、秭、蔔、鈞、里、弄、畮、田、職、羊、牛、邑、旅
潘玉坤	38	天然量詞：車⑦、兩（車）、乘、匹、𢆶、羊、牛、鈴、鏳、旅、人、夫、伯 集體量詞：穀、束、秉、脆、䰩、𪍓、具、秭、家 度量衡貨幣容器單位：鈞、鋝、鈑、朋、兩（帛）、卣、枡、陾、畮、田、里 編制單位：邑、里（户籍單位） 其他單位：品、款、封、職

---

① 程湘清：《先秦雙音詞研究》，載《先秦兩漢漢語》，山東教育出版社 1992 年版，第 46 頁。具體數字與比例爲筆者據程文所列情況統計。

② 楊懷源：《西周金文詞彙研究》，四川大學博士學位論文，2006 年。

③ 管燮初：《西周金文語法研究》，商務印書館 1981 年版，第 178 頁。

④ 潘玉坤：《西周金文語序研究》，華東師範大學出版社 2005 年版，第 168 頁。

⑤ 趙鵬：《西周金文量詞析論》，《北方論叢》2006 年第 2 期。

⑥ 管燮初先生將金文量詞分爲個體量詞、集體量詞、度量詞、臨時量詞四大類，但在出現頻率表中並未將所有量詞逐一歸類，因此本書也不再將其分類。

⑦ 按，《戎獻簋蓋》集成 8.4213："戎獻金于子牙父百車。"潘玉坤將其中的"車"歸入天然單位，而趙鵬將其歸入容器量詞，當以後者爲是，這裏的"車"顯然用於量"金"，當爲容載量詞。

續表

研究者	數量	量詞
趙鵬	39	個體量詞：乘、匹、兩（車）、兩（帛）、鈑、人、夫、伯、牛、羊、驌、馘、封、叙（款） 集體量詞：里、肆、堵、秉、束、兩（馬）、乘、具、珏、家、朋、旅 容器量詞：卣、枅（管）、車、隥、倉 度量衡及貨幣單位：里、田、畝、鈞、秭、鋝、朋、品

第二，量詞分工的進一步發展，使用日趨嚴格。例如甲骨文用量詞"丙"表示車和馬之量，是一種綜合的稱量法；而西周金文中則車、馬之量詞各有專門的量詞，車用"兩"，馬用"匹"，截然分工，不能混同；又如甲骨文中"鬯"的計量可以用借用量詞"卣"，也可以不用量詞，而在西周金文中"鬯"如表示數量，必須要使用借用的容器量詞"卣"，在《毛公鼎》《大盂鼎》等衆多西周銅器銘文中皆無例外。

第三，數量表示法中"N+Num+Cl"結構的大量使用。按趙鵬的統計，西周金文中"N+Num+Cl"結構總計達到220例之多；但數詞同名詞直接結合來表示數量仍然佔據絕對優勢①。

第四，西周量詞系統仍然體現出量詞萌芽階段的諸多特點：其一，拷貝型量詞獲得了進一步發展，其使用頻率甚至高於殷商甲骨文，如《小盂鼎》："俘人萬三千八十一人，……俘牛三百五十五牛，羊廿八羊。"又："獲馘四千八百□馘，俘人萬三千八十一人，俘［馬］□□匹，俘車兩，俘牛三百五十五牛，羊二八羊。"《舀鼎》："凡用即舀田七田。"語法化程度很低的拷貝型量詞的存在顯示出西周金文量詞萌芽階段的特點。其二，典型的"Num+Cl+N"結構仍未出現。值得注意的是，《賢簋》："公命吏賄賢百畝糧。"其中的"百畝糧"很多學者將其視爲漢語"Num+Cl+N"結構的最早用例，但這種用法僅有一例，值得懷疑，對該例深入分析，可以發現"畝"本來是稱量土地的面積量詞，並不能稱量後面的中心名詞"糧"，所謂"百畝糧"意思是"一百畝地出產的糧食"，其語義上相當於"百畝地之糧"，因此"Num+Cl"結構和中心名詞之間並沒有直接的語法關係，因此並不是典型的"Num+Cl+N"結構。

---

① 趙鵬：《西周金文量詞析論》，《北方論叢》2006年第2期。

三 春秋戰國至秦雙音化的發展和量詞系統的初步建立

春秋戰國至秦是我國歷史上的大變革時期,在紛繁的社會變革中,人們的思想也更加活躍。春秋戰國時期的百家爭鳴,創造了絢麗的文化。在内在和外在條件兩方面因素的有力推動下,語言在這一階段也獲得了大發展。隨著社會的迅速發展新概念迅速大量涌現,一詞多義、詞義引申的方法無法滿足人們的交際需要,於是複音詞以其靈活的結構、足夠的容量,迅速適應了人們日益增長的交際需要。隨著雙音詞在漢語中地位的確立,與此相適應的是漢語的量詞系統在這一時期也初步確立了。

1. 雙音詞地位的確立

從傳世文獻來看,程湘清先生對這一時期重要典籍中的詞彙情況進行了數理統計:《論語》總字數15883個,總詞數爲1504詞,單音詞總計爲1126個,佔74.86%;複音詞總計378個(其中多音詞3個),佔總數的25.13%,而雙音詞佔總數的24.93%。《孟子》總字數35402個,總詞數爲2240詞,單音詞總計爲1589個,佔70.93%,複音詞總計651個(其中多音詞8個),雙音詞643個,佔總數的28.71%,雙音詞佔總數的28.71%[①]。

表 9-3　　　　　　　　《論語》《孟子》詞彙情況表

典籍名稱	總字數	總詞數	單音詞 數量	單音詞 比例	複音詞 數量	複音詞 比例	雙音詞 數量	雙音詞 比例
論語	15883	1504	1126	74.9%	378	25.1%	375	24.93%
孟子	35402	2240	1589	71%	651	29%	643	28.71%

傳世先秦文獻作爲"後時文獻"經過二千多年的輾轉傳抄,往往都存在不同程度的"失真",張顯成師等對銀雀山漢墓出土的《孫子兵法》《孫臏兵法》中的詞彙情況進行了考察,這兩部兵書均成書於秦以前,具有更強的文獻真實性。《孫子兵法》總詞數738個,有單音詞565個,複音詞173個,其中雙音詞167個,已佔總數的22.63%;《孫臏兵法》總詞數900個,其中單音詞668個,複音詞232個,其中雙音詞230個,三

[①] 程湘清:《先秦雙音詞研究》,載《先秦兩漢漢語》,山東教育出版社1992年版,第110頁。

音詞2個，雙音詞佔總數的25.78%①。

表9-4　　銀雀山漢簡《孫子兵法》《孫臏兵法》詞彙情況表

典籍名稱	總詞數	單音詞	複音詞	雙音詞 數量	雙音詞 比例
孫子兵法	738	565	173	167	22.63%
孫臏兵法	900	668	232	230	25.56%

從以上對傳世文獻和出土文獻的綜合考察來看，春秋戰國時期漢語中雙音詞總體已經佔到了詞彙總量的25%左右。由於書面語在記載時往往趨於簡潔的原則，可以推測在當時的口語中漢語雙音詞所占比例應當大大超過這一數量。春秋戰國至秦這一時期，雖然雙音詞在整個漢語詞彙系統中還沒有佔據優勢，但是雙音詞在漢語中的地位已經穩固地確立起來。

2. 量詞系統的確立

隨著雙音詞地位的確立，量詞系統也在這一時期基本確立起來，主要體現在以下方面：

第一，名量詞類別發展完備，量詞數量大大增加，特別是在量詞系統中處於核心地位的自然量詞的數量大大增加。從傳世春秋戰國至秦的文獻來看，按何樂士的考察《左傳》中自然量詞、借用量詞、度量衡量詞、軍隊或地方編制量詞等各個小類都已經齊備②。參考于冬梅③、達正嶽④等的研究，統計如下表：

表9-5　　　　　　　先秦文獻量詞簡表

文獻	量詞總數	自然量詞	"Num+Cl+N"結構
左傳	69	29	6
論語	30	13	2
孟子	41	16	10

---

① 張顯成、苟曉燕：《銀雀山漢簡〈孫子兵法〉〈孫臏兵法〉詞彙研究》，載《簡帛語言文字研究》（第一輯），巴蜀書社2002年版，第65—143頁。

② 何樂士：《〈左傳〉的數量詞》，載《古漢語語法研究論文集》，商務印書館2000年版，第318頁。

③ 于冬梅：《〈呂氏春秋〉的量詞研究》，遼寧師範大學碩士學位論文，2006年。

④ 達正嶽：《上古漢語量詞研究》，西北師範大學碩士學位論文，2004年。

文獻	量詞總數	自然量詞	"Num+Cl+N" 結構
國 語	72	27	4
呂氏春秋	36	13	3①

我們對這一時期的量詞系統進行了全面統計，名量詞總數已經達到207個之多，其中語法化程度最高的個體量詞也有46個，集體量詞則有52個，自然量詞總計達到98個；而且這些量詞往往具有較強的生命力，其中154個爲漢代及後世所沿用，占總數的74.4%之多。

表 9-6　　　　　　　　　　先秦名量詞數量簡表

量詞類別	個體量詞	集體量詞	借用量詞	制度量詞	總計
量詞數量	46	52	41	68	207
後世沿用	40	30	31	53	154

從以上統計來看，春秋戰國時期量詞的數量得到了迅速發展，尤其是漢藏語系所特有的自然量詞更是得到了進一步發展。

第二，"Num+CL+N"結構的產生與初步發展。在漢語量詞的發展過程中，"Num+CL+N"結構的產生是一種很重要的轉變，可以説是一種飛躍，如王力先生所言："因爲當數詞和單位詞放在普通名詞後面的時候，它們之間的關係是不夠密切的（《左傳》：'馬牛各十匹'，'各'字可以把單位詞和名詞隔開）；後來單位詞移到了名詞前面，它和名詞的關係就密切起來，漸漸成爲一種語法範疇。"② 因此，"Num+CL+N"結構的出現，也在一定程度上標誌著漢語量詞系統的基本建立。

因此典型的"Num+CL+N"結構產生的時代對於漢語量詞發展史的研究具有重要意義，王力先生認爲："在上古時代，單位詞是放在名詞後面的。……但同時我們也注意到，就在先秦時代，容量單位詞已經可以用於名詞前面了。到了漢代，不但度量衡單位詞可以放在名詞的前面，連天

---

① 于冬梅統計爲4個，但其中"所見八十餘君"（吕氏春秋·孝行覽·遇合）一例，我們認爲"餘"顯然爲助詞，而非量詞。
② 王力：《漢語史稿》，商務印書館1980年版，第240頁。

然單位詞也可以放在名詞的前面。"① 郭錫良先生也認爲，在先秦典籍中"Num+CL+N"這一稱數構式祇用於容量單位。②

從傳世文獻材料來看，這一時期"Num+CL+N"結構在《左傳》《論語》《孟子》《國語》《吕氏春秋》等五種文獻中僅有 25 例，而且基本限於度量衡量詞和借用的容器量詞，自然量詞能夠進入這一結構的僅有以下 5 例。

(1) 君有楚命，亦不使一个行李告於寡君。（左傳·襄公八年）
(2) 一介嫡女，執箕帚，以咳姓於王宫；一介嫡男，奉盤匜，以隨諸御。（國語·吴語）
(3) 力不能勝一匹雛。（孟子·告子下）
(4) 嘗一脟肉，而知一鑊之味，一鼎之調。（吕氏春秋·察今）

而且即使以上五例，對於其中的"量詞"的理解學界也還多有爭議：例（1）（2）中的"介"和"个"有學者認爲是"單獨"之義，是形容詞，而非量詞；例（3）中的"匹"，按朱駿聲《説文通訓定聲》説，爲誤字，也非量詞；例（4）中的"脟"也可能是"肉"的修飾語，"脟肉"是指割下來的肉，而非量詞。

由於出土文獻具有傳世文獻無可比擬的真實性，從出土的簡帛文獻來看這一時期"Num+CL+N"結構的産生以及量詞系統的確立是毫無疑問的。我們考察了目前已公佈或部分公佈的 14 批戰國楚簡和 6 批秦簡，共有物量表示法 2337 例，量詞 85 個（秦簡 50 個，楚簡 47 個），使用廣泛，我們將其物量稱數構式分列於下：

表 9-7　　　　　　　先秦簡牘文獻數量表示法簡表

文獻	Num+N	N+Num	Num+Adj	Num 單用	Num+Cl	N+Num+Cl	Num+Cl+N	Cl 單用	Cl+N	總計
楚簡	1095	67	21	3	24	192	62	0	23	1487
秦簡	328	62	5	38	273	106	2	29	7	850
總計	1423	129	26	41	297	298	64	29	30	2337

① 王力：《漢語語法史》，商務印書館 1989 年版，第 32 頁。
② 郭錫良：《從單位名詞到量詞》，載《漢語史論集》，商務印書館 2005 年版，第 31 頁。

續表

文獻	Num+N	N+Num	Num+Adj	Num單用	Num+Cl	N+Num+Cl	Num+Cl+N	Cl單用	Cl+N	總計
頻率	60.89%	5.52%	1.11%	1.75%	12.71%	12.75%	2.74%	1.24%	1.28%	1
總計	1619				718					2337
頻率	69.28%				30.72%					100%

從以上統計可以看到，楚秦兩地出土的簡牘文獻量詞數量總體相當，但是發展速度並不平衡。秦簡中"Num+CL+N"結構僅僅2例，而楚簡中則達到了62例之多。秦簡所見2例，量詞一爲描繪性量詞，一爲度量衡單位，而楚簡中的62例度量衡單位僅1例，容器單位7例，其餘54例均爲自然量詞，如：

(5) 三匹駒騮。（曾侯乙墓簡179）
(6) 裘定馭左殿：三真楚甲。（曾侯乙墓簡127）
(7) 旅公三乘路車。（曾侯乙墓簡119）
(8) 一兩緣繹屨；一兩絲紅屨；一兩鄁緹屨；一兩諨屨；一兩縩屨。（信陽楚簡·遣策2）

數量結構和名詞之間也可以插入助詞"之"，如《上博簡·容成氏》44："是乎作爲九成之臺。"可見，早在戰國時期"Num+CL+N"結構就已經產生並獲得了初步發展，標誌著漢語量詞系統的初步建立。

第三，名量詞使用頻率大大增加，但地域發展不平衡。從表7來看，先秦簡牘文獻中使用量詞的用例達到718例，占30.72%，量詞在數量表示法中的地位已經確立。另一方面，典型的"Num+CL+N"結構率先在楚簡中大量出現，體現出楚、秦兩地量詞發展的不平衡。

第四，動量詞系統的萌芽。無論從出土文獻還是傳世文獻看，先秦時期典型的動量詞還沒有產生，但在秦簡中已經開始萌芽，有"步""課"兩個，雖然其動詞性仍很強，但動量詞正是在這樣的語法框架中開始其語法化進程的。

從楚秦簡帛文獻中的大量用例來看，這一時期漢語的量詞系統，尤其是自然量詞系統在這一時期已經建立起來是毫無疑問的。

四 兩漢雙音化的發展和量詞系統的逐步完善

1. 雙音化的進一步發展

兩漢時期國家統一，社會政治文化發展迅速，反映在語言上漢語的雙音化趨勢也加快了步伐。鑒於出土文獻的特殊語言研究價值，張顯成師等對秦漢時期的 12 種簡帛文獻中的構詞法進行了窮盡性統計分析，茲將成書於兩漢時期的《奏讞書》《武威醫簡》《神烏賦》《御史書》《胥浦遺囑》《月令》《王杖詔令》《責寇》《懸泉書信》9 種文獻中詞彙的發展情況列表於下①。

表 9-8　　　　　　　　簡帛文獻構詞法情況簡表

總詞數	單音詞	複音詞	雙音詞	雙音詞比例
2007	1209	798	752	37.47%

從上面的表格可看到，兩漢時期雙音詞在詞彙中的比例較之秦以前大大增加了，總體達到了 37.47%，有些文獻中雙音詞的總量甚至達到了 48%。尤其到了東漢，雙音詞的數量更是迅猛增長，劉志生考察了東漢碑刻文獻 167 篇，共約 10 萬字，複音詞的總數達到了 5167 個之多②。由於書面語相對於口語總是趨於簡潔，因此我們認為在當時的口語中雙音詞的數量，毫無疑問應當已經超過了單音詞的數量，在漢語詞彙中佔據了優勢地位。

2. 量詞系統的初步完備

與雙音詞發展狀況相適應，漢語量詞系統也獲得了巨大發展，主要體現在以下三個方面：

第一，量詞數量大幅度增加，動量詞系統正式確立。按黃盛璋先生的考察，兩漢時代漢語的量詞數量大大超過了先秦時期③，但所考察材料範圍相當有限。我們考察了已公佈的 42 種漢代簡帛文獻，名量詞達到 130

---

① 張顯成等：《秦漢簡帛構詞法分析十二則》，載《簡帛語言文字研究》第一輯，巴蜀書社 2002 年版，第 162—190 頁。
② 劉志生：《東漢碑刻複音詞研究》，華東師範大學博士學位論文，2005 年。
③ 黃盛璋：《兩漢時代的量詞》，《中國語文》1961 年第 8 期。

個，動量詞7個，量詞系統已趨於完善。① 本書對兩漢出土文獻和傳世文獻中的量詞進行了全面考察，發現兩漢時期名量詞迅速湧現，新生量詞達到102個，加上沿用自先秦的154個，量詞總數達到256個；兩漢時期，個體量詞達到了84個；名量詞系統基本穩定下來。

表9-9　　　　　　　　　　兩漢名量詞數量簡表

量詞類別	個體量詞	集體量詞	借用量詞	制度量詞	總計
新興量詞	44	11	29	18	102
沿用量詞	40	30	31	53	154
總計	84	41	60	71	256

第二，名量詞的使用頻率迅速增高，使用量詞在數量表示法中逐漸佔據優勢地位。從量詞在數量表示法中的使用頻率來看，我們對成書時代明確的24種漢簡中的稱數構式進行了全面統計：②

表9-10　　　　　　　　　兩漢簡帛數量表示法簡表

稱數構式	Num+N	N+Num	Num單用	Num+Cl	N+Num+Cl	Num+Cl+N	Cl單用	總計
頻率	231	484	83	130	777	9	5	1719
總計	798			921				1719
比例	46.42%			53.58%				100%

按陳近朱（2004）對《居延漢簡》中的數量表示法也進行了窮盡性統計，不使用量詞的情況總計1534例，而使用量詞的情況則達到了2746例③：

---

① 李建平：《先秦兩漢魏晉簡帛量詞析論》，《中華文化論壇》2009年第4期。
② 本文所考察24種漢簡爲：焦山漢簡、蕭家草場漢簡、未央宮漢簡、清水溝漢簡、高台漢牘、古人堤漢簡、甘谷漢簡、邗江漢簡、平山漢楬、花果山漢簡、海州漢牘、胥浦漢簡、東牌樓漢簡、羅泊灣漢簡、大墳頭漢簡、孫家寨漢簡、孔家坡漢簡、鳳凰山8號墓漢簡、鳳凰山9號墓漢簡、鳳凰山10號墓漢簡、鳳凰山168號墓漢簡、鳳凰山167號墓漢簡、鳳凰山169號墓漢簡、馬王堆3號墓漢簡。
③ 陳近朱：《〈居延新簡〉中物量詞和稱數法探析》，華東師範大學碩士學位論文，2004年。按，由於對量詞和稱數構式認定的不同，不同研究者的統計可能採取了不同的標準，因此未將《居延漢簡》與我們自己的統計合併起來。

表 9-11　　　　　　　《居延漢簡》數量表示法情況簡表

稱數構式	Num+N	N+Num	Num 單用	Num+Cl	N+Num+Cl	Num+Cl+N	Num 單用	總計
頻率	231	484	83	130	777	5	5	1715
總計		798			917			1715
比例		46.53%			53.47%			100%

從上述統計來看，在數量表示法中使用量詞的情況已經和不用量詞的情況基本持平，甚至稍微超過了不用的情況，可見在物量表示法中使用量詞在漢代已經開始成爲一種規範。

第三，動量詞系統正式確立。兩漢時期動量詞系統產生並迅速發展，新產生動量詞 16 個，其中專用動量詞 13 個，加上沿用自先秦的動量詞"步"，總計達到了 17 個之多。魏晉南北朝所見動量詞總計 18 個，其中 13 個沿用自兩漢，占總數的 72%；可見兩漢時期動量詞系統已建立起來並獲得初步發展。但是，兩漢時期量詞的使用頻率還很低，多數量詞只有幾例，且多見於醫書和漢譯佛經等特定文獻之中。

表 9-12　　　　　　　　先秦兩漢動量詞簡表

產生時代	數量	借用動量詞	專用動量詞
先秦	2（?）	步、課	
西漢	7	針、痏	過、壯、合、發、出
東漢	9	拳	遍、通、下、度、行、周、匝、反（返）

五　魏晉以後雙音詞優勢地位的確立和量詞系統的完善

1. 雙音詞逐漸佔據絕對優勢

魏晉六朝以後，雙音詞在漢語詞彙中逐漸佔據了優勢地位，按程湘清先生統計，南朝宋人劉義慶《世說新語》中複音詞總數達到了 2126 個，其中三音節及多音節詞 213 個，雙音節詞佔複音詞總數的 90%[1]。無論從雙音詞數量還是使用頻率上來看，魏晉六朝以後漢語中雙音詞的優勢地位迅速確立起來。

---

[1]　程湘清：《〈世說新語〉複音詞研究》，載《魏晉南北朝漢語研究》，山東教育出版社 1992 年版。

2. 量詞系統的基本完善

劉世儒先生對魏晉南北朝的量詞進行了比較全面的研究，這一時期量詞在數量上得到了空前未有的發展，《魏晉南北朝量詞研究》一書中詳細討論的名量詞就達到了 217 個，其中語法程度最高的個體量詞達到 123 個，使用頻率也大大增加了[①]；動量詞在這一時期得到了迅猛發展，並初步成熟起來，總計 22 個，其中專用動量詞達到 17 個；成爲量詞系統中與名量詞並列的一個大類。此後，量詞系統也逐步達到了完善。關鍵的是，數量詞開始轉向於前附於中心名詞，這是南北朝時代的事。數量詞的前置，這是漢語歷史發展的必然結果，如劉世儒先生所言，數量詞的前置有幾個優點：A. 詞序一致了，也就是與漢語"從"前"主"後的原則一致了；B. 陪伴的形態更顯著了；C. 成分更確定了，數量詞衹能是向心於中心的定語，不可能還是其他成分了；D. 表達得更清楚了[②]。

從出土文獻來看，我們考察了旱灘坡晉墓木牘、南昌晉墓木牘、南昌吳高榮墓木牘、走馬樓三國吳簡、甘肅高臺晉牘、鄂城吳墓木刺、南昌火車站晉牘、香港中文大學藏晉牘 8 種魏晉簡牘，稱數結構 196 例均爲"N+Num+Cl"結構，可見在稱數中使用量詞已成爲規範。

隋唐五代以後直至現代漢語中，佔據統治地位的雙音詞繼續調整完善，漢語量詞系統也在既有框架下進一步補充、調整，量詞體系和規範逐漸趨於完備。李訥、石毓智對此後四部典型傳世文獻中量詞的使用情況做了全面統計[③]，我們根據其成果整理如下。

表 9-13　　　　　　　　魏晉文獻數量表示法情況簡表

文獻名	字數	Num+Cl+N	N+Num+Cl	Num+N	Num+Cl
世說新語	約 6 萬	25	34	190	15
敦煌變文	約 4 萬	23	51	93	29
朱子語類	約 4 萬	141	12	58	35
老乞大	約 3 萬	209	42	4	53

---

① 劉世儒：《魏晉南北朝量詞研究》，中華書局 1965 年版。
② 同上書，第 45 頁。
③ 李訥、石毓智：《句子中心動詞及其賓語之後謂詞性成分的變遷與量詞語法化的動因》，《語言研究》1998 年第 1 期。

從上表統計數據可以清晰地看到，魏晉南北朝以後，尤其是宋元以後，"Num+Cl+N" 結構逐漸在漢語中佔據了絕對優勢的地位。

六　小結

綜上可見，殷商時期是漢語雙音化的萌芽時期，也是量詞從其他詞類開始其語法化歷程的萌芽時代；西周時期隨著雙音化的發展，量詞也得到了初步發展；春秋戰國至秦時期雙音詞得到了進一步發展，而相應的量詞系統也初步建立起來；兩漢時期是雙音化發展的關鍵時期，雙音詞在詞彙系統中開始佔據優勢，同時也是量詞系統確立的時代，使用量詞的稱數構式在數量表示法中第一次超過了不用量詞的構式；魏晉六朝以後，雙音詞確立了詞彙中的絕對優勢地位，量詞的使用在數量表示法中也成爲必不可少的一種規範。雙音詞和量詞在漢語中都不是先在的範疇，但是其萌芽、發展、成熟的歷程卻保持了很強的一致性，這也説明二者的發展存在密不可分的關係：雙音化是漢語量詞系統建立的動因與巨大推動力。

第二節　漢藏和南亞語系量詞的產生與雙音化

漢語量詞系統形成的動因在於雙音化趨勢和基數詞單音節間的矛盾，可見雙音化趨勢和基數詞單音節是量詞系統得以建立的兩個必要條件，缺一不可。從漢藏語系其他語言及南亞語系諸語言來看，在普遍的雙音化歷程中只有基數詞爲單音節的語言，纔發展出了發達的量詞系統。

一　漢藏語系量詞的產生與雙音化

從漢藏語系來看，如馬學良先生所言 "大多數語言是由單音節向多音節發展"①，因此基數詞的音節數量和量詞的發達程度密切相關。戴慶廈先生對近 20 種藏緬語量詞與基數詞音節數量現狀的研究爲此提供了有力證據，在此基礎上我們對 52 種漢藏語系語言基數詞的音節數量和量詞

---

① 馬學良：《漢藏語概論》，民族出版社 2003 年版，第 26 頁。

发展情况进行了考察。① 漢藏語系中苗瑶語族的苗語、布努語、巴哼語、炯奈語、佘語、勉語諸語言,侗台語族的壯語、布依語、傣語、侗語、水語、仫佬語、毛難語、伴僙語、拉珈語、黎語、村語、仡佬語、布赓語、木佬語,其基數詞都是單音節的,其量詞系統均比較發達,量詞在使用中有强制性。

藏緬語族的情況比較複雜,彝語支的彝語、傈僳語、拉祜語、哈尼語、基諾語、納西語、畢蘇語、卡卓語、柔若語、怒蘇語、土家語、白語,緬語支的載瓦語、阿昌語、浪速語、仙島語屬於量詞發達或準發達的語言,其基數詞都是單音節的,量詞的使用一般都有一定的强制性。而相對應的是景頗語支的景頗語、格曼語、達讓語、蘇龍語和藏語支的倉洛門巴語、錯那門巴語,以及羌語支的嘉戎語,其基數詞往往不全是單音節的,其量詞系統一般都不發達,即使有部分個體量詞,其使用也不具有强制性。② 藏語支的情況較爲複雜,藏語基數詞都是單音節的,但其量詞很不發達,而白馬藏語的量詞則比較發達,反映了藏語量詞發展的不同層次。

二　南亞語系量詞的産生與雙音化

南亞語系很多語言也有豐富的量詞系統,如孟高棉語族的德昂語、佤語、京語、俫語、克蔑語、布興語,越芒語族的越南語量詞都比較豐富,其基數詞也都是單音節的。③ 相對應的,孟高棉語族的布朗語基數詞衹有四、五、六是單音節的,越芒語族的莽語基數詞一至六是單音節的,其量詞則相對不發達,量詞的使用没有强制性。

---

① 本書對少數民族諸多語言的調查主要參考了"中國少數民族語言簡志叢書"和"新發現民族語言叢書",同時參考了戴慶厦先生主編的"新時期中國少數民族語言使用情況研究叢書";爲行文簡便,以下不再一一註明材料出處。

② 景頗語支的獨龍語基數詞衹有3個是單音節的,但量詞比較發達,原因可能在於其雙音節基數詞都是帶詞頭的,而詞頭有脱落的趨勢,如基數詞 asɯm（三）、abli（四）在怒江方言中詞頭 a 都已脱落,數詞由雙音節變爲單音節,這與雙音化趨勢背道而馳,從而促進了量詞的發展;阿儂語也是如此。

③ 按,布興語中的基數詞都是雙音節的,但卻早已失去了實際使用功能,僅存在於傳説中,實際使用的數詞均借自傣語。

表 9-14 漢藏語系與南亞語系基數詞量詞對照情況

語系	語族	調查語言	基數詞單音節數量	量詞發達與否
漢藏語系	藏緬語族	彝語/傈僳語/拉祜語/哈尼語/基諾語/納西語/畢蘇語/卡卓語/柔若語/怒蘇語/土家語/白語/載瓦語/阿昌語/浪速語/仙島語/羌語/普米語/白馬語	9	＋
		蘇龍語/倉洛門巴語/錯那門巴語	8	—
		景頗語	6	—
		格曼語	2	—
		達讓語	3	—
		嘉戎語	0	—
		藏語	9	—
		獨龍語	3	＋
	侗台語族	壯語/布依語/傣語/侗語/水語/仫佬語/毛難語/佯僙語/拉珈語/黎語/村語/仡佬語/布賡語/木佬語	9	＋
	苗瑤語族	苗語/布努語/巴哼語/炯奈語/畲語/勉語	9	＋
南亞語系	孟高棉語族	德昂語/佤語/京語/倈語/克蔑語/布興語	9	＋
		布朗語	3	—
	越芒語族	越南語	9	＋
		莽語	7	—

系屬未定的朝鮮語情況比較特殊，數詞有固有詞與漢字詞之分，xana（一）、tul（二）、set（三）、net（四）等是固有詞，il（一）、i（二）、sam（三）、sa（四）等則是漢字詞。其固有量詞是以雙音節爲主的，而借自漢語的量詞基本是單音節的。通常固有量詞與固有數詞組合，漢字量詞與漢字數詞組合。其固有數詞中，一、五、六、七、八、九等六個都是雙音節的，因此本身可以組成雙音節標準音步使用，也可以與雙音節的量詞配合使用，而漢字數詞則均爲單音節的，則要同單音節的漢字量詞結合構成雙音節音步配合使用。

最後，印歐語系的英語、德語、法語、西班牙語等語言，其基數詞基本上也是以單音節爲主的，但是這些語言也不屬於量詞發達語言，我們推測這與對音步的認知有關，如何丹所言："印歐語社團以音素爲語音感知基礎,漢語社團以音節爲語音感知基礎。"① 印歐語語言學界的研究也體現了這一點,"在他們的音系理論中竟没有音節這一級語音單位,而是由音段直接構成詞音形"②。雙音節音步並非"標準"音步,因此没有發展量詞以構成標準音步的動因。由此也可以推測,在以音素爲感知單位的語言中,傾向於發展以音素爲單位的複數標記;而以音節爲感知單位的語言,則更傾向於發展以音節爲單位的量詞。"從語言類型學的角度考察的結果顯示,一種語言不同時兼有複數標記和量詞系統。"③

第三節 從拷貝量詞和泛指量詞興替看量詞語法化動因

拷貝量詞和泛指量詞在量詞類系中最爲特殊:前者產生於量詞發展的初始階段,語法化程度最弱;後者則產生於量詞系統初步建立的階段,並在量詞成熟階段仍然廣泛使用,語法化程度最高,源名詞的語義特徵幾乎消失殆盡。二者表量、分類、修飾等功能都很弱,祇有同數詞補足爲雙音節的標準音步纔是這兩類量詞的根本語法功能,其發展歷程正可以充分證明雙音化趨勢是量詞系統建立的根本動因。

一 拷貝型量詞與量詞的起源

漢語中拷貝型量詞早在甲骨文時代就產生了,到西周早期金文中獲得了進一步發展;李宇明認爲:"從名詞到量詞,是一個語法化的過程,拷貝型量詞的出現是這一語法化過程的第一步。"④ 在緬語支、彝語支和藏緬語族一些語支未定的語言中,如獨龍語、載瓦語、阿昌語、基諾語、傈僳語、拉祜語、哈尼語、納西語、怒語等也存在這一現象,"(這些語言)

---

① 何丹:《試論漢語的音節結構與認知模式》,載《中國文字研究》,大象出版社 2007 年版,第 201 頁。
② 王洪君:《漢語的特點與語言的普遍性》,載《綴玉二集》,北京大學出版社 1994 年版,第 308 頁。
③ 李艷惠、石毓智:《漢語量詞系統的建立與複數標記"們"的發展》,《當代語言學》2000 年第 1 期。
④ 李宇明:《拷貝型量詞及其在漢藏語系量詞發展中的地位》,《中國語文》2000 年第 1 期。

已經萌生了發展個體量詞的語言需要。爲了滿足這種語言需要，最方便的方法便是拷貝名詞而造出大量的個體量詞，從而較快地解決了個體量詞缺乏的矛盾。"但這些語言爲何萌生了發展個體量詞的需要呢？根本動因就在於雙音化的趨勢。

首先，從漢語發展史來看，漢語基數詞都是單音節的，這與甲金文時代就開始的雙音化趨勢是矛盾的，而不適宜性構成變化無所不在的動機，不適宜的形式有必要作出調整，即對音節進行調劑。改變基數詞單音節形式最簡單、最直接的方法就是重復名詞，組成數名結構共同修飾前面的名詞，即"N+（Num+N）"結構，如《小盂鼎》："俘人萬三千八十一人，……俘牛三百五十五頭，羊廿八羊。"在使用過程中"Num+N"結構被重新分析爲前面名詞的修飾語，其中的名詞與中心語名詞在語法功能上也有了差異，成爲拷貝型量詞。

其次，漢藏語量詞萌芽階段普遍出現了拷貝型量詞，這與漢藏語普遍的雙音化趨勢是相適應的。上古漢語名詞絕大多數是單音節的，加上方塊漢字的不可分割性，"N+Num+Cl"結構中的拷貝型量詞只能完全重複前面的單音節名詞，"Num+Cl"結構組成雙音節的標準音步；形式上的一致也導致了學界對拷貝型量詞是量詞還是名詞的爭議。但是從其他語言中的量詞來看，拷貝型量詞與源名詞在功能上顯然有了差異，如當名詞是多音節時還可以採用"半拷貝"的方式，即復制名詞部分音節。拷貝名詞前一音節稱爲前半拷貝，如：

（9）哈尼語 bu^{31}za^{31}（罐）tçhi^{31}（一）→bu^{31}（bu^{31}za^{31}前一音節）（一個罐）

（10）納西語 khon^{33}lo^{33}（洞）ndɯ^{33}（一）→khon^{33}（khon^{33}lo^{33}前一音節）（一個洞）

但是更多的方式是拷貝名詞的後一音節，即後半拷貝，如：

（11）阿昌語 a^{55}mu^{55}（事情）ta^{21}（一）→mu^{55}（a^{55}mu^{55}後一音節）（一件事情）

（12）基諾語 ɑ^{44}vu^{33}（蛋）thi^{44}（一）→vu^{33}（ɑ^{44}vu^{33}後一音節）（一個蛋）

（13）傈僳語 ɑ⁴⁴fu³³（雞蛋）thi³¹（一）→fu³³（ɤɑ⁴⁴fu³³後一音節）（一個雞蛋）

（14）納西語 sɯ³³dzɯ³¹（樹）dɿ³³（一）→dzɯ³¹（sɯ³³dzɯ³¹後一音節）（一棵樹）

其他如哈尼語、拉祜語等都是如此，單音節的數詞和由名詞"半拷貝"而來的一個音節，組成了一個和諧的雙音節音步。納西語中甚至還有全拷貝、前半拷貝、後半拷貝、省略拷貝均可的情況：

（15）全拷貝：dv³³phi³¹（翅膀）dɯ³³（一）dv³³phi³¹（翅膀）
後半拷貝：dv³³phi³¹（翅膀）dɯ³³（一）phi³¹
前半拷貝：dv³³phi³¹（翅膀）dɯ³³（一）dv³³
省略拷貝：dv³³（翅膀）dɯ³³（一）dv³³（翅膀）①

單純詞中的一個音節一般不能獨立充當句子成分，顯然其作用衹是與數詞組成雙音節音步來調劑音節，至於拷貝哪個音節都不會影響這一功能。"半拷貝"方式，更明確地體現出量詞產生與雙音化趨勢的密切關係。

二 泛指量詞的興替與量詞的語法功能

泛指量詞幾乎沒有分類、表量、修飾等功能，其調劑音節的功能自然更為凸顯出來。漢語量詞史上的泛指量詞衹有"枚"和"個"兩個，二者的興替和所謂"個化"的發展體現了調劑音步在量詞語法化歷程中的重要作用。

兩漢時代，隨著雙音詞在詞彙中優勢地位的初步確立，雙音節作為標準音步也基本確立，單音節數詞的使用逐漸不再自由，需同量詞組成雙音節標準音步纔能更自由地充當句子成分。但量詞發展相對滯後，絕大多數範疇没有專屬量詞，解決這一矛盾有兩種方式：一是採用拷貝的方式，但拷貝量詞有很大的局限，一個名詞使用一種量詞很不經濟，大量同形同音

---

① 該例采自木仕華《論納西語拷貝型量詞的語法化》，載《漢藏語系量詞研究》，中央民族大學出版社2005年版，第141頁。

現象模糊了名、量兩類詞的界限。另一種方式是採用泛指量詞。"枚"由於其特殊的語義基礎迅速崛起，解決了雙音化趨勢與個體量詞缺乏的矛盾。王力先生認爲泛指量詞"枚"源自其本義"樹幹"，雖然"現存的古書中，沒有樹一棵爲一枚的例子"①。張萬起舉出《漢書》《後漢書》中的 4 例②，我們又舉出漢簡中的 3 例③。但從文帝至景帝時期的鳳凰山漢簡來看，漢初量詞"枚"已相當成熟，産生伊始就是泛指的，不存在從專指到泛指的過渡，因此其語源並非"樹幹"，而是"算籌"義。《左傳·昭公十二年》"南蒯枚筮之"孔穎達疏："今人數物云一枚兩枚，是籌之名也。""算籌"是計數的輔助工具而不區分具體事物，具備了泛指量詞的語義基礎。"枚"補足音步的性質在漢初簡牘遣策類文獻中體現得很明顯，如鳳凰山 8 號與 167 號漢墓時代均爲文帝至武帝之間，前者有簡 176 枚，當用量詞的情況 96 例，其中 16 例使用了專屬量詞（乘 2 例、匹 3 例、艘 1 例、合 9 例、枚 1 例）；80 例不用量詞；有趣的是，後者 62 例：17 例使用了專屬量詞（人 12 例、乘 1 例、兩 1 例、匹 1 例、合 2 例），8 例不用量詞，其他 37 例均用量詞"枚"。同時代同類文獻中，有的不用量詞，有的則 30 多種不同物品均用同一個量詞"枚"，可見量詞"枚"的首要語法功能就是"補足音步"。

　　魏晉至唐，量詞的使用成爲規範，8 種魏晉簡牘 196 例稱數結構均爲"N+Num+Cl"結構，無一例外。但量詞産生的速度顯然不能滿足語言的需要，因此泛指量詞"枚"的使用頻率在魏晉達到了頂峰，如吳高榮墓《遣策》木牘 79 個稱數結構中使用量詞"枚"達到了 75 例之多，佔總數的 94.94%④。唐至五代，量詞系統進一步成熟，多數範疇有了專屬量詞並被普遍接受。專屬量詞除補足音步外，還有修飾、分類等功能，於是"枚"完成了歷史使命，應用範圍開始緊縮。"枚"在 3 世紀中葉到 6 世紀中葉具有很强的適應性，但以 6 世紀中葉爲分水嶺而驟然下降，6 世紀中葉至 9 世紀中葉修飾的中心名詞僅有 9 個；敦煌文書中僅有 7 例⑤。量

---

　　① 王力：《漢語語法史》，商務印書館 1989 年版，第 27 頁。
　　② 張萬起：《量詞"枚"的産生及其歷史演變》，《中國語文》1998 年第 3 期。
　　③ 李建平、張顯成：《泛指量詞"枚/個"的興替及其動因》，《古漢語研究》2009 年第 4 期；中國人民大學複印報刊資料《語言文字學》2010 年第 5 期全文轉載。
　　④ 同上文。
　　⑤ 洪藝芳：《敦煌吐魯番文書中之量詞研究》，文津出版社 2000 年版，第 183 頁。

詞分工日趨細密使得語言表達更爲清晰、形象，但也造成了人們記憶的負擔，語言經濟原則要求使用具有較大普遍性的語言單位來承擔其核心功能——補足音步，語言中仍然存在對泛指量詞的需要，於是量詞"個"脫穎而出。

個，有个（介）、箇、個三個來源，魏晉以後三者合流。唐以前其使用頻率很低，因爲無論"單獨"還是"竹枚"義，在語法化過程中較"算籌"義的"枚"源詞義更強，對名詞的適應性就弱，語義滯留原則決定了在與"枚"競爭中處於弱勢。基於語言經濟原則，"枚"的強勢滿足了語言對泛指量詞的需要，也抑制了"個"的發展，因此雖然量詞"个（介）"先秦已見，但到魏晉簡牘中"枚"達到 125 例，而"個"竟然未見。隋唐時代，隨著量詞系統的完善，"枚"的使用範圍迅速縮小。量詞分工日趨細密造成了人們記憶的負擔，經濟原則要求使用具有較大普遍性的語言單位來承擔其最基本的語法功能——補足音步。"個"在同舊質的"枚"的競爭中取得了優勢，唐代吐魯番文書中有 38 例，而中唐到五代的敦煌文書中則達到了 206 例，成爲唯一的泛指量詞。宋元以後，使用頻率進一步增加，《朱子語類》中竟達到 5000 多例[1]。泛指量詞的廣泛應用凸顯出補足音步在量詞發展中的重要性。

爲適應雙音化的發展而幫助單音節的數詞"補足音步"雖然是量詞最核心的語法功能，但並不是唯一的語法功能，因此泛指量詞"枚"由於喪失了範疇化、修飾等其他語法功能而逐漸被專屬量詞所取代。"個"的興起正在於解決"枚"衰落以後量詞繁多給人們帶來的記憶負擔，但它同樣也沒有範疇化、修飾等功能，導致表意不夠明晰，過度泛用就會打破語言表達明晰性和趨簡性之間的平衡，適度原則必然會將其拉回到相對平衡狀態。總之，量詞豐富多彩同個化之間的矛盾是由語言發展明晰性與趨簡性的原則決定的，這也反映了作爲量詞根本功能的補足音步和其他功能之間的互補性。

第四節　小結

徐通鏘先生在談到語言演變的原因的時候就已經指出："（語言演變）

---

[1] 張萬起：《量詞"枚"的產生及其歷史演變》，《中國語文》1998 年第 3 期。

其罪魁禍首往往就是語音。"① 漢語量詞系統的產生正是如此。爲了適應漢語語音的簡化帶來的一系列問題，漢語走上了雙音化的道路，而基數詞單音節同雙音化趨勢之間的矛盾，促使漢語量詞系統的建立成爲一種必然。由於漢語的雙音化是一個漫長的、漸進的歷史過程，量詞系統的發展也是一個漫長的、漸進的過程。雙音化趨勢與基數詞單音節之間的矛盾是促成量詞系統建立的動因，二者缺一不可。從漢藏語系、南亞語系諸多語言的量詞使用情況來看，隨著雙音化的發展，只有基數詞爲單音節語言發展出了發達的量詞系統，而基數詞爲雙音節的語言和不存在雙音化趨勢的印歐語系諸多語言則沒有發展出發達的量詞範疇，從而產生了量詞語言與非量詞語言的對立。從拷貝型量詞和泛指量詞的興替來看，無論在量詞的產生階段還是在量詞的完善階段，與單音節的數詞組成雙音節的數量結構以調劑音步，始終是量詞的基本功能，也證明雙音化是量詞產生的動因。但是，調劑音步並非量詞的唯一功能，量詞一旦產生並進入句法結構，其語法功能就體現出了多向性，修飾、範疇化等功能也迅速產生了，這就要求量詞更加豐富、細緻，從而推動著量詞系統的進一步發展。語言經濟原則始終制約著語言各方面的發展，從而導致了專屬量詞的豐富多彩和泛指量詞的廣泛應用之間的對立統一。

---

① 徐通鏘：《結構的不平衡性和語言演變的原因》，載《徐通鏘自選集》，河南教育出版社1993年版，第241頁。

附錄一

先秦兩漢量詞的詞彙史價值研究

基於先秦兩漢傳世文獻和出土文獻的量詞系統綜合研究，從共時的角度來看對於釐清先秦兩漢時期漢語的量詞系統乃至構建先秦兩漢漢語詞彙斷代史的整體面貌是必不可少的；從歷時的角度來看對於闡明漢語量詞發展演變的歷史以及量詞系統語法化的動因與機制也是必不可少的。

如果從整個漢語量詞發展史及漢語歷史詞彙學的角度來看，對先秦兩漢文獻中的量詞進行系統整理研究，也具有重要研究價值。以體現目前大型語文辭書編纂最高水平的兩種辭書《漢語大詞典》、《漢語大字典》第二版（以下簡稱爲《大詞典》《大字典》）作爲主要參照係（frame of reference）來看，根據本書研究兩種大型辭書中涉及先秦兩漢時期量詞的詞條多達 106 項應當予以修正，占先秦兩漢量詞總數的三分之一強，以下逐一舉例說明之。同時，期望能爲大型語文辭書的編纂和修訂，特別是對量詞語源的探討，提供新的研究材料，從而提高大型辭書釋義的妥帖性和科學性。[1]

一　增補量詞新成員

通過對先秦兩漢時代量詞系統的全面整理與考察，可以發現無論出土文獻還是傳世文獻中很多量詞爲以前語言研究所未見，大型語文辭書也多未能收錄，既包括狹義上的新發現之量詞，即該詞作爲量詞此前研究從未涉及，辭書未收錄其量詞義；也包括廣義上的新發現量詞，即該詞作爲量詞的某一個義項是此前研究所未見的，辭書中雖然收錄了量詞義但未收錄此類量詞之用法。由於先秦兩漢時期是量詞語法化的初期，因此只有極少

---

[1]　由於本章所涉及的量詞在本書的第二章至第六章均已經做了詳盡考察與分析，故相關論證不再展開，書證也僅舉一二例即止，詳細情況請詳參本書相關部分，此不贅述。

數量詞當時文獻用例較多，大多數用作量詞祇是曇花一現，即在特定時代的特定文獻中用作量詞，很快就被其他量詞所取代了，因此在歷代漢語量詞研究中沒有受到關注，但無疑這些量詞是在漢語詞彙發展史上是曾經出現過的，大型歷時語文辭書在編纂中應當予以全面收錄，學界亦當對此展開進一步的研究。

1. 駟

稱量車的個體量詞，相當於"乘"或"輛"。先秦傳世文獻、出土文獻均可見，如《戰國策·齊策四》："遣太傅齎黃金千斤，文車二駟。"《列女傳·賢明傳》："接輿躬耕以為食，楚王使使者持金百鎰、車二駟，往聘迎之，曰：'王願請先生治淮南。'"銀雀山漢簡《孫子兵法》亦可見。按，《大字典·馬部》《大詞典·馬部》"駟"條均祇有計量"馬"（四匹為駟）的集體量詞用法，而沒有稱量"車"的個體量詞用法，可據此補。

2. 丙

在甲骨文，"丙"首先可以用作稱量"馬"的集體量詞，馬二匹為一"丙"，如合 20790："馬卅丙。"當指馬六十匹。又如合 1098："馬二十丙。"合 11459："馬五十丙。""丙"還可以用作稱量"車"的個體量詞，如合 36481 正："車二丙。"由於量詞"丙"僅見於甲骨文，早期西周金文亦罕見，因此在量詞發展史研究中沒有得到關注，《大字典·一部》《大詞典·一部》均未收量詞之義，可據此補。

3. 足

稱量馬、豬、牛、羊等動物的個體量詞，如《史記·貨殖列傳》："故曰陸地牧馬二百蹄，牛蹄角千，千足羊，澤中千足彘。"又："牛千足，羊彘千雙，僮手指千，筋角丹沙千斤。"四足為一頭（隻），千足當為二百五十頭（隻）。因為用例罕見，故《大字典·足部》《大詞典·足部》均未收量詞之義，可據此補。

4. 皮

稱量動物或皮製品的個體量詞。《史記·貨殖列傳》："屠牛羊彘千皮。"又："狐貂裘千皮。"《大字典·皮部》："方言。量詞，相當於'片'。"與此量詞義無關；《大詞典·皮部》則未收量詞之義；二辭書均可據此補。

5. 錢匕

古代量取散藥的器具，以五銖錢為匕抄取散劑類藥物，按唐孫思邈

《千金要方·卷一》曰："錢匕者，以大錢上全抄之；若云半錢匕者，則是一錢抄取一邊爾，並用五銖錢也。錢五匕者，今五銖錢邊五字者以抄之，亦令不落爲度。"漢代中醫文獻已見，如《金匱要略·婦人妊娠病脈癥並治》："上四味，杵爲散，酒服一錢匕，日三服，夜一服。"《傷寒論·辨太陽病脈證並治下》："强人服一錢匕，羸人服半錢，温服之，平旦服。"《大詞典》未收該詞，可據此補。

6. 真

楚簡中用來稱量鎧甲的量詞，相當於現代漢語量詞"身"，如《曾侯乙墓簡》簡61："二真吴甲，紫縢。"又，簡123："一真楚甲，索（素），紫組之縢。"《包山楚簡》270："馭右二真象皋。"量詞"真"僅見於出土戰國楚地文獻，可能是戰國時期楚地特有的量詞，秦統一以後就迅速消亡了，故秦漢文獻未見。按，《大詞典·八部》《大字典·八部》"真"條下均無量詞義，可據楚簡用例補。

7. 資

本爲容器，借用爲量詞。資，本指帶釉硬陶罐，今作"瓷"，如《馬王堆一號墓漢簡·遣策》90—111："魚魷（鯔）一資。肉魷（鯔）一資。魚脂（鮨）一資。肉醬一資。爵（雀）醬一資。藜然一資（瓷）。彊鮨一資（瓷）。孝煬（餳）一資（瓷）。醢一資（瓷）。鹽（鹽）一資（瓷）。澄一資（瓷）。醬一資（瓷）右方醢醬四資（瓷）。白酒二資（瓷）。温酒二資（瓷）。助酒二資（瓷）。米酒二資（瓷）。"該量詞僅見于僅見於馬王堆漢墓出土遣策類文獻中，《大詞典·貝部》"資"條、《瓦部》"瓷"條、《大字典·貝部》"資"條、《瓦部》"瓷"條下均無量詞義，可據馬王堆出土文獻用例補。

8. 衣

稱量衣物的個體量詞，見於《尹灣漢簡》M6D12正："皂丸大絝一衣，衣。"前一個"衣"是量詞，稱量"皂丸大絝"，相當於"件"。按，《大詞典·衣部》《大字典·衣部》該詞條下均無量詞義，可據漢簡用例補。

9. 偶

稱量成對物品的量詞，最早見於《仰天湖楚簡》，字書作"𡈼"，通"偶"，如簡5："䰾醬一𡈼（偶）。已。"或作"禺"，如《五里牌楚簡》14："也（匜）一禺（偶），又□一。"傳世文獻則見於《儀禮》，如《泰射禮》："述比三偶。"按，《大詞典·人部》《大字典·人部》該詞條下均未收量詞之義，當據此補。

10. 給

稱量紡織品的量詞，僅見於睡虎地秦簡，如《秦律雜抄》20—21："漆園殿，貲嗇夫一甲，令、丞及佐各一盾，徒絡組各廿給。"徒絡組各廿給，即一般工人各罰繳五十條縧帶；則"給"相當於個體量詞"條"。按，《大詞典·糸部》《大字典·糸部》該詞條均無量詞義，當據秦簡用例補。

11. 物

稱量客觀存在事物的個體量詞，使用對象非常廣泛，有泛指量詞的意味，如《居延漢簡》89.20："傷寒四物：鳥喙十分，細辛六分，尤十分，桂四分，以溫湯飲一刀刲，日三夜再，行解不出汗。"早期中醫文獻稱量藥物均用"物"，後爲"味"所替代。較爲虛化的用法也可見，如《說苑·權謀》："去苛令三十九物，以告屠餘。"按，《大詞典·牛部》《大字典·牛部》該條均未收量詞之義，可據此補。

12. 辟

稱量筵席層數的個體量詞，相當於"重"或"層"，僅見於上博簡，如《天子建州·甲本》8—9："天子四辟［延］（筵）筶（席），邦君三辟，大夫二辟，士一辟。"按，《大詞典·辛部》《大字典·辛部》該詞條均未收量詞之義，當據楚簡用例補。

13. 秉

稱量箭數的集體量詞，箭一"秉"爲箭十支。量詞"秉"僅見於《曾侯乙墓簡》，但用例較多，總計達到 21 例，如簡 15："矢，箙五秉。"又，簡 20："用矢，箙五秉。"按，《大詞典·禾部》《大字典·禾部》該詞條均未收集體量詞之義，當據楚簡用例補。

14. 帣

度量衡量詞。《說文·巾部》："帣，囊也。今鹽官三斛爲一帣。"見於漢簡，如《居延漢簡》57.20："又二月食糜一帣三斗三升，卒陳襄取。"字或作"卷"，通"帣"，如《居延漢簡》57.19："粟一卷三斗三升。"按，《大詞典·巾部》《大字典·巾部》該詞條均未收量詞之義項，當據漢簡用例補。①

15. 刀

中醫量藥的專用容量量詞，用於量散劑，合十分之一方寸匕，如《武威醫簡》13："凡二物，皆冶，合和，温酒飲一刀，日三，創立不惡。"目前學界一般認爲刀即刀圭之省。按，《大詞典·刀部》《大字典·刀部》該詞條無中醫專用量詞義項，當據漢簡用例補。

16. 参

度量衡量詞，一参爲三分之一斗；漢簡常見，如《港大漢簡·奴婢廪食粟出入簿》132："稟大石五石七斗五升，爲小石九石五斗二参半参，十一月食。""稟大石五石，爲小石八石三斗一参，十一月食。"按，《大詞典·厶部》《大字典·厶部》該詞條均無量制量詞義項，當據漢簡用例補。②

17. 大石

度量衡量詞。由漢簡用例可知"大石"也是漢代常用度量衡量詞，其制度爲一小石合 0.6 大石。但相比於其他幾個量詞使用頻率明顯較少，如《港大漢簡·奴婢廪食粟出入簿》131 正："君告根稟得家大奴一人，大婢一人，小婢一人，凡三人，用粟大石四石五斗，爲小石七石五斗，九月食。"《居延漢簡》88.10："大石一石七斗四升，以食吏一人十月壬辰朔壬辰盡庚申廿九日。"按，《大詞典》收"大斗""小斗""小石"諸條，而未收"大石"一詞，當據漢簡用例補。

18. 大斛

度量衡量詞。由漢簡用例可知兩漢時代"石"和"斛"並行不悖，同"石"一樣"斛"亦有"大斛""小斛"之分，但漢簡中僅見"大斛"，未見"小斛"用例，一大斛即一大石。如《居延漢簡》77.24："☐爲大斛二斗六升☐"又，306.2："☐凡大斛二百五十六斛。"按，《大詞典》收"小斛"而未收"大斛"，當據漢簡用例補。

19. 反（返）

動量詞，相當於"次""遍"。漢代文獻已見，如《吴越春秋·夫差内傳》："吴王止秦餘杭山，呼曰：'公孫聖！'三反呼，聖從山中應曰：

---

① 説詳李建平：《漢代"斛"之制度補正》，《農業考古》2010 年第 1 期。
② 説詳李建平：《秦漢簡帛中的度量衡單位"参"》，載《敦煌研究》2011 年 1 期。

'公孫聖。'三呼三應。"漢譯佛經多見，如支婁迦讖譯《道行般若經》："菩薩得是真本無如來名，地爲六反震動。"支婁迦讖譯《道行般若經》："佛以手撫阿難肩三反。"曇果共康孟詳譯《中本起經》："住空現變，出没七反。"字亦作"返"，如支婁迦讖譯《遺日摩尼寶經》："於迦葉佛所，一返聞經道心意樂喜，即時五百人自説言。"按，《大字典》《大詞典》"反""返"二條下均未收量詞之義，可據此補。

20. 行

動量詞，相當於"次"。漢末文獻已見，如《太平經·己部之十二》："今欲解此過，常以除日於曠野四達道上四面謝，叩頭各五行，先上視天，回下叩頭於地。"《難經·四十三難》："故平人日再至圊，一行二升半，一日中五升，七日五七三斗五升，而水穀盡矣。"《傷寒論·辨陽明病脈證並治》："當問其小便日幾行。若本小便日三四行，今日再行，故知大便不久出。"① 按，《大字典·彳部》《大字典·彳部》都衹有表示"斟酒遍數"的量詞義，而未收稱量動作行爲的用法，當據此補。

21. 木

稱量樹木的個體量詞。秦漢簡牘文獻中可見量詞用例，如《里耶秦簡》8—455："貳春鄉枝（枳）枸志。枝（枳）枸三木☐下廣一畝，格廣半畝，高丈二尺。去鄉七里。卅四年不實。"《睡虎地秦簡·封診式》8—9："甲室、人：一宇二内，各有户，内室皆瓦蓋，木大具，門桑十木。"但總體來看，該量詞用例罕見。按，《大詞典·木部》《大字典·木部》均未收量詞之義，當據此補。

---

① 按，《晏子春秋·外篇上十二》："景公築長庲之臺，晏子侍坐。觴三行，晏子起舞。"《大字典》、《大詞典》量詞義均引此文，認爲是"表示斟酒的遍數"（《大詞典·彳部》）。我們認爲這裏的"行"仍是動詞"斟酒"之義，而非動量詞。原因有二：第一，判斷一個詞的詞性首先要考慮到時代問題，《晏子春秋》寫成的時代，動量詞還没有產生；第二，從句法結構來看，"行"在句子中充當謂語成份，而且這一語義在此後的衆多用例中，都不能稱量動詞，如宋司馬光《訓儉示康》："吾記天聖中，先公爲郡牧判官，客至未嘗不置酒，或三行五行，多不過七行。"清納蘭性德《淥水亭雜識》卷二："遼曲宴宋使：酒一行，觱篥起歌；酒三行，手伎入；酒四行，琵琶獨彈，然後食入，雜劇進。"（以上二例均採自《大詞典·彳部》）另，《大詞典·彳部》"斟酒"義引徐興業《金甌缺》第九章四："全體賓主入席後，行了第一巡酒，公相顫巍巍地高舉玉盅，向童貫説了一番祝他旗開得勝、馬到成功的好聽話。"可見稱量動詞"行"的動量詞應當是"巡"。詳參李建平《動量詞"行"產生的時代及其來源——兼論"大小行"的語源》，《中國語文》2011 年第 2 期。

22. 糸

表示層次義的個體量詞，相當於"層""重"，漢代文獻可見，如《新書·退讓》："翟王之自爲室也，堂高三尺，壞陛三糸。"但總體來看，該量詞用例罕見。按，《大詞典·厸部》《大字典·厸部》均祗收入了衡制量詞之義項，而未收表示層次之義，當據此補。

二 訂補量詞釋義

有些量詞，原來的學者多有闡明與研究，在大型語文辭書中亦不乏釋義。但是由於文獻資料的缺乏、語料本身在輾轉傳抄或闡釋過程中的失真等諸多方面的原因，以前的釋義還存在諸多不盡妥當之處，或需訂正之，或需補充之。

1. 蹄

《大字典·足部》："量詞。計算獸蹄的單位。《史記·貨殖列傳》：'陸地牧馬二百蹄。'"

按，這裏的量詞"蹄"所量的不是"獸蹄"，而是馬等"有蹄的動物"。按司馬貞索隱："馬有四足，二百蹄有五十匹也。"可見，《大字典》該條當予以修正。

2. 大斗/小斗

《大詞典·大部》"大斗"條："容量較大的斗。"又，《大詞典·小部》"小斗"條："容量小於标準量的斗。"

按，從出土文獻來看，其實二者均爲量制量詞，"大斗"和"小斗"之間有固定制度，一小斗等於0.6大斗。可見《大詞典》"大斗""小斗"二詞條釋義均當予以修正。

3. 小斛

《大詞典·小部》："不足標準量的斛。"書證引《世說新語·假譎》"魏武行役……謀逆者挫氣矣"劉孝標注引《曹瞞傳》："操在軍，廩穀不足，私語主者曰：'何如？'主者曰：'可以小斛足之。'操曰：'善！'後軍中言操欺眾。操題其主者背以徇，曰：'行小斛，盜軍穀。'遂斬之。"

按，兩漢時代"石"和"斛"並用，"小斛"也是一種標準的制度單位，其具體制度爲：一小斛合 0.6 大斛；則《大詞典》該詞條當修正。①

4. 秉

《大字典·干部》"秉"條："2. 量詞。禾十把。《玉篇·干部》：'秉，禾十把也。'"《大詞典》未收該字。

按，量詞"秉"作爲集體量詞，相當於"小束"，其實際使用用例僅見於兩漢簡帛文獻，如《五十二病方》195："取蠃牛二七，薤一折（秉），並以酒煮而飲之。"結合《養生方》等用例來看，該詞可能並沒有固定的制度，而是一種模糊的表量方式。

5. 緎

《大詞典·糸部》"緎"字條："衣縫。"書證爲《詩經·召南·羔羊》："素絲五緎。"又，《大字典·糸部》："量詞。絲二十縷爲緎。"

按，"緎"當爲集體量詞，絲二十縷爲緎。《詩·羔羊》云："羔羊之皮，素絲五紽。退食自公，委蛇委蛇。羔羊之革，素絲五緎。委蛇委蛇，自公退食。羔羊之縫，素絲五總。委蛇委蛇，退食自公。"其中"紽""緎""總"三詞處在同樣的語法位置上，其性質是相同的，均當爲量詞。

6. 笥

《大字典·竹部》："1. 古時一種用竹、葦編制的盛衣物用的箱子；2. 古代盛飯食用的竹器。"《大詞典·竹部》："盛衣物或飯食等的方形竹器。"

按，本爲竹或葦編的方形盛物竹器，兩漢簡牘遣策中非常多見，結合出土笥器實物及其所掛笥牌來看，其用途極其廣泛，可盛食物、衣物、飾品等各類家用雜物，幾乎無所不盛，因此辭書認爲限於衣物、飯食不確，應予以訂正。

7. 簎

《大詞典》未收該字，《大字典·竹部》："同'簣'。《龍龕手鑒·竹部》：'簎'，'簣'的俗字。"沒有書證，對其使用範圍也沒有任何說明。《大字典》"簣"字條："竹器。《集韻·潸韻》：'簣，竹器，《禮》'食於簣'徐邈讀。'"也沒有詳細說明。

---

① 又按，《世說新語》劉孝標注引《曹瞞傳》中的"小斛"從文意來看也有可能是一種臨時行爲，並無固定的制度；則《大詞典》該條當增加"合 0.6 大斛之量"的義項。

按，"筲"本爲盛物竹器，多見於《包山楚簡》，如簡257—258："飤（食）室所以食筲：豕（貕）脯二筲，脩二筲，蒸豬一筲，庶豬一筲，蜜飴二筲，白飴二筲，熬鷄一筲，庶鷄一筲，熬魚二筲，栗二筲，枭二筲，菫茈二筲，蔴二筲，菽二筲，棗二筲，薑二筲，蔴一筲，藟利二筲。"根據楚簡用例並結合包山楚墓出土筲器實物來看，當爲古時祭祀宴饗時用以盛食品的方形竹器。

8. 筹

《大詞典·竹部》："古代一種形制似筥的盛器。新婦向舅姑行贄禮時常用以盛乾果等。"《大字典·竹部》："古代盛乾果之類的竹器。"

按，二辭書皆據《廣雅·阮韻》："筹，竹器，所以盛棗脩。"認爲其用途爲盛乾果之類，其實從先秦兩漢文獻，特別是出土文獻中的使用來看其適用範圍更廣，可以用於盛飯菜等，如《儀禮·士昏禮》："婦執筹菜，祝帥婦以入。"《包山楚簡》258："桃脯一笈（筹），僻鷓一笈（筹），炙鷄一笈（筹），一笈（筹）鷓。"

9. 堵

《大詞典·土部》"堵"條："將編鐘或編磬十六枚懸於一虡之稱。"《大字典·土部》同此。

按，"堵"作爲集體量詞，多用於稱量成套懸掛的樂器，古以一邊十六枚爲堵，如馬王堆漢墓《遣策》242："鐘、鏺（鈸）各一楮（堵）。"整理者認爲"鏺"讀爲"鈸"，即鐘、鈸各一堵。由此可見，量詞"堵"可以稱量編鐘或編磬，還可以稱量"鈸"等其他類似成套懸掛的樂器。

10. 杭（簋）

《大字典·木部》"杭"字條："同'簋'。古代祭祀時用來盛黍稷的方形器皿。"又，《大詞典·木部》："同'簋'。古代祭祀時用來盛黍稷的器皿。"書證均引《春秋繁露·祭義》。

按，借用量詞"簋"，亦書作"杭"，《詩經·小雅·伐木》："於粲灑掃，陳饋八簋。"阜陽漢簡《詩經》S142作："於粲灑騷，每食八杭。"《毛詩序》認爲該詩是"燕朋友故舊也"，可見"杭（簋）"的用途不僅限於祭祀，所盛内容也不限於黍稷，應當是古代祭祀或宴享時所用的盛物器。

11. 布

《大詞典·巾部》云："古代行實物貿易時，作爲貨幣的一種，其長寬有定制。"又,《大字典・巾部》:"古代錢幣。"

按,從秦簡來看"布"仍是通行的貨幣量詞,而且制度明確,戰國至秦早已超越了實物貿易階段,可見其使用時代並不限於實物貿易階段;而且《大詞典》《大字典》二辭書釋義均失之過簡,既沒有這一貨幣量詞使用的時代,也沒有相關的進制制度。從秦簡來看,秦制一布當十一錢,長八尺,幅寬二尺五寸,如睡虎地秦簡《秦律十八種・金布律》67:"錢十一當一布。其出入錢以當金、布,以律。"又,簡66:"布袤八尺,福(幅)廣二尺五寸。布惡,其廣袤不如式者,不行。"

12. 領

《大詞典・頁部》:"量詞。用於衣服、鎧甲。"《大字典・頁部》:"量詞。用於衣衾之類。"

按,從先秦兩漢文獻來看,其實個體量詞"領"在當時的適用範圍很廣,不僅用於衣服、鎧甲、被子等,還可以用"絝"(即"套褲")及其他床上用品,如《居延新簡》EPT51.66:"布複絝一領。"又,《胥浦漢簡》1096:"複裳二領。"

13. 束

《大字典・木部》:"15. 量詞。指物十個。《儀禮・聘禮》:'釋幣制玄纁,束奠於几下。'鄭玄注:'凡物十曰束。'"《大字典・木部》:"量詞。2. 十個器物。《儀禮・聘禮》:'釋幣制玄纁,束奠於几下。'鄭玄注:'凡物十曰束。'"又均引《禮記・雜記下》:"納幣一束。"鄭玄注:"十箇爲束,貴成數。"

按,《大詞典》《大字典》對量詞"束"的解釋及其書證均相同,但對《儀禮・聘禮》文的句讀有誤,當作:"釋幣,制玄纁束,奠於几下。""玄纁束"是指"玄色和纁色的帛一束",按鄭玄注"凡物十曰束",即"帛十爲束",則一束帛是指"帛十端",兩端爲一兩或説一匹,所謂"束帛"是指帛五匹,並非物十個。集體量詞"束"用作量詞有非定數的集體量詞、表示"十二"定數集體量詞、稱量布帛的制度量詞三種用法,當予以釐清。

14. 累

《大詞典・糸部》:"堆積;積聚。《老子》:'九層之臺,起於累土。'"《大字典・糸部》同此。

按,《老子》中的"累"字當爲假借字,其本字當爲"蔂",爲借用量詞,《集韻·戈韻》:"藆,盛土籠。或作蔂。"馬王堆帛書《老子》甲本中作"羸",亦當爲假借字;乙本則書作"蘲",簡帛文獻中手寫體的"竹"部和"艸"部往往無別,故即"藆"字,"一累土(壤)"意即"一籠土"。

15. 緵

《大詞典·糸部》:"古代一種粗布。《史記·孝景本紀》:'令徒隸衣七緵布。'司馬貞索隱:'七緵,蓋今七升布,言其粗,故令衣之也。'張守節正義:'緵,八十縷也,與布相似。七升布用五百六十縷。'《漢書·王莽傳中》:'自公卿以下,一月之禄十緵布二匹,或帛一匹。'顔師古注引孟康曰:'緵,八十縷也。'"

按,古代區別布之粗細的量詞,絲八十縷爲一緵。《大詞典》所引古注對該詞的釋義非常明確,但詞典釋義卻出現了錯誤,司馬貞所言"言其粗"指的是"七緵布(七升布)"爲粗布,而非"緵"爲名詞"粗布"義。

16. 鉶

《大詞典·金部》:"盛菜羹的器皿。古常用於祭祀。"又"菜羹"條:"用蔬菜煮的羹。《禮記·玉藻》:'子卯,稷食菜羹。'孔穎達疏:'以稷穀爲飯,以菜爲羹而食之。'《論語·鄉黨》:'雖疏食菜羹,瓜祭,必齊如也。'

按,"鉶"本爲古代一種盛羹的小鼎,往往用於祭祀。《儀禮·公食大夫禮》:"宰夫設鉶四於豆西東上。"鄭玄注:"鉶,菜和羹之器。"《大詞典》引鄭玄説作爲證,但卻誤解了鄭注,"菜和羹"並非"以菜爲羹",《説文·金部》:"鉶,器也。"段玉裁注:"此禮器也。……大羹,煮肉汁不和,貴其質也;鉶鼎,肉汁之有菜和者也。"顯然,"鉶"鼎所盛當爲有蔬菜調和的肉羹,而非菜羹。

三 補缺量詞用例

先秦兩漢部分量詞或者其某一量詞義項可見於古代辭書或韻書中,但在現代大型辭書編撰時卻沒有找到實際使用的用例,正如王力先生在《理想的字典》中所言"這樣沒有例證,就不知道它們始見於何書(字典舉例,向來以始見之書爲限,見上文),也就不知道它們是什麼時代的產品",王力先生又引法國《新小拉魯斯字典》(Nouveau Petit Larousse)的卷頭語云："一部没有例子的字典，就是一具骷髏。"① 由此可見書證對於辭書編纂的重要性，因此力圖窮盡性地調查每一歷時階段的文獻資料，弄清每一個詞在這一時代的應用情況是詞彙學和辭書學研究的重要任務之一。

1. 筲（筶）

借用量詞，本爲盛物之竹籠。《大字典·竹部》《大詞典·竹部》"筲"字條下亦均引揚雄《方言》，無文獻用例。又，《大字典·竹部》《大詞典·竹部》"筶"字條均引字書爲例，無實際使用的書證。

按，兩漢簡牘遣策類文獻可見用例，用作名詞的用例如《鳳凰山167號墓漢簡》66—74："固魚一枚；鞠筶一枚；茜筶一枚；栂（梅）筶一枚；李筶一枚；生栂（梅）筶一枚；卵筶一枚；采（菜）筶一枚。"借用爲量詞，如《鳳凰山9號墓漢簡》44—47："魚一筲；豊一筲；笱一筲；卵一筲。"《張家山漢簡·遣策》21—23："白魚一筲；蒜一筲；薑一筲。"

2. 絜

集體量詞。《大字典·糸部》《大詞典·糸部》均引《説文·糸部》"麻一耑"之説，無文獻使用用例。

按，漢代簡帛文獻可見用例，多用來稱量"枲"和"麻"，如《居延漢簡》203.4："出枲一絜，八月二日付橡绳席。"又，《鳳凰山10號墓漢簡》122："枲四絜，絜七，直廿八；凡百卅六。"

3. 益

衡制量詞。《大詞典·皿部》該詞條無量詞義，《大字典·皿部》有量詞義但僅引《六書正譌》卷五之説，無文獻實際用例。

按，衡制量詞"益"，后多書作"鎰"，戰國楚簡中多見，如《信陽楚簡·遣策》29："八益（鎰）□，益（鎰）一朱。"又，《包山楚簡》107："貣邯（越）異之黃金卅益（鎰）二益（鎰）以翟（糴）穜（種）。"

4. 䱉

量制量詞，"斛"的俗字。《大字典·魚部》："1. 魚名。《篇海類編·鱗介類·魚部》：'䱉，斗魚。' 2. 同'斛'。《龍龕手鑑·魚部》：

---

① 王力：《理想的字典》，載《王力文集》（第十九卷），山東教育出版社1990年版，第69頁。

'鮩，俗，正作鮒。'"《大詞典·魚部》未收該字。

按，《大字典·魚部》只有古代辭書釋義，卻沒有實際使用的書證，湖南長沙伍家嶺 201 號漢墓出土的西漢晚期封檢中，有一枚墨書："魚鮩一斛。"其中的"鮩"字，即量制量詞"斛"用於稱量"魚"類物品時更換了形符而造的俗字。

5. 筲

《大字典·竹部》："盛酒的竹器。《玉篇·竹部》：'筲，竹器也。可以盛酒。'《集韻·蕩韻》：'筲，盛酒竹器。'"《大字典》該條只有字書記載，而無文獻用例。《大詞典》未收該字。

按，借用量詞"筲"在出土漢代簡牘文獻中可見用例，如《鳳凰山 8 號墓漢簡》159—163："芥一傷（筲）；□一傷（筲）；䐁醬一傷（筲）；肉醬一傷（筲）；甘酒一傷（筲）。"值得注意的是，從出土實物來看"筲"器爲一種大竹筒，不僅可以盛"酒"，往往用來盛醬、芥等其他食品，歷代辭書均無記載，當據此修正。

6. 籢

《大字典·竹部》："1. 竹名。《玉篇·竹部》：'籢，竹也。'《集韻·感韻》：'竹名。有毛。' 2. 箱類。《玉篇·竹部》：'籢，箱類。'"只有字書記載，無文獻用例；《大詞典》未收該字。

按，出土楚簡可見，如《包山楚簡》255："飤室之飤：脩一籢（籢），脯一籢（籢）。"又，256："截魚一籢（籢）。"結合簡文與出土實物來看，當爲一種大長方形竹編容器。

四 提前量詞初始例

王力先生在《新訓詁學》中提出："我們對於每一個語義，都應該研究它在何時產生，何時死亡。雖然古今書籍有限，不能十分確定某一個語義必係產生在它首次出現的書的著作時代，但至少我們可以斷定它的出世不晚於某時期。"[①] 但正如趙振鐸先生說："揭示語源，難度很大。從前相當多的學者都在這方面下過不少功夫。本世紀初編纂《辭源》的時候曾經試圖解決這一問題，在引例上多從'源'上去考慮，但是限於當時的

---

① 王力：《新訓詁學》，載《王力文集》（第十九卷），山東教育出版社 1990 年版，第 173 頁。

條件，所引用例不是語源的還不少。一個詞義到底什麽時候見於文獻，說起來簡單，要真正落實還很不容易。要從浩如烟海的文獻裏去找某個詞義的始見書，的確無異大海撈針。"①

但正如王力在《理想的字典》中所說："這種理想的字典，並非一個人所能辦到的，單說考證字義的時代，非但是數十人、數百人的事，而且恐怕是數十年或數百年的事。"② 因此，我們在先秦兩漢量詞研究中追溯量詞的語源，力圖找到每一個量詞、每一個義項的初始用例，爲大型辭書的編纂和修訂乃至歷史詞彙學的研究提供借鑒。

1. 艘

稱量船隻的個體量詞。《大詞典・舟部》初始例爲三國魏曹丕《浮淮賦》，《大字典・舟部》初始例爲三國魏王粲《從軍詩五首》之四。

按，量詞"艘"漢代文獻已多見，傳世文獻如《越絕書・記地傳》："（句踐伐吳）死士八千人，戈船三百艘。"《吳越春秋・勾踐伐吳外傳》亦有："死士八千人，戈船三百艘。"又，《大字典・木部》"榠"條："通'艘'。"書證引《鳳凰山8號墓漢簡》："船一榠（艘）。"其實秦簡已見，如《里耶秦簡》6—4："令史觿律令沅陵，其假船二榠（艘），勿留。"

2. 口

用於人或器物的個體量詞。《大詞典・口部》："量詞。用於人。"初始例爲南朝梁・陶弘景《真誥・甄命》。又："量詞。用於器物。"初始例爲南朝梁陶弘景《刀劍錄》。《大字典・口部》初始例爲《晉書・劉曜戰記》。

按，量詞"口"先秦兩漢文獻已見，稱量人的用法最早見於睡虎地秦簡，如《日書乙》253甲："一宇間之，食五口。"又，稱量器物的用例則最早見於東漢末期，如《東牌樓漢簡》6："☑□盜取恠文書，筒二枚，錢二千，大刀一口。"

3. 騎

用作量詞多用於表示"一人一馬"，亦可在特定情況下單獨稱量"馬"。《大詞典・馬部》《大字典・馬部》初始例皆爲《水滸傳》。

---

① 趙振鐸：《辭書學綱要》，四川辭書出版社1998年版，第134頁。
② 王力：《理想的字典》，載《王力文集》（第十九卷），山東教育出版社1990年版，第77頁。

按，量詞"騎"早在漢代已見，如《居延漢簡》55A："蚤食時，到第五隧北里所見馬迹入河，馬可二十餘騎。"

4. 所

用作量詞稱量地點、位置或建築物。《大詞典·戶部》："量詞。用於地點、位置。"初始例爲《史記·扁鵲倉公列傳》。又："量詞。用於計量建築物。"初始例爲班固《西都賦》。《大字典·戶部》："量詞。用於地點、位置，相當於'處'。"初始例爲睡虎地秦簡《治獄程式·賊死》。①又，"用於建築物"，初始例亦爲漢班固《西都賦》。

按，量詞"所"用於稱量地點及位置初始例爲睡虎地秦簡《封診式》；用於稱量建築物漢簡已見，如《定州漢簡·六韜》0972："□七十三所，大宮"此句敦煌本作："离宮七十三所，大宮百里，宮中有九市。"簡本《六韜》的成書時代當爲戰國，而量詞"所"到西漢早期漢簡中已經常見。

5. 裁

用作獸皮或布帛一段的個體量詞。《大詞典·衣部》："量詞。用於布匹。"《大字典·衣部》："量詞。布帛的片段。"初始例均爲《新唐書·歸崇敬傳》"衫布一裁"例。

按，量詞"裁"西漢早期已見，字均書作"𢦏"，《張家山漢簡·算數書》簡36："狐皮卅五𢦏（裁）、狸皮廿五𢦏（裁）、犬皮十二𢦏（裁）偕出關，關並租廿五錢，問各出幾何？"而且，這裏用於量"獸皮"，顯然量詞"裁"的使用範圍不限於《大詞典》《大字典》所言之"布匹"或"布帛"，而是用於布帛、獸皮等可用於製衣的材料。

6. 卷

用作量詞，有兩讀。一爲居倦切，爲稱量書籍的個體量詞。《大詞典·卩部》初始例爲巴金《春》，《大字典·卩部》初始例則爲西漢末至新莽時揚雄《法言·學行》。按，量詞"卷"西漢早期已見，如《史記·司馬相如列傳》："長卿未死時，爲一卷書，曰有使者來求書，奏之。"

一爲居轉切，可用作成卷物品的個體量詞。《大詞典·卩部》初始例爲《紅樓夢》，《大字典·卩部》則無書證。按，從出土文獻來看用於成

---

① 所謂《治獄程式》當爲《封診式》，該篇書名即書于書末一簡的背面，今學界均已從後者稱之。

卷物品的量詞"卷"漢代已見，如《羅泊灣漢簡·從器志》1458："布十七卷。"

  7. 條

  稱量條形事物的量詞。《大詞典·人部》："16. 量詞。用於計量長形物。"初始例爲漢班固《西都賦》。《大字典·人部》未爲量詞義單獨設立義項，而是附於"②泛稱一般長條形物體"中，初始例爲南朝齊謝朓《詠兔絲詩》。

  按，量詞"條"最早戰國文獻已見，如《包山楚簡》269："絑旌一百攸（條）四十攸（條）。"到漢代就已常見，如《禮記·雜記上》"喪冠條屬"鄭注："條屬者，通屈一條繩若布爲武，垂下爲纓。"則《大詞典》之初始例當提前，而《大字典》當爲量詞之義單獨設立義項。

  8. 節

  稱量事物之一部的個體量詞，《大詞典·竹部》初始例爲《紅樓夢》，《大字典·竹部》初始例爲《淮南子·説林》："見象牙乃知其大於牛，見虎尾乃知其大於狸，一節見而百節知也。"

  按，《淮南子·説林》一文中的"節"仍是名詞，意思是"端"，而非量詞。而量詞"節"最早見於馬王堆帛書，如《養生方》114："竹緩節者一節。"又，《嶽麓秦簡》150："竹十節，上節一斗，下節二斗，衰以幾可（何）？"

  9. 顆

  稱量小而圓事物的個體量詞，《大詞典·頁部》初始例爲唐杜甫《野人送朱櫻》詩，《大字典·頁部》初始例爲唐李紳《憫農》詩。

  按，量詞"顆"最早見於漢代文獻，字均作"果"，通"顆"，如《五十二病方》249："乾薑二果（顆），十沸，抒置甕中。"又，簡280："雎（疽）未□□□□烏豙（喙）十四果（顆）。"按其成書時代推測，量詞"果（顆）"應當早在戰國已經產生。書作"顆"的用例漢代也可見，如《金匱要略·奔豚気病脉証治》："甘瀾水法：取水二斗，置大盆內，以勺扬之，水上有珠子五六千颗相逐，取用之。"

  10. 丸

  称量小而圓物品的個體量詞，《大詞典·丶部》《大詞典·丶部》初始例均引三國魏曹植《善哉行》。

  按，量詞"丸"漢代文獻已見，出土文獻中往往書作"垸"或

"完",通"丸",如《馬王堆帛書·養生方》37-38:"到春,以牡鳥卵汁畚(弁),完(丸)如鼠矢,陰乾,□入八完(丸)叔(菽)醬中,以食。"按其成書時代推測,量詞"丸"應當早在戰國已經產生。

11. 梃

稱量竿狀物的個體量詞。《大詞典·木部》《大字典·木部》初始例均引《魏書·李孝伯傳》例。

按,量詞"梃"漢代以前已見,多見於簡帛方劑文獻,書作"廷",通"梃",如馬王堆帛書《五十二病方》17:"獨□長支(枝)者二廷(梃),黃芩二梃,甘草□廷(梃)。"又,《養生方》85:"桂尺者五廷(梃)。"按其成書時代推測,量詞"廷(梃)"應當早在戰國已經產生。

12. 封

稱量封緘事物的個體量詞,《大字典·寸部》初始例爲《史記·越王勾踐世家》,《大詞典·寸部》初始例爲《漢書·遊俠傳·陳遵》。

按,量詞"封"秦簡已見,如睡虎地秦簡《封診式》48:"令吏徒將傳及恒書一封詣令史。"西漢初年簡牘文獻多見,此不贅述。

13. 合

稱量兩兩相配合一體器物的個體量詞,《大字典·口部》無個體量詞義,《大詞典·口部》初始例爲唐封演《封氏聞見記·大魚鰓》。

按,量詞"合"秦簡已見,如睡虎地秦簡《封診式》19:"及新錢百一十錢,容(鎔)二合。"西漢初簡牘遣策如鳳凰山漢簡、馬王堆漢墓出土竹簡中均多見。①

14. 隻

適用範圍很廣的個體量詞,既可以用於動物,又可以用於器物。《大字典·隹部》用於動物的量詞義初始例爲《世說新語·德行》南朝梁劉孝標注引謝承《後漢書》,用於器物的初始例爲《後漢書·方術傳·王喬》;《大詞典·隹部》未區分其用法,初始例爲《後漢書·方術傳·王喬》例。

按,用於器物的量詞"隻",早在漢初已見,如《鳳凰山169號墓漢簡》26:"木壺一隻,盛醪。"

---

① 《大詞典·口部》認爲是指"事物之成對或成套者",所言不確,量詞"合"稱量對象的根本特徵是可以相合在一起的,如所引書證唐封演《封氏聞見記·大魚鰓》:"海州土俗工畫,節度令造海圖屏風二十合。"屏風顯然既不是成對,也不是成套的,而是可以合攏的一件。

15. 件

適用範圍很廣的個體量詞，《大字典·人部》初始例爲《舊唐書·刑法志》，《大詞典·人部》初始例爲南朝梁僧祐《略成實論記》。

按，個體量詞"件"漢簡已見，如《居延新簡》EPT40.6A："茭七百束，又從卒利親貸平二件。"又，EPT65.118："羊韋五件，直六百，交錢六百。"

16. 種

稱量事物類別的個體量詞，《大字典·禾部》《大詞典·禾部》初始例均爲東漢班固《漢書·藝文志》。

按，量詞"種"西漢文獻已見，如成書于秦漢之際的《神農本草經》卷二："（樸消）主百病，除寒熱邪氣，逐六府積聚，結固，留癖，能化七十二種石。"又，呂后二年的張家山漢簡《二年律令》526："律令二十□種。"①

17. 把

稱量一手所握之量的集體量詞，《大字典·手部》初始例爲唐杜甫《玉華宮》詩，《大詞典·手部》初始例爲西漢後期劉向《新序·雜事一》例。"

按，量詞"把"西漢初年文獻已見，如馬王堆帛書《五十二病方》43："傷脛（痙）者，擇蘽（薤）一把。"按馬王堆帛書的成書時代來推測，則量詞"把"應當早在戰國時期已經產生。

18. 具

稱量成套齊備物品的集體量詞，《大詞典·八部》《大字典·八部》初始例均爲《史記·貨殖列傳》。

按，西周晚期的函皇父諸器中已見，《函皇父盤》："函皇父乍（作）琱妘盤盉尊器鼎簋一具，自豕鼎降十又一、簋八、兩罍、兩壺。"到西漢早期的馬王堆漢墓出土遣策類文獻中就很常見了。

19. 服

稱量中藥劑量的集體量詞，一劑稱一服。《大字典·月部》《大詞典·月部》初始例均引北周庾信《燕歌行》。

按，傳世漢代文獻已見，如張仲景《傷寒論·辨太陽病脈證並治

---

① 筆者按，"□"當爲"八"，即律令二十八種。

中》："分二服，溫進一服，得吐者，止後服。"

20. 列

稱量成行列的事物的集體量詞，《大字典·刀部》《大詞典·刀部》均引現代漢語用例。

按，量詞"列"其實早在秦漢文獻已見，如《儀禮·公食大夫禮》："庶羞，西東毋過四列。"《韓詩外傳》卷九："乃使王廖以女樂二列遺戎王，爲由餘請期。"

21. 積

稱量堆積物品的集體量詞，《大詞典·禾部》初始例爲《新五代史·宦者傳·張承業》，《大字典·禾部》初始例爲《太平廣記》卷三百九十四引《錄異記》。

按，量詞"積"秦簡已見，而且使用頻率較高，如睡虎地秦簡《秦律十八種·效》27："入禾，萬石一積而比黎之爲戶。"又，簡38："櫟陽二萬石一積，咸陽十萬石一積。"傳世文獻多見於《墨子·備城門》中，如："城下州道內百步一積薪，毋下三千石以上，善塗之。"

22. 分

集體量詞，《大詞典·刀部》：初始例爲《水滸傳》第五三回，《大字典·刀部》初始例爲《兒女英雄傳》。

按，量詞"分（份）"漢代簡帛已見，如馬王堆帛書《養生方》90："取茀選一斗，二分之，以截漬一分而暴（曝）之冬（終）日。"

23. 筲

借用量詞，《大詞典·竹部》初始例爲北齊顏之推《顏氏家訓·書證》，《大字典·竹部》初始例爲《洛陽伽藍記·聞義里》。

按，"筲"借用爲量詞西漢早期簡牘文獻已見，字多書作"莆"，同"筲"，如《張家山漢簡·遣策》16："鹽一莆（筲）。"又，簡19："醬一莆（筲）。"

24. 筐

借用量詞，《大詞典·竹部》《大字典·竹部》初始例均爲《明史·食貨志四》。

按，量詞"筐"早在漢簡中已見，如寫成於西漢早期的《大墳頭漢簡》1："李一筐。"

25. 畣

借用量詞，《大詞典·田部》："量詞。用於可以畣計量之物。"書證爲唐韓愈詩。《大詞典》該字條下無量詞義。《大字典·田部》"畚"條無量詞義，祇有名詞義。

按，畚本爲盛物竹器，借用作量詞早在秦簡已見，如睡虎地秦簡《秦律十八種·金布律》64："官府受錢者，千錢一畚，以丞、令印印。"

26. 瓶

借用量詞，《大詞典·瓦部》《大字典·瓦部》量詞義書證均引唐白居易《湖上招客送酒泛舟》詩。

按，"瓶"用作量詞先秦兩漢文獻多見，如《左傳·定公三年》："邾子在門台，臨廷，閽以瓶水沃廷，邾子望見之，怒。"又，曇果共康孟詳譯《中本起經》："卻從步涉，中路有人，奉酪一瓶。"

27. 甌

借用量詞，《大詞典·瓦部》："作量詞。"書證引宋邵雍《安樂窩中吟》詩。《大字典》該條無量詞義。

按，量詞"甌"漢代文獻已見，如馬王堆帛書《五十二病方》17—18："傷者，以續䐃（斷）根一把，獨□長支（枝）者二廷（梃），黃芩（芩）二梃，甘草□廷（梃），秋烏豙（喙）二□□□□寸者二甌，即並煎□孰（熟），以布捉，取出其汁。"按其成書時代來看則其借用量詞義當產生於戰國時期。

28. 囊

借用量詞，《大詞典·口部》："用作量詞。"書證爲《隋書·禮儀志四》。《大字典》該條下祇有名詞義，無量詞義。

按，"囊"借用爲量詞漢代文獻已見，最早見於馬王堆三號漢墓《遣策》204："五穜（種）五囊，囊各盛三石，其三石黍。"一號漢墓出土文獻亦可見。傳世文獻如《列女傳·母儀傳》："異日有獻一囊糗糒者，王又以賜軍士，分而食之。"

29. 圍（圍）

稱量圓周長度的量詞，《大詞典·囗部》初始例爲《墨子·備城門》，《大字典·囗部》初始例爲《莊子·人間世》："匠石之齊，至於曲轅，見櫟社樹。其大蔽數千牛，絜之百圍。"

按，《大詞典》所引《墨子》中《備城門》以下諸篇非墨子所作，當係後人所僞托，成書時代當在漢初；《大字典》初始例爲《莊子》，但其中的"圍"指兩隻胳膊合圍的長度。量詞"圍"指兩隻手的拇指和食指合圍長度的用法，從出土文獻來看早在先秦已見，如睡虎地秦簡《封診式》67："權大一圍，袤三尺，西去堪二尺，堪上可道終索。"

30. 合

量制量詞，《大詞典·口部》《大字典·口部》書證均爲《孫子算經》及劉向《説苑·辨物》。

按，量制量詞"合"早在戰國已見，如馬王堆帛書《五十二病方》350："冶烏喙（喙）、黎（藜）盧、蜀椒、庶、蜀椒、桂各一合，並和。"從其寫成時代來看，量制量詞"合"當早在戰國時期就產生了。

31. 勺

借用量詞，《大詞典·勺部》初始例引唐皮日休《以紫石硯寄魯望兼酬見贈》詩，《大字典·勺部》未收借用量詞義。

按，量詞"勺"秦漢文獻已見，如《禮記·中庸》："今夫水，一勺之多，及其不測，黿鼉、蛟龍、魚鱉生焉，貨財殖焉。"

32. 兩

衡制量詞。《大詞典·一部》初始例爲《淮南子·天文》，《大字典·一部》書證爲《説文》及《漢書·律歷志上》，均爲漢代用例。

按，衡制量詞"兩"早在戰國文獻已見，目前所見最早用例爲楚簡，如《包山楚簡》115："貣越異采金一百益（益）二益（益）四兩。"秦簡亦多見用例，如睡虎地秦簡《效律》5—7："半石不正，八兩以上；鈞不正，四兩以上。"

33. 石

稱量土地面積的制度量詞，《大詞典·石部》《大字典·石部》書證均爲周立波《山鄉巨變》，認爲是現代漢語方言量詞。

按，土地面積量詞"石"東漢已見，如《東牌樓漢簡》5："母娅有田十三石，前置三歲，田稅禾當爲百二下石。……宗無男，有餘財，田八石種。……以上广二石種與張，下六石悉畀還建。張、昔今年所畀建田六石，當分稅張、建、昔等。"

34. 刀圭

稱量中藥散劑的借用量詞，《大詞典》初始例爲晉葛洪《抱朴子·金丹》。

按，"刀圭"借用爲量詞，用於量散劑，漢代醫籍已見，如寫成於東漢早期的《武威醫簡》44—45："旦飲藥一刀圭。"

35. 器

借用的類泛指量詞，《大字典·口部》初始例爲《鄐君開褒斜道摩崖刻石》①，《大詞典·口部》未收量詞義。

按，量詞"器"漢簡中非常常見，如寫成於西漢早期的《馬王堆一號墓漢簡·遣策》40－42："牛乘炙一器；犬其肕（肕—脅）炙一器；犬肝炙一器。"

36. 枚

借用量詞。《大字典·木部》初始例爲《太平御覽》卷七百六十一引謝承《後漢書》，《大詞典·木部》初始例爲清袁枚《隨園隨筆·名數字義》。

按，借用量詞"枚"漢代文獻已見，如《張家山漢簡·遣策》19："介（芥）一枚。"

37. 周

稱量環繞義動作行爲次數的動量詞，《大詞典·口部》動量詞之初始例爲康有爲《大同書》，《大字典·口部》"周"條無動量詞義，衹有動詞義。

按，典型的動量詞"周"漢代已見，《禮記·昏義》："如降，出御婦車，而堉授綏，御輪三周，先俟於門外。"又，《居延新簡》EPT59.137："畫地三周，宿其中。"

38. 下

稱量特定動作次數的動量詞，《大詞典·一部》初始例爲《海內十洲記·炎州》，《大字典·一部》初始例爲《敦煌變文集·孔子項詫相問書》。

按，《海內十洲記》舊題漢東方朔撰，但爲後人僞託，其成書當在六朝；《敦煌變文集》所收諸文獻的成書則多爲唐至五代，而動量詞"下"早在漢代文獻已見，如《漢書·王莽傳》："莽立載行視，親舉築三下。"又，《傷寒論·辨厥陰病脈證並治》："內臼中，與蜜，杵二千下，丸如梧桐子大。"

---

① 按，《大詞典》引《鄐君開褒斜道摩崖刻石》："凡用功七十六萬六千八百餘人，瓦卅六萬九千八百四器。"其版本當據清人王昶《金石萃編》卷五，今拓本"器"字及以下文字均已不見。

39. 頭

量詞"頭"早期使用非常廣泛，既可以用於牲畜，也可用於禽類和魚類，《大字典·頁部》《大詞典·頁部》初始例均引東漢班固《漢書·西域傳下·烏孫國》。

按，量詞"頭"其實西漢文獻已較爲常見，如《史記·平準書》："式入山牧十餘歲，羊致千餘頭，買田宅。"又《貨殖列傳》："唯橋姚已致馬千匹，牛倍之，羊萬頭，粟以萬鍾計。"

40. 句

用於稱量言語的量詞。《大字典·口部》初始例引周立波《暴風驟雨》，《大詞典·口部》引《水滸傳》。

按，量詞"句"其實漢末譯經文獻已見，如支婁迦讖譯《阿閦佛國經》："如我爲諸弟子説十四句法。"支婁迦讖譯《道行般若經》："亡一句一言若置以爲背佛恩。"

41. 樹

用作樹木的量詞。《大字典·木部》初始例引宋仇遠《糖多令》；《大詞典·木部》引《隋書·禮儀志》。

按，量詞"樹"其實西漢文獻已見，如《史記·貨殖列傳》："淮北常山已南，河濟之間千樹荻。"又："安邑千樹棗；燕、秦千樹栗；蜀、漢、江陵千樹橘。"

42. 枝

用於帶枝、杆之物的量詞。《大字典·木部》《大詞典·木部》初始例均引南朝梁費昶《華光省中夜聞城外擣衣詩》。

按，量詞"枝"其實漢代文獻已見，如《説苑·奉使》："越使諸發執一枝梅遺梁王。"又："惡有以一枝梅，以遺列國之君者乎？"

43. 員

稱量人的個體量詞，《大字典·口部》："量詞，多用於武將。"初始例引《三國演義》。《大詞典·口部》引晉無名氏《蓮社高賢傳·雷次宗》。

按，量詞"員"其實漢代文獻已見，而且它最初稱量的對象是"生員"，而非武將，如《潛夫論·實貢》："擇能者而書之，公卿刺史掾從事，茂才孝廉且二百員。"

44. 般

表示"種"或"類"義的量詞，《大字典·舟部》《大詞典·舟部》

初始例均引唐張鷟《遊仙窟》。

按，其實漢代文獻已見，如《金匱要略·藏府經絡先後病脈證》："千般疢難，不越三條：一者，經絡受邪，入藏府，爲内所因也；二者，四肢九竅，血脈相傳，壅塞不通，爲外皮膚所中也；三者，房室、金刃、蟲獸所傷。"

45. 味

專用於量藥的個體量詞，《大詞典·口部》初始例引唐陳子昂《謝藥表》；《大字典·口部》引《左傳·哀公元年》："昔闔廬食不二味，居不重席。"

按，《大字典》引《左傳》例中的"味"是名詞"菜肴"之義，並非量詞。① 真正的量詞"味"最早見於漢代醫學文獻，如《金匱要略·痙濕暍病脈證》："右六味。"《傷寒論·辨少陰病脈證並治》："右四味，各十分，搗篩。"

46. 群

用於成群的人或物的集體量詞，《大字典·羊部》初始例引漢末陳琳《爲袁紹檄豫州》，《大詞典·羊部》引南朝梁陸倕《石闕銘》。

按，集體量詞"群"早在戰國秦漢文獻已見，《國語·吳語》："譬如群獸然，一個負矢，將百群皆奔，王其無方收也。"又如《漢書·序傳》："始皇之末，班壹避墜於樓煩，致馬牛羊數千群。"

47. 車

表示一車所載的容量量詞，《大字典·車部》《大詞典·車部》初始例均引《儀禮·聘禮》。

按，量詞"車"早在西周金文已見，如《戻敖簋蓋》（集成 8.4213）："戎獻金於子牙父百車。"

48. 遍

動量詞，表示一個動作從頭至尾的全過程，《大字典·辵部》初始例引《三國志·魏志·賈逵傳》，《大詞典·辵部》引晉葛洪《抱樸子·袪惑》。

按，量詞"遍"漢代文獻已見，如《説苑·敬慎》："太子擊前誦恭

---

① 《漢語大字典·口部》"味"條"菜肴"義書證引《韓非子·外儲説左下》："食不二味，坐不重席。""量詞"義下則引《左傳·哀公元年》："昔闔廬食不二味，居不重席。"自相矛盾，先秦時代"味"均當爲名詞；而且即使在"味"語法化爲量詞以後，也不能用於"菜肴"。

王之言，誦三遍而請習之。"又如《金匱要略·嘔吐噦下利病脈證治》："和蜜揚之，二百四十遍。"

49. 度

動量詞，相當於"次""回"，《大字典·广部》初始例引《北史·李彪傳》，《大詞典·广部》引杜甫《天邊行》。

按，量詞"度"漢代文獻已見，如《申鑒·俗嫌》："昏亂百度則生疾。"又如《傷寒論·辨太陽病脈證並治上》："太陽病，得之八九日，如瘧狀，發熱惡寒，熱多寒少，其人不嘔，清便欲自可，一日二三度發，脈微緩者，爲欲愈也。"

50. 拳

動量詞，用於以拳擊人的動作。《大字典·手部》初始例引《水滸傳》，《大詞典·手部》引《魏書·孝靜帝紀》。

按，借用動量詞"拳"漢末譯經文獻已見，如竺大力共孟康譯《修行本起經》："扠之一拳，應持即死。"

51. 匝

量詞，相當於"周"或"圈"。《大詞典·匸部》："周；圈。《東觀漢紀·明德馬皇后傳》：'（后）爲四起大髻，但以髮成尚有餘，繞髻三匝。'"《大詞典·匸部》："周；環繞一周叫一匝。《史記·高祖本紀》：'圍宛城三匝。'"

按，量詞"匝"先秦文獻已見，如《莊子·秋水》："孔子游於匡，衛人圍之數匝，而弦歌不惙。"

52. 枚

泛指量詞，《大詞典·木部》初始例爲《墨子·備高臨》，《大字典·木部》初始例則爲《墨子·備城門》。

按，《墨子》中的《備城門》《備高臨》諸篇的成書時代較晚，一般認爲可能當爲漢初的作品。從出土文獻來看量詞"枚"早在秦代已見，《里耶秦簡》已見，簡8—548："取車衡榦大八寸、袤七尺者二枚。"

53. 塊

稱量塊狀事物的量詞，《大詞典·土部》初始例爲唐寒山《詩》之五八，《大字典·土部》則只有現代漢語用例。

按，量詞"塊"漢代已見，如《金關漢簡》73EJT30：53："酒五斗，脯一塊。"但可惜該例簡文多有殘缺，疑莫能定。又，73EJT23：769A：

"王子文治劍二百五十，脯一膞，直卌囗，錢六十。""膞"字可能是"塊"的分別字，因爲稱量的對象爲肉製品，故形符採用"月（肉）"部，則該例爲目前所見量詞"塊"的初始例。又，《大字典·月部》"膞"條無此用義項，當據此補。

54. 通

用於信件、文件、書籍的量詞。《大詞典·辵部》："量詞。用於文章、文件、書信。"書證引《漢書·劉歆傳》。

按，從出土文獻看量詞"通"最早見於《居延漢簡》3.25："札五通，凡九通，以篋封，遣鄣卒杜。"當稍早於《漢書》用例。

55. 編

稱量書籍的量詞。《大詞典·糸部》："書的計數單位。指一部書或書的一部分。"書證引《漢書·張良傳》。《大字典·糸部》："量詞。用於書卷，相當於'篇''卷''本'。"書證引《史記·留侯世家》。

按，量詞"編"當產生于戰國時期，如《馬王堆帛書·十問》75—76："文執（摯）合（答）曰：'臣爲道三百編，而臥最爲首。'"馬王堆漢墓的下葬時代即早於《史記》的創作時代，而其中帛書《十問》的成書時代更早，學界一般認爲當不晚於戰國時期。

56. 片

用於片狀事物的量詞。《大詞典·片部》："量詞。用於扁而薄的東西。"書證引漢應劭《風俗通·怪神·石賢士神》："田家老母到市買數片餌。"《大字典·片部》："量詞。1. 用於薄而成片的東西。"書證引唐李白《望天門山》。

按，《風俗通義》按王利器考證當在"應氏歸袁"（筆者按：袁指袁紹）以後所作，其實量詞"片"此前文獻已較爲常見，特別是中醫類文獻，如《金匱要略·百合狐惑陰陽毒病證治》："鱉甲，手指大一片，炙。"

57. 莖

用於稱量草木的量詞。《大詞典·艸部》："量詞。用於稱長條形的東西。"書證引唐薛逢《長安夜雨》詩。《大字典·艸部》："量詞。"書證引《傷寒論·通脈四逆湯方》。

按，量詞"莖"早在董仲舒《春秋繁露》中已見，如《竹林》："凡春秋之記災異也，雖畝有數莖，猶謂之無麥苗也。"

58. 處

用作位置、處所的個體量詞。《大詞典·虍部》："量詞。"書證引《水滸傳》第二回："走了這一晚,不遇著一處村坊,哪裏去投宿是好。"《大字典·虍部》無量詞用例。

按,量詞"處"早在《黃帝內經》已見,如《素問·骨空論》："凡當灸二十九處,傷食灸之,不已者,必視其經之過於陽者,數刺其俞而藥之。"

59. 匹

用於馬匹的個體量詞。《大詞典·匚部》："量詞。馬驢騾及其他動物的計量單位。"《大詞典·匸部》與此相同。書證均引《書·文侯之命》。

按,《書·文侯之命》中的文侯即晉文侯,時代為東周初年;而量詞"匹"早在西周金文中已多見,如《卯簋蓋》："易(賜)女(汝)馬十匹、牛十。"

60. 級

本為用於稱量所斬敵人之首的量詞,後亦可用於稱量俘虜。《大詞典·糸部》無稱量俘虜之用法,當補。《大字典·糸部》書證引《漢書·衛青傳》："捕伏聽者三千七十一級。"

按,《大字典·糸部》書證其實是《漢書》引《史記》文,所以書證當為《史記·衛將軍驃騎列傳》："捕伏聽者三千七十一級。"

61. 層

稱量重疊或累積事物的量詞。《大詞典·尸部》："量詞。重,級。用於重疊或累積的事物。"書證引《老子》："九層之臺,起於累土。"次引唐王之渙《登鸛雀樓》詩："欲窮千里目,更上一層樓。"《大字典·尸部》："量詞。用於重疊、積累的東西。書證亦引唐王之渙《登鸛雀樓》。

按,從出土的郭店楚簡、馬王堆漢墓帛書和北大藏西漢簡本《老子》等諸多版本來看,該文中的"層"當作"成",今本當為後人妄改。而量詞"層"兩漢傳世文獻已見,如《鹽鐵論·救匱》："夫九層之台一傾,公輸子不能正。"又如《列女傳·辯通傳》："王疑之,乃閉虞姬於九層之台。"

62. 門

稱量學科、學問的個體量詞。《大詞典·門部》《大字典·門部》均引現代用例。劉世儒先生認爲產生於南北朝翻譯佛經中①，其實漢代譯經類文獻已見，如支婁迦讖譯《阿閦佛國經》："諸菩薩摩訶薩，得念行住八百門。"

　　以上本書從增補詞語釋義、訂補詞語訓釋、量詞用例補闕、提前始見書四個方面簡要談了先秦兩漢量詞研究對漢語詞彙史研究及對辭書編纂的價值，上述探討啟示我們應當充分重視先秦兩漢文獻的詞彙的全面、系統整理與研究，方有利於漢語詞彙史的發展和完善。

---

① 劉世儒：《魏晉南北朝量詞研究》，中華書局 1965 年版，第 162 頁。

附録二

先秦兩漢待考量詞研究

先秦兩漢文獻中有些詞語按照本書對於量詞的判定標準，出現在量詞的語法位置上，但卻由於無論傳世文獻還是出土文獻中所見用例均很少，所稱量對象無法判斷，或者由於文字殘損以致無法通讀、關鍵文字磨損無法準確隸定與釋讀等各方面的原因，迄今爲止我們仍無法確切斷定其是否爲量詞；甚至有部分詞語我們可以推論其爲某類量詞，如楚簡中的"來""赤"等根據上下文可以推斷很可能爲度量衡量詞，但是由於簡文殘缺、文字難識的原因，仍然無法了解其相關制度；均姑且暫列於此，以待新材料的出現與公佈再做進一步地深入研究。

1. 金

西周晚期《公臣簋》："賜汝馬乘鐘五金。"又，同爲西周晚期的《叔専父盨》："叔専父作鄭季寶鐘六金，尊盨四，鼎七。"

按，姚振武認爲以上用例中的"金"符合"（動）+名+數+名"這種量詞形成的典型環境，"其'金'似當視爲量詞"①。侯志義將上文標點爲："鐘五，金。"又提出："'六金'不辭，'金'字應爲衍文。"② "金"用作個體量詞其他文獻均未見用例，疑莫能定，姑列於此。

2. 薗

《敦煌漢簡》58："☐月四日，木皮十薗，直六千七百，未入☐"

按，肖從禮認爲："用於稱量個體事物的數量。漢簡中'薗'用作量詞僅見一例。"③ 若"薗"爲個體量詞，則"木皮十薗"即"木皮十枚"，"直六千七百"不合情理；故疑"薗"當通"籃"，指"木皮十籃"。

---

① 姚振武：《上古漢語語法史》，上海古籍出版社 2015 年版，第 128 頁。
② 侯志義：《西周金文選編》，西北大學出版社 1990 年版，第 184 頁。
③ 肖從禮：《從漢簡看兩漢時期量詞的發展》，《敦煌研究》2004 年第 4 期。

3. 鼓

《墨子·號令》："屯陳、垣外術衢街皆樓，高臨里中，樓一鼓聾灶；即有物故，鼓，吏至而止夜以火指鼓所。"又，《雜守》："聾灶，亭一鼓。"

按，姚振武引孫詒讓《墨子閒詁》認爲這裏的"鼓"是稱量"聾灶"的個體量詞①。按《號令》篇可句讀作："樓一鼓、聾灶。""一鼓"當爲"數+名"結構，則"鼓"爲名詞，而非量詞；《雜守》篇亦是如此。

4. 友

《信陽楚簡》13："一友齊緅之袷，帛裏，組緎。"簡 19："一友贏虎，錦韜，有蓋。"簡 24："二友□，屯有蓋。"

按，李明曉認爲"友"是集體量詞，相當於"雙"②。但"友"古今漢語均無量詞義，僅此 3 例，且文意均未明，"友"也可能只是修飾語，故此存疑。

5. 和

《包山楚簡》269："一咊（和）贏甲，首胄，綠組之縢。"

按，李家浩認爲"和""合"二字互訓，"一和"猶言"一對"，爲量詞③。但該簡文意不明，且上古漢語中"甲"未見成對使用者，故疑簡文中的"咊（和）"可能是名詞"贏甲"的修飾語，而非用於表量的量詞。

7. 煙

《居延漢簡》14.11："晝舉蓬一煙。"

按，黃盛璋④、肖從禮⑤等認爲"煙"爲用於稱量守禦器表的數量的量詞，但歷代文獻中未見"煙"作量詞之用例，因此疑認爲該簡當句讀作："晝舉蓬一，煙。"則這裏的"煙"不是量詞，而應該是名詞。

8. 繆

《居延新簡》EPT57.44："☐其三繆，付厩嗇夫章，治馬羈絆。一繆，

---

① 姚振武：《上古漢語語法史》，上海古籍出版社 2015 年版，第 130 頁。
② 李明曉：《戰國楚簡語法研究》，武漢大學出版社 2010 年版，第 292 頁。
③ 李家浩：《包山遣策考釋（四篇）》，《古籍整理研究學刊》2003 年第 5 期。
④ 黃盛璋：《兩漢時代的量詞》，《中國語文》1961 年第 8 期。
⑤ 肖從禮：《從漢簡看兩漢時期量詞的發展》，《敦煌研究》2004 年第 4 期。

治書繩。"

按，《説文·糸部》："繆，枲之十絜也。"段玉裁注："枲即麻也，十絜猶十束也。"先秦兩漢文獻文獻僅此一例，是否用作量詞無法確定。

9. 羽

《敦煌漢簡》1784："蛊矢六百，卌七羽敝干斥呼。三百九十七完，其九十五羽完干斥呼。六十一羽敝干完。"

按，姚振武認爲這裏的"羽"是稱量"矢"的個體量詞①，但該句可以句讀作："蛊矢六百：卌七，羽敝，干斥呼；三百九十七完；其九十五，羽完，干斥呼；六十一，羽敝，干完。"這裏是在描述矢的保存情况，其中"羽"敝還是完；"干"是"斥呼"還是完。又，《居延漢簡》45.14："槀矢七，羽幣。"同此。

10. 僮

《仰天湖楚簡》21："一純筵席，一僮席。"

按，李家浩認爲："值得注意的是，簡文以'一純'與'一僮'對言。在古代'蜀'或'獨'，或用作個體量詞。《方言》卷十二説：蜀，一也。南楚謂之蜀。郭璞注：蜀，獨也。看來以'蜀'或'獨'爲個體量詞還是南楚的方言。……我們認爲'一純'之'純'是集體量詞，'一僮'之'僮'應該讀爲'蜀'或'獨'，是個體量詞。"② 李明曉認爲"此説可從"③。該例學界目前仍聚訟紛紜，或以爲"僮"可以讀爲"褥"，則是席的修飾語；或以爲讀爲"蜀"，指的是席之產地爲"蜀地"。總之僅此一例，且處於先秦罕見的"Num+Cl+N"結構中，是否是量詞存疑。

11. 璧

《新蔡楚簡》零：57："☐玉一璧☐"

按，或以爲該文中的"璧"是個體量詞，"玉一璧"爲"N+Num+Cl"結構。但由於該簡殘損較甚，無法確定其句讀，因此該文也有可能句讀作："……玉，一璧……"或者句讀作："……玉一，璧……。"則"璧"只能是名詞，而非量詞；而且"璧"古今漢語未見量詞用例，故暫

---

① 姚振武：《上古漢語語法史》，上海古籍出版社 2015 年版，第 137 頁。

② 李家浩：《仰天湖楚簡十三號考釋》，《著名中年語言學界自選集·李家浩卷》，安徽教育出版社 2002 年版，第 215 頁。

③ 李明曉：《戰國楚簡語法研究》，武漢大學出版社 2010 年版，第 286 頁。

列於此。

12. 墻座（槳坐）

《長台關楚簡》2—018："樂人之器：一槳坐（墻座）棧鐘，小大十又三。……一槳坐（墻座）□□，小大十又九。"

按，李家浩認爲："位於'前鐘'和'前磬'之前的'槳坐'，從文義來看，似是量詞。……'槳'從'將'聲，'將'和'墻'皆從'爿'之象形初文'爿'得聲，所以'將'、'墻'二字可以通用。……疑簡文'槳'應當讀爲'樂不墻合'之'墻'。'一墻坐'之'墻'與'肆堵'之'堵'的意思是相通的。'坐'大概讀爲'座'。'一墻座棧鐘'猶言'一墻列棧鐘'。"① 李明曉贊同其説，認爲："棧鐘，則是古代一種樂器，小鐘。"② 按，由於該簡簡文之文意仍有爭議，且僅此一例，是否存在量詞仍難以定論。

14. 回

《上博簡·君人者何必安哉》甲1："范戊曰：'君王有白玉三回而不戔，命爲君王戔之，敢告於視日。"

按，整理者濮茅左先生認爲是量詞，義同"塊"；但董珊認爲"回"當讀爲"璺"，是"裂縫"之義③；單育辰讀爲"圍"，是一種表示周長的單位④；黃人二認爲亦可讀爲"玷"，訓爲"缺"，指白玉上稍有缺憾⑤；陳偉等則讀爲"瑋"，是"稱美"或"珍視"之義；陳先生又認爲這裏的"回"也可能讀爲"韙"⑥；總之，學界對其釋讀仍莫衷一是，文意未明，故暫存疑。

15. 布

《上博簡·景公瘧》10："一丈夫執尋之幣、三布之玉。"

按，張崇禮認爲"布"在這裏用作量詞，"三布"意爲"三列"，

---

① 李家浩：《信陽楚簡"樂人之器"研究》，《簡帛研究》第三輯，廣西教育出版社1998年版。

② 李明曉：《戰國楚簡語法研究》，武漢大學出版社2010年版，第286頁。

③ 董珊：《讀〈上博七〉雜記（一）》，復旦大學出土文獻與古文字研究中心網站，2008年12月31日。

④ 單育辰：《佔畢隨錄之七》，復旦大學出土文獻與古文字研究中心網站，2009年1月1日。

⑤ 黃人二：《上博七君人者何必安哉試釋》，《故宫博物院院刊》2009年第2期。

⑥ 陳偉：《楚地出土戰國簡册［十四種］》，經濟科學出版社2009年版，第468頁。

"尋之幣、三布之玉"是極言"一丈夫"祭品的簡陋①。但"三列之玉"顯然不能說明祭品的簡陋，因此這裏的"布"當非"行列"之義。按秦制一布當十一錢，則這裏的"三布之玉"可能是價值三布，即三十三錢之玉製品，以此言祭品的簡陋也是合情合理的。

16. 比

《居延漢簡》7.8："兩行卌，札一比，繩十丈。"

按，姚振武認爲："這個'比'爲集體量詞。'劄'爲供書寫的木片，《釋名·釋書契》：'劄，櫛也。編之如櫛齒相比也。'可見'劄一比'猶言'編之如櫛齒相比'的一聯劄，或者說一卷劄。"② 該詞僅此一例，謝桂華等將其隸定爲"百"，則該文爲："兩行卌，札一百，繩十丈。"③ 復核新刊圖版，字跡清晰，當作："札百"。

17. 唐

《鳳凰山 10 號墓漢簡》118："九（?）月四日，付五翁伯枲一唐，卅；箔三合，合五十四；直百六十四。"簡 113："六月十六日，付司馬伯枲一唐，卅二。"

按，姚振武認爲"唐"作爲量詞屬"捆、束之類，很少見"④，裘錫圭認爲"枲一唐之價爲卅或卅二，可知唐比絜大得多"⑤。按，"唐"在這裏似乎可以看作量詞，但先秦兩漢其他文獻未見，語源未明，且文意亦不明，故暫存疑。

18. 支

《上博簡·競公瘧》10："之臣，出喬（矯）於鄙。自古（姑）、蚤（尤）目（以）西，翏（聊）、攝目（以）東，丌（其）人婁（數）多已，是皆貧苦約疠，夫婦皆狙（詛）一支，夫執嬔之幣三布之玉，唯是□"

按，"一支"中的"支"有學者以爲是量詞，但僅此一例，釋讀亦有爭議，而且其所稱量對象也不甚明確，因此可暫存疑。

---

① 張崇禮：《楚簡釋讀》，山東大學博士學位論文 2008 年，第 81 頁。
② 姚振武：《上古漢語語法史》，上海古籍出版社 2015 年版，第 23 頁。
③ 謝桂華、李均明、朱國照：《居延漢簡釋文合校》，文物出版社 1987 年版。
④ 姚振武：《上古漢語語法史》，上海古籍出版社 2015 年版，第 24 頁。
⑤ 裘錫圭：《湖北江陵鳳凰山十號漢墓出土簡牘考釋》，《文物》1974 年第 7 期。

19. 䏌（卒）

《清華簡·周公之琴舞》："周公作多士敬（儆）伓（毖），琴舞九䏌（卒）。"又："城（成）王作敬（儆）伓（毖），琴舞九䏌（卒）。"

按，整理者注："簡文中讀爲'卒'或'遂'。《爾雅·釋詁》：'卒，終也。''九䏌'義同'九終'、'九奏'等，指行禮奏樂九曲。《逸周書·俘》：'鑰人九終'，朱右曾《逸周書集訓校釋》；'九終，九成也。'"其動詞性仍很强，且其他文獻未見，後世文獻亦未見其進一步語法化，故暫存疑①。

21. 副

《金關漢簡》73EJT21：252："☐☐六副，劍一，循一☐"

按，或以爲該簡中的"副"爲量詞，但先秦兩漢時期該量詞仍未見其他用例，且簡文殘缺較甚，簡文無法通讀，故暫存疑。

22. 胒

《繁卣》（集成 10.5430）："公蔑繁曆，易（賜）宗彝一胒（肆）、車、馬兩。"

按，集成認爲通"肆"，潘玉坤也認爲"胒"是量詞，"用作宗彝（宗廟祭祀之器）的計量單位"，"又用於計鐘"②；與"肆"用法相通。但先秦兩漢文獻僅此一例，姑列於此，以備考察。

23. 翩

《鼄簋》（集成 8.4159）："公易（賜）鼄宗彝一翩（肆），易（賜）鼎二，易（賜）貝五朋。"

按，見於西周金文，或爲宗彝的計量單位。馬承源認爲："假借作肆。肆有陳序義，宗彝一肆即宗彝成一序列，也就是一組。"③該量詞僅此一例，姑列於此，以備考察。

24. 牖

《卯簋蓋》（集成 8.4327）："易（賜）女（汝）瓚章（璋）三（四），穀，宗彝一牖，寶。易（賜）女（汝）馬十匹，牛十。"又，《多友鼎》（集成 5.2835）："易（賜）女（汝）圭（珪）瓚一，湯（錫）鐘

---

① 另可參李建平、張顯成：《漢語動量詞系統產生的時代及其語法化動因》，載《漢語史研究集刊》2016 年第 1 輯。

② 潘玉坤：《西周金文語序研究》，華東師範大學出版社 2005 年版，第 178 頁。

③ 馬承源：《商周青銅器銘文選》（三），文物出版社 1986 年版，第 237 頁。

一鐪、鐈鋻百勻（鈞）。"

按，集成認爲通"肆"；潘玉坤讚同此説，認爲與"肆"用法相通①。洪家義認爲："讀爲'逸'，借爲肆。此句意爲：好銅鑄成的鐘一套。"② 但先秦兩漢文獻僅此二例，姑列於此，以備考察。

25. 䎱

馬王堆一號墓漢簡《遣策》138："梅十䎱。"簡 8："鯉離䍏一䎱。"又，馬王堆三號墓漢簡《遣策》107—108："筍廿䎱。白魚廿䎱。"

按，該量詞僅見於馬王堆出土漢簡中，用例較多，一號墓整理者認爲："䎱，當爲器名。"三號墓整理者則認爲："系指竹夾而言，可能是籩之一種。"唐蘭則認爲可能讀爲"斝"，義爲"集"，用作集體量詞，相當於現代漢語的量詞"串"。裘錫圭等集成則認爲："以䎱爲器名不妥，唐説似可考慮。"③ 從出土實物來看，墓中出土一迭用竹签串起来的梅子，似亦可證。但用例畢竟範圍較窄，疑莫能定。

26. 廛

《詩經·魏風·伐檀》："不稼不穡，胡取禾三百廛兮。"

按，或以爲這裏的"廛"通"纏"，意思是"束"，"三百廛"即"三百束"。但聯繫上下文來看，這裏是諷刺統治者不勞而獲之多，三百束之量似乎並不能顯示其多，因此毛傳曰："一夫之居曰廛。"其説可從。

27. 騃

《中觶》（集成 12.6514）："賜中馬自濬侯四騃。"

按，趙鵬認爲其中的"騃"爲"計馬的單位，出現 1 次"④。《玉篇·馬部》："騃，馬名。"那麼，這裏的"騃"顯然則當爲名詞，"四騃"爲"Num+N"結構。

28. 封

《九年衛鼎》（集成 5.2831）："則乃成封四封。"

按，馬承源將該文譯作："而且築起封樹四處。"⑤ 趙鵬認爲："計封

---

① 唐蘭：《長沙馬王堆漢軑侯妻辛追墓出土隨葬遣策考釋》，《文史》第十輯，中華書局 1980 年版，第 23 頁。
② 洪家義：《金文選注繹》，江蘇教育出版社 1988 年版，第 369 頁。
③ 裘錫圭主編：《長沙馬王堆漢墓簡帛集成》，中華書局 2014 年版，第 181 頁。
④ 趙鵬：《西周金文量詞析論》，《北方論叢》2006 年第 2 期。
⑤ 馬承源：《商周青銅器銘文選》（三），文物出版社 1986 年版，第 138 頁。

界的量。出現 1 次。"① 但該文似乎亦可句讀作："則乃成封，四封。"則"封"可能不是量詞。

29. 里

《宜侯夨簋》（集成 4320）："賜在宜王人□□又七里。"

按，趙鵬認爲："計人的單位。出現 1 次。"② 但"里"用作稱量人的量詞語源不明，且該銘文多有殘缺，無法斷定是否是量詞。

30. 器盛

《馬王堆一號墓漢簡·遣策》128："黃粢食四器盛。"又，簡 129："白粢食四器盛。"又，簡 131："麥食二器盛。"

按，學界或將上述各例中的"器盛"作爲一個量詞，表示穀物的數量；但漢語史上尤其是古代漢語中雙音節量詞不多見，而不同的量詞合用則較爲常見，因此聯繫文獻使用情況，這裏的"器盛"也可能衹是泛用類量詞"器"與量詞"盛"的連用，並非雙音節量詞。姑列於此，以備考察。

31. 輩

《史記·白起王翦列傳》："王翦既至關，使使還請善田者五輩。"又，《張家山漢簡·奏讞書》136—140："刻（劾）下，與脩（攸）守媱、丞魁治，令史䟦與義發新黔首往候視，反盜多，益發與戰。義死，脩（攸）有（又）益發新黔首往鷇（擊），破，凡三輩，䟦並主籍。其二輩戰北當捕，名籍並居地筩中，䟦亡，不得，未有以別智（知）當捕者……氏曰：䟦主新黔首籍，三輩戰北，皆並居中一筩中，未有以別智（知）當捕者。"

按，《史記》司馬貞索隱："謂使者五度請也。"因此，學界或以爲"輩"是表示事件發生的次數的動量詞，相當於現代漢語的量詞"度"或"次"；《張家山漢簡》釋文修訂本則認爲："輩，《倉頡篇》：'比也。'意近今云批次。"③ 先秦兩漢文獻沒有"批次"類量詞用法，我們認爲這兩例中的"輩"也可能是集體量詞，相當於"批"。

---

① 趙鵬：《西周金文量詞析論》，《北方論叢》2006 年第 2 期。
② 同上。
③ 張家山二四七號漢墓竹簡整理小組：《張家山漢墓竹簡［二四七號墓］》（釋文修訂本），文物出版社 2006 年版，第 105 頁。

32. 合（荅）

《史記·貨殖列傳》："糱麴鹽豉千荅。"

按，裴駰集解引徐廣曰："或作'台'，器名有瓵。"孫叔然云："瓵，瓦器，受斗六升合爲瓵。音貽。"但《漢書》作"合"。《大詞典·艸部》引此例："量詞。"但由於僅此一見，無法確定是否通"瓵"。按洛陽收藏家所藏漢代"鹽豉方合"來看，則"合"爲空腹長方體陶器，腹腔内分作中間不互聯通的兩個部分，故稱爲"合"①。

33. 發

《韓詩外傳》卷三："人主之疾，十有二發，非有賢醫，莫能治也。何謂十二發？曰：痿、蹷、逆、脹、滿、支、膈、肓、煩、喘、痺、風，此之曰十二發。……人主皆有此十二疾而不用賢醫，則國非其國也。"

按，《大詞典·癶部》："量詞。猶類。表示種類。"書證引此。《説文·弓部》："發，射發也。"本義是動詞"發射"之義，由此輾轉引申指"疾病發作"，如《史記·項羽本紀》："范增大怒，曰：'天下事大定矣，君王自爲之。願賜骸骨歸卒伍。'項王許之。行未至彭城，疽發背而死。"但上文中既可以説"人主之疾，十有二發"，也可以説"人主皆有此十二疾"，"發"的動詞義還很明顯，更接近動詞用作名詞，而用作量詞並不典型。

34. 捼

馬王堆帛書《五十二病方》279："治之：以柳蕈一捼，艾二，凡二物。"又，殘1："治以蜀焦（椒）一委（捼）。"

按，原整理者注引《説文·手部》："捼，推也。一曰兩手相切摩也。"認爲："此處疑指一捧的數量。"赤掘、山田認爲該句當句讀爲："以柳蕈一，捼艾二，凡二物。"其中"捼艾"當是用手搓揉的艾草②，馬王堆簡帛《集成》亦取此觀點；則"捼"是動詞，而非量詞。

35. 陽

《馬王堆帛書·五十二病方》90："一，以堇一陽（煬）筑（築）封之，即燔鹿角，以弱（溺）飲之。"

按，卷子本《玉篇》引《方言》："陽，雙也。"今本《方言》卷二

---

① 李麗霞、徐嬋菲：《漢代鹽豉方合賞析》，《中原文物》2009年第2期。

② 赤堀昭、山田慶兒：《五十二病方》，載山田慶兒編《新發現中國科學史資料の研究 譯註篇》，京都大學人文科學研究所，1985年版。

作："揚，雙也。""陽""揚"音形可通；因此這裏的"陽"可能是表示雙數義的集體量詞，"堇一陽"即"堇一雙"。但劉欣（2010：40）："'陽'假爲'煬'，《説文》：'煬，炙燥也。'《廣雅·釋詁》：'煬，曝也。'"① 馬王堆簡帛《集成》亦取此觀點；疑莫能定。

36. 鈴（鑾）

《毛公鼎》（集成 5. 2841）："易（賜）女（汝）秬鬯一卣……朱旂二鈴（鑾）。"又，《番生簋蓋》（集成 8. 4326）："易（賜）朱芾……朱旂旜（斿）金荓（枋）二鈴。"

按，馬國權認爲："鈴是旗上的飾物……在這裏用作旗的量詞。"② 潘玉坤也認爲："鈴本是旂上的飾物，借用作旂的計量單位。"③ 但張桂光則認爲："這裏的'鈴'仍爲名詞。""毛公鼎所賜者應是帶二鈴的朱旗，番生簋蓋所賜者應是帶有金芳旜和二鈴的朱旗。"④ 我們認爲從上下文意來看，讚同張桂光説傾向於將其視爲名詞：首先，古今文獻未見"鈴"作量詞之用法；其次，在量詞的語法化過程中無論基於隱喻還是借喻，對於旂而言作爲裝飾物的"鈴"無論在功能上還是外形上，都不存在凸顯性，因此不具備語法化的基礎；再次，在數詞前面斷句，亦文從字順。

37. 升

甲骨文合集 30973："其登新鬯二升一卣于☐"

按，甘露將其歸入容量單位，認爲"按照漢語容量從大到小的慣例，'升'當爲大於'卣'的一種計量單位"⑤；張玉金則認爲"原像舀酒的工具，後演化爲量詞"⑥；但僅此一例，因爲"卣"一般認爲是容器量詞，這裏的"升"是容器量詞，還是有具體制度的量制量詞，疑莫能定。

38. 捋

《鹽鐵論·力耕》："計耕桑之功，資財之費，是一物而售百倍其價也，一捋而中萬鐘之粟也。"

---

① 劉欣：《馬王堆漢墓帛書〈五十二病方〉校讀與集釋》，復旦大學碩士學位論文，2010 年。
② 馬國權：《兩周銅器銘文數詞量詞初探》，《古文字研究》第 1 輯，第 133 頁。
③ 潘玉坤：《西周金文語序研究》，華東師範大學出版社 2005 年版，第 173 頁。
④ 張桂光：《商周金文量詞特點略説》，《中山大學學報》2009 年第 5 期。
⑤ 甘露：《甲骨文數量、方所範疇研究》，西南師範大學碩士學位論文 2001 年，第 16 頁。
⑥ 張玉金：《甲骨文語法學》，學林出版社 2001 年版，第 19 頁。

按，盧文弨認爲："挹、挹通。"楊沂孫則認爲："'一挹'亦是'一鎰'。"王利器認爲楊説不可從，而是讚同盧説；而且毛扆校本、張之象本、沈延銓本、金蟠本等"挹"皆作"挹"。《説文·手部》："挹，抒也。"王筠句讀："《華嚴經音義》引《珠叢》曰：'凡以器斟酌於水謂之挹。'"《廣韻·緝韻》："挹，酌也。"本義是動詞"以瓢舀取"，則"一挹"當爲一瓢之量。但以上諸説過於迂曲，《説文·手部》："捾，攘也。""捾"也可能是由其動詞義直接語法化而來，即"一捧之量"，從上下文意來看也更爲文從字順。

39. 奇

《説苑·反質》："雖貧，豈無文履一奇，以易十稷之繡哉？"又《尹灣漢簡》M6D6 正1欄："乘與鐵罷七十四兩一奇。"

按，《説文·可部》："奇，一曰不耦。"《正字通·大部》："一者，奇也。"《禮記·投壺》："一筭爲奇。"孔穎達疏："奇，隻也。"由此似可引申爲量詞，用於雙數中的一個；所謂"文履一奇"，就是指"文履一隻"，指飾以文彩的鞋子一隻；或以爲"鐵罷"即鐵制裙鎧；一奇，即雙數中的一個；但王鍈先生、王天海注："文履一奇，一雙罕見的華麗的鞋。"①則"奇"是形容詞"罕見的"之義；作爲量詞其他文獻亦未見。

40. 韶

《九店 56 號墓楚簡》7："舊四十檐六檐，粞三韶一篅☐"

41. 秅（秖）

《九店 56 號墓楚簡》1："舊二秖，敓秭之四檐。舊二秖又五來，敓秭之五檐。舊三秅，敓秭之六檐。"

42. 來

《九店 56 號墓楚簡》1："舊二秖，敓秭之四檐。舊二秖又五來，敓秭之五檐。舊三秅，敓秭之六檐。"

43. 赤

《新蔡楚簡》甲三：203："☐吳殿無受一赤，又籾，又弇𠭴，又顏首；吳熹受一臣、二赤，弇☐"

44. 篅

《九店 56 號墓楚簡》7："舊四十檐六檐，粞三韶一篅☐"

---

① 王鍈、王天海：《說苑全譯》，貴州人民出版社1992年版，第896頁。

45. 臣

《新蔡楚簡》甲三 90：" 八十臣又三臣，又一肕，籿、顔首。"又簡 203："☐吴殹無受一赤，又籿，又弅𡉜，又顔首；吴熹受一臣、二赤，弅☐"

以上六個量詞均見於楚簡帛中，從文意來看爲當時制度量詞無疑，但其具體制度不詳。此外战国楚地中还有"筲""方""中参""雁首""麇""弅𡉜"等量制单位，但材料所限，學界仍多有争議，姑列於此①。

此外，《周禮·考工記·羽人》："凡受羽，十羽爲審，百羽爲摶，十摶爲縛。"鄭玄注："審、摶、縛，羽數束名也。"《大字典·宀部》以爲"量詞"，但從語法形式上、語義上看，更近於名詞，且實際使用例未見，姑列於此，以備考察。

---

① 詳參張顯成、李建平《簡帛量詞研究》，中華書局 2016 年版。

參考文獻

1. 艾蘭、邢文：《新出簡帛研究》，文物出版社 2004 年版。
2. 布龍菲爾德：《語言論》（中譯本），商務印書館 1985 年版。
3. 陳承澤：《國文法草創》，商務印書館 1982 年版。
4. 陳國慶：《漢書藝文志注釋彙編》，中華書局 1983 年版。
5. 陳夢家：《漢簡綴述》，中華書局 1980 年版。
6. 陳榮安：《中文量詞歷史辭典》，文鶴出版社 2014 年版。
7. 陳寅恪：《陳寅恪先生論文集》（增訂版），九思出版社 1977 年版。
8. 陳直：《居延漢簡研究》，上海古籍出版社 1986 年版。
9. 程湘清：《兩漢漢語研究》，山東教育出版社 1992 年版。
10. 程湘清：《隋唐五代漢語研究》，山東教育出版社 1992 年版。
11. 程湘清：《先秦漢語研究》，山東教育出版社 1992 年版。
12. ［日］大庭脩：《漢簡研究》，徐世虹譯，廣西師範大學出版社 2001 年版。
13. 丁聲樹：《漢語音韻講義》，上海教育出版社 2010 年版。
14. 丁聲樹等：《現代漢語語法講話》，商務印書館 1961 年版。
15. 董秀芳：《詞彙化：漢語雙音詞的衍生和發展》（修訂本），商務印書館 2011 年版。
16. 段玉裁：《説文解字注》，上海古籍出版社 1981 年版。
17. 馮勝利：《漢語的韻律、詞法和句法》，北京大學出版社 1997 年版。
18. 高名凱：《漢語語法論》，商務印書館 1986 年版。
19. 高小方、蔣來娣：《漢語史語料學》，高等教育出版社 2005 年版。
20. 管燮初：《西周金文語法研究》，商務印書館 1981 年版。

21. 管燮初：《殷虛甲骨刻辭的語法研究》，中國科學院，1953 年版。
22. 郭沫若：《管子集校》，科學出版社 1956 年版。
23. 郭沫若：《十批判書》，人民出版社 1982 年版。
24. 郭沫若：《郭沫若全集》，人民出版社 1982 年版。
25. 郭若愚：《戰國楚簡文字編》，上海書畫出版社 1994 年版。
26. 郭錫良：《漢語史論集》，商務印書館 2005 年版。
27. 何傑：《現代漢語量詞研究》，民族出版社 2000 年版。
28. 何樂士：《古漢語語法研究論文集》，商務印書館 2000 年版。
29. 洪誠：《洪誠文集》，江蘇古籍出版社 2000 年版。
30. 洪藝芳：《敦煌吐魯番文書中之量詞研究》，文津出版社 2000 年版。
31. 胡敕瑞：《論衡與東漢佛典詞語比較研究》，巴蜀書社 2002 年版。
32. 湖南省博物館：《馬王堆漢墓研究》，湖南人民出版社 1981 年版。
33. 黃布凡等：《藏緬語族語言詞彙》，中央民族學院出版社 1992 年版。
34. 黃懷信：《逸周書校補注譯》，西北大學出版社 1996 年版。
35. 黃生〔清〕：《字詁義府合按》，中華書局 1984 年版。
36. 簡帛文獻語言文獻研究課題組：《簡帛文獻語言研究》，社會科學文獻出版社 2009 年版。
37. 金桂桃《宋元明清動量詞研究》，武漢大學出版社 2007 年版。
38. 金兆梓：《國文法之研究》，商務印書館 1983 年版。
39. 黎錦熙：《新著國語文法》，商務印書館 1992 年版。
40. 李福印：《語義學概論》（修訂版），北京大學出版社 2009 年版。
41. 李建平：《隋唐五代量詞研究》，山東人民出版社 2016 年版。
42. 李錦芳：《漢藏語系量詞研究》，中央民族大學出版社 2005 年版。
43. 李計偉：《類型學視野下漢語名量詞形成機制研究》，商務印書館 2017 年版。
44. 李鏡池：《周易探源》，中華書局 1978 年版。
45. 李零：《簡帛古書與學術源流》，三聯書店 2007 年版。
46. 李明曉：《戰國楚簡語法研究》，武漢大學出版社 2010 年版。
47. 李天虹：《居延漢簡簿籍分類研究》，科學出版社 2003 年版。
48. 李學勤：《簡帛佚籍與學術史》，江蘇教育出版社 2001 年版。
49. 李宇明：《漢語量範疇研究》，華中師範大學出版社 2000 年版。

50. 劉朝華：《布依語漢語名量詞對比研究》，雲南人民出版社 2014年版。
51. 劉世儒：《魏晉南北朝量詞研究》，中華書局 1965 年版。
52. 魯西奇：《中國古代買地券研究》，廈門大學出版社 2014 年版。
53. 羅振玉、王國維：《流沙墜簡》，中華書局 1993 年版。
54. 呂叔湘：《漢語語法論文集》，商務印書館 1999 年版。
55. 呂叔湘：《中國文法要略》，商務印書館 1982 年版。
56. 麻愛民：《漢語個體量詞的產生與發展》，中國社會科學出版社 2015 年版。
57. 馬貝加：《漢語動詞語法化》，中華書局 2014 年版。
58. 馬承源：《商周青銅器銘文選》，文物出版社 1988 年版。
59. 馬建忠：《馬氏文通》，商務印書館 1983 年版。
60. 馬學良：《漢藏語概論》，民族出版社 2003 年版。
61. 毛遠明：《碑刻文獻學通論》，中華書局 2009 年版。
62. 潘玉坤：《西周金文語序研究》，華東師範大學出版社 2005 年版。
63. 駢宇騫、段書安：《二十世紀出土簡帛綜述》，文物出版社 2006 年版。
64. 裘錫圭：《古文字論集》，中華書局 1992 年版。
65. 裘錫圭：《裘錫圭學術文集》，復旦大學出版社 2015 年版。
66. 饒宗頤：《戰國文字箋證》，《金匱論古綜合刊》1 期，亞洲石印局 1955 年版。
67. 薩丕爾：《語言論》（中譯本），商務印書館 1985 年版。
68. 上海大學古代文明研究中心、清華大學思想文化研究所：《上博館藏戰國楚竹書研究》，上海書店 2002 年版。
69. 沈家煊：《不對稱和標記論》，江西教育出版社 1999 年版。
70. 沈培：《甲骨卜辭語序研究》，文津出版社 1992 年版。
71. 沈頌金：《二十世紀簡帛學研究》，學苑出版社 2003 年版。
72. 石毓智：《認知能力與語言學理論》，學林出版社 2008 年版。
73. 石毓智：《語法的認知語義基礎》，江西教育出版社 2000 年版。
74. 史存直：《漢語史綱要》，中華書局 2008 年版。
75. 孫力平：《古漢語語法研究論文索引》，商務印書館 2003 年版。
76. 孫錫信：《漢語歷史語法要略》，復旦大學出版社 1992 年版。

77. 索緒爾：《普通語言學教程》（中譯本），商務印書館 1985 年版。

78. ［日］太田辰夫：《中國語歷史文法》，蔣紹愚、徐昌華譯，北京大學出版社 1987 年版。

79. 唐蘭：《長沙馬王堆漢軑侯妻辛追墓出土隨葬遣策考釋》，《文史》第十輯，中華書局 1980 年版。

80. 王國維：《古史新證》，清華大學出版社 1994 年版。

81. 王國維：《簡牘檢署考校注》，胡平生、馬月華校注，上海古籍出版社 2004 版。

82. 王力：《漢語史稿》，中華書局 1980 年版。

83. 王力：《漢語語法史》，中華書局 1989 年版。

84. 王力：《中國現代語法》，商務印書館 1985 年版。

85. 王先謙：《釋名疏證補》，上海古籍出版社 1984 年版。

86. 王寅：《認知語言學》，上海外語教育出版社 2007 年版。

87. 王鍈：《詩詞曲語辭例釋》，中華書局 1985 年版。

88. 王宇信《甲骨學通論》，中國社會科學出版社 1999 年版。

89. 魏德勝：《〈睡虎地秦簡〉詞彙研究》，華夏出版社 2003 年版。

90. 向熹：《簡明漢語史》，高等教育出版社 1993 年版。

91. 徐通鏘：《徐通鏘自選集》，河南教育出版社 1993 年版。

92. 嚴修：《二十世紀的古漢語研究》，書海出版社 2001 年版。

93. 楊伯峻、何樂士：《古漢語語法及發展》，語文出版社 1992 年版。

94. 楊伯峻：《左傳成書年代論述》，《文史》第六輯，中華書局 1979 年版。

95. 楊樹達：《高等國文法》，商務印書館 1992 年版。

96. 姚振武：《上古漢語語法史》，上海古籍出版社 2015 年版。

97. 葉斯柏森：《語法哲學》（中譯本），語文出版社 1988 年版。

98. 殷國光、龍國富、趙彤：《漢語史綱要》，中國人民大學出版社 2011 年版。

99. 俞理明：《佛經文獻語言研究》，巴蜀書社 1993 年版。

100. 喻遂生主編：《語言文史論集》，西南師範大學出版社 2000 年版。

101. 袁毓林、馬輝等：《漢語詞類劃分手冊》，北京語言文化大學出版社 2009 年版。

102. 張斌等：《中國古代語言學資料彙編》，福建人民出版社 1993 年版。

103. 張岱年：《中國哲學史史料學》，生活·讀書·新知三聯書店 1982 年版。

104. 張固也：《管子研究》，齊魯書社 2006 年版。

105. 張顯成：《簡帛文獻學通論》，中華書局 2004 年版。

106. 張顯成：《簡帛藥名研究》，西南師範大學出版社 1997 年版。

107. 張顯成：《先秦兩漢醫學用語彙釋》，巴蜀書社 2002 年版。

108. 張顯成主編：《簡帛語言文字研究》（第二輯），巴蜀書社 2006 年版。

109. 張顯成主編：《簡帛語言文字研究》（第三輯），巴蜀書社 2008 年版。

110. 張顯成主編：《簡帛語言文字研究》（第四輯），巴蜀書社 2010 年版。

111. 張顯成主編：《簡帛語言文字研究》（第一輯），巴蜀書社 2002 年版。

112. 張永言：《語文學論集》，語文出版社 1992 年版。

113. 張湧泉：《敦煌俗字研究》，嶽麓書社 1995 年版，

114. 張玉金：《甲骨文語法學》，學林出版社 2001 年版。

115. 張志公：《語法和語法教學》，人民教育出版社 1957 年版。

116. 趙璞珊：《中國古代醫學》，中華書局 1983 年版。

117. 趙豔芳：《認知語言學概論》，上海外語教育出版社 2001 年版。

118. 趙振鐸：《辭書學綱要》，四川辭書出版社 1998 年版。

119. 趙振鐸：《中國語言學史》，河北教育出版社 2000 年版。

120. 周守晉：《出土戰國文獻語法研究》，北京大學出版社 2005 年版。

121. 朱德熙：《語法講義》，商務印書館 1982 年版。

122. 朱德熙：《朱德熙文集》，商務印書館 1999 年版。

123. 宗守雲：《集合量詞的認知研究》，世界圖書出版公司，2010 年版。

124. 宗守雲：《漢語量詞的認知研究》，世界圖書出版公司，2012 年版。

125. 勞蕾爾·J·布林頓［英］、伊麗莎白·克洛斯·特勞戈特［美］：Lexicalization and Lauguage Change（詞彙化與語言演變），羅耀華、鄭友階等譯，商務印書館 2013 年版。

126. Hopper &Traugott. Grammaticalization（語法化），外語教學與研究出版社、劍橋大學出版社 2001 年版。

127. John R. Taylor. Linguistic Categorization：Prototypes in Linguistic Theory（語言的範疇化：語言學理論中的類典型），外語教學與研究出版社、牛津大學出版社 2001 年版。

128. Aikhenvald Classifiers：A Typology of Noun Categorization Devices. Oxford University Press. 2000.

後　記

　　清代學者阮元云："學術盛衰，當於百年前後論升降焉。"漢語語法研究自《馬氏文通》迄今，百年有餘，馬氏在借鑒印歐語系語法體系時已明量詞之特殊，即"凡物之公名有別稱以計數者"；自上世紀五十年代末六十年代初，劉世儒先生致力於魏晉南北朝量詞研究，并完成第一部量詞專著，爲後世量詞研究之典範，迄今亦有半個世紀，如蔣冀騁先生語："劉先生有此一書，可以不朽；謂之大家，當亦無愧。"至於近日，量詞研究可謂興盛，論文數以千計，專著頻現，諸多學者成就斐然。然歷代文獻浩如煙海，一部完整的量詞史的撰寫仍有待來日，斷代史研究當爲之前驅。

　　本書研究之緣起，當自 2001 年我負笈西南，師從張顯成師始。張師不僅學養深厚，而且學術視野非常廣闊，於語言文字、簡帛、文獻、中醫諸學無所不通，在學術道路上爲我指明方向，確定《先秦簡帛量詞研究》之題爲碩士畢業論文，就讀期間又多蒙王鍈、楊軍、袁本良諸先生之指導，獲益良多，論文答辯中又獲董志翹先生指正。2005 年起，作爲成員參加了張顯成師的國家社科項目《簡帛量詞研究》（中華書局 2017 年版，作者張顯成、李建平），獲益甚多。2007 年，工作期間又從張顯成師攻讀博士學位，在讀期間多蒙喻遂生、毛遠明二先生之指導，完成了《先秦兩漢量詞研究》的博士論文，論文答辯中又獲趙振鐸、汪啟明、雷漢卿諸先生教正。在論文的修改過程中，我的博士後導師張文國師也給予諸多啟發。這本小書的完成，首先凝聚了張顯成師多年心力，銘感于內。

　　在本書的研究中，亦得到學界諸多前輩、師長、同好之關愛，或有學術往來與交流，或有論文之辯爭，都大大促進了最終成果之完善。作爲一個研究課題，關於先秦兩漢量詞的研究先後獲得了教育部人文社科基金項目和江蘇省哲社基金項目的資助，作爲畢業論文也獲重慶市優秀學位論文；關於隋唐五代量詞的研究則獲得了中國博士後科學基金的資助；到山東師範大學工作以來，又獲得了山東師範大學中國語言文學省一流學科經費和校高層次人才引進經費的資助，感謝諸位不曾謀面專家學者的錯愛。梁任公曰：學術者，天下之公器。誠哉斯言！拙作草成，或有可商，亦望學者有以正之，亦當銘感于內。

  博士畢業迄今六載，成《先秦兩漢量詞研究》和《隋唐五代量詞研究》小書二部，於張顯成師期待之量詞發展史仍相距甚遠，於學界諸師友之所望亦是如此，此後我當以此自勉。然書成之日，"默念平生固未嘗侮食自矜，曲學阿世，似可告慰友朋。"（陳寅恪《贈蔣秉南序》）

李建平

2017 年 9 月 3 日於明湖畔千乘堂